JN437978

성찰의 향기

성찰의 향기

초판 1쇄 인쇄일 | 2017년 3월 20일
초판 1쇄 발행일 | 2017년 3월 27일

저　자 | 이종수
펴 낸 이 | 차영미

편　집 | 디자인그룹 여우비
펴 낸곳 | 도서출판 서정문학

주　소 | 서울시 강동구 천중로30길 5-11, 203호
전　화 | 02-720-3266　FAX | 0505-115-3266

홈페이지 | http://cafe.daum.net/seojungmunhak.com
이 메 일 | sjmh11@hanmail.net
등　록 | 2008. 3. 10 제324-2014-000060호

ISBN 978-89-94807-56-0 03810
정가 12,000원

| 삶에 대한 철학과 성찰이 가득한 이종수 작가의 다섯 번째 감성수필집 | 서정대표수필선 · 04

성찰의 향기

이종수 수필집

서정문학

프롤로그

최근에 하도 많은 길흉사 때문에 분주해졌다. 통상 인간사의 얘기를 할 때 관혼상제라고 얘기를 한다. 엊그제는 결혼식이 있었다. 그리고 또 회갑연이 있었다. 그리고 어제는 상사喪事가 있었다. 결혼식은 인륜지대사라고 한다. 관은 스무살이 되어 상투를 틀고 갓을 쓰게 될 때를 얘기한다. 혼은 결혼식을 얘기하고 가장 큰 일이라고 일컬어지기도 한다. 상사는 말 그대로 삶의 끝이요 종말을 얘기한다.

얼마 전 들었던 강의에서 그런 내용도 있었다. 아프리카의 속담이다. "노인 한 사람이 죽는 것은 도서관 하나가 불타는 것과 같다." 그만큼 한 사람의 일생이라는 것은 엄청나게 소중한 것이고 많은 사연을 담고 있다는 것을 함축하는 의미일 것이다. 그 사람이 한 평생의 겪은 일을 글로 만들고 그 사연을 엮어낸다면 도서관 하나를 채울만큼의 복잡다단한 사연을 갖고 있다는 것을 우회적으로 표현한 것이리라. 관과 혼은 부모가 해주는 것이라고 한다. 상제는 자식이 부모를 위해 하여야 하는 것이다. 인생만사는 희로애락에 담겨있다고도 한다. 기쁨과 노함 그리고 사랑함과 즐거움에 있는 것인지 모를 일이다. 생자필멸이요 거자필반去者必返(헤어진 사람은 언젠가 반드시 돌아오게 된다.)이라 했고 회자정리라고도 했다. 삶을 살면서 일상에서 행복을 얻을 수 있는 것에서 최고의 행위는 여행이라고 한다. 그것에서는 수다도 있고 맛있는 먹을거리도 있고 사색도 산책도 모두 함께해볼 수 있는 것에서 모든 스트레스를 날려보낼 수 있고 새롭게 자신을 재충전할 수 있는 좋은 기회가 되기도 한다. 이제는 생의 2막을 끝내고 3막을 준비해야 할 때가 되다 보니 무척이나 새삼스럽고 일상의 평범한 하루 하루가 더할나위없이 소담스럽고 귀해지는 것은 어쩔 수 없는 듯하다. 최근에 일상생활에서 꾸준하게 습작해 온 것으로 한 권의 책으로 내놓게 되었다. 다섯 번째 산문집이다. '성찰의 향기' 라는 제목으로 세상을 살면서 고민하고 숙고했던 여러 가지를 엮어서 지어진 것이다. 『푸른노을』, 『색다른 낯설음 저너머』, 『심향을 향한 여정』, 『홍진속 마음의 정화』에 이어서 내놓게 된 것이다. 천학비재한 이가 외람되게 이렇게 산문집을 내놓고 보니 감회가 새롭다. 참으로 세상을 인간답게 살고자 했고 고귀한 삶에 대한 성찰을 통해 멋진 삶을 향유할 수 있기를 기대했지만 그렇게 원하는 바대로 이루고 만족감을 느껴볼 만큼 가치있는 삶이었다고는 확신할 수 없지만 그런대로 보람되고 소담스러운 삶을 영위해 왔노라고 자부하면서 하늘을 우러러 한점 부끄럼없는 삶을 살았는지는 의문스럽다. 세상은 결코 온유한 그런 자세나 태도를 갖고 있지 않고 천지는 결코 인간이 호락호락하게 여길만큼 그렇게 만만한게 아님을 새롭게 느끼게 된다.

얼마 전 한 병원을 찾았다. 동생뻘인 그는 종양수술을 받고 회복 중이었다. 정말 심각한 충격을 느꼈던 흔적이 너무도 역력했다. 얼마나 세상이 천지가 인간에게 가혹한 벌과 유혹과 아픔을 내리는지에 관해 새삼스럽게 느껴보는 순간이었다. 그가 무슨 죽을 죄를 그렇게 지었다고 그렇게 아픔을 내리고 홍역을 겪게하는지 이해하기가 쉽지 않았다. 그는 그랬다. 가장 큰 원인은 스트레스라고 여겨진다. 아직 한창인 이였는데 이제는 일상에 돌아가 다시 건강하게 생활하겠지만 얼마나 몸조리를 해야 하고 회복에 어느 만큼의 시간이 필요할지 모를 일로 생각되었다. 가을날이다. 스산한 가을바람이 대지를 차갑게 만들고 이제는 한겨울을 맞을 준비를 해야 할 때가 되었다. 숨죽이고 겨울의 강한 찬바람과 눈을 이겨낼 수 있도록 단련하고 대비해야 하는 것이 필요한 것이리라. 역경 속에서 정말 대단한 성취가 이뤄질 수 있고 환희를 맛볼 수 있는 것이 인생사의 흐름이리라. 순리를 따르고 정도를 향해 하루하루를 충실히 영위해 가고 탑을 쌓듯이 쌓아 갈 때 제대로 꿈을 이루고 원하는 바를 쟁취할 수 있지 않을까.

일상의 잔잔한 얘기들이 엮여져 있고 오래 전에 읽었던 작품들에 대한 감상문 등과 더불어 여행에서 느꼈던 소소한 사연들을 담담하게 묘사했다. 「아들」은 큰아들이 취업전에 작성했던 내용을 옮겨놓은 것이다. 죽기전에 해야할 일들의 목록을 적어서 하나씩 하나씩 실행하는 것으로 '버킷리스트' 라는 것이 있다. 그것에서 어떤 이는 책을 천권을 읽어야 한다고도 하고 또 어떤 이는 영화를 천편을 보아야 한다고도 한다. 그렇게 할 수 있도록 진력을 다해보는 것도 큰 인생의 즐거움일 수 있으리라 여겨진다. 짧은 생이지만 가치있고 보배롭게 영위하는 것이 필요하리라. 요즘 문득 느껴지는 것은 어린 시절의 습관의 중요성이다. 하나하나 치밀하고 섬세하게 행동하고 습관지워지도록 하는 것이 꼭 필요한 것이 아닌가 한다. 세 살 버릇이 여든 간다고 하지 않았는가. 예를 들면 그런 것이다. 양치질 같은 것도 어린 시절부터 꼭 습관화를 시키도록 해야 하는 부분이고 제대로 칫솔질을 하도록 교육되어져야 하는 부분이다. 또 하나는 공중도덕 같은 것이다. 기본적인 예의 같은 것도 필요한 것이리라.

오래 전에 TV에서 공전의 히트를 했던 것 중에 하나로 '양심냉장고'라는 것이 있었다. 제대로 신호를 지키고 법규를 지키고 정지선을 지키는 가장 기본적인 것이 그냥 그렇게 무시되고 지켜지 않는 것에서 우리가 얼마나 준법정신이 부족한가 하는 것을 느끼는 것이다. 정리정돈을 하는 습관 같은 것도 아주 사소한 부분이지만 일상에서 꼭 필요한 부분인 것이다. 기본을 지켜가는 것에서 삶이 반듯해지고 더 크고 높은 것을 성취할 수 있는 밑거름이 될 것이다.

졸저가 나오도록 도움을 준 가족들과 이미애 작가의 수고로움에 감사를 표한다. 항상 천착하고 절차탁마하여 더 나은 글을 쓰고 삶의 향기가 널리 세상에 펼쳐질 수 있기를 소망한다.

2017.
신대방동 우거에서

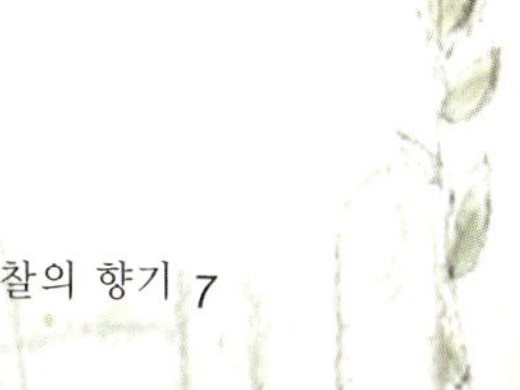

Contents

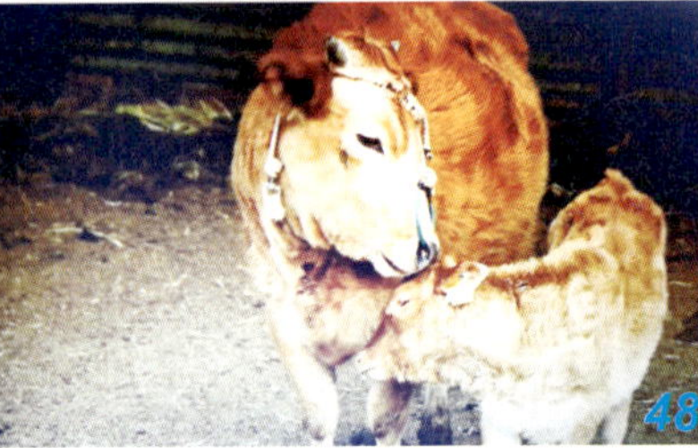

상상력, 역동적 서사, 강렬한 메시지!
'아마존', 세계문학상 수상작가 정유정 2년만의 대작
136
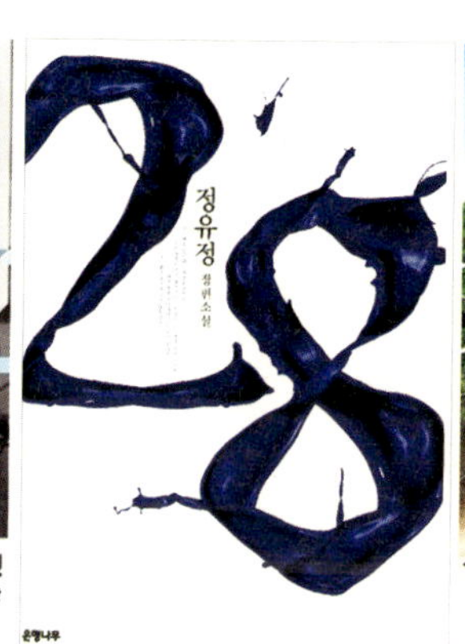
28
정유정
장편소설
은행나무
141

이민기
여진구
수리정신병원 501호
독특한 놈들의
특별한 우정이 시작된다
내 심장을 쏴라
150

당신
박범신
장편소설
우리는 얼마나 많이 이 봄, 이 여름,
이 가을이 아니면 못 볼 꽃을
그냥 지나쳐왔을까"
160

시인과 제자, 열일곱 소녀
서로를 탐하다
은교
155
174

179
안개 속에 지다
안개 속에 지다
184

《제5열》 류승룡, 송강호, 정우
캐스팅 확정
193

제2부

最後의 證人 최후의 증인
영화보기 Play Movie
장면선택 Chapters
오디오 및 자막선택 Setup
영화자료모음 Special Features
209

216

239

228

234

하퍼 리
앵무새 죽이기
TO KILL A
MOCKINGBIR
243

247

251

제2부

267

288

272

293

276

284

301

305

제3부

310
342
FROM THE DIRECTOR OF 'BEVERLY HILLS COP'
PACINO
SCENT OF A WOMAN
323
제니퍼 로렌스
로버트 드니로
조이
3월 10일 대개봉
327
CAMPUS LIFE
436

제4부

부록

제1부

가을날 결혼식

올해도 어김없이 결혼식 시즌이 돌아왔다. 매주 날아드는 청첩에 고역이 따로 없다. 하지만 또 어쩔 수 없는 일이기도 하다. 지난주에는 수원 영통에서 친구의 딸 결혼식이 있었다. 무척이나 지척인 줄 알았는데 막상 가 보니 예상외로 시간이 많이 걸렸다. 전철역에서 낯익은 친구를 만나 같이 동행해서 예식장을 찾아갔다.

낯선 동네여서 여러 사람들에게 물어서 식장을 찾아갔다. 공교롭게도 예식시간을 넘긴 상태였기에 이미 식장에 도착하니 예식이 한창 진행 중이었다. 아담한 예식장이었다. 눈이 휘둥그레해졌다. 처음 보는 전통혼례식 장면이었다. 한복을 차려입은 신랑 신부도 낯설었지만 사회자 주관자 모두 전통 복장을 하고 있었고 예식을 도와주는 이마저 한복차림이었다. 더욱 놀란 것은 신랑마저 프랑스인이었다. 벽안의 신랑은 한복을 입고 전통예식에 당황하지 않고 묵묵히 진행되는 예식을 소화해내고 있었다. 하객 중에도 여러 사람들은 외국인들이었다.

나중에 들은 사연은 그랬다. 신랑신부가 똑같이 독일에서 유학을 하던 시절에 만나서 애틋함을 키워갔고 사랑을 이뤄냈다는 것이었다. 지금 살고 있고 생활하고 있는 곳은 두바이라고 했다. 내년에는 신랑의 나라인 프랑스에서 다시 한 번 예식을 할 것이라고 했다.

식의 기념공연은 장구의 공연이 펼쳐졌다. 현란한 춤사위와 더불어 신묘한 장구솜씨를 보여주었다. 예식이 끝나고 친구들은 한자리에 모여 담소를 나누며 결혼식을 축하해 주었다. 깊어가는 가을날에 백년해로를 위해 결혼식을 올리는 이들은 새로운 각오와 느낌으로 새 출발의 발걸음을 내딛게 될 것이다. 동창들도 모두 이제 장년의 나이답게 다들 노숙해졌고 연륜이 느껴지는 품격을 지니게 된 듯했다.

이번 주에는 대구에서 결혼식이 있었다. 결혼식에 참석하면 휴일 하루가 다 소요되는 것이 예사다. 지난 주의 결혼식은 다행히 예식이 오후 5시였기에 오전 시간을 활용할 수 있었는데 이번에는 오후 두 시다 보니 별다른 방법이 없었다. 다른 친구들은 미리 대구로 내려가 오전은 운동을 한다던지 또는 팔공산 관광을 하는 등 휴일을 알차게 보내고 있었다. 10시 50분발 동대구행 KTX를 타고 내려갔다. 동대구역은 역사 앞이 공사중이었기에 무척이나 복잡하고 길을 찾기도 보통 일이 아니었다. 택시 정류장에서 택시를 타고 식장으로 향했다. 문제는 예식을 하는 호텔이 두 군데라는 것에 혼란이 있었다. 즉시 전화를 해서 확인을 했더니 동촌쪽 호텔이라고 했다. 휴일임에도 정체가 심각한 상황이었다. 30여 분을 달려 식장에 도착했다. 하객이 무척이나 많았다. 혼주와 인사를 나누고 축의금을 전달하고 식권을 받았다. 한쪽 편에서 유심히 식장을 살펴보았다. 축하 꽃다발도 꽤 많았다. 별도의 답례품으로는 경산대추를 제공하고 있었다. 피로연장에서의 식사는 1시 30분부터 가능하다고 했다.

요즘의 대세는 결혼식을 관람하고 예식에 참석하는 이는 별로 많지 않은 듯 여겨졌다. 모두 축의 후에는 곧바로 피로연장으로 직행해서 식사 후 바로 귀가는 행태를 보이고 있었다. 예식에서도 주례는 사라지고 있는 추세였다. 신랑 신부의 부모님들의 덕담 한마디로 주례사를 대신하는 풍토가 늘어나고 있었다. 예식시간도 짧아져 30분 내외에서 종료되는 추세를 보이고 있었다.

동기들끼리 둘러앉아 환담하며 식사를 했다. 결국 한 친구는 엉뚱한 동명의 다른 호텔로 가서 예식에 늦어지는 불상사를 불렀다. 안타까운 노릇이었다. 어떤 친구는 평택에서 오기도 했고 한 친구는 부산에서 올라오기도 했다. 평택의 친구는 대학교수를 하는 친구 등과 넷이서 합창단을 구성해서 노래를 연습하기도 하고 언젠가 한번 동기들 앞에서 노래 실력을 선보일 당찬 계획도 토로하였다. 한 친구는 교수로 재직 중이었는데 5년 전에 주례를 서기도 했던 경험을 얘기하기도 했다. 언변이 좋다는 것으로 해서 요즘도 가끔은 부탁을 받기도 하는데 가급적이면 거절하는 형편이라고 한다. 일동은 자리를 마치고 각자 헤어지게 되었다. 우리는 셋이서 서울로 가기로 했다. 아주 험난한 귀경길이고 단풍나들이객들로 인해 극심한 정체를 보이고 있는 상황이었지만 세상살이 이야기로 꽃을 피우다 보니 금세 서울에 도착을 할 수 있었다. 한 친구의 집부근에 차를 주차해 두고 막걸리를 한잔 하면서 못다 한 얘기를 하면서 휴일날의 밤시간을 늦게까지 보냈다. 김치찌개에 막걸리였지만 풍성하고 화기애애한 가운데 정담을 나눌 수 있었다.

한 친구는 부인의 애기를 하기도 했다. 백종원이라고 한창 인기를 높이고 있는 이의 커피전문점을 하게 되어 신바람을 내고 있다는 것이었다. 알바생을 3교대로 쓰면서 매출을 올리고 있었다. 또한 둘째 딸은 공무원시험에 합격을 해서 내년부터는 수원시청에서 근무를 하게 된다고 하니 그야말로 만사형통이 아닐 수 없었다. 한 친구는 큰 딸이 우즈베키스탄에 10월까지 파견근무를 나가 있었다. 이제는 건강에도 각별히 신경을 써야 할 나이가 된 듯했다. 모두 임플란트를 이식해 놓고 있는 상황이었다. 불어나는 몸무게를 감당하기 힘든 때가 되었다. 한 친구는 이미 사위를 본 상태였다. 사위가 의사로서 착실하게 결혼생활을 하고 있으니 더 이상 바랄 게 없는 형편이었다. 결혼에 관한 절차, 청첩, 상견례, 주례 등에 관해서 질의응답을 주고 받았다. 그렇게 먼저 경험을 한 사람의 조언은 여러 가지로 많은 참고가 되고 도움이 되었다. 모두들 장년의 호시절을 맞이하고 있는 듯 여겨졌다.

휴일날 힘든 결혼식 참가였지만 나름대로 소득이 있었고 많은 정보를 획득할 수 있는 좋은 기회가 되기도 했다.

가을날 친구아들 결혼식

지난 토요일이었다. 결혼식 시간은 오후 3시였다. 친구아들의 결혼식이 있었다. 부산에 사는 친구였는데 서울에서 식이 거행되는 결혼식이었다. 신분당선 신정역에서 가까운 거리에 있는 '라솜'이라는 예식장이었다.

특이한 결혼식이었다. 일단 일반 결혼식이었음에도 주례가 목사님이었다. 축가에서 시작해서 축가로 끝나는 분위기였고 한바탕의 축제를 연상시켰다. 반지 교환도 도우미가 노래를 부르면서 등장해 색다른 운치가 있었다. 악단도 현악 사중주에 피아노까지 있었고 보통은 보기 힘든 하프란 악기도 있었다. 신부아버지의 합창도 이색적이었다. 하이라이트는 친구인 신랑아버지의 덕담이었다. 보통은 주례없이 할 때 덕담 한 마디가 대세인 요즘인데 특이하게도 신랑 아버지가 한 말씀을 하셨다. 서두는 유명한 문학가의 감수를 받은 것이라는 것에서 호기심을 발동시켰다. 특별한 내용이 있었던 것 같지는 않은데 사람들의 공감과 호응을 받았다. 거의 장군의 연설같은 분위기였고 부성애가 가득 담긴 글이었다. 친구들은 대부분은 고교 동창들이었다. 군대동기들도 제법 있을 법 했는데 찾아볼 수가 없었다. 하객은 무척이나 많은 편이었고 식사도 최고급으로 준비했다. 양식으로 된 것이었고 스테이크가 메인요리였다. 술도 와인으로 준비되었고 하객의 요청에 의해 맥주와 소주도 신청하는 대로 주문 받는 식이었다. 2부 피로연에는 신랑신부와 양가부모가 일일이 테이블을 돌며 인사를 드리는 훈훈한 모습도 있었다.

목사님의 주례사는 성경말씀의 인용과 주례사 그리고 축도로 이어졌다. 기억할 만한 것은 부부는 일심동체라는 얘기를 했었고 그 중에서 몸은 신부, 머리는 신랑이라는 것에서 모든 결정은 신랑이 하게 해야 한다는 요지의 말씀이 있었다.

예식 시작 20분 전에 도착해서 예식분위기를 살폈다. 사람들이 많았고 예식시간이 늦었던 관계로 '먼저 식사를 하실 하객에 대해서는 테라스에 별도로 준비가 되어있다'는 안내멘트가 있었다. 예식의 시작 후에는 좌석이 모자랄 지경이어서 몇몇 하객들은 모두 서서 예식장면을 지켜보았다. 신랑도 대기업에 근무를 하고 있었다. 신랑 신부는 신랑이 스키장에 스케이트보드를 타러 갔다가 우연히 만나 그것이 인연이 되었다. 신랑은 서울 유수대학을 졸업한 인재로 전도유망한 청년이었다. 신랑아버지는 평생을 공직에서 생활하다 얼마 전에 정년퇴임을 하고 나라에서 주는 훈장까지 수상한 바 있었다. 친구들 중에는 이미 자식을 결혼시켜서 손자까지 본 친구도 있었고 M 사장은 손자가 둘이었고 맏손자는 4살이라고 하니 세월이 유수같음을 새삼스럽게 느끼게 된다.

요즘 장년의 대세에 관해 얘기를 들었다. 나이드신 분들이 모이는 곳이 강남의 당구장이라고 했다. 장년을 위한 할인을 해주는 식당도 여러 군데가 생겨났다. 일인당 만 3천 원 수준이다. 식사를 한 후에 당구장에서 온종일 당구로 건강도 다지고 친구들 간의 우의도 돈독히 한다. 골프 등은 비용도 만만치 않고 먼 거리를 이동해야 하니 번거럽고 꼭 인원을 다 채워야 하니 그것 또한 회합을 어렵게 만드는 요인이라고 한다.

우리 친구들은 그런 대세를 따라 단골로 친구들이 즐겨다닌다는 당구장으로 행차를 했다. 6시경에 도착이 되었는데 그곳에는 정말 한산해야 할 당구장인 예전 모습은 눈을 씻고 봐도 없었다. 모든 당구대가 손님들로 꽉 차있었다. 모두 백발이 성성했고 머리도 희끗희끗한 모습으로 우리보다 연하는 없었다. 조금 기다렸더니 자리가 났다. 다음주가 기별 시합이 예정되어 있으니 연습을 해야 할 상황이었다. 일부는 선수로 이미 출전을 신청해 놓은 이도 있었다. 4구 경기를 하는 것이 아니었다. 모두 쓰리쿠션이었고 40분간 각 개인별로 15개를 쳐야하는 규칙이었다. 40분 내에 경기가 끝나지 않으면 남은 개수로 승부를 가리는 식이었다. 벽에는 여러 가지 안주와 술 종류가 가격과 함께 메뉴판으로 부착이 되어 있었다. 기본과 소주를 한 병 시켜서 반주로 한 잔씩 하면서 경기를 즐겼다. 모두 평균수준이었기에 5개씩 놓고 쳤다. 40분쯤되니 1차전의 경기가 끝났다. 다시 당구대가 비어 선수조는 따로 떨어져 나갔다. 얼마 후 동기들이 서너 명 더 왔다. 그들과 반갑게 해후했다. 식사도 하지 않았는지 그들은 곧 중식을 시켜서 한쪽 테이블에서 게걸스럽게 먹어가면서 경기를 즐겼다. 70년대 말 한창 당구열풍이 불었을 때를 연상시켰다. 옆 테이블의 모습을 보니 얼마 후 곧 우리의 모습이 될 것으로 여겨졌다. 그들은 10여 명 이상이 모였고 마지막에는 모두 기념사진까지 핸드폰으로 찍고 귀가하는 모습을 보여주었다. 제대로 된 여가문화 내지 놀이문화를 체험하지 못한 우리시대의 자화상을 보는 듯해 씁쓸한 느낌도 들었다.

경기를 마친 우리는 다시 인근의 화로구이집을 찾았다. 그리고 담소하면서 혼례식의 후일담을 나눴다. 어떤 친구는 예정 M사장 아들의 결혼식에 올라왔던 신랑 아버지에 관한 얘기도 있었다. 마땅한 숙소가 없어 자기집에 데리고 가서 재운 후 내려보냈다고 했다. 이제는 60을 바라보는 나이가 되었으니 다들 과년한 자식들을 한 둘씩 데리고 있었고 최고의 관심이 자식들의 결혼이 얘기되는 상황으로 여겨졌다. 모두들 그래도 현역에서 활발히 활동을 이어가고 있는 친구들이 대부분이었다. 한 친구는 얼마 전 하던 사업을 접고 이제는 좀 쉰 후에 다시 일을 알아보려하는 친구도 있기도 했다. 한 친구는 오랫동안 채식을 해서 건강이나 피부가 젊은 사람들 못지않아 부러움의 대상이 되기도 했다. 향후에는 계속 결혼식에서 이들 친구들을 만나게 될 것으로 여겨졌다. 이젠 직장생활이나 사회생활을 마무리하고 제2의 인생을 구상하고 실현해야 할 처지가 되었다는 것에서 아쉬움도 남았다. 가을날 친구아들 결혼식의 하루 일정은 이렇게 마무리가 되었다. 아직도 팔팔한 근력과 힘을 보여주기도 했지만 대부분은 건강에서도 애로를 겪고 있기도 했다. 이제는 서서히 생의 마무리를 해야 하고 더 편안하고 안락한 노후의 삶을 누리기를 기원해야 하리라.

80년을 보내며

1980년 1월 20일 경에 중학교 동창 동엽이가 군대에 입대했다. 79년 10.26사태 이후 조짐을 보이던 학생회 부활과 정치활동의 활성화는 일어나다 꺼져버리고 물거품처럼 지나가버리고 말았다.

작년 11월의 통일주체국민회의 선거에 반대한 명동사건도 매사처럼 유야무야되고 흐지부지 되는 듯 했는데 위정자들의 힘에 눌려 재판으로 넘어가 버렸다. 새로운 각광을 받고 대두된 3김씨도 모두 정치활동이 정지되었다. 80년 초 광주사태는 아주 혼란된 정국을 전개시켰다. 5월 17일 선포된 대학 휴교령과 아울러 비상조치가 선포되었다. 5.18일 광주에서는 심한 폭동사태가 전개되었고 정국은 혼란을 거듭했다. 김대중 씨와 김종필 씨가 체포되었고 많은 정치인과 학생들이 학원 소요와 관련하여 체포되었다. 열기를 더해가던 학생회 부활과 학생자치화 학원 민주화 그리고 학원소요는 그 종말을 고했고 휴교령 하에서도 학내문제를 떠나 정치문제까지 그 손길이 뻗쳤다. 당시 중동을 순방 중이던 최 대통령은 일정을 하루 앞당겨 급기야 귀국하는 사태까지 되었다. 당시 국무총리였던 신현확 씨를 경질시키고 사태수습에 나섰다. 8.15 광복절 기념식을 끝으로 공식일정을 마무리하고 대통령직을 사퇴하고 새로이 정국 혼란을 수습하고 안정된 정국을 만들려 했던 비상대책상무회의 위원장이었던 전두환 씨가 통일주체국민회의의 선거에서 당선되어 10대 대통령에 취임했다. 새로운 헌법이 만들어졌고 김대중 씨 사형선고로 인한 한일간의 대립이 격화되었고 예상을 누르고 현격한 차이로 레이건이 미대통령에 당선되어 보수주의의 승리로 돌아갔다.

작년 11월에 시작된 미인질문제는 아직 해결의 실마리를 보이지 않고 있다. 세인을 놀라게 한 소련의 아프간 침공이나 폴란드의 파업사태, 소련의 폴란드 침공위기, 이란과 이라크 전쟁 등과 호메이니와 카터의 대결 등 흥미진진한 사건의 연속이었다. 일본수상 오히라가 사망함으로써 스노베가 수상이 되고 서독에서도 대통령이 그대로 유임되었고 브르즈네프가 인도를 방문했고 후쿠다 수상이 우리나라를 방문했다.

스포츠에서도 한국은 놀라운 발전을 보였다. 말썽 많았던 올림픽 소련개최에 대처한 미국의 불참에 편성하여 많은 국가들이 불참한 유명무실한 올림픽으로 끝났다. 차범근, 허정무, 박종원 등의 축구선수들의 유럽진출, 여자 농구의 아시아 제패, 청소년축구의 제패, 아마추어 야구의 세계 공동 2위, 대표축구팀의 북한 제압, 복싱의 김태식 선수의 세계챔피언 획득, 박찬희의 5차 방어 성공 등 여러 일들이 있었다.

경제적으로는 침체에 불황이 겹쳐 유류파동이 아직 그 여세를 떨치고 있어 -5.7% 성장이란 최악의 실적을 남겼다. 개인 GNP도 8,900달러로 되어 후퇴하는 역사를 남겼다.

새로운 헌법에 의해 모든 국회의원과 통일주체 대의원이 모두 해직되고 새로운 입법회의란 명목으로 새로운 의회를 조직하여 새 헌법에 맞는 법률을 만들고 개정 하는 등의 활발한 활동으로 어느 정도 안정을 되찾았다.

이러한 혼란한 정국으로 인하여 1학기의 수업은 제대로 되지 못했다. 데모다 철야농성으로 학원이 시끄러웠고 제대로 학창시절을 보내지 못하고 3~4개월 동안이나 휴교 하에서 그 지루함은 이루 말할 수 없었다. 그 동안 약 1개월 동안은 대망이란 대하소설 20권을 읽으며 보냈다. 도꾸가와 막부의 성립과정을 그려주고 있었다. 혼란했던 일본 정국이 3명의 영웅에 의해 이어져 최후에 연결되어 안정을 되찾고 300여 년을 계속된 도꾸가와 이예야스에 최종적으로 천하통일의 위업이 달성되었다. 흥미진진했고 감동적이었다. 전후 실의에 빠진 일본국민을 다시 살아나게 하는 원인을 제공하게 되기도 했다.

군대에 입대한 병건, 청훈 등을 위한 환송회 등으로 세월을 허송했다. 주왕산 수련대회는 아주 기억에 남는 추억을 안겨 주었다. 그곳에서 끓여 먹었던 꽁치찌개는 요리의 주메뉴가 되었다. 개교가 되어 학교생활이 조금 안정을 되찾았으나 연말에는 연일 술로 세월을 보냈고 당구를 배워 아주 그것에 빠져버려 공부는 뒷전이었다. 1년을 회고해 볼 때 별로 뜻한 바대로 이루지 못한 숱한 계획들이 세워지기만 했고 성취는 제로였다. 실행되지 못한 머릿속의 허구에 불과했다. 계획 없이 무절제한 생활 속에 보낸 세월을 안타까워하며 새로운 한 해를 맞는 기분은 감개무량하다.

신홍석이란 새로운 친구를 사귀기도 했다. 정상적이었다면 대학 3학년을 보내야 할 때였는데 여의치 않아 2학년을 보냈다. 전공 외에 교육에 관한 과목을 이수하게 되었다. 새로운 분야였고 아주 흥미로운 부분이었다. 인간을 교육시키고 성장시켜가는 부분에 대한 것을 이론적으로 배워가는 것이었다. 법학을 전공하는 이에게는 거의 드문 부분이었다. 학교를 점령하고 있었던 계엄군 등에 의해 답답한 세월을 보내야 했던 때였다. 어떻게 민주화와 자율화가 이루어질 듯했던 분위기는 한순간에 끝나버렸고 다시 군부에 의한 정치로 회귀되는 기현상을 빚었다. 일부에서의 민주화 움직임도 있었지만 그것은 아직까지 시기상조였고 요원한 일들이었다. 장기적인 관점이나 역사적인 관점에서 보면 그것은 과도기였고 완충기라고도 할 수 있는 부분으로 평가될 수도 있었다. 민주화로 급격하게 변모되고 변화하는 것보다는 그래도 서서히 그 과정을 밟아가면서 민주화를 이루고 정권교체를 이루는 것이 필요하다고 역사가들은 변명할지도 모를 일이다. 국가나 사회가 가지는 속성자체가 흘러온 도도한 역사의 물줄기를 한꺼번에 바로 180도 전환한다는 것은 거의 불가능한 일일 것이다. 얼마만큼 받아들일 준비가 필요하고 연착륙할 수 있는 여건의 조성이 되어야 변화가 일어날 수 있는 것이다.

줄탁동시라고 했었다. 병아리는 알에서 깨어나기 위해서는 안에서 껍질을 깨고 나와야 하고 바깥에서는 어미가 껍질을 깨주는 것이 같이 맞물려야 한 생명이 탄생되는 것이라는 말이다. 그 속에서는 알을 깨는 고통과 맞물려 알에서 벗어나는 탈각의 새로운 세계로의 진입이 일어나고 새로운 세상이 열리게 되는 것이리라. 봄부터 소쩍새가 그렇게 울고 구름은 먹구름 속에서 그렇게 기다리고 염원했을 때 한 송이 국화꽃이 피는 것처럼 말이다. 청춘의 80년대는 그렇게 흘러갔고 지나갔다. 질풍노도의 시대였고 지나고 나서는 정말 암울했던 한 때가 아니었나 여겨지기도 한다. 꿈의 80년대였지만 혼란의 극치였고 불안한 나날의 연속이었던 때이기도 했었다.

1977년 봄 종례

고등학교 3학년 때인 1977년 봄 종례시간이었다. 지금으로부터 40년 전 까마득한 예전 얘기다. 나는 학우 13명과 함께 3반 교실로 갔다. 교실에는 담임선생님과 60명이 엄숙하게 앉아있었다.

모두 심각한 표정이었다. 뒷문을 살며시 열고 들어갔다. 14명이 교실 옆으로 죽 섰다. 실장이 차렷, 경례 구령을 붙여 종례가 시작되었다. 담임은 어제 무기명으로 적어낸 쪽지에 적힌 불량학생 다섯 명을 호명했다. 첫 번째 학생에게 사정없이 빰을 후려쳤다. 왕복으로 서너 대를 때리자. 매 맞은 학생이 벌벌 떤다. 몽둥이로 허벅지를 갈긴다. "또 떠들겠어. 응 맛 좀 볼래." "학교에 도대체 뭐 하러 오는 거야? 학교를 그만 두던지 조용히 하던지 양자택일해" "조용히 못하겠으면 학교를 그만둬야 할 거 아냐. 민심은 천심이야." 첫 번째 학생이 매에 주눅이 들어 아주 비굴한 인간의 본성을 적나라하게 노출시켰다. "예. 안하겠습니다. 조용히 하겠습니다." 굴욕적인 인간의 나약함이 70여 명의 눈에는 불쌍하게 비춰졌으리라. 나는 교실 뒤에 서서 그 모양을 보니 흡사 고양이 앞에 쥐요, 맹수의 왕 사자의 낮잠을 방해한 생쥐와 흡사했다. 담임선생님은 잠바를 교탁 위에 벗어두고 그 우람한 체격을 마음껏 뽐내는 중이었다. 차례차례 다섯 명이 박살이 나고 혼줄이 났다. 그는 씩씩거리며 일동을 향해 일장 연설을 했다.

"권력관계를 아는가. 권력관계에는 일반권력관계와 특별권력관계가 있다. 쉽게 말해서 일반권력관계란 국민과 국가의 권력관계를 말하는 것이다. 특별권력관계란 여러분과 나와의 권력관계이다. 그래서 여러분이 매 맞고 고소해 봐야 법에 저촉이 되지 않는다. 나는 Y대 정외과 출신이다. 대학이 문제가 아니다. 물론 대학에 가면 좋다. 그러나 대학에 간다고 해서 다 출세하는 것은 아니다. 먼저 인간이 되어야 한다. 나 같은 사람 대학 안 가고 고등학교만 나오고 국제시장 시장바닥에서 장사를 못할 것 같나. 아마 그랬으면 난 지금 으리으리하게 떵떵거리며 살 것이다. 문제는 사람이 되는 것이다. 나는 미국인 학교를 많이 가봤다. 그들은 절대 남에게 방해하거나 상관하지 않는다. 그곳은 다 남녀공학이다. 남학생과 여학생이 수업 중에 손을 꼭 쥐고 수업을 받는다. 선생도 그것을 본다. 옆에 학생도 본다. 그러나 아무도 그것에 대해 말하지 않는다. 왜냐하면 그 두 아이가 옆의 다른 학생에게 추호도 방해를 하지 않기 때문이다. 이것은 우리가 본받아야 할 부분인 것이다. 남이 공부하는데 최소한 방해는 하지 말아야 한다. 공부하기 싫으면 자기혼자 공부 안 하면 그만이지 왜 남까지 공부를 못하게 방해를 하는가 말이다. 인문 고등학교 3학년생이면 장차 이 나라의 지도자가 될 사람들이다. 그게 상업학교나 공고와의 차이점이다. 여러분은 이 나라 지도자가 될 인물들이다. 그런데 담임이 이런 식으로 지도를 해서 되겠나. 나는 잔소리를 싫어한다. 학교에서 기분

좋게 수업하고 기분 좋게 끝을 내면 얼마나 좋으냐. 미국 학교에서 이런 일이 있었다. 한 학생이 화장실에서 담배를 핀다. 연기가 화장실 위로 올라온다. 그것을 보고 선생이 뛰어가서 그 화장실에서 나오는 학생을 보고 얘기한다. 너 담배 피웠지. 아니요. 전 안 피웠는데요. 그리고 그 일은 끝이다. 증거가 없다. 그것을 갖고 학생을 때리고 하지 않는다. 물론 담배는 변기 속으로 들어갔지. 그것을 찾으러 변기를 뒤져 꽁초를 찾는 선생은 없다. 그런데 어찌된 영문인지 학생들이 보는데서 담배를 피운 놈이 12명이나 되나. 정 담배가 피우고 싶거든 집의 골방에 가서 마음껏 담배를 피워라. 학교에서 화장실에 서너 명씩 들어가 한 번씩 빨고 마는 그런 식으로 담배를 피워서 뭐 하나. 지금 이 가운데는 학원에도 가야 하고 바쁜 학생도 상당수 있다는 것도 잘 알지만 여러분들이 계속 이런 식으로 수업을 받고 들어오는 선생님들마다 3학년 3반 수업분위기가 나쁘다는 소리가 끊어질 때까지 여러분이 졸업하는 날까지 이런 식으로 할 것이다. 알겠나." "예"

조용하게 앉아 있던 학생들이 겨우 소리를 내며 산발적으로 대답을 한다. 장승처럼 옆에 서 있던 14명은 멍하니 교단 위 담임선생님을 바라다본다. 다시 또 몇 명을 불러 호통을 치고 훈계를 한다. 앞으로 조용히 하도록 오늘은 이상. 실장의 차렷, 경례의 구령으로 종례가 끝난다.

잠시 지난날 나를 생각해 보았다. 중학시절에는 매의 노예로 그 명맥을 유지했던 아주 나약한 존재로 삶을 영위한 것에 한없는 슬픔을 느꼈다. 앞으로 절대 그런 비굴한 인간성을 드러내지 않으려고 결심한다. 아주 우둔한 든사람인 선생들에게 나는 아주 신물이 났다. 든사람 그리고

도 어느 정도 된사람 그러나 현대에서 소외된 인간의 한 부류 선생님들 그들은 가난한 가정의 노동자 출신들의 후손이 대부분이다. 그들은 사회나 국가에 대한 반동적이고 비협조적인 아주 나약한 인간들이다. 그들에게서 교육을 받는다는 것은 나로서는 어서 빨리 대학으로 가서 나름대로의 어떤 학문과 진리를 위해서 인생을 불태우고 싶다는 생각이 간절하게 만들었다.

3반 교실을 나와 5반 교실에서 책을 싸서 자습실로 갔다. 어이없게도 수학과 영어선생님께서 숙직이었다. 이번에 수학선생님께서 가정의 경제사정 때문에 서면학원으로 전직을 했다. 어떤 면에서는 기분이 나빴고 어떤 점에서는 공감이 갔다. 우리나라에서는 알아주는 천재로 통하는 선생님이셨는데 대학에서 교수로 오라고 해도 가지 않을만큼 능력 있고 실력이 탁월한 선생님이었는데 안타까운 일이었다. 그런데 또 영어로 탁월한 실력을 갖춘 선생님이 7월경에 서울의 종로학원으로 초빙되어 간다는 소식이 전해졌다. 더 실망스러운 일이었다. 이때 당시를 회고해 보면 참 아득한 시절이긴 하다.

고교생 한 학년이 600명이었던 시절이었다. 그중 5개 반이 문과반이었고 나머지가 이과반이었으니 반반인 셈이었다. 4개 반에서 14명 정도씩 선발을 해서 특별반을 만들었다. 그래서 14명이 평소 일과시간의 수업은 5반에서 하고 소속반으로 가서 종례를 하는 특이한 상황이 벌어진 것이다. 담임선생님은 자신이 맡은 반이 수업분위기가 어수선하고 산만하다는 데서 분노하여 학생들에게 훈시하고 질타하는 부분의 한 장면을 옮겨놓은 것이다. 역량이 탁월하고 실력이 출중했던 선생님들이 한 분, 두 분

학교를 떠나게 된 것은 선발시험에 의해 우수한 학생들을 가르쳤던 부분이 이제는 평준화로 인해 그런 부분에서 실망한 선생님들이 더욱 나은 대우를 해 주는 곳으로 다들 입지에 맞는 자리를 찾아 떠나는 과정이었던 것이다. 우리가 졸업한 후에 선생님들이 십시일반으로 사재를 출연해서 학원을 설립하고 그곳에서 후학들을 가르치는 일까지 생겼다. 오래전 추억 속의 한 토막이었다.

31년 후 졸업 30주년 홈커밍데이에 갔던 때에 은사님들을 초청했는데 이미 담임선생님은 고인이 되어 있었다. 삼가 명복을 빈다. 그 시절에는 그래도 선생님들이 정말 제자들을 지도자로 키우고자 하는 열정도 있었고 혼신의 얼을 불어넣고자 하는 의욕이 충분한 선생님들이 많았다. 제자들을 위해 혼신을 다하여 열정적으로 교육하고자 했던 선생님의 깊은 뜻을 받들어 모두가 사회에 공헌하는 지도자로 다 성장 발전했기를 기원해 본다.

굴레

남들은 자신이 할 것을 잘도 찾아 그런대로 잘 파헤쳐나가는 듯한데 난 과연 무엇을 했을까. 커다랗게 솟아오르는 태양이라는 거대한 자연조차 그 실체만으로도 산을 집어삼킬 듯 붉게 타오르는 변함없는 영속을 계속하고 그것이 모습을 드러냈을 땐 인간의 마음에 감동을 주는 강렬함이 여전한 것이다.

봄이 눈 앞에 와 있어 아주 활기차고 바쁘게 흘려보내는 시간 가운데 자신을 잃어버릴 만큼 분주하게 자신에 집착하는 노력을 보이는 때이기도 하다. 그렇게 오랫동안 잠겨 있는 물이 봇물처럼 터져 나오듯 힘차게 굉장한 굉음을 내뿜으며 작렬할 때가 도래한 것이다. 얼마만큼 많이 그렇게 물이 많이 모였으며 응어리져 왔는가. 숱한 세월 속에서 한 인간이 점하는 위치란 세상 모든 이에게 비견할만한 중요성을 지닐 수도 있으나 그것은 범상한 인간의 일이 아니라고 팽개쳐 둘 수도 있으리라. 쉽게 둥글게 아무 거리낌 없이 졸렬하게 평생 생을 영위하려는 이를 친구로서도 어찌할 수 없을 만큼 그에게가 아닌 본인에게로의 한탄과 우둔과 잘못이 되돌아 가슴에 맺힌다. 어떤 뚜렷한 실체나 확신 없이 어영부영 되는 대로 포부 이상 환상 몽상 그런 뭉뚱그려짐 속에 내 자신을 맡기는 이가 뭘 그렇게 내세울 만한 것이 있겠는가. 이스라엘을 승리로 이끌고 신의 산제물로 화해 버렸던 황소만큼이나 특출하고 소신공양하여 자신을 불사를 수 있는 용기도 믿음도 없으면서 무엇을 그렇게 큰소리치고 내세우려 하는가. 항상 나르시즘에 빠져 자기만족과 자아도취에 그 희열 속을 헤어나오지 못하는 불행에 만연된 소인에 지나지 않는 주제에 말이다. 꿈이 있고 이상이 있고 포부가 있음에 오늘의 그 추하고 취생몽사하는 삶에도 가치나 의미를 안겨준단 말인가. 어림없으리라. 먼 훗날을 기약하고 그리는 것만이 능사가 아니고 그에 대한 접근시스템이나 방법을 갖고 끝없이 정진하는 가운데 자아를 구체화시켜가고 객관화하여 보편화 하는 것에 힘써야 하리라. 수많은 날들은 엄청난 고통과 노력 수고를 제외시켜버린다면 쓰레기 통속으로 들어갈 수밖에 없는 것 외에는 쓸모가 없으리라. 어떤 이는 열렬히 주장한다. 과정이라고 그 속에 모든 의미와 진실이 담겨있다고 말이다. 그것은 일반적으로 성취되고 올바른 목표에의 달성에서 진가가 빛이 나리라. 많은 이는 과정 가운데서 그런 것을 찾지 못하고 이탈하고 방황하고 고민하고 갈등하리라. 과정 가운데 관조하고 절망하고 천 길 낭떠러지로 떨어진 이는 어떻게 그 속에서 찾을 수 있으리오. 이건 패배자의 낙오자의 변명이요. 궤변 넋두리에 불과하기도 하다. 그것보다 더 큰 것에 진실이 있고 가치를 지니고 있으리라. 그렇게 간단하게 해결되고 결론 지을 수 없는 많은 복합적 종합적 다양성을 가지고 있는 것이 인간사이리라. 패배자라고 여기진 않으리. 아주 괴로운 부적응 상태에서 많은 욕구좌절이 발생했다. 그 속에서 패배를 믿으면서도 불길

속에 뛰어드는 하루살이처럼 처참하고 비참하게 모험을 하고 도박을 하는 가운데 불가사의한 연극은 진행되고 막을 거두리라. 몇몇의 그것을 기억하는 이를 위해 자신의 고통에 대한 보상으로 우리가 받은 은혜로움에 감사함에 의해 어쩌면 자아를 위해 봉사해야 하고 이바지 해야 하는가. 그것은 우주의 철리요, 철칙이고 로고스요, 아르케요, 근원 그것이 바로 신 그 자체일지도 모른다. 궁극에 있어서의 본질이란 대체로 손에 잘 잡히지 않는 그림자와 같은 존재일지도 모른다. 우린 항상 그것에 내포된 의미에서의 집착이 우리를 고통스럽게 갈등 생기게 이끌어가서 스스로의 올가미 순환에 매여지게 되는지도 알 수 없다. 굴레란 숙명이요, 운명이요, 하나의 카테고리 속에 넣어진 범위 내의 물체 그것이리라. 그것을 떠나 가장 자유분방하고 완전한 자유 완벽한 쾌락 최대의 희열 극치 그것을 넘은 무념무상이 공 혹은 천당 극락 그것이 우리를 자유롭게 하리라. 무정부 무질서 무공의 상태나 경지에서의 도 그것은 수천 년 동안 우리가 알고자 했고 터득하고자 했던 바다. 인간의 얽매임 즉 굴레를 떠난 무한성의 인간은 해탈 열반이 있고 구원이 있고 인연이 있으리라. 그것은 완전한 로고스의 진수 그것 자체일 것이다. 결코 불변하는 것 속에서 우린 우리의 유한성 불가능의 그 속을 깨고나와 미망을 헤치고 자신을 자유롭게 하는 것이리라. 본래 인간이 가진 운명이라는 것은 벗어날 수 없는 것인지 모른다. 숙명으로 지워진 굴레라는 틀을 벗어나는 것은 인간의 본령을 벗어난 것으로 여겨질 수도 있을 것이다. 인간이 인간인 이상 인간이 지닌 속성의 틀을 벗어날 길은 없는 것인지도 모를 일이다. 인간이 가진 굴레를 벗어난다는 것은 운명을 거역하는 것이고 인간의 본질을 훼손하는 것이 될 것이다. 인간은 인간의 속성 속에서 운명이 지워진 무게대로 그것을 짊어지고 생을 구가하고 개척해 나가는 수밖에 도리가 없지 않을까 여겨지기도 한다. 불가항력적인 운명의 소용돌이 속에서 인간이 벗어날 수 있는 길은 요원해 보인다. 대도의 길을 걷고 해탈과 열반에 이르는 그런 상황에 이르지 못한다면 결국 보통의 인간이 겪는 그런 굴레 속에서의 삶에 충실할 수밖에 없지 않을까 여겨지기도 한다. 운명의 베틀이 짜는 대로 인생이 굴러갈 수밖에 없다면 인간의 선택의 영역은 결국 그렇게 큰 범주를 벗어나 자기만의 세계를 가지고 자기의 숙명을 만들어가고 추구해 갈 수 있을 것인가는 고민해야 할 것으로 보인다. 평범한 인간이 운명의 굴레를 벗어던지고 해방감을 맛보고 제대로의 궁극의 길을 갈 수 있게 되기까지는 보통의 노력과 각고로서는 엄두도 낼 수 없을 것이다. 결국 정해진 굴레 속에서 순종하며 감내하며 그렇게 살아야 하는 것이 한계인지도 모를 일이다.

기도

인간의 감정의 정체에 대해서는 사람들이 깊은 사색이나 일고를 해보는 것 같지 않다. 쉽사리 무너뜨려 버리지 못할 벽 같은 것을 항상 느끼게 되니까 말이다. 우리가 회자정리라 하는 것에서도 우린 소화하지 못하고 극복하지 못하는 것을 가지고 있는 것이다.

폭풍의 소용돌이 속에서도 도저히 감당하기 힘들고 알지 못할 뭔가를 느끼게 되리라 여겨진다. 격분과 분노, 우정과 믿음 신뢰 속에서도 우린 깊이를 알 수 없는 변화와 전환 또는 변심과 배반에 크게 당혹감을 느낄 것이다. 동양에선 환상이라고 했고 거의 망령된 것이라 했으며 성자가 입에 담지 않아도 되는 자연스러운 감정이라고 했다.

수필에는 에세이와 미셀러니가 있단다. 사랑에도 그런 듯하다. 철학적이고 지성적인 것이 있는가 하면 격정적이고 태워도 재가 되지 않는 사랑을 키우고자 하는 이가 있는 모양이다. 매혹적인 것은 에세이일 것이고 고상한 것은 미셀러니일 것이리라. 그렇다고 불장난을 용서할 순 없으리라. 가슴속에 그대를 향한 솟구치는 그리움에 주체할 수 없어 할 만큼 그렇듯 진한 뜨거운 열애를 할 수 없다는 것은 변명이리라. 세상을 살아

나이가 90이 넘는다 하더라도 우린 사랑을 지속할 수 있으리라. 제약된 조건들 속에서 자신을 함몰시켜서는 제대로 현상과 상황을 곡해한 것이리라. 어떤 연인들은 그렇게 한다고 한다. 소위 만나기 연습이다. 서로 떨어져 있으면서 새로운 인연의 깊이를 파악하려 하는 것이다. 소위 말하는 텔레파시의 위력을 믿어 보자는 것이다.

어느 날 갑자기 어느 곳에서 순간적인 해후를 통해서 더욱 만남의 깊이와 의의를 새롭게 해보자는 것이다. 그렇게 시험해 보려는 자체에서 인간 신뢰의 나약함이 노정되고 어찌할 수 없는 불안이 시작되는 것이다. 이렇듯 인간의 신뢰란 미력하고 더할 나위 없이 종요로운 것이다. 얼마만큼 강하게 신뢰하고 애증을 쏟아 붓고 있는가, 설혹 손톱만큼이라도 의혹을 갖고 미심쩍어 하지는 않았는가. 출발에 신성함을 위하고자 하는 것은 아닌가. 담대하게 용기를 갖고 두 결속된 신앙에 반석 위에 집을 짓고 싶어 하는 인간 본연의 욕구이리라. 아웅다웅하고 질시하는 것이 아니라 태양처럼 그렇게 강하고 뜨겁게 타오를 수 있도록 열과 성의를 다해서 위해줄 수 있으며 비워버릴 수 있는 희생에서 황홀한 꽃을 피우고 열매를 맺을 수 있도록 해야 할 것이다.

죽음이 갈라 놓을 때까지 사랑할 수 있도록 하소서. 내면 깊숙이 들려오는 생명의 고동을 느낄 수 있도록 힘을 기를 넣어 주소서. 나약함과 유혹에 매몰되는 일이 없도록 해서 나날이 새로운 사랑의 반석을 만들어 갈 수 있도록 남내함을 심어 주소서. 헛되이 미혹에 빠지지 말게 하시고 서로 믿고 의지해서 인간 스스로의 성실성에 박수를 보낼 수 있게 하소서. 많은 어려움과 각고 등 환난이 있을지라도 즐거이 그 형극의 길을 헤쳐갈 수 있는 삶의 의욕을 주시고 총기를 불어 넣어 주실 것을 믿습니다. 당신의 눈가에 이슬이 맺히지 않도록 할 것이고 그대의 가슴에 아픔을 심지 않도록 해서 입가에 가득 포만감에서 응어리지는 밝고 깨끗한 미소를 오랫동안 기억할 수 있게 해서 사랑의 결실을 통해 여러 어려운 바람을 헤쳐 나갈 수 있도록 북돋우소서. 여자의 한에서 그것에 예속되지 말게 하옵시고 그런 속박과 압제에서의 해방을 마음껏 합장하며 눈물겨웠던 지난날을 아름다운 추억거리로 간직할 수 있게 하소서. 환난과 재난과 불행 가운데서 지켜주시고 보람과 기쁨을 가지고 흔쾌히 세상일에 자신을 가질 수 있게 하옵시고 그 지고지선의 자존과 자의식을 고고하고 우아하게 지켜갈 수 있게 그에게 웅비의 기회를 주시고 슬픔과 아픔에 젖어있지 않게 하시고 낙과 기쁨 가득한 생을 주소서. 가족에게도 넉넉히 세파를 헤쳐갈 수 있는 자신과 힘을 주시고 생의 본원적 의미를 깊게 통찰할 수 있는 지혜를 주소서. 겸손하게 하시고 고개 숙여 감사할 수 있게 하소서. 미워하지 않게 하시고 걸음걸음 영광과 성취가 여물 수 있도록 당신께서 보살펴 주옵소서. 강하고 철두철미하게 산 것에서 잃어버린 것들을 가슴가득 품을 수 있도록 하옵시고 물질과 환경과 상황의 질곡 속에서 굳건하게 자아를 발전시켜가고 하고자 하는 바에 힘과 용기와 정열을 불어넣어 주시길 간절히 원하나이다. 보통의 사람들이 하는 그런 얄팍하고 금방 식어버리는 그런 사랑이 아니라 정말 은애하고 위하고 진주처럼 믿음이 강한 그런 연대감을 가질 수 있는 사랑이 이루어지기를 도와주소서. 진주조개는 모래를 삼켜서 진주를 생산해내는 그 어렵고 힘든 과정을 거쳐서 모래의 그 쓴 것을 이기고 그것을 삼키고 그 고통을 감내함으로써 정말 그 어떤 것도 파괴할 수 없는 영롱한 진주를 품게 되고 간직할 수 있게 되는 것처럼 저희도 인내하고 영롱한 결실을 맺게 지켜 보호하여 주옵소서. 삶에서 저희를 두루 살피시고 순간순간 넘치는 사랑과 복에 항상 잊지 않고 감사하게 하옵소서.

K양아 기도소리가 들리느냐. 열사의 사막으로 젊음을 구가하러 간 피 끓는 젊은 시인의 구도 마음이 그립구나.

나의 미래

처음 대학에 입학할 때부터 많은 불안을 안고 있었음에도 불구하고 아주 무난하게 입학을 하자 세상이 그렇게 가소롭게 보일 수 없었고 매사에 자신만만했다.

세상 어느 누구도 부럽지 않았고 온통 내 세상이 된 듯했고 세상을 다 가진 듯 오만방자하기까지 했다. 젊음의 두 손아귀에 세상만사를 다 내 마음대로 자유자재로 뒤흔들려 했다. 억압과 긴장 초조 속에서 해방되어 그 누구도 건드리지 않는 개인적 자유의 포만감에 어쩔 줄 몰라 했고 주체할 수 없을 지경이었다. 항상 밖으로 쫓아다녔고 뭔가를 찾아 열심히 헤맸다. 많은 사람을 알고자 했고 그들의 짧고 가소로운 소견일지라도 무언가를 찾아내려 무척 애를 썼던 것이다. 봇물처럼 터져 나오는 말씀과 지식의 홍수 속에서 그 용량을 감당할 수조차 없었다. 그러면서 나는 기록을 하기 시작했고 여러 종류의 종이에 수많은 애기를 주워 담았다.

고교시절부터 동경해 마지않았던 대학의 자율성은 그렇게 큰 범주를 갖고 있지 못했다. 우유부단하고 남과 어울리기를 좋아했고 밤새도록 친구들과 애기하기를 주저하지 않았다. 아주 공공연하게 반정부적인 일에도 가담하기도 했다. 올바른 대의를 위한 자신의 확고부동한 신념체계를 갖는다면 그것이 틀리고 결코 나쁜 것이라고는 평가할 수 없으리라 여겼다. 씨알도 먹혀들지 않는 얘기들이고 이상론에 불가할지라도 그들이 주장하는 사상에 대의가 있는 한 그 뿌리는 쉽게 뽑혀지지 않으리라 생각했다.

반대파는 언제나 항상 있어야 하고 있어왔던 것이다. 그것은 인류가 갖고 있는 불완전성과 자율성과 배타성에 기인한 독단이고 도그마인 것이다. 그와 같은 악몽 같은 추락은 무지막지하게 강한 힘과 권력을 향한 도전이었고 계란으로 바위치기 식이었다. 계란은 여지없이 산산조각이 났다. 그로 인하여 오랫동안 아픔의 치유를 위한 시간을 흘려보내야 했다. 그렇게 고통스럽고 절실했던 것도 세월이 약이라는 말처럼 그렇게 아주 먼 옛날 일로 여겨지고 잊히었던 것이다.

그 이후 변화무쌍한 세태는 급변하여 1년 동안 이상을 혼란과 암흑의 무법천지가 유발되고 1년여 동안 대통령을 세 명이나 보게 되는 어처구니 없는 일을 당하게도 되었다. 또한 학창시절의 1년 이상을 이런 혼란의 격동기를 보내게 되었다. 그러다 졸지에 3학년이 되었다. 세월은 유수처럼 흘러가고 있었다. 느끼지도 못하고 감지하지도 못한 채 지금을 시간을 멈추게 하고 싶은 욕구를 안은 채였지만 시간은 기다려 주지 않았고 무심하게도 자꾸자꾸 흘러갔다. 이제는 거의 끝나가고 있는 대학시절의 안타까움을 절실하게 느껴가며 서서히 채비를 해야 할 것이다. 남은 것은 졸업논문과 교양과목의 학점만 잘 받으면 될 것이고 최종적으로 교생실습을 완결하면 종료될 것이다. 과거에는 40대 정도까지 돈을 모으고 그 이후 20년 정도를 연구하고 공부하려 했으나 앞으로 졸업 후 취직을 일단 해두고 군에 입대할 생각이다. 대학원도 시험을 치러야 할 것으로 보인다. 내가 하려는 법학은 학문을 하려는 것이 아니다. 이것은 하나의 사회과학을 학문하는데 있어서의 주요한 방법론이 될 것이기 때문이었다. 잘되면 유학도 고려해볼만 하다. 결코 패배하지 않고 굳건하게 일어서려는 백전불굴의 의지는 나를 실망시키지 않으리라. 인간은 자기의 위치와 본분을 잘 알아야 한다. 나는 어쩌면 착각과 몽상 속에서 헤매고 있는지도 모른다. 그러나 나는 결코 그것이 착각이고 몽상이고 신기루일지라도 내가 못하면 내 후손을 통해서라도 이루고 싶은 마음이다. 나는 인간을 사랑하고 나 자신도 사랑한다. 결코 미워할 수 없는 인간이기에 잔인해지기도 하는 것이다.

멋진 분을 그리며

내가 그분을 만나러 간 것은 2013년 말쯤이었다. 평소에 안면은 있었지만 직접 이렇게 대면하게 된 것은 처음이었다. 미리 약속이 되어 있던 것도 아니었고 불쑥 찾아뵈었는데 금방 만남이 이루어지지는 않았다. 잠깐 산책을 나가신 듯했다.

연락번호를 남겨두고 차에서 대기를 하고 있었는데 비서인 듯한 여직원으로부터 잠시 후 연락이 왔다. 그간의 사정을 얘기하고 당부를 드렸다. 참으로 푸근한 인상을 주었고 온화한 모습이 덕스러워 보였다. 그리고 얼마 후 그분 밑에서 같이 근무를 하게 되었다. 다른 사람의 요청이 있기도 했지만 굳이 나를 믿어준 데 대하여 깊은 감사를 드리지 않을 수 없었다.

80년쯤에 농협에 입사를 했다. 본래 전공은 영어교육이 전공이었는데 엉뚱하게도 본래 꿈이었던 선생님의 꿈을 접고 농협에 입사하게 되었다. 어린 시절에는 부산에서 조금 살기도 했다. 학창시절에 소를 먹이러 갔다. 소가 풀을 뜯어 먹게 내버려 두고 신나게 친구들이랑 놀았다. 그런데 일이 생겼다. 소가 기찻길로 내려가 버린 것이었다. 결국 소는 기차에 치여 죽고 말았다. 아이들은 어른들에게 혼이 났다. 그런데 죽은 소는 결국 잡아서 동네잔치에 쓰였다. 그분은 그때의 그 소고기 맛을 잊지 못했다.

기차통학을 하며 어렵사리 학교를 다녔다. 미군들에게 초콜릿을 구걸하기도 하고 그냥 가는 미군을 향해 삿대질도 해댔다. 그것을 본 여선생님에게 학교에 가서 혼줄이 나기도 했다. 서울 삼청동에서 대학을 가기 위해 독서실과 학원을 오가며 공부를 했다. 그때의 사람 중에는 나중에 국회의원도 역임하여 야당대표를 지낸 분도 있었다.

학교를 마치고 당연히 학교선생님으로 가는 것이 당연지사였는데 우연찮게 농협에 입사를 하게 되었다. 대부분의 사람들은 시골로 발령을 받아갔는데 운 좋게도 처음부터 조사부로 발령을 받았다. 그런데 처음에는 무척이나 콧대가 높은 선배들 때문에 곤욕도 치렀고 마음고생도 심했다. 얼마 후 승진을 해서 포항으로 내려갔다. 지부장이 하늘같은 분이었다. 하필 또 경남출신이었다. 그럼에도 불구하고 대체요원이 없다는 전제하에 해외 파견을 가는 것에 흔쾌히 동의를 해주었다. 그래서 이태리에 가서 국제기구에서 파견근무를 1년 정도 하고 왔다. 그리고 대만근무를 하다 결국은 중국 사무소장까지 역임하게 되었다. 국제금융과 관련된 큰 미제사건이 있었는데 백방으로 노력한 결과 변제를 받아내는 쾌거를 이루기도 했다. 귀국해서 얼마 후 승진이 되었다. 당연히 고향으로 갈 줄 알았는데 얼토당토않게 청도 군지부로 가게 되었다. 지도사업을 하면서 농협인으로서의 보람을 느꼈고 정말 열심히 농업인의 편익증진을 위해 몰두했다.

휴일이면 들녘에 나가 농업인의 애로를 청취하고 그 애환을 들었다. 그러자 관내 조합장들이 난리가 났다. 자신들도 못하는 일을 지부장이 하고 있으니 대략난감이었다. 1년 후에 다시 고향으로 가게 되었다. 지부장을 하는 동안 원자력 방패장의 건설자금 유치하는 큰 공적을 세웠다. 특별회계가 지방은행에 있음에도 불구하고 열렬하게 뚝심으로 밀어붙인 결과 그 큰일을 해냈다. 조합장들을 이끌고 중국여행을 다녀오기도 했다. 여직원들이 재직 중의 사진을 모아서 앨범을 만들어주기도 했다.

지부장 시절에는 머리가 백발이어서 지금과는 완전히 다른 모습이었다. 이후 회원 지원부장, 상무를 거쳤다. 기획 상무를 하면서 워낙 어려운 시기여서 거의 365일을 사무실에서 지냈던 때였다고 회고했다. 이후 엄청난 후유증이 생겨 큰 고생을 하기도 했었다. 결혼은 고향의 여선생님과 인연이 되어 백년가약을 맺었다. 해외에 나가면서 자연히 사모님은 업을 접었다. 아이들은 아들과 딸 둘을 두었다. 중국에서 학업을 하다 대학은 한국에서 유수한 곳을 나왔다. 그리고 아들은 대기업에 딸은 언론사에 취업을 해서 근무를 잘하고 있다. 아들은 작년 11월에 인천 교육청에 교육공무원으로 재직하고 있는 처자를 며느리로 맞았다. 늦은 결혼이어서 무척이나 애를 태웠는데 성혼이 되어 안도했다. 작년에 항상 자신을 믿어주고 지지해 주던 장인이 타계하는 바람에 실의에 빠지기도 했다. 고향에 가면 아주 허름한 단골 횟집이 한 곳 있단다. 경주 인근에 있는 조그만 포구인 감포항 근처인네 그곳에 가면 주인이 직접 잡은 제대로 된 자연산회를 맛볼 수 있다고 한다. 정말 순수 그 자체 회맛이고 자연산의 맛을 볼 수 있단다. 아직까지도 오랫동안 친분을 유지했었던 대만의 사람들과는 인연의 끈을 놓지 않고 있으며 한 번씩 내왕을 하기도 하는 모양이었다. 자기의 소신을 가지고 조직의 미래를 위해 매진하고자 했고 공명정대하고자 했었던 이로 정평이 나 있었다. 몸은 단구이고 왜소한 모습이지만 대단한 강단을 가지고 있었고 의리가 깊은 사람으로 지인들과 우의를 돈독히 하고 있었다. 불미스러운 일로 애로를 겪기도 했지만 항상 의연한 자세로 대처해서 만사를 해결해 나갔다. 인문학을 했던 이답게 한 번씩 멋진 시구詩句도 인용하기도 하고 멋진 얘기를 자주 해주기도 했다. 예를 들자면 "내 인생에 가을이 오면" 또는 "6월을 드립니다." 등이었다. 조사부시절에 학업을 계속해서 박사학위까지 갖고 있으면서도 전혀 그런 내색을 하지 않는 멋진 분이기도 했다. 중국에 정통해 있고 해박함을 갖고 있었지만 나서지도 않고 자신이 중국에 대해서 잘 안다고 언급도 하지 않을 정도였다. 워낙 중국이 넓은 곳이라 쉽사리 언급하는 것이 망설여진다는 것이었다.

한때 야인으로 1년 반 정도를 쉬시기도 했지만 다시 연수원장으로 부임해서 마지막 투혼을 불사르고 있다. 항상 웃으라고 얘기하고 소중한 인연을 잘 간직하라고 말씀하기도 했다. 자신의 식탐에 대해 안타까워하고 몸 건강을 소중하게 유지하게 하는 것의 필요성을 강조하기도 했다. 이제는 눈에 넣어도 아프지 않을 손녀를 보았다고 했다. 휴일이면 청계산을 오르내리고 주말농장에서 소일을 하기도 한다. 한때 어깨에 부상을 입어 골프는 중단을 한 상태이다. 항상 소탈하게 평안하게 걷는 것을 좋아하고 천엽을 좋아하며 사람들과 어울리는 것에 스스럼이 없고 소탈한 품성을 보여주었다. 보신탕만은 일체 먹지 않고 음식을 가리는 것은 아닌데

맛있는 곳을 찾아다니기를 좋아한다.

요즘도 한 번씩은 고향을 방문하기도 하고 며칠을 지내다 오기도 하는 눈치였다. 노후를 걱정하고 있으며 언젠가는 시골로 귀촌해 유유자적한 모습으로 생활할 것을 원하는 듯하다. 결코 큰소리를 내는 법도 없고 화를 돋우는 적도 없이 묵묵히 자신에게 주어진 일에 대해 매진하고 진력을 다하는 모습에서 진정한 직업인의 표상을 보는 듯하다. 원장을 마치게 되면 결국 전국을 유랑하며 유유자적한 삶을 구가하리라고 마음을 잡고 있었다. 언제까지나 항상 건강하고 밝은 모습으로 생활하고 활기찬 노후를 보내기를 기원해본다.

삶의 의미

사람이 세상을 산다는 것이 갖는 의미는 무엇인가. 즉 다시 말해서 삶의 의미는 무엇인가. 흔히들 얘기한다. 인간은 만물의 영장이라고 말이다. 사람이 세상을 살면서 가장 중요하게 여겨야 하고 소중하게 생각해야 하는 것은 무엇인가. 무엇이 인간을 살게 하는가. 인간은 왜 사는가. 그것에서의 가장 핵심적인 것은 무엇인가. 까뮈란 프랑스 실존주의 작가가 말했다. 삶은 살만한 가치가 있는가. 그것에서 답이 긍정적이면 사는 것이고 부정적이면 죽어야 한다는 것이다.

삶이 살만한 가치가 있다고 확신하면 살 수 있을 것이다. 그러나 삶이 살만한 가치가 없다고 인식하면 죽어야 한다. 그것에서 부정적으로 결론 내리게 되면 도달하는 것이 자살이었다. 자기가 스스로 삶의 가치를 상실한다면 살지 말고 죽어야 한다는 것이다. 삶의 가치를 어디에서 찾을 것인가는 오로지 삶의 의미를 찾아야 하는 개개인의 몫으로 여겨진다. 물론 그런 삶도 있다고 한다. 소위 죽지 못해 사는 삶이고 어떻게든 살아야 하는 이유와 근거를 찾아서 살 수밖에 없는 숙명을 가진 삶 또는 인생이 보통의 사람의 삶일 수도 있을 것이다.

이제 잠수종과 나비에 관해 살펴보자. 42살의 잘나가는 여성잡지 엘르지의 편집장 장 도미니크 보비는 어느 날 출근길에 차 속에서 심장마비를 일으킨다. 어린 아들은 충격에 휩싸이고 사람을 부르고 119를 부른다. 그는 20일 후에 깨어난다. 병명은 감금증후군이라는 것이다. 오로지 살아있는 것은 왼쪽 눈뿐이다. 그가 의식하고 감지하고 뇌가 살아있는 것뿐이지 자력으로 할 수 있는 것은 아무것도 없다. 아리따운 언어치료사 또는 도우미가 두 명이나 치료를 돕지만 회복은 쉽지 않다. 그는 자신이 겪은 것에 대해 눈까풀의 깜박임만으로 소통하고 그것을 가지고 책을 집필한다. 6개월 동안 피나는 소통을 통해서 탄생한 작품은 "잠수종과 나비"라는 것이었다.

아버지의 날이 되었다. 가족들은 아빠와의 소통을 위해서 그를 찾고 그의 입에서 무의식적으로 흘러내린 침을 어린 아들이 닦아준다. 가족은 그래도 아빠라는 자리를 지켜주며 뽀뽀하고 행복한 시간을 보낸다. 그가 기억하는 아버지에 대한 기억은 고향집으로 가서 아버지의 면도를 직접 시켜주는 것이었다. 연로한 아버지를 위해서 정성을 다해 면도를 하면서 가족의 사랑을 체득했었다. 그는 가족이 있으면서도 다른 여자에게 한눈을 팔았다. 그녀는 전화로 자신의 얘기를 전해왔다. 진실로 가 보고 싶지만 지금의 모습을 보는 것은 너무 싫다고 했다. 매일매일 그녀를 기다렸지만 막무가내였다. 그의 친구가 오고 가족이 오지만 결국은 그와 소통할 수 있는 이를 고용해서 그를 통해서 눈꺼풀로만 소통하면서 책을 쓴다. 그리고 그것은 오랜 각고의 노력 끝에 어렵사리 완성된다. 바다도 가고 산천을 떠돌아 다녀도 보지만 그는 그 예전의 모습을 찾을 길이 없다.

또한 그런다고 해서 예전의 그 영화로웠던 황금시절로 그를 되돌려 놓을 순 없었다. 옛 애인과의 추억도 되돌려 보지만 관계회복은 요원하기만 하다.

그는 몬테크리스토 백작의 유사한 형태인 여성의 복수극을 소설로 써 보고 싶어 했다. 음식을 삼키는 것도 불가능하고 목소리를 내는 것도 불가능한 상태에서 그는 급기야 폐렴까지 걸리게 된다. 그는 그 속에서 과연 무엇을 할 수 있었을까. 그는 삶의 의지를 가질 수 있을까. 그가 가진 삶이라는 것은 어떤 가치와 의미를 가질 수 있을까. 손 또는 발 소위 말하는 사지육신하나 제대로 운신할 수 있는 것이 없는 그 속에서 삶의 깊은 심연을 느껴볼 수 있을까. 결국 그렇게 의식이 회복된 상태에서 그는 6개월간을 의사소통에 몰입했고 그 속에서 잠수종과 나비가 탄생되었다. 그런 후 그는 10일 더 살다가 영면했다. 우리가 보았던 세월호 사건에서 투입되었던 다이빙 벨이라는 것 그것이 바로 잠수종이었다. 물속에서 자유롭게 유영하기 위해 들어가는 곳 그 속에서는 무엇이 이루어질 수 있고 소통될 수 있을까. 그 속에서 도미니크 보비는 무슨 생각을 했으며 어떤 것을 느꼈을까.

그가 겪었던 일화 하나가 소개되었다. 그가 베이루트행 비행기를 탔었다. 그런데 어떤 남자가 그 비행기의 좌석을 자신과 바꾸자고 했던 것이다. 그로써 그는 베이루트로 가서 그곳에서 상당한 기간 동안 억류되었다가 자유의 몸이 되었다. 그리고 그 남자가 그를 찾아왔다. 그 두 사람의 운명은 어쩜 이렇게 극명하게 대비될 수 있었던 것일까. 결국 우리는 그런 운명에서 완전히 벗어날 수 없는 한계에 부딪치며 살아가게 되는 것일까. 보비가 그런 힘든 고통을 당하는 것은 그가 저지른 죄업의 결과인지 업보라는 굴레인지는 정확히 장담할 순 없다. 보비에게 닥쳐온 불행이 어느 누구한테나 닥쳐오지 말란 법은 없지 않겠는가. 그는 정말 인생의 정점에서 횡액을 당했고 자신의 의지와 아무런 상관없이 생을 마감할 수밖에 없는 상황과 처지에 놓였고 그것은 그의 희망이나 바람과 상관없이 그렇게 갑자기 다가왔다. '잠수종과 나비' 라는 것을 알게 된 계기는 한 유명 의학전문기자의 건강강좌를 통해서였다. 그는 암만큼 심각하게 고민하고 대비해야 하는 질병으로 심혈관질환을 얘기하던 중에 이 얘기를 예화로 들려주었다. 항상 건강을 조심해야 하고 건강할 때 지켜가야 하는 것이 건강인데 그 중에서도 4가지 지표를 신경써서 관리해야 한다는 것이다. 그것은 혈압, 혈당, 맥박수, 그리고 콜레스테롤이다. 그것을 정상적으로 유지할 수 있도록 끊임없이 관리하고 유지시켜나가야 한다. 결론은 가장 기본적인 하루의 8천보 걷기를 생활화 하는 것이 필수적이라고 했다. 옛 고전에 천지불인이라는 말처럼 천지는 결코 그렇게 자애롭지 못하다는 것이다. 그렇게 착하고 문제없는 인간에게도 횡액은 사정없이 몰아치고 부딪치게 만든다. 그것은 결국 인간의 본질적인 본성에서 비롯된 것도 아니고 하늘이 그렇게 만드는 것도 아니고 전생의 업보에 의해서 귀책을 따질 수도 있는 것도 아닐지 모른다. 그것은 마치 자연현상처럼 사람에게 다가오는 숙명이고 굴레의 한 방편일지도 모르겠다. 그런 것에 너무 휩싸여서 몰입해버린다면 인간의 의지가 정말 형편없이 추락해버린다. 잠수종과 나비가 주는 암시는 아마도 이런 것이리라. 언제 어디서 무슨 일이 생길지 모르는 만큼 곤궁한 때나 횡액당하는 시기를 대비하고 그것에 대응하고 극복할 수 있는 마음의 준비를 항시 갖추라는 운명의 메시지일지도 모르겠다. 예전의 얘기에 건강을 잃으면 모든 것을 잃는 것이라는 것이라고 하지 않았던가.

선택의 시대

인간은 도전에 대해 반응하고 자극 받으며 어떤 때는 굴복하고 또 한편에선 도피하며 또 한편으로는 극복한다. 자신에게 주어진 상황을 이용할 수도 이용당할 수도 있다. 사람의 모든 것을 알려하지 말고 차근차근하게 서서히 알려고 노력해 나가는 것이 중요하다.

안개 속에서 옆에 있는 샘을 찾지 못하는 목마른 사슴처럼 우리도 그렇게 삶을 살다 간다. 그 속에서 우린 그 사슴을 조롱하고 비웃는다. 그러나 과연 자신은 그런 사슴보다 과연 나은 삶을 살고 있는가. 생의 해결점이 바로 옆에 있고 자신의 내부 속에 있다는 것을 알면서도 우린 그것을 정확하게 발견해내지 못한다. 우리는 그것을 추구하고 달성하려는 목표로 삼고 살아가는 중생에 불과한 것이다. 그런 것들을 터득하기에 얼마만큼 우리들은 전력을 다해 노력했는가 하는 것이 우리들의 삶의 가치를 결정하는 지표가 된다. 대인관계에서 얼마만큼 성공하고 입신양명해서 얼마나 많은 돈을, 얼마나 높은 권세를 지녔는가에 따라 우리의 진실된 가치를 평가하는 기준은 될 수 없는 것이다. 그러나 그와 같은 이상과 그와 같은 진리를 믿으며 현실을 살기에는 생은 너무나 메말랐고 각박해졌다. 그것에서 문제의 소지가 있고 갈등과 번민의 현주소가 있는 것이다. 선택은 인간 각자가 하는 것이다. 그렇게 살든가 저렇게 살든가 그것은 우리의 문제요, 선택이다. 그것이 옳다 그르다를 떠나서 우린 우리의 이상을 알고 있다. 하지만 세상은 그것을 실현하도록 쉽게 놓아주지 않는다. 우리는 세상 속에 살고 있으며 다른 사람들과의 관계 속에서 살아가고 있는 것이다. 어떤 의미에서 민주주의란 이데올로기가 우리나라에서 걷는 길이 이와 유사하다. 어떤 이의 말처럼 미니스커트를 입은 민주주의가 그 가장 주된 장점을 은폐시키려고 치마를 끌어내리며 손으로 무릎을 쥐고 있는 어처구니없는 양상을 보여주고 있는 것이다. 세상은 사람과 사물로 관계되어 있다. 유기적으로 얽혀있는 그 속에서 각자 각자가 그 자체로서 의의를 가지고 있다. 그러나 그것은 객관으로 평가되기도 하고 주관적으로 결정지어지기도 한다. 소위 말하는 신념과 상황의 문제다. 자신은 이렇게 하여야 하는데 상황이 그렇지 못하다. 인류역사는 그 모순이 극복되고 상황에 굴복하지 않는 신념과 확신을 통해 진리가 발견되고 역사적 발전을 이루어왔다. 한편에서 과연 진리나 그와 같은 확신 혹은 역사를 움직이는 힘 혹은 각 개인의 자부심 혹은 좋은 평판, 명예, 칭찬 등이 각자 인간 자체와 어떠한 연관을 갖는 것이다. 즉 세상에서 좋게 평가되어지고 옳게 판단되어지는 것들이 개인 자신에게 어떠한 의미를 가지게 되는가가 문제다. 진실하고 가치 있다고 생각되는 것이 만약에 시대가 바뀜에 따라 새로운 평가를 받게 된다면 어떻게 되겠는가. 즉 과거에 선량했고 옳다고 여겨졌던 생각들이 후세에 전도되어 악덕이 되어진다면 과연 우린 어떤 지표아래에서 생의 문제를 선택해야 하는가. 여기에서 우리의 가치 기준과 설정이 어떤 의미에서 상대적이고 단편적임을 면치 못한다는 것을 알 수 있게 될 것이다. 그때까지 즉 어떤 사실에 대한 반대 의견이나 반대 가치가 더 옳았다는 것을 알 수 있을 때까지 어떤 결정을 내려야 하는가. 참다운 가치 설정을 위해서 일반적으로 말하는 것으로서 문제되는 것이 소위 말하는 진리의 문제다. 보편타당하고 결코 변하지 않고 확실한 그 어떤 것에 우리의 선택을 결정하게 된다. 그것에서 그와 같은 절대적 진리나 보편타당하고 절대불변의 기준이 선정되기까지는 기존의 체계에 얽매일 수밖에 없게 된다. 그러나 그것이 분명히 틀렸다고는 할 수 없으나 변천될 것이 확실해진다면 그렇게 결정하고 그것에 따라 행동한다는 것은 잘못된 것임이 분명하다. 인간의 본질의 문제인데 과연 그 인간존재가 무엇을 어떻게 하며 어떠한 방향으로 행동해야 하는가 하는 문제로 귀결되고 이때까지의 서술도 바로 그것이다. 자신이 옳다고 판단되는 것에 따라서 혹은 자신의 양심에 의해 하늘을 향해 한 점 부끄럼 없을 만큼 떳떳하게 그렇게 행동하는 것만으로 모든 문제가 해결되는 것은 아니다. 인간의 인간 그 자체에 대한 결단이 없이는 불가능해 보인다. 선택을 하고 그것이 올바른 길이었던가 하는 것은 추후에 세월이 지난 후에 겨우 알 수 있을 뿐이다.

예전 프루스트라는 시인의 '가지 않은 길' 이란 시가 있었다. 인생의 갈림 길에서 자신이 선택하지 않은 길에 대한 회한을 가지고 그렇게 갔더라면 자신은 어떻게 변화되었을 것이라고 추억하는 내용이었다. 모든 것에서 인간의 삶이라는 것이 태어나서 죽을 때까지 선택을 하고 결정을 하고 결단을 내리는 것의 연속이다. 누군가는 삶이라는 것은 태어나서 죽을 때까지 선택하는 것으로 점철된다고 했다. B(출생)에서 D(죽음)까지의 C(선택)를 해나가는 것이 인생이라고 한다. 그것에서 어떤 것이 바람직했고 정확했으며 올바른 길이었는가 하는 것은 결국 자신들이 최후의 순간에 자신의 생을 되돌아보았을 때 그때의 결정이 어떠했는가를 가늠해 볼 수 있을 것으로 여겨진다. 아무튼 항상 주어진 여건과 상황 속에서 최선이라고 여겨지는 것에 결정을 내리고 선택을 해야 할 필요가 있을 것이다. 그것이 자신에게 불이익으로 작용하고 어떤 때에는 잘못된 결정이었다고 하더라도 최선의 선택에 있어 주저함이 없었다면 회한을 가질 필요는 없으리라. 아무튼 선택의 가치판단에 신중을 기해야 할 것이고 그 선택에는 일말의 후회보다는 자신의 결정에 대한 책임을 든든하게 질 준비를 하는 게 더 올바른 태도가 아닐까 싶다. 선택이라는 것이 어떤 여지도 없는 때도 있지만 요즘에 와서는 선택의 기로에 놓여질 때가 너무나 많다. 모든 것에서 선택의 결정을 해야만 하는 시대에 살고 있는 것이다.

인생의 가장 중요한 선택으로 회자되는 것이 세가지다. 첫째는 직업의 선택이고 둘째는 배우자의 선택이며 셋째는 인생관의 선택이다. 그런 중대한 선택도 있지만 아주 사소한 선택도 부지기수로 우리의 결정을 기다린다. 직장인이라면 아침부터 선택의 연속이다. 와이셔츠는 어떤 것으로 넥타이는 어떤 색으로, 구두는 어떤 색으로, 또한 정장은 어떤 것을 등등 말이다. 아무렇지도 않게 지나가면 무난하지만 그러나 그런 선택에는 항상 평가가 뒤따르고 질책도 이어진다. 그래서 선택에는 책임이 뒤따를 수밖에 없는 것이다. 요즘은 선택의 시대임을 절감한다.

성찰

정말 오랜만에 자신을 성찰해보고 앞으로의 살아가는 삶의 방향과 인생의 심연의 의미를 느껴보는 시간을 가지게 되었다. 과연 나는 누구인가? 왜 무엇을 어떻게 할 것인가? 무엇을 위하여 인생을 살아야 할 것인가 등을 숙고해보려 한다.

'달라스' 라는 미국 남부 소도시 속의 한 가정을 의미심장하고 적나라하게 그 모습을 보여주고 있는 드라마를 보았다. 내가 그곳에서 발견할 수 있는 것은 현대라는 미명하에 인간이 벌이고 있는 권모술수는 어떤 형태로 빚어지며 인간은 어떤 마음자세를 갖고 살아가는가 하는 것이다.

한 선배의 말처럼 나는 시험도 칠 수 없고 회사에서 말단 신입사원에서 경영자나 사업가로도 활동할 수 없고 오직 나에게는 공부를 해서 교수나 되는 것이 가장 현명하리라는 단정적인 예견이 있었다. 어떻게 보면 실로 어떤 것도 할 수 없는 무자력의 무능한 사람으로 밖에 남에게 보이지 않을지 모른다. 나에게는 어느 사람과 마찬가지로 결코 패배할 마음은 없으며 자신의 의의를 찾을 수 있는 가치는 있다고 여겨진다.

어느 여름 무더위 속에서 서너 명의 젊은 녀석들의 얘기 중에 열을 내며 나의 가치를 정당화시키고 타당화 시키려던 작은 사람들 중에서의 한 사람의 공감도 받지 못하고 외면되었고 무시되었다. 하지만 자신 스스로의 아집과 신념으로 오늘까지 사는 의의를 찾고 있다.

예전 초등학교 졸업을 앞둔 어느 날 담 임선생님의 지시에 따라 대부분의 사람들 특히 어린이들이 갖고 있는 그런 이상에 불타서 나 자신의 포부를 아주 아름답게 보였던 꿈을 여러 사람 앞에서 발표한 것은 매우 가치가 있었다. 어째서 나는 아름다운 청춘을 허비하고 낭비하여 자신의 목표를 통해 전진해 가지 않았는가. 그것은 회의懷疑때문이고 의심에서 비롯된 것이다. 그것은 세상에서 값진 일이 아니고 언제 어느 사회에서나 존재하고 존재할 별반 가치 없는 희망에 불과했고 자신의 가치를 빛내줄 만한 것이 못되었고 자신은 불만과 좌절에 빠졌기 때문이리라.

나는 과연 세상에 대한 그 은혜에 무엇으로 보답하고 인생을 마무리 짓겠는가. 나 자신에 스스로 부끄럽지 않은 일을 이제야 다시 찾으려는 자신이 실로 어리석게 보이는 과오를 저지르고 이때까지의 인생을 나는 종으로 노예로 피동적이고 수동적으로 받아들여 왔다. 혹은 주먹구구식으로 상황에 임기응변으로 대처해가며 인간 세상에 대해 잘 적응하지 못하는 이방인이나 주변인으로 살아온 것이다. 고만고만하게 세상을 한탄하며 비관하며 주어진 환경을 탓하고 저주하며 비판하고 독설과 편견에 쌓여 자신이 만들어지는데 커다란 반발과 저항으로 형성해 버리고 이미 주사위는 던져져 나무판 위를 구르고 있는 것이다. 이 말을 들을 땐 이것이 저 말을 들었을 때는 저 말이 참인 것 같은 주체적이지 못한 사고에 젖어 자신의 세계관이나 가치를 지니지 못한 것이다.

끝없이 갈구하는 그 무엇도 없다. 목표로 정해둔 정박할 항구도 없이 정처 없이 떠도는 돛단배처럼 나아가며 돼지 같은 만족과 세속적인 쾌락 속에서 안주해 버리고 싶어 하고 현재 자신의 지위에 상황에서의 도피를 상상하며 아무런 부담 없이 주는 대로 시키는 대로 먹는 대로 지나치게 허구적인 생활의 타성에 젖어있다. 또한 그 어떤 것에도 집착과 정열을 갖지 못하고 청춘의 아까운 시간을 보내 버리는 지옥 같은 상황 속에 자신을 학대하며 멸시하는 태도를 보이고 있다. 논리정연하고 질서 있으며 전형적이고 기계적인 인간이 되어서는 안 되지만 너무 동물적이고 즉물적인 생활에 빠져서도 되지 않는다.

아무것도 알지 못하며 하나의 가정假定이나 가상 혹은 직감에 의해 모든 것을 반대하며 뚜렷한 지표도 없는 행동 등은 실로 많은 손실을 가져와 뜨끔한 침의 맛을 보게 될 것이다. 무엇을 한다는 것이 중요하지 않을지도 모를 일이지만 목표한 일이 없다. 혹은 권태 등은 인간의 견딜 수 없는 고통 중의 하나일 수밖에 없다. 그래서 어떤 이는 인간에게 있어서 노동이란 근원적이고 본원적 창조 행위로 규정했는지 모른다. 아무튼 자신에게 알맞은 일을 찾고 그것에 확신을 갖고 전념하는 것만큼 보람된 일은 없을 것이고 생의 가치와 환희를 느끼게 해 줄 원인과 동기가 되어 주리라.

담배를 한 대 피운다는 것은 가장 비경제적이고 백해무익할지도 모른다. 나반 필요하고 타성에 젖어 있는 우리는 어찌할 수 없는 상태로 매몰되어간다. 이처럼 생의 근원적인 가치 속에서 그와 같은 행위를 한다는 것은 무의미할지도 모른다. 즉 조건반사화하여 자기의 장점을 더욱 조장

시키고 단점을 없애는 것은 삶을 살아가는데 아주 유익한 부분으로 작용이 될 것이다.

내가 이토록 방향설정도 하지 못하고 방황하게 되는 이유는 어디 있는가. 한때 젊은 기분의 우울증이나 소시민적인 감상만이 아니다. 자신의 문제에 진지하게 생각해보고 수술칼을 대어 올바른 길로 가게 하는 것이다.

그 원인의 첫째는 나의 가치관의 불확실성 혹은 유약함과 우유부단에서 비롯된다. 즉 자신의 앞길의 확고한 방향과 목표만 있다면 동요나 회의에 빠져 뒤돌아 보지 않으리라. 물론 모든 인간이 다 그처럼 확실한 가치관을 가지고 있지는 않을 것이고 인간이 가야 할 길이니 그것에도 변경이 가능하고 방식도 다를 수 있다. 항상 인간은 인간에게서의 영향과 동화를 받아서 혹은 사회적 환경 내지 상황 등으로 그러한 것이 소용없을 때도 있다. 대체로 목적의식이 투철하다면 빗나가지 않고 빗나가더라도 제어할 수 있고 자제하는 자세를 가질 수 있으리라. 두 번째는 목표에 대한 자신감을 갖고 있지 못하는 것에서 망설이는 부분이다. 확실하게 자신이 좋아하는 것 목적하는 바를 성취할 수 있을 자신감이 있다면 무엇을 두려워하랴. 가지 않은 길이니만큼 그것이 얼마나 험로이고 어떻게 가야 하는지에 관한 확신이 생기지 않는 것은 당연지사일 것이다. 마지막으로 목표나 목적을 설정하는데 있어서 제대로 된 표본이나 지향해야 할 목표를 갖지 못하고 있다. 향후의 인생에 대한 조언자나 롤모델을 삼을 만한 이를 주변에 갖지 못한 것이다. 모든 것들이 생소했고 개척해 가야 한다는 것에서 부담감을 느끼는지도 모른다. 누군가가 조언하고 자문해서 그렇게 지도해 준다면 그것을 좇아서 나아가보고 그것에 몰입할 수 있을 것이다.

아무튼 인생에 대한 끊임없는 성찰을 통해서 삶의 지향점을 정해보고 그것에 매진하기 위한 방법을 찾아보는 성찰을 통하는 것이 인생을 살아가는 데 가장 우선적인 방식이 될 것으로 보인다. 일찍이 프랑스 시인 폴 발레리가 이렇게 설파했다. “생각하는 대로 살지 않으면 사는 대로 생각하게 된다.”

소

76년 여름 방학이 거의 끝날 무렵 시골로 내려갔다. 동생들이 한발 먼저 내려갔고 조금 후에 내가 갔다. 8월의 무더위가 기세를 부린 후 조금 지난 때였기에 밤에는 그래도 기온이 좀 내려갔다. 그리고 또 고향에는 주위에 산이 높아서 입구가 한 곳 뿐이었고 큰 연못도 하나 있었다. 조상들은 본래 고성에서 왔다고 했다. 동족부락은 아니어서 친지들은 거의 없었다.

내가 도착했을 때는 거의 날이 저물고 난 뒤였다. 버스에서 내리자 부산 대도시에서 마시던 공기와는 사뭇 달랐다. 비록 밤이어서 산뜻한 시원함은 맛보지 못했어도 어느 정도 짜릿한 기운은 맛볼 수 있었다.

아주 고요한 세상이 마치 중국의 무릉도원에 온 것 같은 기분을 만끽하면서 홀로 들길을 걸어서 갔다. 전기는 들어왔다고 했으나 가난한 동네여서 그런지 가로등도 없었고 집과 집 사이에 불빛이 간간히 빛나고 있을 따름이었다.

가방을 어깨에 메고 두려운 마음을 달래려고 콧노래를 흥얼거리며 산 좋고 물 맑은 고향 길을 천천히 걸어서 고향집으로 갔다. 대문에 들어섰음에도 인기척이 없다. 방문을 열자 동생들과 사촌동생 그리고 백모님이 TV 앞에 모여 연속극을 보고 있었다. 그러다 내가 나타나자 반갑게 맞아 주었다. 시골의 정겨움이 묻어났다. 집에서 늘 보던 동생들도 고향에서 만나니 참으로 새롭고 반가운 얼굴이었다.

나는 곧 사랑방으로 내려가 88세의 노령으로도 거뜬히 젊은이 못지않은 일을 해내시는 할아버지께 인사를 드렸다. 할아버지도 손자를 보시고 손을 잡으시며 만면에 희색이 가득했다. 할아버지의 손톱 마디마디마다 굵은 인생의 관록을 지닌 그 위대한 손을 물끄러미 바라보니 감회가 새로웠다. 또다시 큰 방으로 와서 아이들과 함께 저녁시간을 보냈다. 밤늦게 나는 할아버지 방으로 와서 이불을 깔고 누웠다.

막 잠이 들려는 찰나 소 울음소리가 들렸다. 아무 일도 아니려니 하고 잠을 청하려는 순간 백모님께서 할아버지께 큰 소리를 질렀다. “소 저것이 새끼 낳으려는 것 아닙니까?” 할아버지께서 얼른 일어나셔서 옷을 챙겨 입고 문을 박차고 마당으로 나왔다. 나도 덩달아 따라 나왔다. 마당에 나오자마자 소는 새끼를 순풍 낳아버렸다. 순식간에 벌어진 일이었다. 새끼를 낳은 어미소를 바라다보았다. 어미소는 곧 새끼를 그의 그 억센 뿔로 죽은 듯이 누워 몸이 물에 빠진 생쥐모양으로 해 있는 그의 가여운 새끼를 뿔로 들이받아 그의 외양간으로 데리고 들어가는 것이 아닌가. 할아버지와 백모님이 나와 함께 그 어미소가 하는 모양을 바라다보고 있 있는데 참으로 가관이었다. 외양간으로 데리고 온 어미소는 새끼를 계속해서 혀로 핥았다.

인간들도 저렇게 하지는 않으리라 여기며 인간의 모성애와 흡사하다고 생각하며 오늘날 어머니들이 과연 저 동물만큼 새끼를 보살필까 의문을 품었다. 그러다가 그렇게 자기의 애정을 다 바쳐 그 새끼를 혀로 핥았으나 그래도 죽은 듯이 있는 새끼에 화가 치밀었는지 어미소는 계속 그 억센 뿔로 구석으로 새끼를 몰아놓고 들이받는 것이 아닌가. 마치 링 위에서 고양이가 궁지에 몰린 생쥐를 다루듯이 그 불쌍하게 갓 태어난 새끼를 말이다. 참 알 수 없는 어미소의 행태였다. 이럴 때 내가 동물에 대한 약간의 지식이라도 있었다면 좀 더 안전하게 새끼를 정신 차리게 할 수 있었을 텐데 라고 생각했다. 안타까운 마음을 금할 길이 없었다.

할아버지는 보다 못해 그 성난 어미소가 들이받는 새끼소를 구하기 위해 외양간 안으로 들어가셨다. 자기를 먹여준 주인을 알아보지 못할 만큼 어미소는 제정신이 아니었다. 한참 들이받은 탓인지 소뿔이 빠져버려 피가 나고 있었다. 피를 본 소는 당연히 극도로 흥분했다. 그 위험한 상황 속에 있는 외양간으로 들어가신 할아버지는 새끼소를 외양간 중앙으로 몰아서 내놓았다. 할아버지께서 외양간에서 나오는 순간 어미소는 할아버지를 내치진 않았으나 새끼를 들이받으려 하면서 옆의 할아버지 등을 들이박았다. 할아버지는 외양간 가장자리에서 소에게 들이 받혔다. 겨우 정신을 차리고 외양간을 빠져나왔다. 그러한 광경을 바라보던 나와 백모님으로서는 어찌 해볼 수 없는 말할 수 없는 불가항력적인 일이었다.

백모님은 마을로 내려가서 무당과 마을의 청년들 몇 명을 불러왔다. 괘종시계에서 자정을 알리는 소리가 12번 울려 퍼졌다. 할아버지 등에서는 긁힌 것처럼 피가 조금 배어 나왔고 별로 크게 다치시지는 않았다. "저런 망할 놈의 소를 봤나." 라고 하시면서 큰 고함을 치셨다. 나는 할

아버지를 큰방으로 모시고 가서 간단히 치료를 해 드렸다.

아직도 새끼는 깨어나지 못하고 있었다. 청년 몇 명이 와서 어미소의 고삐를 다시 억센 동아줄로 매어 기둥에 묶었다. 축축하던 새끼소의 몸의 물기가 어미소의 혀로 핥은 탓인지 거의 다 말라갈 즈음에 새끼소가 드디어 일어났다. 아주 빠른 생명의 탄생과 성장이었다. 사람이라면 1~2년 아니 3~4년이 지나야 겨우 자기 대소변도 가리고 밥을 먹을 정도가 되는 것에 비하면 실로 대단한 것이었다. 저 하등동물인 소는 어찌하여 낳은 지 불과 몇 시간 만에 완전히 자기 몸을 유지할 수 있도록 서고 처음 생명의 울음소리를 힘차게 울부짖을 수 있으니 자연의 오묘함이란 이런 점에서 대단히 신비로운 것이라고 하지 않을 수 없었다.

어미는 새끼가 가까이만 가면 뿔로 들이받으려 했음에도 새끼는 자꾸만 어미 쪽으로 갔다. 무당은 곧 찬물을 한 그릇 상위에 얹어놓고 열심히 뭐라 중얼거렸지만 어미소는 아직도 분이 풀리지 않았든지 그 큰 코가 벌렁벌렁거리고 침을 질질 흘리고 있었다. 백모님은 대문 앞 돌담에 뱀이 있다고 했다. 나는 곧 깔비를 끌어 모으는 긴 작대기를 가지고 후레쉬를 비쳐보았다. 과연 손가락 굵기의 기다란 놈의 뱀이 슬금슬금 기어가고 있었다. 나는 두려움을 무릅쓰고 그 뱀을 겨냥해서 작대기로 힘껏 내리쳤다. 그러나 어찌된 영문인지 작대기만 부러지고 말았다. 재빨리 나는 마당으로 들어와 긴 지게 작대기로 다시 대문 앞 담 옆에 가서 불을 비췄다. 이끼 그 뱀이 기어가는 벽을 힘껏 내리쳤다. 뱀이 불의의 일격을 당하고 담벼락에서 떨어져 땅 위에 그 징그러운 배를 보이며 내동댕이쳐지고 말았다. 섬뜩한 기분이 들어 계속 그 뱀을 내리쳤다. 그런 후 다시 마당으로 들어왔다.

아직까지도 무당은 혼자서 소 옆을 빙 둘러서 걸어가면서 뭐라고 주문을 중얼거렸다. 그러나 그 소가 어설픈 무당의 말을 곧이 들을 리 만무했다. 천지가 진동하는 울음소리를 울부짖었다. 어느새 자던 아이들이 마당에 나와 불빛 속에 그 광경을 주시했다. 그것은 어미소가 한 생명을 탄생한 순간의 진통이었으리라 여겨진다.

우리는 소를 그대로 두고 각각 자기 방으로 들어갔다. 나도 다시 사랑방으로 들었다. 그때 괘종시계의 둔탁한 종소리가 3시를 알렸다. 조금 후 잠이 들었는데 밖이 어수선했다. 나는 곧 일어나 큰방으로 들어가 보았다. 불행하게도 백모님이 정신을 차리지 못하시고 눈을 감은 채 숨만 쉬는 채로 큰방에 누워 계시지 않는가. 마을 사람들이 하나 둘 모여들었다. 백모님의 먼 친척 되시는 표 선생님이란 분이 와서 곧 사람을 보내 의사를 불러 오게하고 학교에 사람을 보내 박자형과 누님도 불러오게 했다.

전하는 바에 의하면 소가 한바탕 소동을 부리던 때에 백모님과 무당과 이웃사람들이 마루에 앉아 담배를 피우며 얘기를 하던 중에 백모님께서 왼쪽에 앉아 계시다가 오른쪽으로 옮겨가시던 중에 갑자기 쓰러지셔서 정신을 잃었다. 아이들은 갑작스러운 백모님의 사고에 울음을 터뜨렸다. 계속 마을사람들이 찾아왔다. 그들은 모두 한결같이 혀를 차며 백모님의 일을 걱정하고 슬퍼했다. 백부님은 아들의 교육을 위해 읍내에 있어 집에는 아이들과 할아버지 백모님뿐이었다. 백모님의 자녀들은 모두 결혼을 한 딸 넷이었다. 읍에서 의사가 간호사를 데리고 와서 주사를 놓았다. 그러나 다음날 아침까지도 백모님은 깨어나지 못했다. 소위 말하는 중풍이었다. 나는 방안으로 들어가서 백모님의 손을 만져보았다. 반신이 움직일 수가 없었다. 아무리 혈액을 순환시키려 해도 되지 않았다. 밤에 누님과 박자형이 아이들과 함께 왔다. 누님은 방안에 들어서자마자 울음부터 터뜨렸다. 통곡을 하며 어머니의 옆에 앉아 " 엄마. 엄마. 엄마." 하고 어린애처럼 얼굴을 바라보며 낮은 소리로 몇 번을 불러보다 슬픔에 북받쳐 큰 소리로 한탄해하며 온 동네사람들이 다 모여 있는 가운데서 울부짖었다. 그 슬픈 광경을 어찌 눈물 없이 볼 수 있었겠는가.

한평생 갖은 고초를 겪으며 살아온 백모님이었다. 저렇게 비통하게 병마에 들게 됐단 말인가. 뭇사람들이 말하는 소위 운명이라는 것이 저런 것인가. 나는 그 방을 뛰쳐나와 작은 방에서 한잠도 자지 못한 잠을 보충했다. 딸만 넷을 낳아 잘 키워 다 시집보낸 그 장한 어머니가 어찌 이제 좀 편안하게 여생을 마치려 하는데 갑자기 병마가 찾아 왔으니 그 안타까움이야 말로 해 뭐하랴. 하나님도 무심하시지 어찌 이 가련한 분에게 이토록 참혹한 일이 벌어지게 하는가.

성경에서 한 알의 밀알이 땅에 떨어져 썩어야만 새로운 생명을 잉태할 수 있다는 말이 있다. 땅에 떨어지는 것만으로도 얼마나 큰 고통이고 희생인데 하나님은 정말 너무한 게 아닌가. 구약에 나오는 것처럼 전쟁 중에 법궤를 싣고 온 소가 하나님의 백성 쪽으로 왔음에도 불구하고 그 위대한 소를 하느님께 올리는 제사의 제물로 바치게 만들었다. 하늘이시여, 부디 이 불쌍한 분을 구원해 주소서. 간절한 마음으로 기도를 드렸고 간구했다.

다음날 아침 읍내에 있던 백부님과 아들이 왔다. 아들은 들어오자 말자 소리 내어 흐느끼며 엄마를 불렀으나 백모님은 여전히 대답이 없었다. 너무나도 안타까운 마음을 달랠 길이 없었다. 의사였다면 이 고통을 해방시킬 수 있었을까. 이제 세상의 복락을 누릴 때가 되었는데 갑자기 병고가 찾아오니 그 안타까움을 무엇으로 표현할 수 있을까. 오후에는 부산에서 마산에서 딸 둘이 올라왔다. 두 딸 모두 엄마의 병환을 슬퍼하는 것은 지극했다. 메마르지 않는 인간의 본성에 의한 슬픔은 극에 달했고 비통함과 애통함은 이루 말할 수 없었다.

아침에 나는 산에 올라가서 시골의 정경을 바라다보았고 그 깨끗한 공기를 마음껏 들여 마셨다.

병을 앓게 되신 백모님은 여러 백약을 쓰고 효험에 좋다는 민간요법을 죄다 적용해 보았지만 이미 반신불수가 된 몸은 회복에 상당한 애로를 겪었다. 발병한지 3년이 지난 후였다. 조금씩 신경이 살아있는 부분으로 해서 기동을 하기도 했지만 온전하지 못했다.

3년의 병고를 거친 후 백모님은 운명하셨다. 딸들과 아들은 백모님이 운명하시자 지구가 세상에서 떠나갈 듯이 울부짖어 천지가 진동하는 듯했다. 따라온 외손자들도 울부짖는 어머니를 따라서 울었다. 그것을 보고 있는 모든 이들의 가슴은 찢어졌다. 백부님도 마음이 아프셨는지 담담한 모습으로 마당에 나와 먼 하늘을 쳐다보며 흐르는 눈물을 주체하지 못했다. 할아버지도 오랫동안 동고동락해 온 맏며느리의 죽음을 애도하며 굵은 눈물방울로 눈가를 적셨다. 모두가 슬퍼했다. 집 앞의 나무들도 주인을 잃은 슬픔에 생기가 없었다.

다음날에도 많은 문상객들이 찾아왔다. 고인을 추모했고 안타까움을 감추지 못했다. 3일장이었다. 장례가 곧 치러졌다. 상여를 따라가는 상주들이 늘어섰고 긴 행렬은 계속해서 늘어났다. 관을 메고 가며 곡을 하는 사람들의 목소리가 뒤에 오는 사람들의 마음을 애달프게 만들었고 통곡하게 만들었다. 백부님도 뒤를 따르며 생전에 못 다한 여러 일들로 많은 회한을 남겼고 눈물을 훔쳤다. 할아버지께서도 장례행렬을 따라 산으로 가셨다.

한 여인의 죽음이 너무나도 많은 것을 변화시켰다. 허무한 인생이란 생각이 갓 피어나는 젊은이였던 나에게 그 절절함이 더했다. 장례를 마치고 나는 동생들을 데리고 주거지인 부산을 향한 버스에 몸을 실었다.

아버지

아버지는 1938년 윤칠월 10일에 삼복더위에 태어났다. 3남 2녀의 막내였다. 경남 의령군 가례면 갑을리라는 곳이었고 자골산이라는 896미터의 산이 있었다. 서부경남지역의 시골 농촌마을이었다. 할아버지가 50세에 막내로 태어났다. 1915년생이었던 백부는 결혼해 있는 상황이었다.

할아버지는 단신이었지만 할머니는 장신이었다. 할머니는 칠원 제씨였다. 창원 정씨의 집성촌에 시어머니를 쫓아오게 된 것이었다. 위로는 형님이 두 분 누님이 두 분이었다. 아버지가 8살 때쯤 복통을 앓았던 어머니가 갑자기 돌아가셨다. 8살에 홀로 된 부친은 형수 손에 자랐다고 하는 편이 맞을 것이다. 초등학교 시절을 보냈다. 대부분 그 시절 사람들이 그랬듯이 농사일하며 젊은 시절을 보냈다. 농사일을 하였고 산에는 밤나무를 심기로 하였다. 할아버지가 장만한 논에서 쌀 농사도 지었다. 얼마 후 작은 형도 결혼해서 양성이라는 건넛마을에 신안 주씨 집안의 데릴사위로 들어갔다. 큰누님은 칠곡면 합천 이씨에게 시집을 갔었고 얼마 후에는 부산으로 내려갔다. 작은 누님도 결혼해 얼마간 시골에서 지내다 부산으로 내려가게 되었다.

아버지는 20살이 되던 57년에 결혼하였다. 상대는 용덕면 가락리 18세 여성이었다. 어머니는 63년까지 시골에서 층층시하 시집살이를 하였다. 아버지는 큰아들이 태어날 때는 군복무 중이었고 논산훈련소에 있었다. 전보를 받았다고 했다. 3년 후 무사히 군복무를 마치고 제대를 하였다. 군복무 중에 5·16이 일어났다. 제대 후 아버지는 부산으로 내려왔다. 보따리 하나 달랑 들고 세 가족이 내려오게 된 것이었다. 모친은 처음 타보는 기차에서 멀미를 심하게 했다고 한다. 부산의 변두리에 해당했던 대연동에서 단칸방을 얻었다. 일가족 셋이서 사는 와중에도 객식구가 또 얹혀살았다. 그 시절 부산으로 유학을 와있던 사돈학생이 단칸방에서 같이 지냈다. 그 후 그 사람은 대학에서 영문학을 전공해서 대학교수가 되기도 하였다. 그렇게 부산을 내려오던 해에 여동생이 태어났다. 그리고 작은 누님이 살던 곳으로 집을 사서 옮기게 되었다. 집에는 요즘으로 치면 구멍가게 같은 곳이 딸려 있었다. 그야말로 조그만 상점 같은 곳이었다. 잡화가게라고 생각하면 상상이 될 것이었다. 큰아들은 시골에서 온 탓인지 사탕이든 과자든 그런 것에는 취미를 붙이지 못했고 겨우 건빵 정도만 먹었단다. 집 뒤에는 산이 있었고 언덕배기에는 남의 밭을 빌려 농사를 짓기도 했다. 콩도 키웠고 고구마도 심어서 키운 적이 있었다. 이곳으로 이사를 온 연후에 둘째 아들이 태어났다. 병원을 갈 정도의 형편이 아니었기에 집에서 분난을 하였고 의사라기보다는 산파라고 불리는 분만에 경험 많은 분이 왔었다. 재래식 화장실을 깨끗이 치워놓았고 물을 끓이고 부산스럽게 움직였고 대문에는 금줄까지 걸었던 것으로 기억이 된다.

아버지는 부두노동자로 일을 하기도 하고 여러 가지 잡일을 했었다. 아버지의 작은 누나는 신정이라 불리는 곳에서 제법 큰 슈퍼마켓 같은 가게를 했었다. 그러다가 중앙시장으로 가서 혼수전문 포목점을 하였다. 혼수품을 전문으로 취급하는 곳이었다. 고모네는 부부가 나가 늦은 시간까지 일을 하게 되었고 아버지도 그쪽 방면으로 장사를 하게 되었다. 마땅한 점포도 없었고 매일 나가 돌아가는 상황을 파악하였고 상술도 익혔다. 동업을 하는 세 사람이 있었는데 삼우상회라는 상호였다. 양복기지를 주로 취급하는 가게였다. 아버지의 소신은 엄마는 가사와 교육에 전념시키고 자신이 일을 함으로써 가정을 책임지는 것이었다. 고모네는 부부가 함께 시장에 나와 일함으로써 빨리 일어설 수 있었지만 자녀교육이나 가사 등 여러 가지로 어려움은 있었다. 고모댁은 자식이 다섯이었다. 아들 둘에 딸이 셋이었다. 우리 쪽은 넷이었다. 아버지는 고모를 뒤쫓아 갔다. 한발 한발씩 차근차근 쌓아 올라갔다. 그러나 혼자 하는 것과 둘이 하는 것에는 여러 가지 차이가 있었다. 그런데다 고모댁은 기본이 좀 있었던 편이었다. 고생을 엄청 하긴 했지만 중형정도의 슈퍼를 하면서 충분히 상술을 익혔고 자본도 제법 있었던 상황이었다. 집안사람 중에서도 포목점을 하는 이가 또 있기도 하였다. 그런데 비하면 그야말로 맨손으로 출발한 아버지는 비빌 언덕이 있는 상황이 아니었다. 자본이 있었던 것도 아니고 조력자가 있지도 않았다.

오로지 젊음과 패기 하나로 부딪혔다. 포목점 일은 포목점 일이었고 구멍가게는 구멍가게였다. 이것저것 정신없이 일에 매달렸다. 자전거에

짐을 잔뜩 싣고 고갯길을 오르면 땀이 비 오듯 하였다. 쌀가마를 싣고 김해까지 갔다 오기도 했었다. 막내가 태어날 때쯤 해서 블록을 찍어서는 손수 집을 지었다. 방 두 칸에 다락이 있었다. 도배지가 없어 신문지를 붙여 놓았다. 처음으로 갖는 새로운 보금자리였다. 집을 짓고 얼마 지나지 않아서 막내가 태어났다. 얼마나 튼튼하고 예뻤는지 우량아선발대회에 데리고 나가야한다고 야단이었다. 큰아들은 초등학교 3학년이 되었고 막내와는 9살 차이가 났다. 아버지는 31세가 되었고 혈기 방장한 상황이었다. 막내는 모친과 생일이 같았다. 정월 열여섯날이었다. 겨울에 가족 대부분이 태어났다. 아버지는 범띠(38년생)였고 어머니는 용띠(40년생)였다 큰아들은 돼지 띠(59년생)였고 딸애는 토끼띠(63년생)였고 둘째 아들은 뱀띠(65년생)였고 막내아들은 원숭이띠(68년생)였다. 고향을 떠나온지 꽤 되었지만 항상 고향을 잊지 못했고 마음은 항상 그곳에 있었다. 명절이나 할머니의 제삿날 등에는 그리움이 더 했다.

60년대의 끝자락에 이르고 있었다. 혁명이라는 5·16이 있은지도 제법 시간이 지났고 경제 개발 계획이 한창 추진 중이었다. 얼마 지나지 않아 70년이 되었다.

중부仲父의 넷째아들이 중학교에 들어 갈 때가 되었다. 고향에서는 그야말로 신동神童소릴 듣는 정도였다. 몇 반이 없었지만 수재라 불릴 정도라 부산으로 유학을 오게 되었다. 부산중학에 시험을 응시했지만 결과는 좋질 못했다. 그래서 차선으로 금성중학에 다녔다. 형은 다락방에서 기거寄居를 하였다. 허리를 굽히고 있어야했고 도시락을 싸고 뒷바라지를 하느라 모친이 고생하였다. 명절 때에는 큰 아들이랑 둘이 남겨지기도 했는데 형이 없었던 큰 녀석은 형처럼 의지하고 따랐다. 둘이 같이 바닷가를 가기도 했고 영화관을 가서 영화를 보기도 했다. 사촌형은 부산에서 대학을 다녔고 대구에서 대학원까지 나왔다. 서예와 동양화 쪽에 소질과 능력이 있어 한국화가로서 명성을 날렸다. 화가였던 형수와 결혼해서 두 아들을 낳아 잘 살고 있었는데 최근에는 고향에서 펜션을 짓고는 여유로운 생활을 하고 있다. 그 곳에서 작품 활동도 하면서 한 번씩 강의도 나가곤 했다. 중부仲父네의 네 아들 가운데 유독 사랑을 독차지 하였고 금쪽 같이 귀하게 자랐었다. 다른 형제는 모두 운전에 매달려 지금은 개인택시를 하고 있었다. 누님도 한분 있었는데 자형이 영도에서 해운회사를 다녔었다. 그래서 항상 고기생선 등이 풍부했다. 누님의 자형은 아버지와 동갑이었다. 아이들도 비슷했다. 큰애를 빼고는 같은 나이 또래로 엇비슷했다. 촌수로는 아저씨뻘이었지만 갑장들이었다. 2남 2녀였고 막내 녀석만 좀 더 어렸다. 자형이 단신이어서 아이들도 작았다. 큰아들은 경남고를 나오기도 하였다. 그런데 목디스크가 심해 아직도 제대로 운신이 어려운 상태로 있었다. 나머지는 다들 결혼해서 가정을 꾸리고 있었다. 작은고모네와 같이 땅을 사 집을 지은 관계로 오랫동안 이웃사촌으로 살았다. 원양어선을 타곤 했기 때문에 오랫동안 바다에서 생활하기도 했다. 기골이 튼튼해서 닭뼈 등은 그냥 그대로 다 씹어 드셨다. 소고기 등도 생고기를 그냥 먹기도 했다. 아주 강인하였고 마도로스로서의 강렬함을 간직하고 있었다.

아버지의 큰아들이 추첨을 했는데 부산중학으로 입학을 하게 되었다. 부산 제일의 명문중학의 하나였다. 이름은 초량중학으로 바뀌어져 있었다. 야구부도 명문이었다. 대연 초등학교의 야구부가 거의 초량중학으로 가기도 했다. 단 한명 Y모 투수는 동성중학으로 가기도 했다. 큰아들의 1년 후배였다. 전년에는 10월 유신이 있었다. 긴급조치가 있었고 새롭게 조국 근대화에 박차를 가하게 되었다. 딸아이는 초등학교 4학년이었고, 둘째 아들은 초등학교 2학년이었다.

73년도에는 돈이 제법 모였다. 그래서 뭔가 투자를 해야 하는데 상가로 할 것인가 농지로 할 것인가로 고민을 하였다. 위성도시가 많이 생기고 발달할 것이라는 사회수업을 들었다. 그런 조언을 좀 했더니만 상가를 접고는 농지를 사기로 한 모양이었다. 900평을 샀다. 김해 대동면 쪽이었다. 농지를 산 후에는 임대를 주었고 곡식으로 임대료를 수확기에 받았다. 75년도에는 큰아들이 고등학교를 갔다. 이번에도 천운인지 경남고를 들어가게 되었다. 학교까지의 거리는 더욱 멀어졌다. 30~40분 걸렸던 등하교길이 50~60분씩 걸렸다. 조그만 체구에 무거운 가방을 메고 다니는 것이 안쓰러웠다. 어떤 때는 마중을 나가 같은 버스를 타고 오기도 했다. 항상 막차를 타고 왔는데 어떤 때는 버스를 놓쳐 시내에서 집까지 그 먼 길을 걸어오기도 했다. 사촌형은 고등학교를 진학하던 때에 집안 전체가 부산으로 이주해옴으로써 본가로 가게 되었다. 그런 와중에 이종사촌 누나가 고등학교를 다니느라 부산에 오게 되었고 기거할 곳이 마땅치 않아 객식구를 또다시 부양하게 되었다. 그리고 또한 얼마 지나지 않아 외사촌 형도 직장을 부산에서 다니게 되었는데 기숙을 하게 되었다. 식구는 6명이었지만 동거하는 이는 8명이 되었다. 셋집까지 합하면 사는 이들은 너무 많아 항상 시끌벅적 하였다. 화장실도 보통 문제가 아니었다. 소변기는 따로 되어있었지만. 재래식 화장실은 언제나 만원이었고 늘 줄을 서야만 했다.

78년에는 큰아들이 대학생이 되었다. 지방대학의 법학과를 갔다. 온 동네가 잔치분위기였다. 동네사람들을 모아 거하게 잔치를 벌이기도 하였다. 집안사람이 학생처장을 하고 있었는데 합격발표 전에 미리 알아봐 주기도 하였다.

79년에는 동래로 이사를 하게 되었는데 2층 독채였다. 정원에는 잔디도 깔려있었고 향나무도 3그루가 서 있었다. 정말 좋은 집이었고 널찍했다. 아래층에 방이 하나 있었고 2층에 방이 두 개가 있었다. 화장실도 각층에 있었다. 학교도 훨씬 가까워졌다. 뒤이어 3년 뒤에는 딸아이가 부산대학 가정관리학과에 입학을 하였다. 큰아들은 졸업 후에 장교로 군복무를 하였다. 영천에서 훈련을 받았는데 면회를 가기도 하였다. 동래집은 얼마 지나지 않아 부산 지하철공사가 시작되면서 대부분이 토지수용을 당하게 되었다. 그래서 토지보상금을 받게 되었고 그것으로 해서 대연1동에 2층 양옥집을 사게 되었다. 연못까지 딸려 있었고 방도 네 개나 되었다. 참 잘 지어진 집이었다. 막내 아들은 삼수 끝에 고신의대에 진학을 하였다. 둘째 아들은 중학시절 물구나무서기를 하다 허리를 다쳐 치료를 받기도 하였다. 고등학교는 원예고등학교를 다녔고 전문대학을 진학하였다. 군 생활은 보안대에서 방위로 복무하였다. 아버지는 자신의 배우지 못한 한을 자식들에게 쏟아 부었다. 논에 물들어 가는 것과 자식 입에 밥 들어가는 것만큼 보기 좋은 것은 없다는 얘기를 자주 하였다. 그리고 일찍 돌아가신 어머니에 대한 회한이 많았다. 형수가 잘 키워주기도 하였지만 부모만큼 살갑게 키워주진 못했다는 말씀이었다. 자식 넷을 불러놓고 차례로 노래를 시키기도 하였다. 노래를 부르실 때에는 '불효자는 웁니다'를 즐겨 부르셨고 '용두산 엘레지'도 한 번씩 부르시기도 하였다. 손위 동서가 일본에 있었기 때문에 한 번씩 만나시면 환담을 나누기도 하였고 친척계 등에서 놀러가게 되면 장구를 두드려 장단을 맞추시기도 하였다. 향우회나 종친회 등에 대한 애착을 깊게 가졌고 활동도 많이 하였다. 80년대 후반부터는 둘째 아들과 같이 장사를 하였고 예의 그런 양복지에서 가죽레자로 품목이 바뀌어져 있었다. 불경기의 여파를 타고 장사는 한계에 이른 듯하였다. 결국은 빚 청산을 위해 집을 줄여 나가는 수밖에 없었다. 그래서 좀 적은 규모의 집으로 가게 되었고 둘째네와 같이 생활하게 되었다. 그러는 와중에 둘째네가 분가해서 나가게 되었고 최종적으로는 그 집마저 처분하고 전세로 가게 되었다. IMF를 맞게 되자 상황은 더욱 나빠지게 되었지만 그럭저럭 버텨나갔다. 막내아들은 전문의까지 과정을 마치고 군 복무를 하러 가게 되었다. 대위로 임관해서 군의관으로 복무를 하였다. 인제에서 근무를 하다 1년 후에 창원으로 내려와 복무를 하게 되었다. 큰 아들은 농협에 들어가게 되었고 결혼도 87년에 시켰다.

88년부터는 손자를 키웠다. 참으로 힘들고 어려운 격동의 세월을 투철하게 살아왔다. 비록 말년이 편안하진 않았지만 나름대로 최선을 다했고 열심히 자식 교육시키며 고딘힌 삶을 살아왔다. 80년대 말경에는 십이지장궤양이 와서 수술치료를 받은 적이 있었다. 그 이후로는 담배도 끊었고 등산을 열심히 다녔다. 주말마다 다녔고 젊은이 못지않게 노익장을 과시하였다. 동남아, 대만, 중국, 금강산 등 여행도 자주 하였고 막내네와 사돈 간에 일본을 다녀오기도 하였다. 항상 의연하고자 하였고 자신있게 삶을 살았었다. 한없이 인자하기도 하였지만 어떤 경우에는 불같이 화를 내기도 하였고 멋있게 세상을 산다고 부러움을 한 몸에 받기도 하였다. 후배들이나 친척들의 우상이었고 닮고 싶어 했던 모범가장이었다. 경우에 벗어나지 않고자 하였고 허점을 노출시키지 않으려고 노력했다. 80년대 중반쯤에는 프레스토 자가용을 가졌었고 그 후에는 더 나은 차인 에스페로로 업그레이드하기도 했다. 동네에서 TV를 제일 먼저 구입했고 차츰차츰 재산을 불려 나가다가 말년에는 제대로 추스르지 못한 면이 있기도 하였다. 동래에 살 때에는 집에 에어컨이 있을 정도였다. 형편이 어느 정도 되신 후에는 항상 할머니의 제사상을 장만하셨고 손위어른 또는 할아버지를 모시는데도 정성을 다하였다.

지론이 얼마나 고생을 하였는지 항상 하는 말씀이 있었다. '장사치의 똥은 개도 안 먹는다.' 이리저리 손님들에게 속을 다 썩였다는 얘기였고 말 못할 고충을 간접적으로 말씀한 것이었다. 이제는 몸이 많이 불어 되도록 많이 움직이려 하시고 건강관리에 각별히 신경을 쓰시고는 있지만 나이가 나이인지라 항상 걱정이 앞선다. 어린 시절의 한 단면으로 초등학교 4학년 정도였고 막내가 아기였던 시절에 가족사진을 찍은 적이 있었다. 그리고 해운대 쪽을 가서는 가족온천에서 온천을 하고는 암소갈비를 먹었다. 그 시절에 최고의 호사였고 대단한 외식이었다. 동래에 살 때에는 에어컨이 있었다. 평촌에 누님이 살고 있었는데 그 누님의 자형이 그것이 그렇게 부러웠다는 얘기를 아직도 하고 있을 정도였다. 그 시절에 조부께서 일을 놓으시고 부산에 와 계셨는데 얼마간 잘 지내시다가 화장실에서 쓰러지시고 며칠 후에 운명하셨다. 향년 93세로 그 당시로는 무척 장수하신 셈이셨다. 오로지 일에 매진하셨던 분이었다. 일찍 아내를 여의시고 오랫동안 홀로 살아오신 분이었다. 술은 하지 않았고 오로지 담배만 즐겨 피웠다. 일반 담배가 아닌 엽연초였다. 곰방대로 피웠다. 손자들을 무척 귀여워 해주기도 하였다. 장례는 조용한 가운데 치러졌고 선산에 고이 잠들었다. 부산 용두산공원 등지를 며느리와 딸 등과 관광하시기도 하였다. 생선 중에 갈치를 좋아 하였고 속이 더부룩할 때만 사이다를 한잔 드시면 좋아지곤 하였다. 손톱 밑에는 오랫동안 엽연초를 태우면서 그 잔재가 끼였었고 손톱도 무척이나 두꺼웠다. 손가락 마디마디도 일반사람보다 훨씬 굵었다. 젊은 시절에는 나락을 몇 가마씩 메고 다니실 정도의 장사였다고 했다. 수염을 허옇게 기르셨고 머리도 백발이 성성하였다. 큰아들과 막내아들은 모친을 닮아 무척이나 장신이었으나 중부와 작은 고모는 단신이었다. 작은 고모네는 두 딸을 의사에게 시집보냈다. 반면에 아버지는 막내아들을 의사로 만들었다. 선의의 경쟁자였고 라이벌 이였으며 동반자였다. 고모네의 큰딸은 대학을 나왔었고 둘째딸과 셋째딸은 사립대학교를 다녔다. 그리고 의사 사위를 보았다. 토곡쪽에 2층 단독주택을 갖고 계셨고 집 앞쪽으로는 건물을 지어 세를 놓았다. 작은 고모부께서 심장판박증으로 수술을 받기도 하였다. 이제는 아파트로 이사하여서 편안히 노후를 보내고 있었다. 큰아들은 인천에서 학원을 운영하며 살고 있고 작은 아들은 부산에 있다. 작은 딸의 여식이 음악에 남다른 재주가 있어 줄리아드 음대에 진학해서는 바이올린을 배우고 있다. 큰딸의 여식은 부산대 법학과에 진학해서 공부를 하고 있다.

아버지의 장기 실력은 일품이었다. 큰 아들과 한차례 경기가 벌어지면 번번이 나가 떨어졌다. 바둑에 있어서는 큰아들에게 상대가 되지 않았다. 화투놀이는 엄금하셨다. 당신 자신도 특별한 일이 아닌 상황이 아니고는 하지 않았다. 항상 집안에는 손님들로 넘쳐났고 휴일이나 주말 등에는 모임이 잦았다. 친가 쪽 친척의 모임이 있었고 외가 쪽 계모임도 있었고 종친회 모임도 있었고 향우회 모임도 있었다. 항상 자신이 하는 일에 대하여 안타까움을 갖고 있었고 그 고충과 애로를 하소연하기도 하였다. 못 다한 꿈을 자식을 통해 성취하려고 하였다. 부친과 모친의 제사에 꼭 참석하였고 그 제사장을 항상 책임지기도 하였다. 사촌, 조카, 친척들을 잘 돌보았다. 63년부터 79년까지 거의 14년간 항상 객식구가 있었고 복잡한 동거상황에 있었다. 대구로 서울로 물건을 한답시고 왔다 갔다 하기도 하였다. 외사촌 조카가 대구 제일모직 기숙사에 있기도 했는데 아버지께서 가끔 들러 만나기도 하였다. 어머니께 최선을 다하였고 가정사와 아이들의 교육에 대해서는 일임하다시피 하였다. 딸아이는 글재주가 있어 여기저기 공모전에 당선되기도 했고 여러 곳에서 상금을 타기도 하였다. 술을 드시면 취하는 적이 없으셨고 한창 장사를 하는 중에 부도로 위기에 빠지셨을 때에는 매일 소주를 마시기도 하였다. 통상 저녁에는 반주로 맥주잔에 한 컵 정도는 드시곤 했다. 형제 중에 막내로 태어나셨지만 예의에 어긋나거나 경우에 벗어나게 행동하시는 경우는 거의 없었다. 조상의 덕에 감사하고자 했고 살아생전 아버지 모시기를 끔찍하게 잘하였다. 인정이 많았고 능력도 있었으며 나름대로 멋지게 삶을 구가하였다.

남부럽지 않은 호사를 누려보기도 하였고 고대 왕실 정도는 아니었지만 남부럽지 않은 집에서의 화목하고 행복하게 사는 즐거움도 누렸다. 자식들도 한결같이 빗나가지 않고 건실하게 나름대로의 삶을 꾸려가고 있을 정도가 되었다. 이제는 그저 평안한 상태에서 노후를 즐기고 있다.

아버지의 삶의 마무리를 얘기하려 한다. 어떻게 그렇게 많았던 재산이 다 날아가 버렸는가. 대연4동의 2층 양옥에 살 때 온가족이 모여 가족회의를 하고 결론을 내었다. 집을 팔아 모든 빚을 정리하기로 했다. 둘째아들도 분가하기로 했다. 그리고 일은 모두 둘째가 알아서 해보기로 했다. 일에 손을 떼는 것으로 결론을 내었다. 아버지는 몹시 허탈해 하셨고 황망해 하셨지만 엄연히 현실을 수용하는 것 외에 다른 방도가 없었다. 방 두칸의 조그만 집으로 전세를 얻어 이사를 하셨다. 생활비는 큰아들과 막내가 책임지기로 하였다. 환갑이 지났고 진갑까지 지났다. 그 튼튼하셨던 치아도 문제가 발생하기 시작했다. 하지만 매주 일요일마다 산행을 다니시고 각종 경조사에 다녔고 종친회, 향우회에 얼굴을 내밀었고 예전의 영화는 잃었지만 자식자랑은 여전하였고 삶에 대한 활력은 여전히 왕성하였다. 외가 쪽의 경우에는 대부분의 동서 처형 처남 등이 다 작고하신 상태여서 집안에 최고 어른이고 마지막 기둥인 셈이었다. 눈도 침침해졌고 귀도 어두워져 보청기에 의지해 있지만 건강하게 잘 지내고 있는 편이었다. 오랫동안 자식들의 앞날과 장래를 위해 한없는 지원과 노력을 아끼지 않았다. 자신의 건강이나 앞날을 돌볼 사이도 없이 말이다. 이제는 한 번씩 서울 나들이를 할 때면 옛일을 추억하며 지내고 아들들이며 조카들이 주는 용돈에 한없이 고마워하며 손자들의 재롱이나 보면서 지내고 있다. 머리도 희끗희끗 해졌고 근력도 예전만 못하지만 밝고 활기찬 모습은 변함이 없다.

예전의 한참 잘나갈 때만큼 호기롭고 기고만장해 있는 것은 아니지만 잘나가는 자식들 덕에 별 문제 없이 말년을 보내고 있다. 그 많은 연세에도 불구하시고 한자 공부를 하기도 하고 끊임없이 자기 개발을 위해 노력하고 있다.

인생의 삼고가 있다고 한다. 첫째는 초년출세라고 한다. 젊은 시절에 빨리 입신출세立身出世 해서 기고만장氣高萬丈하다 보면 교만해지고 방약무인傍若無人해지며 매사를 그르치게 된다는 것이다. 둘째는 중년상처中年喪妻라고 한다. 한참 아내의 손이 많이 필요한 때에 덜컥 상처喪妻를 하게 되면 그보다 더 처량한 것이 없다는 것이다.

요즘은 중년에 이사 갈 때는 아내의 애완견을 꼭 보듬고 있어야 놔두고 가질 않는다는 얘기가 있었다. 세 번째는 말년무재末年無才다. 한창 인생을 살고난 후 늙었을 때 재산이 없는 것이다. 노후에 안락한 삶이 되어야 하는데 재산이 없는 것이다. 참으로 안타까운 일인 것이다. 아버지도 이제 조용히 말년을 보내고 있는데 제대로 쓸 만한 재산을 갖고 있지 못해 씁쓸해한다. 하지만 자식들이 다 쟁쟁하니 큰 걱정 없이 살아도 될 것이다.

막내아들도 미국생활을 1년 동안 연수를 하고 돌아와 이제는 안정을 되찾아가고 있다. 서울로의 이주를 권고해보기도 했지만 막무가내다. 아직도 오랫동안 정들었던 이곳에 애정이 깊은가 보다.

인간과 신

인간 사회 자체가 가지고 있는 것은 인간의 유한성 내지 한계에서 탈피하려고 하는 노력의 결정이다. 인간은 영靈과 육肉을 가지고 있다. 여기에서 이성과 감정 또는 본능을 유발시킨다. 이러한 인간의 상호 모순성은 인간 본연의 과제로 남겨져 있다.

이성을 가지지 못할 때를 위하여 목을 맬 줄을 준비해 두라는 고대 희랍 철학자의 명언도 있다. 우리가 궁극적으로 추구해 나가는 것은 과연 무엇을 인간에게 가져다주며 그것은 어떠한 절대성 때문에 우리를 구속하고 속박하는가. 우리에게 지워진 양심의 존재는 이성을 향한 본질의 추구를 정당화시켜 주는가. 그것은 인간을 포함한 우주의 섭리 속에 내재해 있는 그 무엇이란 말이다. 인간 사회가 가지고 있는 영원한 수수께끼의 하나는 원칙과 예외이며 또 하나는 완전과 불완전 그것에서 유래하는가. 그것에서 도출되는 것은 신과의 문제이다. 우리는 그것을 절대의 것으로 개념 지우고 완전으로 관념 짓는다. 그것에 예외는 없고 모순도 없으며 다른 이단도 없는 것이다. 그것은 보편적 의지 또는 완전무결한 절대성을 간직하고 있고 근원성을 지닌다.

인간은 도저히 신이 될 수 없는 숙명을 지니고 있다. 여기에서 어쩌면 종교와 학문의 차이를 간과하고 있는지 모르겠다. 신과 진리를 구별하지 않고 있는지도 모른다. 신은 종교에서 말하는 신학상의 것이고 진리는 모든 학문에서 추구하고자 하는 것이다. 그것이 구별되는 것은 분명하다. 그러면 신과 진리는 어떻게 구별되는가.

신은 전지전능全知全能하고 무소부지無所不知한 것으로 완전한 인격체로서 인간과 대비되는 것이다. 진리는 철학적으로 보편성을 지니고 절대 타당한 가치를 지니는 것으로 삼라만상의 시원이 되는 궁극의 실체를 지니는 것을 말한다. 소위 말하는 플라톤의 이데아 세계의 본질을 얘기한다.

기독교의 신에 대한 것은 하나님, 예수님, 성령, 3신의 삼위일체에 대한 것으로 개념 짓는다. 전지전능한 것으로 표현한다. 그래서 신은 세상의 모든 것을 알고 모든 일을 할 수 있고 마음먹는 의욕만으로 일을 완성시킬 수 있는 완전한 절대적 존재를 말한다. 그에 대한 인식은 그의 독생자 예수에 대한 것으로 성경에 기록되어 있어서 어느 정도 감지해 볼 수 있다. 의문시 되는 것, 왜 모든 세상 사람들에게 하나님을 믿도록 하지 않았는가. 즉 왜 이브에게 선악과를 먹게 했는가. 그것에서 하나님은 이미 세상을 상정했고 선악을 이미 예정해 둔 것이 아닌가. 왜 에덴동산에서 인간을 추방시켰는가. 인간의 유한성을 가지게 했고 인간에게 지워진 굴레, 고통, 번뇌, 모든 것이 하나님의 뜻과 의지가 아니었나 하는 의문을 갖게 된다. 여기에서 종교인은 인간에게 존재하는 법칙과 같은 신의 법을 관념한다. 신에게도 어느 정도의 한계성 내지 제약을 설정하고 있다. 그렇다면 그것은 자가당착이고 모순이지 않는가 하는 반박이 있을 수 있다. 여기서 인간에게 주어진 자유의지 내지 선택권의 부여라는 것을 생각하게 한다.

인간에게 하나님에게로의 선택이 있을 수 있는 가능성이 있음으로 인해 하나님은 자신의 의지에 의한 것이 아닌 인간 자신의 선택에 따른 자신에로의 믿음을 더하기 때문에 그것을 인간에게 어떤 여지로 남겨두고 기회를 부여하고 있다고도 한다.

그럼 과연 그러한 것을 하나님은 아시는가 하는데 초점을 두어보자. 우리 인간 중에 어떤 이는 하나님에게로 믿음을 둘 것이라는 것을 안다고 할 때 그것은 소위 말하는 예정설이라는 것과 일맥상통하는 점이 있다고 볼 수 있다. 하나님은 그것을 모른다고 한다면 인간 자신에 의한 어떤 신의 선택에 관하여 인간에게 책임을 돌릴 수 있는 여지를 남겨두고 있다. 그럼 신도 인간과 어느 정도의 유사성을 가지고 있다고 볼 수 있다. 즉, 자신의 의지에 의해 선택하고 그것에 책임을 지는 것에서 말이다. 물론 인간을 신과 동등하게 관념하는 것은 아니고 그 속성에서의 조그만 부분에서의 비슷한 점에서 말이다. 그런데 여기에서 되돌아가서 예정설에 의한다면 인간의지에 의하지 않는 것이 된다. 즉 자신이 하나님을 믿는 것이지 하나님이 선택한 것이 아니다라는 것은 조금 부당성을 가지고 있다. 하나님의 선택 또는 예정에 의해 지정된 자만이 하나님을 믿을 수 있다고 했기 때문이다. 인간의 의지와 하나님의 의지 그런데 여기서 각자 단독의 의지가 아니다. 인간의 신에 대한 믿음의 갈구와 신의 인간의 신에 대한 믿음 즉 자율과 타율의 일면 상반된 것을 지니고 있다. 인간의 의지에 의한 하나님에 대한 믿음과 신이 인간 자신을 믿도록 한 것의 차이에서 신은 전자를 택한다고 한다. 그렇게 해서 지금 상태의 인간이 즉 현존하는 세계인들에게 어느 정도 타당하게 받아들여질 것인가. 인간이 가지고 있다는 자유의지나 선택의 자유 혹은 이성에 신에 대한 불신과 부정을 책임 짓게 할 수 있겠는가. 즉 신이 창조한 인간은 피조물이고 신의 의사대로 움직이도록 하지 못했는가. 그것은 어찌 보면 신의 실수 혹은 과오인가 그렇지 않다면 피조물 자체가 가지고 있는 문제에 귀착이 되는가. 예를 들어서 인간이 어떤 목적을 가지고 만든 생산물이 제작자의 의도를 무시하고 그 자체가 가지고 있는 결함 혹은 모순으로 인하여 그 목적한 바대로 효용을 발휘하지 못할 때와 같은 경우이다. 이 문제는 이 정도로 문제 상정에 그치고 다음으로 넘어가 보자.

불교에서 말하는 것은 인간 만물의 근원 즉 본질적 요소의 발원지 인간만사에 내재된 그 근원에로의 복귀를 위한 것을 인간성의 목표로 본다. 쉽게 얘기하자면 석가모니의 행동 즉 불타의 그 자신 그가 행한 수행의 결과 얻어진 성불을 위하여 모범을 보인 그것에 우리는 따라야 하고 자신을 그와 같이 해서 그 어떤 진리에 접근하려고 한다. 인간의 모든 번뇌와 세속의 욕망을 벗어나서 석가의 도를 깨우치도록 하는 것에 그들의 신앙의 중심을 두고 있다. 즉 그들은 석가와 같이 되는 것에 지상목표를 세우고 있다. 물론 그것이 불가능하고 힘든 일이라 하더라도 인간 본연의 실체를 깨닫고 그것에 접근하도록 노력하고 성의를 다함으로 인해서 인간의 가치를 찾으려고 하는 것이다. 그런데 여기서 종교가 가지고 있는 현실과의 관련을 찾아보자. 궁극적으로 세상에 있는 모든 만사와 만물은 인간 자신이 갖고 있는 의식에 그 기초를 두고 있다. 즉 종교의 가장 중요한 면은 인간이 현실의 혹은 미래의 당면한 고통이다. 고뇌를 극복하기 위한 하나의 방편이나 수단이라는 점이다. 다시 말하면 현실과 유리된 좀 더 깊이 들어가서 인간이 갖고 있는 갖가지 문제점과 밀접한 관련을 가지고 나타나는 것이 종교라고 할 수 있다. 그렇다고 하여 이런 요점에만 종교의 목적이 있다고 하는 것은 논리의 비약이다. 그것은 종교의 일 단면이나 속성이라 할 수 있을 것이다. 현실을 왜곡하고 인간의 제문제를 따로 떼어 놓고서는 종교는 의미가 없다. 현실생활을 더욱 풍부하게 하고 충만하게 하는 점에 종교가 지니는 가치의 일면이 있다는 것이다. 천당이나 극락 등 이상세계도 현실과 연결되지 않을 때 공허한 것이 된다. 물론 인간을 전제하고 인간의 제문제점이나 복합체로서의 인간 존재의 다양성은 그 근간으로 한 후의 일이다. 최근 들어 부쩍 그러한 경향들이 많아지고 있다. 신이라든가 절대적 보편적 진리에 관한 줄기차고 지속적인 시도가 일어나고 있다. 물론 우리나라 내의 일인 것 같지만 말이다. 인간적이고 너무 어리석고 실패한 신을 정신적 지주로 삼으려 하는 것이다. 신에 대한 유무는 그렇게 확실하게 결론지울 수 없다. 어떤 이는 우리가 신이라 관념하는 것에서 신의 실체를 증명하려 하기도 한다. 허나 그것은 말장난에 불과하다.

우리의 공상 속에 관념 속에 형성되어져 있는 어떤 것이라고 해서 그것이 존재하고 있다고 하는 적극적 증거가 될 수 있는가. 그래서 혹자는 그것을 애매무라고도 한다. 있는 것도 아니고 없는 것도 아닌 그와 같은 상태를 일컫는 논리학상의 용어라고 한다. 이와 같은 신에 대한 혹은 종교에 관한 고찰이 얼마만큼 유익한가. 그것과 연관되는 인간과의 상호

작용 속에서 규명될 수 있다. 인간은 크게 유신론자와 무신론자 그리고 그 중간 등으로 분류될 수 있다. 혹은 종교인과 비종교인으로 구별될 수도 있다. 신이 인간에게 어떤 의미를 부여했는가 하는 것은 인간 각자가 판단할 몫인 것이다.

과연 신은 존재하는가. 우리는 신의 의지에 쫓아야 하는가? 우리는 신의 범주내에서만 우리의 가치를 더욱 공고히 할 수 있을 것인가? 신과 인간의 문제는 결코 해결될 수 없는 난제로 남겨질 수밖에 없을 것이다.

삶의 준비기

자칭해서 위대하고 거룩하다고 속칭되면서 항상 자만했고 그 누구에게도 뒤지고자 하지 않았던 청와대를 향한다는 각오로 세계인의 유토피아를 갈구하고 그 본질 궁극을 통하려고 줄기차게 노력하는 한 인간의 고뇌와 한탄과 여정을 이에 남기노니 비록 졸렬하고 억누르지 못한 여러 감정처리가 미숙해 보일지라도 포용하면서 끝까지 숙고하면서 뭔가를 감동받을 수 있기를 바라며 주소연 님께 이 글을 바칩니다. (1986. 12. 14)

추수를 끝낸 지 얼마 되지 않아서 오랫동안 앓아오던 지병이 도져 노모는 숨을 거두었다. 병풍처럼 둘러싸인 마을에는 적막이 감돌고 있었지만 상가는 많은 문상객들로 붐비고 있었다. 술상을 마주하고 앉은 사람은 너댓 명의 장년이었다. 아들의 외할머니 상을 당해 산 너머 가락골 마을에서 문상을 온 것이다. 마주 앉은 사람은 같은 성씨는 아니었으나 조모의 친정이었다. 조모가 일찍 남편을 여의고 아들 둘을 데리고 친정마을로 돌아와 생활한 것이 계기가 되어 계속 생활하고 있는 것이 이제 3

대째가 되었다. 한창 술자리가 무르익자 엉뚱하게도 혼사 얘기가 나왔다. "자네 좋은 누이가 있다는데 우리 동생과 선을 한 번 보는 것이 어떻겠는가?"

한 집안은 몰락한 양반댁이었지만 관록이 있었고 명문으로 전해져 온 좋은 집안이었다. "그럼 어떻게 한번 추진해 봅시다." 이렇게 운만 떼어놓고 일단 헤어졌으나 그것이 두 사람을 맺어지게 한 시발점이 되었다. 얼마 후에 사주단자를 들고 신랑측에서 신부집으로 보내졌으나 완고한 신부측 아버지는 새로이 사주단자를 보낼 것을 종용했고 정식적인 절차를 밟아 중매인으로 적합한 사람이 사주를 갖고 신부댁을 방문하게 되었다. 예전 시절에나 있을 법한 일이다. 전격적으로 얼굴도 모르는 두 남녀는 양가의 합의에 의해 결혼을 하게 되었다. 설레는 가슴을 안고 초례를 치렀다. 신랑은 이제 약관 20세였고 신부는 꽃다운 나이 열여덟이었다. 동짓달이라도 매우 매서운 추위 속에서 신랑신부는 혼인행사를 어른들이 시켜주는 대로 따라서 했다. 신부가 아직 어렸던 탓에 1년 동안 처가에서 생활하도록 배려했다.

1년의 기간이 지난 후에 시댁으로 온 새색시는 참으로 어렸고 대갓집 집안일을 처리해내기에는 아직 미숙했다. 5남매의 막내로 형님과 같이 생활했으며 주업은 농업이었다. 시숙이 딸을 많이 낳았던 탓에 식구가 12명이나 되었다. 그들에 대한 식사와 빨래를 담당하기에도 상당한 고충이 따랐고 새색시의 어려운 시집살이는 말 그대로 고추보다 매웠다. 시어머니는 없었지만 형님들의 지시와 조카딸들의 뒷시중은 말할 수 없는 고역 그 자체였다. 제대로 쉴 틈도 없이 살림살이에 매달려야 했고 하루빨리 저금을 나 살림을 따로 하기만을 학수고대했다. 그럼에도 여러 여건과 조건 환경은 좀체 호전될 기미가 없었다. 1년이 지나자 하늘처럼 떠받들던 힘없던 남편이지만 그나마 군에 입영을 하고나니 참으로 난감하기 그지없었다. 입영을 할 때는 이미 산기가 임박해 있었다. 시숙이 대를 이을 아들을 보지 못한 탓에 애를 먹고 있었다. 남편이 입영 후 20여 일이 지난 후에야 첫 아기가 태어났다. 남편은 훈련소에서 전보를 받고 득남得男의 소식을 들을 수 있었다. 3개월이 지난 후 시숙도 대를 이을 아들을 보았다. 아들을 낳은 형님은 거드름을 피울만 했지만 새댁은 그럴 처지가 되지 못했다. 시아버지의 은밀한 도움이 유일한 힘이었고 생활을 지탱할 수 있게 해준 생명줄이었다. 그렇게 어렵고 힘들던 시집살이도 어느 만큼의 기간이 지나고 익숙해지자 차츰 생활이 제자리를 찾아가고 있었지만 지긋지긋한 그곳을 떠나야겠다는 일념은 더욱 공고해지고 있었다. 입영한지 3년이 지나고 첫아기가 태어난 지 3년이 지났다. 남편은 아주 어른스러워지고 늠름한 모습으로 전역해서 집으로 돌아왔다.

새댁은 강경하게 빌어먹는 한이 있더라도 그곳을 떠나야 한다는 주장을 폈다. 더 이상 시집살이의 고통 속에 빠져 있을 수는 없었다. 실권은 형에게 있었다. 남편이 8살 때 돌아가신 시어머니의 강력한 주도권을 잃게 된 뒤에 시아버지는 영향력을 행사할 수 있는 상황이 아니었다. 그 고장을 떠남은 조금은 돌아올지도 모를 부친의 유산을 모조리 포기하게 되는 결과를 가져올 것임을 알았기에 어느 정도는 망설임도 있었다. 결국 성화가 대단한 아내의 권고를 좇아 출향을 결심하게 되었고 그것은 곧바로 실행이 되었다. 새벽밥을 해먹고 의령으로 걸어서 갔다. 그리고 의령에서는 군북까지 가는 버스를 탔다. 그리고 군북에서는 열차를 타고 부산으로 내려왔다. 출향에 대한 설렘으로 밤새 잠 못 이루며 낯선 땅에 대한 불안과 함께 또 다른 감흥에 젖어서 푸석한 눈망울엔 이슬이 맺혔다. 그러나 한편으로는 이 지겨운 시집살이를 벗어난다는 해방감에서 마음이 밝아졌다. 된장과 고추장 등속과 가재도구를 챙겨가지고 네 살이 된 아들을 업고 보따리를 챙겨서 들고 정든 고향땅에서 이별을 고했다. 버스에서 일가족은 생전 처음 보는 사람들과 낯선 풍경에 눈이 휘둥그레졌다. 군북에서 열차에 올랐는데 처음 타보는 기차라 요동을 이겨내지 못한 뱃속이 뒤틀려서 기어코 먹었던 음식물을 죄다 차창 밖으로 토해내는 곤욕을 치루고서도 좀체 거북한 뱃속은 가라앉지 않았다. 부산에 도착해서 활명수를 사 먹고서야 조금은 진정이 되었다.

낯선 도시생활은 참으로 힘이 들었고 먹고 살길도 막연했다. 남편은 여러 직종을 전전했다. 부두 노동자에서부터 막일꾼 군수기지의 문관, 품팔이 등 숱한 고생을 하다 겨우 하게 된 것이 국수를 만들어 파는 장사였다. 오늘날엔 인스턴트식품이 판을 치고 있지만 그 당시만 하더라도 끼니를 때우는 게 쉽지 않았다. 그래서 국수는 품귀현상을 빚었고 날개 돋힌 듯이 팔려나갔다. 그러던 중 동생이 태어났고 사돈뻘 되는 고학생이 학교를 다니기 위해 동거를 하게 되었다. 단칸셋방에 5명이 사는 형태였다. 태어난 딸아이는 한여름에 태어났다. 그래도 위안이 되었고 힘이 되었던 이는 인근에 살고 있었고 제법 먼저 내려와 안정이 되었던 고모들이었다. 끼니때가 되면 일을 도와주고는 한 끼씩 얻어먹기도 했는데 상당한 에피소드도 많았다. 대부분이 배고픈 시절의 설움을 받는 것이 주였다. 고모집이 살림집을 두고 신정이라는 곳으로 집을 늘려가자 예전 고모가 살던 집에 들어가서 살게 되었다. 기와집에 방이 둘이었고 구멍가게가 하나 있었다. 모친이 구멍가게를 꾸려갔다. 물건은 부친이 자전거로 시장에서 구해가지고 왔다. 대연동 고개에서 성지공고 쪽으로 올라와서 대연침례교회를 지나 10분 가량 고지를 숨을 헐떡이며 올라와야 하는 곳에 구멍가게만 찾으면 쉽게 찾을 수 있었다. 부친이 시장에서 구입해온 물건을 모친이 팔았다. 한번은 명절 때가 되어 고향에 가게 되었다. 지금은 한 시간 30분이면 고향에 도착하지만 그 시절에는 4~5시간이 걸렸다. 바로 그곳까지 가는 차편도 없었고 몇 곳을 거쳐서 가야만 했다. 새벽 일찍 가족이 집을 나왔다. 대연동 고개에서 버스를 기다리던 중에 성급하게 무심코 엉뚱한 버스에 올라타 버렸다. 어린애 혼자 버스에 올랐으니 졸지에 미아가 된 것이다. 버스 종점에 내려 파출소에 앉아 있었다. 경찰아저씨가 물어보는 데에 따라 성명과 나이를 말하고 집이 어디냐는 질문에는 교회 옆이라고 했다.

그 때 당시만 해도 그 어린아이의 사고 속에 집 옆의 교회가 세계 유일의 교회로 알았던 모양이다. 아주 기쁜 마음으로 충분히 그 교회를 알 것이라고 답했는데 그것은 불행하게도 전혀 도움이 되지 못했다. 얼마 후에 부모님들이 오셔서 잘못하면 고아원 신세를 질 뻔한 위기일발의 순간이 있었다. 초등학교에 들어갈 때가 되었다. 그때 이미 두 동생이 더 태어나 3남 1녀가 되었다. 집 맞은 편에는 와이셔츠를 가공하는 건물이 슬레이트지붕으로 지어져 있었다. 또한 앞쪽으로 해서 집을 한 채 더 지었다. 블록을 찍어서 만들고 직접 인부를 고용해서 집을 지었던 듯하다. 방이 두 개 부엌 하나 다락이 딸린 독채였다.

가게 방이라 방이 좁았고 세를 놓고 있었기 때문에 다섯 가족이 살기엔 무척이나 비좁았다. 새집을 갖게 되었고 제법 멋있게 보였다. 건물을 지어놓고 신문지로 도배를 하고 식사를 처음 하던 모습이 추억 속에 남겨져 있다. 집을 짓는 와중에 초등학교에 들어갔다. 학교래야 조그만 2층 건물이 하나있고 저학년은 군용텐트 속에 책상과 의자를 놓고 수업을 했다. 학생을 다 수용할 수가 없어 오전반, 오후반이 있었다. 학교를 다니면서 동네 아이들과 어울려 축구를 했고 야구를 즐겼다.

4학년 때 손영삼이란 친구를 만나게 되었는데 그는 손문관의 아들이란 소릴 들었다. 같은 반이어서 같이 과외를 했다. 녀석의 집은 아랫동네에 살았는데 과외는 우리 집에서 10미터쯤 되는 곳에 있는 석환이란 애의 집 작은 방에서 했다. 처음으로 학교 밖에서 교육을 집중적으로 받은 것은 상당히 효과적이었다. 어려운 형편에 어떻게 과외까지 하게 되었는지는 모르지만 부모님의 기대가 상당했고 자식교육에 대한 열의가 컸기 때문이었다. 한 학기를 하고나자 성적표가 엄청난 차이가 있었다. 아마 보통쯤 하던 얘가 우등생이 되는 비약적인 발전을 보인 것이다.

한학기가 끝나고 그 과외 선생님이 군에 입대하는 바람에 다른 사람에게 과외를 받게 되었는데 인원이 많았던 탓에 제대로 효과를 발휘하지 못했다. 담임선생님에게 과외를 받았음에도 별로 신통한 결과가 나오지 않았다. 그때 당시 무시험이라는 것이 보편화되기 전이었기 때문에 입시에 대한 부담이 있었다. 한 해 위부터 추첨이 되어 중학교에 입학했다. 중학도 제대로 가지 못하는 사람도 많았다. 처음 버스통학을 하게 되었다. 아주 왜소한 체격에 만원버스에 시달리던 기억이 아직도 생생하다. 입석과 좌석이 있었는데 입석의 콩나물시루 같은 버스 속에서 진을 빼고 무거운 책가방을 들고 등교하면 맥이 다 빠졌다.

새로운 세계의 적응은 쉽지 않았다. 낯설고 생소한 중학교는 언제나 낯설었다. 그리고 촌티를 벗어나지 못했다. 영삼이는 수영중학에 배정을 받았고 가끔씩 만났지만 그렇게 내실 있는 만남을 갖진 못했다. 70명 가까운 인원에서 키로는 두 번째로 작았다. 녀석들이 모두 다 우락부락하고 소란스러운 말썽꾸러기 반이었다. 3학년은 입시를 치룬 수재들이었기에 상당히 괄시를 받았다. 처음 들어가기 전에 학원이라는 곳에 가서 영어를 한 달간 배웠다. 처음 성적은 반에서 10등이었다. 학생복을 입고 버스를 타는 생활에서 또 다른 멋과 흥취가 있었다.

이런 일이 있었다. 비를 맞고 귀가했다. 친구 녀석은 옷의 바지 밑단을 다 접어 올려 갔는데 나는 그런 요령이 없었다. 그렇게 얘기를 하자 다음부터는 비가 오면 바지를 접어 올려 비에 젖지 않도록 하라고 했다. 2학년에 진급이 되었다. 4월 초쯤으로 기억이 된다. 3월 4월 미술성적이 모두 만점이었다. 무얼 했는지 모르겠지만 아무튼 그랬다. 초등학교 3학년 때에 반공 포스터 공모에서 상을 한번 받은 기억이 있고 불조심에 관한 포스터 실기대회에 학교 대표선수로 참가한 추억이 남았다.

특별반 모집이 있었는데 공작반에 들어갔다. 첫 대면이 있었다. 수업을 마치고 공작반으로 직행했다. 이미 1학년때부터 가입해 있던 박철수란 녀석을 만났다. 이동엽이란 친구와 함께 공작반원이 되었다. 얼마간 돈을 내서 합판과 기타 공작에 필요한 재료를 샀다. 톱질부터 시작해서 목공

일을 배웠다. 미술반은 따로 있었다. 석고를 조각칼로 깎기도 했다. 공작반에 같이 들어왔던 상업이란 친구는 엉덩이에 20대를 매타작을 맞고 탈퇴했다. 얼마만한 시련이었는지 지금 생각해도 소름이 돋을 만큼 새롭고 특이한 세계였다. 따로 미술반과 교류는 없었다. 부장이라는 선배가 있었는데 무척이나 무서웠고 절대적인 권력으로 반원들을 통솔했다. 중학 3년생인데 술, 담배로 어른 흉내를 냈다. 공공연하게 담당미술 선생님을 비방하고 다녔다. 땅거미가 질 무렵이면 텅 빈 교정에 외로이 부원들만 모여앉아 작업에 열중하고 있었다. 심리적 압박감과 불안은 상당히 심했다. 탈선의 소굴이었고 아주 조숙할 수 있었고 쉽게 접근할 수 있는 세계가 아니었다. 심각한 불안의 문제가 있었고 잘못된 길로 접어든 듯한 착각이 들었다. 술 담배를 권하기도 했고 방탕한 길로 몰아갔으나 물들지는 않았다. 여름방학에 여름성경학교가 있었다. 방과 후 대부분의 시간을 공작반에 빠졌어도 성적이 결코 뒤떨어지지는 않았다. 항상 상위층에 유지해서 4~5등의 수준이었다. 언제 공부할 시간도 없었지만 크게 문제되지는 않았다.

시간 많은 유휴시간을 보낼 길이 없어 집 인근에 있는 교회에 나갔다. 동네 친구들과 같이 갔는데 흥미를 잃은 친구들은 다 다시 일상으로 돌아갔는데 나만 유일하게 남았다. 목사의 설교는 열을 띠었고 회개하고 감동하며 오열하는 사람들 속에서 성령의 충만함을 맛보았고 희열을 느낄 수 있어 심적인 고통을 무척 무마시켜 주었다. 수요일마다 참석하기도 했다. 여학생들도 있었고 외국인의 영어성경강좌는 무척이나 영어공부에 도움을 주었다. 어린애의 호기심으로 여겼고 기특하게 봐주었다.

여름방학을 고비로 부원들은 조각으로 전환되었다. 최초의 작품은 두꺼비였다. 실제 칼로 만들어 보았다. 지하여장군, 천하대장군이란 장승부터 시작해서 여러 모형의 형태로 작품을 만들어 갔다. 부산진역 앞에 홍익미술학원에 부장이 다녀서 익혀온 것을 사사師事받는 식이었다. 평면적인 것에서 입체적인 것으로 전진이 되어 나갔다.

한 해 위 선배였던 노규환이란 분이 와서 교습하기도 했다. 당시에 경남공고에 다니고 있었다. 이 부장은 170센티미터의 키에 무척 마른 소아마비를 앓아 다리를 절룩거리며 걸었다. 집안에 어떤 문제가 있는 듯 여겨졌다. 누나를 소개시켜달라는 등의 요구로 여자들과의 교분도 유도했다. 일반학생들이 그려낸 도화지를 들고 나와 고물상에 팔아서 우동을 사 먹기도 했다. 주로 둘이서 매우 친했다. 웬지 모르게 뭔가가 통했고 방탕하긴 했지만 인간적인 기질이 상통하는 점이 있었다. 그 부장의 조각 실력은 대단했다. 아주 멋있게 조각 작품을 만들었고 재능 있는 솜씨를 보여주었다. 자신이 그렇게 타락해 있으면서도 기성세대의 불의를 보면 용납지 못했고 증오감이 격렬하게 타올랐다.

담당미술선생이 동창회에서 기부한 기계류를 팔아서 사복을 채운 것에 분격하기도 했다. 얼마 후 그는 졸업을 했고 동의공고 야간부에 진학했고 최고 학년인 3학년이 되면서 부원을 지휘 통솔하는 부장이 되었다. 이상야릇한 의식을 마친 후에 취임했다. 중도에 가입한 사람이 대를 잇는다는 것도 큰 문제였고 빈발을 일으킬 만했다. 박은 일학년 때부터 생활해 왔다. 그런데 부장은 계승하지 못했다. 이 부장의 악행으로 인한 악영향은 부원을 감소시켰고 몇 차례 모집을 시도했지만 제대로 후계자를 물색하지 못했고 부를 이끌어 갈 수 없는 지경에 이르렀다. 한 녀석이 있었는데 가정환경의 곤란으로 인해 제대로 특별활동도 해 나가지 못했다. 결국 대가 끊어진 것이다. 아주 큰 고통이었고 이것은 학교 성적에도 악영향을 주었다. 반에서 다섯손가락 안에 꼽히던 실력이 형편없이 떨어져 버린 것이다. 졸업식 때에는 공로상을 받았다. 재학 중에 경남공전에서 주최한 미술대회에서 우수상을 받은 것이 인정되었고 공작반 부장을 한 공로가 수상이유였다. 학교생활을 통해 그런 상을 받아본 것은 처음이었다. 고등학교 배정을 위해 추첨을 했다. 10번을 뽑았다. 극소수여서 두려움이 있었으나 신설학교에 떨어지기를 기대했고 전통이 없음으로 인해서 보다 더 학생들의 실력향상에 노력할 것으로 생각되었기 때문인데 다행인지 불행인지 또다시 최고의 학교에 배정이 되었다. 중간에 한 달간 과외를 했는데 영삼과 같이 했다. 과외 중간에 추첨 결과 발표를 들었다. 상당히 집에서 거리가 멀었고 또 다른 세계를 접하게 되었다. 제일 먼저 당부 받은 얘기는 '알아서 하라' 라는 것이었다. 상당히 성숙된 자세와 책임 있는 행동을 요구하고 있었다. 미술에 있어서 재능은 두드러졌지만 미련을 가질 수는 없었고 조직에 가담하고 싶은 생각은 추호도 없었다. 고등학교 생활에 상당히 적응하기 힘들었다. 체벌이 심했다. 어떻게 그 어마어마한 3자 뱃지를 달 수 있었는지 의문이었다. 점심시간마다 응원 연습을 했고 야구장에서 일과를 마치는 게 다반사였다. 어색한 동작과 기어들어가는 응원가로 모교를 응원했지만 실력은 형편없었다. 라이벌 의식이 싹트기 시작했고 제법 어른스러운 감정을 가질 수 있었다. 전통에 쌓여진 명문의 유물들을 보면서 모방하려는 몸짓이 있었다. 퇴색된

교복과 교모가 멋있어 보였고 가방의 늘여진 끈을 어깨에 메고 등교하는 모습이 존경스러웠다. 서울대에 수석합격자를 냈고 수영에서도 모교의 명예를 드높였고 황금사자기에서 우승하는 영광도 안았다. 둥그런 원형관과 나라의 훌륭한 많은 인재를 길러냈다는 자랑스러운 전통에서 상당히 멋진 캠퍼스에 정감이 갔다. 성적은 형편없었다. 한자리 수에도 들지 못했다. 적응이 상당히 어려웠다. 월요일마다 시험을 치렀고 뭉둥이 찜질은 아주 참기 어려운 부분이었다. 거리가 먼 탓에 등하교도 중학교와는 상당히 달라져 있었다. 일학년이 끝났을 때 이종 누님이 집을 부산으로 이주해 오는 바람에 이사를 갔고 외사촌 형도 집에 기숙을 하고 있었는데 군에 입대를 했다.

2학년이 되었다. 교실 앞에는 파초와 분수 그리고 금목수 은목수 나무가 있었다. 담임선생님은 또 영어선생님이었다. 아주 좋지 않은 선입견을 갖고 있었는데 나중에 알고 보니 좋은 선생님이셨다. 설악산 경포대 수학여행이 있었다. 2학기가 되자 대학입시를 준비해야 한다는 절박한 마음이 들었다. 교회도 절교했다. 집안은 공부할 만한 분위기가 아니었다. 박철수를 전도해서 교회에 몇 번 나오게 했는데 세례를 받은 날이었다. 모처럼 일요일이어서 회를 사 가지고 와서 가족이 모여앉아 즐거운 시간을 가지려 했는데 교회에 가 있었으니 아버지의 진노는 극에 달했다. 미국 선교사가 와서 같이 세례를 주었다. 거죽 같은 옷을 입고 죄의 사함을 받는 의식을 치렀다. 아주 기쁜 순간이었는데 집에 돌아오자 난리가 나 있었다. 꿇어앉아 부친으로부터 장황한 설교를 들어야 했다. 공부를 해야 한다. 더 이상의 신앙생활은 공부에 악영향을 줄 것이다. 그만 출입하고 학업에 전념할 수 있도록 해야 할 것이다. 장남인데 제례祭禮도 지내지 않으려고 하느냐. 어쩔 수 없는 절대적 명령이었고 지엄한 분부였다. 한없이 울음을 울었고 슬픔을 삭였다. 몸속에서 어떻게 그렇게 많은 눈물이 있었는지 쉴 새 없이 흘러 내렸다. 한 시간 여를 울었다. 깨끗이 잊기로 했고 용서를 구했다. 언젠가 다시 재개될 것을 다짐한 채로 보류하기로 했다. 신앙생활은 여러 가지로 실생활에 마음의 안정을 찾는데 도움이 되었다. 새로운 세계에 접목될 수 있게 해 주었고 알지 못하는 여러 내용에 관해 눈뜨게 해주었고 인생관을 형성시키는데 많은 보탬이 되었다. 항상 조용히 기도하고 간구하는 가운데 마음의 평정을 얻을 수 있었고 인간과 세계와 믿음과 사랑을 가르쳐 주었다. 크리스마스이브에 각 신도의 집을 방문하며 소리 높여 찬송가를 불렀고 이브의 행사 선물교환에서 멋진 르노아르의 그림이 담겨진 사진대를 받았다. 날짜와 '내가 너에게' 란 글귀가 너무 멋있었다. 공식화되고 배타성이 강한 것에서 빚어지는 비인간적인 여러 요소들이 있었지만 색다른 세계를 경험할 수 있었다. 그로인해 지능도 높아졌다.

2학기부터는 본격적으로 도시락을 싸서 다니며 학교 교실에 앉아서 책과 씨름했다. 뿌듯한 포만감을 가지고 구덕산을 내려올 때면 상당한 자만과 긍지를 갖고 외롭고 쓸쓸한 순간을 이겨나갔다. 아마 이때 부친은 부도를 당해서 상당히 곤란에 빠져 있었던 모양으로 극도로 지쳐있었던 듯했다. 공부에 빠져 있었기에 그런 가정사에 관해서도 신경을 써주지 못했다. 어떤 석차를 올리겠다는 것이 아니라 단지 앉아 있었는데 상당한 성과가 있었던지 거의 앞에 있던 인원을 반쯤 줄일 수 있었다.

1977년 새 아침이 밝았다. 왜 그런 결심을 하게 되었는지 모르지만 아무튼 그렇게 작심했다. 원단에 말이다. 결코 친구를 사귀지 않겠다. 홀로 외로이 길을 가겠다라고 했고 기회는 한번뿐이라고 다짐했다. 어떠한 잡념도 물리치고 몰두해서 일단은 대학의 문을 밟고 봐야 할 것이다. 어떤 장애가 부닥쳐 온다 할지라도 목표한 바를 성취시키고자 했다. 특별반 편성이 무척 신경이 갔다. 전교 68등이었기에 한 반만 뽑는다면 불가했는데 다행히 이과가 있어 두 개반으로 뽑으니 충분했다. 덕의 향기를 널리 퍼지게 한다는 뜻의 덕형관德馨館에서 수업을 받았다. 가장 햇볕도 들지 않고 화장실 옆이라 몹시 냄새가 나 좋지 않았지만 참으로 편안했고 긍지와 자부심을 갖고 수업에 임할 수 있었다.

그러나 한 달이 지나기 전에 평등에 반한다는 상부의 지시에 의해 우열반 편성은 근절되어져 해체되고 말았다. 자습실에 자리를 잡았다. 고색창연한 건물이었고 수많은 인재를 길러냈던 명소였다. 곧 무너져버릴 듯한 건물이었지만 상당한 프라이드를 가질 수 있었다. 매일 출석을 불렀고 찌든 고3생들이 하나의 목적을 향해 일로매진하는 모습이 매일 펼쳐지고 있었다. 수업을 마치고 식당에 가서 국을 하나 사서 밥을 말아서 먹고 자습실로 올라와 책을 보았다. 매일 꼭 같은 생활이 반복되었고 계속되었다.

가장 문제되는 것은 토요일과 같은 날이다. 평형이 깨어졌을 때 자신을 조절할 수 있는 제어력을 갖지 못했기 때문에 쏘다니고 싶어 했고 울타리를 넘어 바로 옆에 있는 대학의 뒷동산과 대신공원을 돌아다니며 불타는 젊음의 더운 피를 식혀 보려했다. 그러고 나면 한없는 후회와 헛되이 보낸 시간들이 아까워 안절부절 했다. 이성에 눈을 뜰 때쯤이어서 여학생 꽁무니를 쫓아다니기도 했으나 별다른 문제를 야기시키지는 못했다. 시간이 지남에 따라 얼마간 생활의 리듬을 찾았고 페이스를 유지시켰다. 울창한 숲속을 산책하며 울타리를 따라 홀로 걷는 것이 유일한 낙이었다. 자습실에서의 생활이 끝나면 홀로 어둠이 깔린 구덕산을 내려오며 마음 뿌듯한 자신감과 보람을 느껴볼 수 있었다. 버스를 탔을 때는 거의 막차였다. 항상 앉는 자리에 앉아 영어책을 펴들고는 읽어가다 보면 곧 정류장에 도착하게 된다. 자정이 가까워 올 때면 세상이 모두 고요에 빠져있게 되고 집에 들어가서 많은 사람을 만날 수도 얘기할 수도 없었다. 간단히 요기를 하고 방으로 가 다음날을 대비하게 되는 것이 평상적인 하루 일과였다. 거의 어떤 것에도 신경을 쓸 수가 없었다. 1학기가 끝났을 때 문과 20등이었고 전체 30등이었다. 상당히 어려운 지경이었다. 일주일간의 휴식이 주어졌다. 매일 학교에 나갔다. 5월과 6월의 유혹되기 쉬운 달을 보낸 후였기에 큰 문제는 없었다. 개학을 이틀 남기고 큰집 사촌동생이 부산으로 학교를 옮겼다. 고2였는데 하숙을 정하려 했다. 당장 짐을 싸들고 오게 했다. 그게 어떤 문제를 야기하겠는가. 적어도 몇 군데의 친척을 가진 사람이 생판 모르는 사람의 집에서 숙식을 해결한다고 했을 때 세상 사람들이 뭐라고 하겠으며 당사자는 어떤 심정이 되겠는가 아무런 일 없는 것처럼 주장해서 짐을 옮겨오게 했다. 거의 대부분이 학교에서의 생활이었기 때문에 별로 크게 문제될 것은 없었다.

개학이 되면서 시험을 치렀다. 예상치 못했던 결과가 나왔다. 문과 7등이었다. 장학금이 걸려 있었는데 그것을 탈 수 있게 되었다. 그 후로 예비고사까지 객관식 시험을 보았는데 성적은 아주 저조하였다. 문제의 패턴이 달라진 탓인지 제대로 실력발휘를 못했다. 차츰 나아졌지만 크게 심각한 문제로 부각이 되었으나 대수롭지 않게 여겨버렸다. 체력장이 치러지고 예비고사를 쳤다. 본고사를 향한 또 다른 각고의 행진이 계속되었다. 발표가 되었다. 전혀 예상치 못한 결과가 빚어졌다. 원서를 넣는 것까지 모험으로 간주될 만큼 불안한 점수였다.

해가 바뀌고 눈이 내렸다. 부모님을 모셔오라고 했다. 눈물이 날만큼 쓰라린 기분이 되어 눈 내린 구덕산을 뒤로 하고 내려왔다. 비참한 기분이었다. 12년의 노력이 수포로 돌아가는 기분을 맛보지 않을 수 없었다. 우여곡절을 겪은 끝에 원서를 제출했다. 졸업식이 중간에 있었다.

제복이 끝나는 순간이었다. 강당에서 엄숙히 거행되었다. 정계의 쟁쟁한 인물로 후에 대통령이 된 이도 와서 첫발을 딛게 되는 후배를 위해 치사를 했다. 학교에서 내려와서는 불고기로 식사하고 난 뒤 사진촬영을 하고 영화를 한 편보고 해운대에 홀로 갔다. 넘실거리는 겨울 밤바다를 보며 12년간 학창시절을 정리하며 오랫동안 삼켜왔던 응어리진 슬픔을 풀었다. 그렇게 3자 뱃지를 부러워했던 어린 학생이 이제는 홀로 세상을 살아갈 수 있는 위치에 서게 되었음을 자인해야 했고 결심해야 했다. 5일 후에 입시 본고사를 쳤다. 응시표가 교부될 예비소집일에 엄청 놀랐다. 입술이 새파랗게 변색이 되어버린 애가 있었다. 얼마만큼 밤을 밝혔기에 저렇게도 육체적인 변화까시 일으기게 되었단 말인가. 그렇게 무서운 생존경쟁의 장에 뛰어들었단 말인가. 경쟁률은 2대 1이었다. 교정에서도 아니고 인근 중학교에서 쳤다. 사촌형님이 택시를 운전하고 있었는데 시험장까지 태워주었다. 정말 놀랄 만큼 두근거리는 흥분과 긴장을 갖고 시험에 임했다. 문제는 크게 어려운 것이 없었다. 아주 즐거운 기분이 되어 시험을 끝내고 나왔다. 환영나왔던 사촌동생들과 서면으로 나와서 타워링이라는 영화를 보았다. 가공할 불의 위협 속에서 빚어지는 인간의 의지와 본성 같은 것이 세밀하고 밀도있게 펼쳐졌다. 일단 결전은 끝이 난 것이다. 문을 더 이상 볼 기회가 없을 경우를 예상해야 했고 대비해야 했지만 그렇게 뚜렸한 어떤 모색점을 찾지 못했다. 고향을 방문했다. 가벼운 기분이 되어 발표일까지는 상당한 시간이 있었다.

드디어 발표일이 임박했다. 하루 전날에 아는 이를 통해서 전화해서 알아 보았다. 합격했다고 한다. 그러나 쉽게 판단내릴 수 없었다. 밤잠을 못잔 채 잠 못 이루는 밤을 위하여란 원고를 쓰며 뒤채며 밤을 보냈다. 학교에 도착해서 벽보판을 보았다. 수험번호와 성명을 확인할 수 있었다. 참으로 기쁘다기보다는 허망해졌다. 어떻게 원서도 써주지 않겠다는 학교에서 우수한 성적으로 합격한다는 말인가. 이것이 12년의 총결산인가 이제 시작일 뿐인데 하는 기분이 들었다. 80명 중 16명 내에 들었다. 출발이 잘못된 것인지 몰랐다. 벌써 모여들고 있었고 서클에 가입이 되어 있었다. 동엽은 서강대를 쳤는데 떨어졌고 영삼은 인문사회계열에 합격했다. 고3 때의 친구들이 모여 써클에 합세했다. 비로소 어른이 된 기분이었고 자유를 찾은 해방감을 느낄 수 있었다. 어떤 성취감이 뿌듯하게 솟아 올랐다. 입학도 하기전에 써클 모임을 가졌고 술을 마셨고 담배부터 배웠다. 온통 세상이 장밋빛 세계였다. 손아귀에 온 세상이 다 들어온 듯한 충족감과 포만감에 가득찼고 더할나위 없는 완성된 마음을 가졌다.

고3 시절에는 잡문 나부랭이를 쓰기도 했다. 속앓이를 무척해서 한의원에서 한약을 지어먹었다. 고등학교 2학년 때에는 외사촌네 집이 인근에 있어서 그곳에 가서 역기와 아령을 거의 1년 가량 했다. 때때로 고향집에 가면 옻이 오르기도 했다. 어느 가을에는 피부병으로 심하게 고생을 한 적이 있었다. 초등학교 시절에는 축구와 야구를 즐겼다. 학교를 마치면 볼을 갖고 놀았다. 야구 글러브가 두 개 가량 있었고 축구공도 가죽 공이 아닌 비닐 공으로 놀았다. 장독을 깨기가 일쑤여서 자주 꾸중을 듣고는 했다. 부산공고 운동장이나 대연중학교 운동장에서 자주 놀았다. 입시에 대비해서 운동장을 20바퀴씩 뛰는 일도 있었다.

사촌동생이 한 명 있었는데 녀석이 하도 장난을 저질러 무심결에 언덕 아래로 밀쳤는데 큰 화근이 되었다. 머리가 깨어져 피를 흘렸다. 호통이 무서워 다락방에 숨어 있기도 했다. 초등학교시절부터 바둑을 즐겼던 모양이다. 동네에 항상 바둑판이 벌어지는 곳이 있었다. 어깨너머로 구경하면서 바둑을 익혔다. 처음 가르쳐 주었던 이보다 오히려 강해져 있었다. 장기는 항상 부친에게 졌고 억울하게 질 때마다 눈물을 찔끔거리기도 했다. 내기에 상당히 약했다. 여름철에는 그런 장기나 바둑 같은 것이 크나큰 낙이었다. 3명이 있었는데 모두들 바둑이 막상막하였다. 친구형이었는데 모이기만 하면 바둑을 두었다. 절집 아들 왕건, 전용준이라는 형과 찬호형 건호 등이 그 멤버였다. 팽팽한 접전이 항상 계속되었고 일승 일패씩으로 상대적으로 강직괴 스타일이 있었다. 어느 만큼 자란 후에는 모두 헤어졌고 제 갈길로 갔다. 항상 가장 좋은 조건과 환경 속에서 부러움을 받으면서도 좋은 상태에 있는 줄 몰랐다.

초등학교 시절에 박인식이라는 친구가 있었는데 홀어머니와 살았는데 꽤 친하게 지냈다. 담벼락을 올라가다 떨어져 머리를 다쳐 된장으로 치료한 적도 있었다. 명절 때에는 화투를 즐겼는데 항상 빈털터리로 바닥을 치곤했다. 사촌 형이 한 번은 다락방에서 아랫방으로 내려와 기식을 한 적이 있었는데 그로부터 화투에 관해 방법을 전수받았다. 둘이서 같이 해수욕장에 가기도 했다. 중학시절 공작부에서 조각을 하다 왼쪽 집게손가락을 베어 흉터가 남기도 했다. 고3 시절에는 개방식 도서관 서가를 돌아다니며 책을 읽기도 했다. 가장 크게 문제가 되는 것은 성과 학이라고 관념 짓게 되었고 무지할 만큼 맹목적인 독신주의자인 척 했다. 혐오감에서가 아니라 별로 필요가 없을 듯했고 그러는 것이 더 인간의 완성이나 자아를 확립시키는데 충분히 효과가 있으리라고 생각되었기 때문이다.

백모님은 어린 나이에 시집와서 일본으로 건너갔다. 기골이 건장하고 장신이었던 백부에 비해 왜소한 체구였지만 아주 치밀했고 대단히 여성스러운 분이셨다. 젊은 날 고생은 사서도 한다는 여유에서가 아니라 생활의 필요에 의해서였다. 첫 애기는 그곳에서 낳았다. 건장한 떡두꺼비 같은 아들이었는데 홍역을 하다 그만 명을 다하고 말았다. 그 다음부터는 계속 딸을 낳았다. 넷을 두었다. 해방이 되자 귀국했다. 그 시기를 전후해서 조모가 돌아가셨다. 상가를 갔다가 복통을 일으켜 50을 갓 넘긴 상태에서 수많은 가족을 두고 돌아가셨다. 조부가 단신이었던데 반해 건장한 체격을 가졌던 분이었다. 맏며느리로서 막대한 중책을 지게 되었다. 그때쯤에 모친이 시집을 오게 된 것이다. 많은 식구들 속에서 제대로 철도 들지 않은 상태에서 상당히 고된 시집살이를 겪게 되었다. 한 다리가 천리라는 것을 귀에 못이 박히도록 듣게 되었다. 어머니를 일찍 여윈 부친은 책가방을 들고 중학생 모자를 쓰고 학업에 열중하던 동기생들을 보며 참으로 학업에 대한 한과 열망을 갖게 되었다. 부모가 자식을 생각하는 것과 형님이 동생을 생각하는 것에서 비롯된 어휘인 것이다. 백모도 한 많은 삶을 살았다. 70년대 중반쯤에 돌연 중풍이 와서 반신불수의 몸이 되었다. 용한 의원의 약도 무익했고 점쟁이의 굿도 소용이 없었다. 투병생활이 어느 만큼 된 때에는 반반이지만 어느 정도 기동도 할 수 있었는데 발병 후 이태가 지난 다음 돌아가셨다. 모질게 살다간 한 여인의 생이 종말을 고한 것이다.

조부는 며느리가 사망하고 난 이후 얼마 있다가 돌아가셨다. 거의 백수를 다하고 가셨다고 볼 수도 있었다. 너무 좋은 마음씨를 가졌고 야물지 못한 성정에서 여러 가지 많은 한을 가진 채 돌아가셨다. 할아버지는 3개월 가량씩 아들네와 딸네들 집에서 휴식을 취하시다 막내아들 집에서 갑자기 변을 당해 돌아가셨다. 술은 전혀 하시지 않았고 담배를 아주 즐기셨으며 구수한 옛날 이야기를 자주 들려주었다. 오로지 순박하게 일밖에 모르던 분이었다. 몹시도 늦게 둔 자식을 귀여워했고 사랑했지만 욕구하는 바를 성취시켜줄 수 있는 위인이 되지 못했다. 90을 넘기신 나이에도 일에 손을 댈 정도였으니 일만이 유일한 낙이었고 보람이라고 할 수 있었다.

그러면 이제부터 성격적인 것과 사상적인 것에 대해서 피력해보자. 초등학교시절 이런 일이 있었다. 아침마다 조회시간이면 부동자세로 훈시를 듣게 되는 경우가 왕왕 있었는데 꼿꼿하게 서서 하나도 자세를 흐트러뜨리지 않고 경청한다고 해서 선생님으로부터 칭찬을 받은 적이 있었다. 그렇게 남의 모범이 될 만하지 않았는데 그런 것 같아 얼굴이 홍당무가 된 적이 있었다. 수줍음을 몹시 탔다. 여자 앞이라든가 별로 그럴 기회도 없었지만 그랬다. 음악시간의 가창 시험시간이 되면 마음 졸여 긴장이 말할 수 없을 지경이었다. 고등학교 1학년 때에는 하루 종일 화를 돋우는 친구를 만난 적이 있었다. 하도 화를 내지 않았기 때문에 그 모습이 상상이 되지 않아 얼마만큼 참을 수 있는가. 어떻게 화를 내는가를 시험해 보고 싶었다고 실토했다.

중학교 3학년 시절에는 아주 친숙하게 지냈던 녀석이 있었고 또 한 친구는 몹시도 신경을 곤두세우게 만드는 라이벌 같은 친구가 있었고 사석에서 겨루기를 잘했다. 그러나 오랜 시간이 지나고 나니 그 신경 곤두세우게 하던 친구가 더 보고 싶어졌고 추억 속에 오래도록 남아 있었다. 새로운 환경에 적응하는데 상당히 오랜 시간을 요했고 처음보다는 마무리에 강했다. 포용할 수 있는 만큼에서는 충분히 양보하고자 했다.

고등학교 시절에는 이종사촌동생의 지도를 맡기도 했다. 녀석의 성정에 몹시도 부러움을 느꼈다. 마음대로 화내고 응석부리고 철부지 같은 짓을 하고 제약이나 책임이 없는 상태에서 인간적으로 발산하고자 하는 욕구를 마음껏 풀려는 그런 것에 얼마만큼 부러움을 가진 적이 있었다. 책임감에서 도덕적인 의무감에서 빚어지는 욕구불만인지도 모를 일이다. 제대로 응어리진 욕구를 전혀 풀지 못한 탓에서 비롯된 것인지 모른다. 언제나 모범을 보여야 하고 기성의 관념이나 어른스럽고 점잖게 처신해야 하는 굴레가 만들어 놓은 함정이었는지 모를 일이다. 이것이 훗날의 어떤 불만요소로 작용되고 응어리진 채 남아 있다가 풀려버리는 일이 생길지 알 수 없다.

언젠가 중학생 때 가정방문을 왔었는데 성적이 나보다 못한 녀석의 지능지수가 오히려 더 높은 것을 보고 충격을 받은 적이 있었다. 항상 아래로 보고 못한 사람들 틈에서 자란 탓에 엉뚱한 우월의식에 사로잡혀 사념만 가득 차 있는지 알 수 없다.

고등학교 시절 한 녀석의 집에 간적이 있었는데 그 녀석의 지능지수는 145였고 수재였는데 그 집은 너무도 형편없는 지경이었다. 엄청난 충격과 회의에 휩싸였다. 어떻게 그렇게 유능한 사람이 하꼬방 같은 누추한 곳에서 산다는 말인가. 자본주의나 민주주의가 갖고 있는 것이 그것밖에 되지 않는다는 말인가. 상과 대학에 진학해서 기필코 이런 부조리를 척결하고자 하는 열망을 강렬하게 가진 적이 있었다. 학교 앞에 몰려있는 등산객들의 자가용이나 아침마다 테니스를 즐기는 그들의 세계를 막연하고 이유없이 거부하고자 하는 배타성을 갖고 있었다. 사회가 안고 있는 문제성 이념으로 해결되기 힘든 근원적 인간의 본성이나 윤리에 상당한 관심을 가졌다.

오래 전부터 잡문 나부랭이를 썼었다. 집안에 대한 얘기랑 실제 일어났던 일들을 허구화해서 실감나게 시도하려고 했다. 부조리에 대해서 얼마간 언급을 해야 한나. 이떤 원천적인 것에서 비롯되었는지도 알 수 없고 내성적으로 포태되어 있었는지도 알 수 없다. 무척이나 많은 정성을 쏟았지만 10대의 이유 없는 반항에서 빚어진 것이 아니라 이상야릇하고 불가사이하게 미끄러졌다. 어떤 탈선이나 해탈을 가져온 것은 아니었지만 서로간의 불협화음은 숙명적이고 운명적이었는지 모를 일이다. 고집이 무척 셌다. 아버지의 권위라는 것은 절대적인 것이고 가정 내에서의 힘이란 무한대인 것이다. 무척 많이 부딪치는 경우가 많았다. 종교적인 갈등에서 뿐만 아니라 상당히 많은 부분에서 역작용을 가져왔다. 한없이 순조로울 때는 더할 나위 없이 좋은 관계였고 분란이 없었으나 때때로 폭발할 때면 감당하기 힘들었다. 솔직하게 잘못을 시인함으로써 간단히 끝나버릴 문제도 그게 그렇게 순조롭지 못한 것은 여러가지 마찰을 가져올 수 있는 소이를 갖고 있었다.

20대에 이르기까지 거의 항상 동거가족이 있었다. 외사촌이나 사촌 또는 이종 등 여러 관계된 이방인이 있었고 그 사람들에 의한 영향도 상당했다. 그들의 아픔이나 외로움을 어느 만큼도 이해하고 포용하지 못했다. 불화의 근원은 서로간의 고집을 양보하지 않는데 있었다. 알량한 자존심을 세우기 위해 아무런 이익 없는 헛수고를 하면서도 제대로 주제파악을 하지 못했다. 모친에 대한 동정에서 비롯된 것은 아니지만 마음대로 전권을 행사하려는 부권에 상당한 반발을 가졌고 때로 상당한 물의를 빚었다. 불만이 많아서가 아니라 생리적인 역작용이 있었다. 좁은 시야와 관계에서 경험적인 것에 바탕을 둔 제 판단 요소가 항상 타당하게 받아들여지진 않는 것이다. 권력이나 힘에 의한 핍박의 상당한 응어리나 교육열은 어떨 때는 아주 좋은 효과를 가져오기도 했으며 또 때로는 악영향을 가져왔다. 이로 인하여 여동생에게도 상당한 영향을 주어 그렇게 퍽 원만한 관계를 가질 수 없었다. 하지만 항상 존경해 왔고 어느 선에서는 무척이나 공감하는 바가 많았다. 항상 정직을 최상의 원리로 알도록 교육했고 주도권을 이끌어 왔으며 사회적으로도 어느 만큼의 위치를 확보하고 있었다. 순수성에서는 어느 누구도 따를 수 없을 만큼 인간적인 요소를 지니고 있었지만 기성의 권위나 관념이 갖는 집착성은 상당한 작용을 하는 것이다. 왜 그다지도 반발했고 숙이지를 못했는지 알 수 없다. 자수성가가 가져다 준 자만이나 집념에서 빚어지는 외곬의 집착이 원인이었던 것은 아니지만 아무튼 무섭고 엄한 것에서만 빚어진 기형적인 것은 아닐 것이다. 거부할 수 없는 위엄에서 작용되는 것인지 아니면 연민에 가득 찬 운명에 선의를 가지는 것에서 비롯된 것인지 모른다. 제대로 올바르게 자기세계를 구축해 가는 기성의 보수주의에 대한 항의였는지도 모른다.

건물이 세 채가 있었다. 방이 9개 였다. 사는 사람이 거의 20여 명에 가까웠다. 어떻게 그곳에서 살았는지 모를 만큼 궁색한 살림살이였지만 훈훈한 인정이 있었고 더할 나위 없는 편안함이 있었다. 부족한 가운데서도 항상 여유를 잃지 않을 만큼 풍족함을 누릴 수 있었다. 여러 종류의 사람들이 있었고 생이 있었다. 거의 20년을 그곳에서 살았다. 처음에는 밭농사였지만 농사를 지었다. 콩을 심었고 고구마를 심기도 했다. 아버지를 따라 콩을 거둬 지게를 지고 내려오던 것을 기억하고 있다. 지금은 엄두도 못 낼 일이지만 그 아득한 옛날에는 그런 적도 있었다. 분을 참지 못할 때면 제대로 삭히지 못해 안절부절 못했다. 장기를 한수씩 두다보면 열이 오를 대로 올랐고 그것을 즐기는 어른들의 심술에 더욱 화를 참지 못했다. 제대로 남 앞에서 얘기를 할 수 없을 만큼 수줍음을 타는 아이였고 순진하고 어리석기 그지없는 초라함을 갖고 있었다. 주위에 친구는 언제나 끊이질 않았다. 고등학교 때에는 거의 친구를 사귀지 못했다. 항상 작은 키 덕에 맨 앞에 앉았기 때문에 몹시도 뒤에 앉는 것을 희망했으며 장대한 녀석들과 사귀기를 자주했다. 방학이면 2~3일 가량 친가와 외가를 갔다 오는 게 유일한 낙이었다. 도시인이 가면 꼭 동물원의 원숭이 취급을 받았지만 그곳은 그리웠다. 산들과 냇가와 하늘은 항상 포근하게 감싸 안아주었다. 처음엔 호롱불이었다. 어떻게 그런 불편함을 견디며 살았을까 하는 의문이 일만큼 비문화적인 생활이었지만 정취가 넘쳤고 인정의 물결이 있었다. 수박밭에 가서는 한참 수박을 먹고 빨간색 변을 보고 참으로 신기한 것에 깔깔거리며 어쩔 줄 몰라 하기도 했었다. 반갑게 맞아주던 백모와 백부 그리고 더할 나위 없이 귀여워 해주던 조부가 있었다. 외조부는 근엄했고 상당히 위엄이 있었다. 교통의 불편함은 이루 말할 수 없었다. 사촌동생과 함께 자골산에 오르기도 했다. 눈 속의 설화를 보며 신묘한 경치에 도취된 채 태백의 줄기가 여기까지 이어져 옴을 느끼며 아득히 보이는 마을을 바라다보기도 했다.

고등학교 때에는 학교 뒤 구덕산에 올라가 뒤로 내려오다 산림감독원에게 붙잡혀 고생을 하기도 했다. 산을 무척 많이 돌아 다녔다. 곤충채집을 위해서가 아니다. 마냥 돌아다니는 것에 무척이나 흥겨워했고 즐거워했다. 운동이나 음악에서는 상당히 미숙했고 부끄러워 제대로 재능이 발휘되지 못했다. 중학 2년 때 럭비를 배운 적이 있었는데 팔꿈치나 무릎이 까지면서 스크럼을 흩트리고 방어를 하는 것에 무척이나 흥미를 가졌던 적도 있었다. 전환기라면 초등학교 4년 때와 중학 2년 때라고 할 수 있을 것이다. 전자는 처음으로 과외를 했었고 이로 인해 공부에 흥미를 가졌으며 우월감이 배태되었다. 후자에 있어서는 무척이난 탈선할 수 있는 소지가 많았던 때였다. 예민한 감수성으로 쉽게 유혹될 수 있었음에도 종교를 접할 수 있었던 이유로 순진무구함을 상당히 유지할 수 있었다. 그렇게 변란을 겪을 수 있는 여지는 별로 없었다. 편안하고 화목한 가정 가운데 자랐던 탓에 순수성을 간직할 수 있었던 원동력은 결국 선성에서 빚어졌던 모양이다. 얼마만큼 때가 묻을 수 있는 여지가 많았으니 그렇게 탁해지지 않은 상태에서 새로운 장을 맞이할 수 있었는지도 알 수 없었다.

쇼펜하우어의 인생론을 읽었다. 첫 부분 얼마간과 여성론에 대한 부분을 집중해서 읽었다. 책은 그렇게 많이 읽지는 못했다. 그렇게 많은 소스가 있었던 것도 아니고 열중하지 못했다. 통속적인 대중소설이나 추리소설류에 약간 빠져 들었을 뿐 그렇게 내세울만한 것은 전혀 없었다. 거의 말이 없는 가운데 웃기를 잘하는 내적으로 많은 난제를 간직한 이는 10대를 끝내고 20대로 넘어 가게 되었다. 더할 나위 없이 곱게 단장된 채로 남겨져 있던 날들을 이렇게 넋두리처럼 엮어 놓고 보니 상당히 치졸한 감상을 지울 수 없으며 치밀치 못한 산만함과 난잡함이 드러나 몹시도 부끄럽다.

조그마한이라 속칭되었던 이의 삶은 날을 엮어보려고 한다. 꿈만 같았던 현실은 새로운 장으로 다가왔다. 무엇을 성취한다는 것만큼 보람된 일은 없을 것이다. 진한 고통을 겪고 난 후 시지프스가 올려놓은 바위덩

어리처럼 그렇게 정상에 도달한 기쁨이 있었다. 얼마만큼 기다려 왔고 그리워했으며 갈망해마지 않았던가. 오랫동안의 숙원이 아주 미미한 부분이었지만 충만한 보람을 안겨주었다.

본관 앞에 게시된 수험번호 4613을 본 순간의 희열은 따사로운 추운 겨울의 햇발을 마음껏 포옹하고픈 심정이었다. 바다를 보며 겨울 밤바다에서의 자신의 약속과 각오가 새롭게 되살아났으며 오늘이 있기까지 노심초사 뒷바라지를 해주었던 가족과 모든 이들에게 감사를 드리고 싶었다. 우스꽝스러운 것은 원서도 써 줄 수 없을 만큼 높은 벽처럼 여겨졌던 것이 우수한 성적으로 무난히 합격한 것이었다. 비록 일부분이지만 자유를 보장받는다는 것이외에는 별로 크게 와 닿는 것이 없었다. 애초의 목표대로였다면 고시를 추구했어야 옳았지만 그렇게 순탄하지만 않았다. 여러 강좌를 들었다. 논리학을 들었으며 이곳저곳 강의실을 들락날락거렸다. 반에는 29세의 노학생도 있었고 8년 선배도 있었다. 여학생도 한명 있었다. 고등학교 동기생은 전무했다. 6명이 상대에 갔다. 서클은 부지기수였다. 입학도 하기 전에 대면식을 가졌고 먼저 입학한 선배를 만났다. 어떤 이는 고무신을 신고 나왔다. 술을 마시며 정담을 나누었고 그 선배는 우정과 연애 학업에 대해 열중할 것을 당부했다. 오랫동안 외골수로 걸어왔던 시간에서의 해이가 왔다. 그동안 안면으로 익히 알던 친구들과의 교제가 시작되었다. 맨 먼저 다가선 것은 우정이었다. 의기가 투합했다. 정상을 갈구하는 청운의 야망은 쉽게 공감할 수 있는 모티브를 제공했다. 남학생 15명 여학생 15명이었다. 고교동기들이 모였다. 여학생은 경여고와 부여고생들이었다. 여자에 대한 관심이 없어서가 아니라 일단은 갇혀있었던 봇물이 터진 격이었다. 연애에도 열중하려 했으나 그렇게 호락호락하지 않았다. 정신연령이 상당한 수준에 와 있었던 터의 여학생과는 쉽게 친근해질 수 있는 세계를 갖지 못했고 나쁜 관심에 휩싸여 있었던 터여서 친숙해질 수 없었다. 새롭게 해후하게 된 죽마고우는 떨어질 수 없을 만큼 밀접한 관계를 유지시켜 주었다. 그는 불교에 매료되어 있었고 철학을 전공할 예정이었다. 그는 불교학생회에 나가고 있었고 그를 따라 다녔다. 어떤 종교에 대한 열의나 신심이 있어서가 아니라 그렇게 악영향을 끼칠 것 같지 않았고 자신을 성찰할 수 있는 여유와 시간을 가질 수 있다는 것에서 형식적인 집단에의 귀속이었다. 가출이라는 것을 꿈으로만 그렸고 어느 만큼의 암시만을 가졌었는데 시도가 되었다. 친구들과 어울려 밤을 새우기가 다반사였다. 언젠가는 거의 보름동안을 외유한 적이 있어 집에 돌아갔을 땐 놀란 얼굴이 되어 맞아준 적이 있었다. 모든 것이 신비했고 꿈만 같은 낭만과 꿈에 가득 찬 우주의 이법은 변함이 없었고 세월은 흘렀다. 소위 말하는 호시절이었다. 체육대회도 있었고 놀러가는 놀이도 많았으며 잔치도 자주 있었다. 통속 대중소설부터 독서열풍은 시작되었다. 하루를 여러 사람의 1년처럼 긴요하게 시간을 보내기 위해 길을 걸으면서도 책을 읽었고 하루에 한 권씩을 탐독했다. 법형회란 회가 있었다. 고등학교 동문들의 법과대학 재학생으로 구성되어 있었다. 신입생은 한 명이었고 선배는 너무 많았다. 감당하기 힘들만큼의 술잔이 권해졌다. 마침 서클에서 체육대회가 진행되고 있었다 선배들은 새로운 후배를 보기 위해 자꾸 밀려들었다. 자리를 뜰 수 있는 상황이 아니었다. 같은 서클의 상대 친구가 찾아왔다. 정신을 제대로 가눌 수 있는 상태가 아니었다. 선배들은 방안에서 잡아당기고 동기는 밖으로 끌어내리는 해프닝이 벌어졌다. 대자로 뻗은 상태에서 팔다리가 이해관계가 얽힌 양측이 몸 하나를 놓고 신경전을 벌이고 있었다. 결국은 끌어내는 쪽으로 기울었다. 직속 한 해 위 선배랑 나와서는 학교로 올라갔다. 축구경기가 한창 진행 중이었다. 1대 0으로 패하고 있었다. 시합에 참가하겠다고 고집을 부렸다. 뺨을 서너 차례 얻어맞고도 출전을 고집했다. 그 이후는 기억이 없었다. 그 술집에 신발을 신고 귀가를 했는데 다음날 축구 골대 옆에 구두 한 켤레가 나란히 놓여 있었다. 처음으로 과음을 했고 오바이트를 했다. 생활이 무절제하기 그지없었다. 대부분이 1~2년 선배들의 집이었고 친구들의 집도 있었다. 세상 사람들이 살아가는 모습을 피부로 느끼고자 했으며 나름대로의 주관을 세우고자 했다. 어느 선배의 집에서 처음으로 사이먼 앤 가펑클을 알았고 '험한 세상에 다리가 되어' 를 들었다. 괴상하고 기괴한 짓을 너무 많이 했었다.

첫 미팅에서 만난 간호 전문대학 초년생에게 워낙 짓궂게 전화질을 하는 바람에 걱정된 춘부장의 충고어린 전화를 부친이 받아야 하기도 했다. 집에서는 오랫동안 찌든 생활 속에서 억압되었던 자아를 어느 만큼 발산시키도록 용인해 주었고 크게 문제될 만한 것이 없었다. 제대로 대학다운 데를 가 본 사람이 별로 없었기에 처음 대하게 되었고 말로만 들었던 낭만과 풍류를 마음껏 즐겨보자는 심보가 있었다. 파출소도 자주 들락거렸다. 통금이 있을 때여서 자칫하면 위반하기 십상이었다. 처음에는 학교 파출소에서 정중한 접대를 받았다. 먼 아득한 세계로 보였던 파출소도 대학생이란 신분보장 덕에 별 부담감없이 드나들 수 있었다. 의자에 앉은 채 밤을 밝히는 고충은 이루 말할 수 없이 컸다. 온갖 종류의 세상 사람들이 몰려있었다. 어떤 때는 술에 취해 정신을 가누지 못한 상태에서 신세를 지기도 했다. 두 번째에는 집에 연락이 되어서 불벼락을 맞은 적도 있었다. 발뒤꿈치가 까지고 피부가 벗겨지기도 했지만 고무신을 신고 다녔다. 어떤 심정으로 저지른 행동인지 알 수 없었으나 아무튼 특색 있는 행동을 곧잘 하고 다녔다. 복장이나 용모에 대해서는 전혀 무관심했다. 축제가 있었고 시험이 있었지만 고삐 풀린 망아지처럼 천방지축으로 날뛰기 시작했다.

6월에는 입영훈련이 있었다. 스포츠 머리형으로 교련복을 입고 10일간 신병교육대에서 교육훈련을 받았다. 빡빡 깍은 머리로 화장실에서 담배를 피는 초년병들이 무척이나 안쓰러웠다. 예비역 출신이 많이 있었기 때문에 별 문제 없이 입영훈련을 마쳤다. 이때를 전후해서 운동권이라는 것에 상당한 호기심을 발동시키게 되고 그것에의 접목을 시작하게 되었다. 매파와 비둘기파라는 것이 있는데 소위 말하는 온건파였다. 아주 무난하게 비밀스러운 것에서는 의심의 여지가 없었으나 실체적이고 본질적인 것에서는 너무나 무모했다. 책과 모임이 주활동이었다. 중심은 종교계였다. 개신교와 천도교가 주축이었다. 법과 질서를 파괴하는 범법행위라는 죄의식이 있었던 것이 아니라 깨어있는 의식으로 진정한 인간의 소리가 있으며 대의를 위한 진실을 구현코자 하는 번득이는 예지를 느꼈다. 핵심처럼 여겼고 심취했다. 고교 선배를 통해서 접촉될 수 있었다. 어떤 결과를 가져오고 그것이 갖고 있는 반대편을 전혀 고려해 보지 못한 순진성이 있었다. 후세에 부끄럽지 않을 역사의 주체자로서 떳떳하게 주장하고 싶었고 외치고 싶었다. 이념서라는 것을 탐독했고 많은 새로운 사실을 알게 되었고 새로운 시각으로 세계를 바라볼 수 있게 되었다. 친구가 병영 훈련을 들어간 틈에 아르바이트를 하기도 했다. 학교 수업을 마치면 선배랑 동기들과 허름한 선술집에서 소주잔을 기울이며 술에 취하는 것이 아니라 얘기에 취하며 인생을 철학을 논했다. 현실참여의 논의도 상당했다. 토요일이면 영삼과 함께 법당에 앉아 스님의 설법을 들었다. 선령학우회에도 참석했지만 수대생이 회장을 했는데 대단했다. 지역연고를 꼬투리 삼아 힘이 대단했다. 열심히 더할 나위 없이 열정적이고 정열적으로 하루하루를 구름 위를 나는 기분으로 살았다. 무수하게 많은 선배들과 안면을 익혔고 지기를 만들었다.

거의 한학기가 끝날 즈음에 선배의 소개로 학교 인근에 산재해 있는 한 하숙집을 방문했다. 단칸방에 있었던 그는 상당히 현학적이었고 투철한 의식을 갖고 있었으며 분명한 자기 확신을 갖고 있었다. 심취했다. 그가 설하는 논리에 빠져들었으며 광적으로 메모를 했다. 대학가에서 유행하는 어휘나 문제들이 숱하게 기록되었다. 그는 소위 말하는 매파였다. 무신론자였지만 분명한 자기의지를 갖고 있었다. 양서조합이란 게 있었다. 보수동 헌책방 골목에 있었는데 많은 회원을 가지고 있었고 뜻이 통하는 사람들의 집결지였다. 4년 선배가 있었는데 서울 농대를 수석입학한 사람이었다. 집안 형편이 무척 어려워 장학금을 받고 다닌다고 했다. 아마도 입영 문제로 책방의 일을 보아주고 있는 형편이었는데 항상 만날 수가 있었고 소주잔을 기울이며 많은 얘기를 주워들을 수 있었으며 정보의 소스역할을 톡톡히 하고 있었다. 회비를 내고 가입을 했다. 유지라 할 수 있는 병원장의 아들이고 유신론자라 할 수 있는 의학도 선배가 있었는데 그는 온건파라 할 수 있었다. 대리시험으로 인해 유급을 당한 모양이었다. 그는 부드럽게 사회 개조론을 폈다.

기도회가 많았다. 대부분 긴급조치 등으로 구속된 학생이나 목사를 위한 모임이었다. 그곳엔 항상 경찰과 상담 지도관들이 배치되어 분쟁이 난무했다. 진리와 정의 그리고 자유를 찾고자 하는 이와 현상유지를 위한 질서 책임자간의 알력과 갈등 그리고 불화였다. 무수한 사람들과의 교제가 있었고 여러 얘기들을 들었다. 제대로 자기 주관도 갖지 못한 채 단지 어떤 느낌이나 어설픈 추측을 통해 산만한 과격파와 온건파에 휩싸이게 되었다. 그것의 이면과 올바른 중심을 갖지 못하고 외곬로 치달았다. 기말시험을 전후해서 페인팅 사건이 있었다. 대운동장 로얄 박스에 반정부 어휘를 그려 놓은 것이다. 당시 재학생이었던 한 명과 같은 교회를 다녔던 친구 둘이서 저지른 사건이었다. 벽에 잉크가 채 마르기도 전에 발견되어 지워졌으나 문제는 그렇게 간단하게 끝나지 않았다. 모두 도망간 상태였으나 체포는 시간문제였다. 결국 재학생이 다 뒤집어쓰고 주범으로 되고 재판이 벌어지게 되었다.

방학은 일찍 찾아왔다. 계획은 많았다. 10일간의 하계봉사가 있었고 갖가지가 계획되어 있었다. 10권의 책을 싸들고 갔고 외등아래서 3권째를 읽다가 문제의 단초를 제공했다. 단체행동에 개별적으로 행동함으로써 물의를 빚은 것이다. 엉덩이를 5대씩 때리고 맞은 후 그곳을 떠났다. 그리고 기다리고 있던 불교학생회의 하계수련회에 갔다. 처음으로 서쪽으로 갔다. 분위기 자체가 완전히 달랐다. 삭발한 두 선배도 있었다. 일

학년이 주축이 아니라 4학년이 주도적이었다. 어떤 다른 것을 위한 것이 아니라 오로지 자기 자신을 위한 것이었다. 어찌 보면 감당하기 힘든 고행이었는지도 모를 일이다. 스님 한분이 지도를 해 주었다. 바루에 밥을 담아 먹었고 스님들처럼 예불과 좌선의 일과가 계속되었다. 그때 당시 연대에서도 왔다. 효봉선사의 사리탑을 다 돌고 있었고 절 전체를 개축 중에 있었다. 환속해 있던 고은 시인도 비록 머리를 길렀지만 먹물옷을 입고 수도방 옆방에 기거하고 있었다. 구산스님의 설법은 아주 강렬했으며 잠자고 있던 자아를 새롭게 되새기게 해 주었다. 대처승들도 있었으며 외국에서 온 스님들도 있었다. 조용한 산사에서의 의미 있고 뜻있는 5박 6일은 꿈같이 흘렀다. 자기 존재의 의미를 깨우쳐 주었고 선의 진미를 느낄 수 있도록 해 주었다. 서릿발 같은 진노와 꾸짖음은 젊은이들의 간담을 서늘하게 하기에 부족함이 없었다. 수계식도 있었다. 법정과 고은의 설법이 있었다. 마지막 날의 조계산 등정과 계곡 연못에서의 수영 목욕은 언제까지나 가슴 가득히 추억으로 간직될 것이다.

개학을 얼마 남기지 않은 8월 중순이었다. 예의 그 페인팅 사건으로 구속 중인 학생들 위한 기도회 소식이 전해졌다. 조합에서 여학생 두 명과 같이 갔다. 연산동 주위의 산위에 우뚝 솟아있는 교회는 오랫동안 가보지 않은 먼 세계였었다. 주위는 한적했다. 주위를 빙 둘러 보았으나 들어갈 수 있는 재주가 없었다. 교회를 돌다가 상담지도관에게 붙들렸다. 급기야 몸수색을 당했고 학생증만 빼앗기고 말았다. 학교로 찾으러 오라고 했다. 다음날 충고를 듣고는 학생증을 받아왔다. 조합일을 보던 선배가 군에 입대를 하기 전에 집을 방문했다. 밤늦도록 맥주를 마시며 얘기를 나눴다. 아쉬운 작별을 해야만 했다. 그는 후에 걱정을 많이 했었다는 후일담을 남기고 있었다. 몸소 농사일을 체험했었고 실감나게 부조리를 느꼈다고 했다. 그는 어떤 정치한 이론적 체계나 이데올로기보다 생활에 뿌리를 둔 감성을 강조했다. 2학기에 들어 아르바이트를 시작했다. 고향엔 방학 중에 다녀왔다. 2학기에 들어간 지 20여일이 지난 후였다. 금요일에 조합에 가서 국사책을 빌렸다. 알림판에 예의 그 페이팅 사건이 재판에 계루된다는 정보가 적혀있었고 팜플렛이 있었으며 조합의 행사를 알리는 팜플렛이 있었다. 별다른 고의나 유포의 목적이 있었던 것은 아니었다. 단순한 심정에서 몇 부를 들고 귀가했다. 다음날 신발을 바꿔 신으려고 동문 서클 파크에 갔는데 친구가 없어 예의 그 선배 하숙집에 찾아가려고 후문을 나서는 순간이었다. 수위 할아버지에게 제지를 당했다. 잠바 속에 넣고 있었던 것을 보자는 얘기였다. 한창 실랑이를 하다가 걸음아 날 살려라고 도망을 쳤다. 토요일 한낮에 한바탕 소동이 벌어졌다. 하수구에 유인물을 버렸으나 그것은 눈감고 아웅하는 식이었고 뛰어야 벼룩이었다. 스케줄은 꽉 짜여있었다. 상담지도관실로 붙들려 들어갔을 땐 고무신도 한 짝 밖에 걸쳐져 있지 않았다. 부친이 호출되었고 심문이 여의치 않자 경찰서로 호송이 되었다. 그곳의 전문가에 의해 심문을 당했다. 어처구니없는 상태가 벌어졌고 악과는 거리가 멀었던 이에게 사태는 심각했다. 밤늦게까지 심문을 당하고는 다음 또다시 갔다. 그 후는 모든 것을 잃어버렸고 상실되었다. 사유라는 날개는 쓰라리게 아픈 상처를 남겨준 채로 떠나가 버렸다. 손아귀에 든 그 고운 보석을 날려버린 것이다. 어찌할 수 없는 허망함에 휩싸였다. 한 달을 끌다가 결국 휴학으로 결정이 되었다. 소속의 욕구는 당해보지 않은 사람은 알 수 없으리라. 무지한 진통과 아픔을 가져다주었다. 결국은 세월이 약이라는 것에 젊음의 끓는 피를 식힐 수밖에 없었다. 새로이 입시를 해서 원대한 포부를 실현시키려 했다. 한 달 여를 허송세월한 후 고향에 올라갔다. 자연과 순박함을 벗 삼아 지내는 것도 참으로 말할 수 없는 고통이었다.

12월초쯤이었다. 예의 마을 뒷산에 올라갔다. 자주 고향을 방문하면 옻에 걸리고 해서 옻나무를 잘랐다. 한참을 자르고 올라간 던 중에 낫에 손가락을 베였다. 검붉은 피가 그침 없이 솟았다. 지혈을 하고는 내려왔다. 조그만 초등학교가 하나 있었는데 관사에 사촌 누님이 살고 있었다. 그 집에 가서 간단히 치료를 했는데 결국은 손가락 치료를 위해 부산으로 내려오게 되었다. 선거열풍이 불고 있었다.

대학생활을 새로 시작할 요량으로 복학을 하려 했으나 허사였다. 얼마 후에 이사를 했다. 그때부터는 가족만이 살게 되었다. 큰 대지에 멋진 정원이 곁들여진 단독주택이었다. 장이 세 개여서 동생들이랑 같이 사용했다. 별다른 변화는 없었다. 소일을 하면서 시간을 보냈고 2학기에 들어 복학을 했다. 그로부터는 날개의 상처가 아물기를 기다려야 했다. 부모님을 뵐 면목이 없었다. 1년이 늦어졌다. 얼마 후에 정치적 변동이 있었고 너무나 허무한 생각이 들었다. 메워질 수 없는 젊은 날의 아픈 상처가 오랜 시간동안 옹이가 되어 남겨졌다. 한 번의 탈선은 쉽게 치유되는 게 아니었다. 일체의 행동에 제약을 받았고 입을 다물어야 했다. 파랗게 꿈길처럼 아롱졌던 대학이란 곳이 겨우 명맥을 유지하기 위한 세계로만 남았다. 그 자신만만하던 의기와 패기가 사그라졌다. 결국은 바위 친 계란의 무참한 좌절의 맛을 볼 수밖에 없었다. 괴리와 고독은 깊고 진하게 여울졌다. 두 번 다시는 생각하고 싶지 않은 아픈 상흔이 되어 너무나 큰 아픔이었지만 굴하고 싶지 않았다. 언젠가 쓰러지지 않는 불굴의 투혼과 의지로 다시 설 날을 위해 고군분투하고자 했다. 세계가 더 이상 포용되지 않았다. 너무 쉽고 안일하게 자기 뜻대로 세상은 돌아가 주지 않았음을 확실하게 알아야 했다. 더할 나위 없이 친숙하게 지냈던 사람들과도 소원해졌다. 움직일 수 없는 명약관화한 관념에 의해 평가되어지고 판단되어져야 했다. 결코 떠올리고 싶지 않은 지난날이 되어버렸다. 천진난만한 순수성과 선의로 세계를 능히 떠받칠 수 있다고 믿었던 것은 너무나 큰 오산이었다. 무감각해졌고 무심해졌다. 다람쥐 쳇바퀴 돌 듯이 천편일률적인 생활 속에 빠져들었다. 휴교령이 내렸고 학업은 중단되는 사태를 맞았다. 그런 속에서도 학업에는 열을 올리지 못했다. 불안한 공기와 세상 속에서 조용히 침잠해 있어야 할 시간이었다.

해가 바뀌고 학년이 올랐지만 지난날의 그 활기를 찾을 수는 없었고 굴레 지워진 레테르는 고착된 상태로 꼬리표처럼 붙어 다녔다. 더 이상의 탈선과 주장은 용납되지 않았다. 조용히 살수 밖에 없는 상황에 몰렸다. 제5공화국이 만들어지고 광주 사태가 꼬리를 물어 또다시 학교 문이 닫혔다. 그런 상태에서도 서클은 학교 앞에서 딸기잔치를 했으며 우스꽝스런 세태를 조소하며 한탄했다. 민주화의 열기가 불면서 이념지하 서클이 양성화되었고 공공연하게 활동을 재개했다. 노동문제연구소라는 곳에서 제법 발표와 토론 독서 등을 하며 시간을 보냈다. 2학기 접어들면서도 학교는 조용하지 못했다. 기말시험 때쯤에 사촌 여동생의 소개로 교대여학생을 알게 되었다. 굵은 금테 안경을 쓴 아가씨였다. 동래여고를 나왔고 같은 동네에서 자란 탓에 잘 알고 지낸 아가씨라고 했다. 그 다음 날이 기말시험 날인데 그렇게 첫 대면을 하게 되었다. 상당히 자유분방한 아가씨였고 쾌활한 여자였다. 3녀 1남의 장녀인 사람이었다. 매우 날카롭지는 못해도 똑 소리가 날만큼 자존심 강한 여자였다. 다음 일주일 후에 만나기로 하고 헤어졌다. 그리고 만남은 계속되었으나 사시준비관계로 시험 날 만나기로 하고 당분간 결별을 선언했다. 활기를 엉뚱한 방면에서 되찾기 시작했다. 여자를 만나는 것에서 위안을 구했고 1년간을 기쁜 가운데 얼마만큼 즐거움을 구가하면서 보낼 수 있었다. 졸업을 얼마 남겨두지 않고 철학관을 찾았다. 과연 발령을 받을 수 있을 것이냐 못 받을 것이냐의 답답함을 달래기 위함이었다. 교회를 나가고 있었다. 철학관 주인의 애기는 발령을 확신시켜주었다. 허리를 다쳤고 어머니에 대한 염증에서 정신병원 신세를 진적도 있었다고 했다. 여러 사람에게 소개를 시켰다. 여럿이서 어울리는 것을 좋아했으며 손톱만큼도 엉뚱한 생각을 품지 않았다. 여자에 대한 혐오증 내지 연민에서 제대로 인식치 못한 때였기에 정신적인 교감만을 구했다. 정신적인 만남을 원했다. 탁구를 치러 갔었는데 그곳에서 편지를 주었다. 사연이 아니었다. 자작시로 상당히 장편의 애기였다. 그 의미를 잡아내지 못했다. 그녀는 교사로 생활하고 있었다. 대단한 재기와 능력을 발휘하고 있었다. 교직을 수강하고 있던 상태였기에 아주 공통된 애기를 많이 할 수 있었다. 기타를 잘 쳤고 노래를 즐겨 불렀고 많은 남자를 알고 있었다. 어린 시절부터 줄곧 그녀를 사모한 소아마비를 앓은 오빠 같은 이가 있어 대좌할 기회를 갖고자 했는데 제대로 매치가 되지 못했다. 자유분방한 자기세계를 갖고 있었으며 거리낌이 없었다. 일상적이고 보편적이며 일반적인 사연들이 오갔다. 술도 곧잘 마시기도 했다. 10월엔 휴일을 골라 인근 야외에 놀러가기도 했다. 물속에서 오래 서 있기를 하는 등 무척 재미있고 즐거운 시간을 가졌다. 그날 처음으로 손을 잡았다. 1년이 지난 후였으니 참으로 냉랭하기 그지없었고 무뚝뚝한 선머슴 그 자체였다. 편지 받는 낙을 가지고 학교를 나갔다. J S 라고 쓰기도 했고 King이라기도 했다. 일주일에 꼭 한 통씩은 왔다갔다. 어떤 강연회 티켓을 구하게 되어 일주일간 연속해서 만난 적이 있었다. 강연이 끝나고 나면 술집에서 소주잔을 기울이며 얘기를 늘어놓았다. 직접적인 개인의 감정이나 의사가 전달되는 것이 아니라 일단은 알고자 했고 이해하고자 했다. 엉뚱한 방향에서 여자를 알게 되었다면 큰 착각이고 모색되었음에 오로지 지성을 갖춘 여자가 들고 올 정신적이고 보다 예지화된 공통의 유대를 갖고자 했으나 결국은 실패작이었다. 위치 자체가 맞지 않았는지 모를 일이었다. 고별 선언이 있었고 담담히 그것을 받아들여야 했다. 1년 만에 헤어졌다. 비가 내렸다. 현란한 불빛 속에서 처음이자 마지막의 브루스를 추었다. 집까지 데려다 주고 돌아오는 길은 너무나 안타까웠고 허무했다. 얼마 후 그녀는 결혼식을 올렸고 득남의 소식까지 들려왔다. 큰 충격까지 줄 것은 없었으나 엄청난 빗나간 모색의 파란을 겪어야 했다. 무서운 각오를 하고 산사를 찾다가 바닷가로 갔다. 사촌동생과 공부를 같이 했나. 한적한 바닷가의 절이었다. 제법 그런대로 못해 낼 듯한 타지생활도 얼마만큼 익숙해질 수 있었다. 초식의 식사와 풍경소리에도 익숙해질 수 있었다. 파도소리를 들으며 깊은 밤 가운데 침묵하는 바다의 목소리를 들으며 각오와 결심을 다져갔다. 그 중간에 결혼식이 있었고 쓸쓸하게 책장을 넘겨야 했다.

개학이 되자 너무 늦었다는 얘기를 듣는 순간 해머로 뒤통수를 얻어맞는 것 같았다. 재정비하기에는 엄청난 시간을 보낸 후가 된 것이다. 도서관에 앉아 별밤을 벗 삼았으나 너무나 촉박했고 시간이 없었다. 실패와 좌절의 쓴맛을 진하게 겪어야 했다. 주위를 둘러보았을 때는 빈 공간이었고 입영한 친구들만 있었다. 정신없이 순식간에 지나가 버렸다. 훗날 되돌아보았을 때 전혀 후회하지 않으리라고 다짐했었는데 그렇게 알차게 보냈음에도 소득과 성과는 거의 없었다. 늦었지만 불꽃을 태우기 위해 미팅도 하기도 했으며 젊은 날의 낭만을 간직하고자 했다. 친구들과 어울리면 꼭 빨간 불빛의 술집을 찾아들었었고 빈털터리 신세일망정 호기롭게 젊음을 핑계로 끓어오르는 욕망의 불길을 잠재우고자 했다. 2학기를 개학하자 거의 종식되고 있음을 실감하지 않을 수 없었다. 여동생까지 학교에 같이 다니고 있었으니 무척이나 힘든 상태였는데 지하철 개통 관계로 집이 수용되어 대연동으로 다시 이사를 가게 되었다. 한시가 바쁘고 촉박했지만 조용하게 강물이 흐르듯 지나가 버렸다. 교생실습까지 11월에 걸렸다. 한 달 동안 넥타이를 매고 졸업논문과 중복되어 문제가 많았다. 그런 와중에도 취직시험을 치렀다. 조흥은행이었는데 불경기였던 탓에 경쟁이 무척 치열했다. 오랜만에 가 본 서울이어서 시험장소를 찾는데 애를 먹었다. 골목길을 헤매다가 내리는 보슬비를 피할 요량으로 들어선 곳이 밤의 꽃을 파는 곳이었다. 밤새 뒤척이다 다음날 시험에 응했다. 마땅한 사람이 없어 교생실습 중에 연구수업을 했다. 여러 가지 입에 발린 공치사가 있었다. 거의 다 끝난 상태에서 건진 소득은 전무했다. 아름답고 황홀했던 순간이 다 지나가고 있음에도 성취시킨 바는 아무것도 없었다. 12월에 대학원을 응시하러 갔지만 제대로 준비가 안 된 상태였고 아무것이나 지푸라기라도 잡는 심정으로 세상은 호락호락 그런 방만한 사념을 용납해 주지 않았다. 마지막으로 정신문화 연구원을 생각했으나 시험일자가 겹쳤다. 결국은 군을 선택하기로 했다. 체력시험을 하루 치르고는 삼일동안 몸살을 앓았다. 허무했다. 지푸라기도 잡혀지지 않았다. 새해가 밝았다. 공군 장교시험을 치러갔다. 상당히 사고력을 요했고 난해한 문제였다. 마지막 한 가닥의 희망은 결국 소망한 바를 이루었지만 공허했다. 입영날짜가 결정되자 돌이킬 수 없는 결정이 되고 말았다. 사립고에서 일반사회 선생님을 하겠냐는 권유가 왔다고 연락을 받았으나 받아들일 수 있는 입장이 못 되었다. 친구의 권유로 아르바이트를 하러 갔다. 육체노동을 하며 무능한 자신을 학대했다. 생활의 일단면을 볼 수 있었다. 삽질을 하며 위험스러운 단순노동을 일주일간 하면서 많은 것을 느껴볼 수 있었다. 이제는 다가오는 그날만을 기다려야 했다. 친구들을 불러 간단히 술자리를 마련했다. 생일잔치를 벌였다. 그리고 꺼지지 않는 정염의 불꽃을 삭였다. 도스토예프스키를 이해하고자 전집을 읽었다. 가난한 육체노동자들의 세계가 많은 위안이 되었고 극한 상태에 빠져있는 인간군상의 적나라한 원초적 모습을 발견할 수 있었다. 송광사에서의 각고와 파란 많은 생을 실아온 것에서 그 어떠한 어려움과 고통일지라도 감내할 수 있으리라 다짐했다. 운명의 그날까지 담담한 가운데 어느 만큼의 생활을 정리하면서 보냈다.

5년의 대학생활을 정리하면서 느끼는 것은 참으로 무모하게 보냈다는 것이다. 나름대로의 설계를 가지고 뭔가를 성취시키려고 노력했지만 좀체 이렇다 할 소득을 남기지 못했다. 프래쉬맨의 시절의 그 활력과 열정을 계속시켜나가지 못했고 단절과 공백으로 인하여 정기를 잃어버렸다. 맥을 제대로 찾거나 집지 못한 채 흘려보내고 말았다. 많은 것을 해보고자 했고 더할 나위없이 열심히 주어진 삶을 살고자 했으나 별반의 효과를 거두지 못했다.

78년 여름에 타동문 서클의 한 녀석이 비진도에서 익사했다. 일박 2일의 MT 중에 벗어나 묘소를 찾았다. 그렇게 친하게 지낸 사이도 아니었지만 두 명의 친구와 함께 갔다. 무슨 전생의 업을 갖고 태어났기에 제대로 피지도 못한 채 시들어 버렸는가. 대학 3학년 때에도 고시를 한답시고 자취를 하던 녀석이 연탄가스 사고로 죽은 일이 있었다. 장례식에 참석했다. 젊은 날에 저 세상으로 간 한 많은 생을 보았고 숱한 죽음이 버려져 있는 곳에서 인간이 느껴야 되는 비애와 아픔을 맛보았다.

대부분의 친구들이 학기 중에 입영하는 바람에 무척이나 쓸쓸하게 보냈다. 전역을 하고 만난 사람들과는 큰 갭을 느낄 수 있었다. 외톨이가 된 기분으로 경원시 되었고 소외된 채로 남겨져 있었다. 많은 여행을 다녔다. 경남일대에는 대부분 다 갔었고 즐겁게 보냈으며 포항 인근에 있는 보경사란 곳에 두어 차례 가기도 했다. 자유분방하게 젊음을 발산하면서도 내면에는 깊은 고독과 우수가 남겨져 있었다. 함부로 행동할 수 없는 처지에 있었다. 교제의 범위와 폭도 몹시 한정되었다. 변해가고 있었다. 이제는 새로운 출발을 위해 힘차게 도약해야 할 때가 되었다. 마음은 정의와 대의를 따르고 있었지만 현실에 무척이나 집착하게 되었다. 무엇이 정도인가를 찾고자 했다.

졸업을 얼마 남기지 않은 상태에서 상대 경영학과에 복학해 있던 1년 선배와 얘기를 나눈 적이 있었다. 별로 쌓은 지식이 없고 실패에 대한 상당한 불안을 갖고 있다고 솔직히 털어 놓았다. 좌절과 실패를 두려워 할 것이 아니라 그것을 극복하고 헤쳐 나가야 하는 고충과 어려움이 안고 있는 제약성에 대해서 두려움을 가졌다. 선의로만 만인을 평가할 수는 없는 것이다. 만인의 만인에 대한 투쟁 상태 속에서 여하히 자기 뜻을 펼쳐갈 것인가가 문제였다. 거추장스럽게 눈살 찌푸리게 하는 인간이 되어서는 안 되는 것이다. 너무나 기대와 촉망을 받은 상태에서 출발했지만 끝은 그렇게 멋있게 장식되지 않았다. 무섭게 현실주의자가 되어 버린 복학한 이들에게 어떻게 그럴 수 있을까 하던 회의도 이젠 얼마만큼 납득할 수 있는 상태가 되었다. 철학논의는 주로 영삼의 방에서 논의되었다. 입학 얼마 후에 이사를 가버렸고 마찬가지로 이사를 갔지만 자주 얘기를 나누었고 술잔을 기울이기도 했다. 어떤 이유에서였건 초창기에는 친구를 위해 목숨까지 바칠 수 있을 듯이 떠벌렸고 그만큼 우의를 돈독히 했다. 면회도 한 번씩은 꼭 갔다. 논산에 갔었고 영천에 갔으며 창원에 갔고 또 파주까지 가기도 했다. 성적은 형편없었다. 2학년 2학기 이후부처 제대로 페이스를 찾았고 좋은 점수를 받았다. 학과 애들과는 별로 어울리지 못했다. 아주 쓸쓸하게 보내면서도 기쁜 것은 교직을 듣는 것이었다. 교육철학이나 심리학 등은 아주 흥미를 촉발시켰으며 젊은 여교수의 재기발랄한 강의는 참으로 명쾌했고 멋이 있었다. 더할 나위 없이 회한이 남기도 하고 제대로 성공적으로 보냈다고는 할 수 없지만 그런대로 만족할 만큼 뜻있게 영위했던 소중한 순간이었다.

도꾸가와 이예야스에 사로잡혀 한 달간을 파묻혀 산적도 있었고 산기풍자의 대벌에 빠져 14권을 독파하기도 했다. 박경리 님의 토지에 빠져 있기도 했다. 미친 듯이 몰두하면서 자신을 불태울 때면 무척이나 큰 희열과 안락이 있었다. 다양하게 많은 것을 접해보고자 했고 여러 가지에 관심을 집중시켰다. 잡동사니가 되어 제대로 깊게 어떤 외줄기를 파헤치지는 못했지만 더할 수 없는 열정과 성의를 갖고 임했었던 시간이 아니었을까. 자유롭게 젊음을 구가하고자 했으나 제대로 자신을 다 발산시키지 못했고 정열을 불사르지 못했다. 어떤 역경과 어려움 속에서도 과감히 헤쳐 나갈 수 있는 용기와 저력을 체득하지 못했는지도 모른다. 아무도 미워하지 않는 자의 죽음처럼 초지일관하지 못한 어설픔이 있었지만 인간존재의 나약성이란 것으로 변명하고 싶지는 않지만 그런 꼴이 되고 말았다. 너무나 안타까운 상흔이 된 채로 남았다. 오랫동안 지워버릴 수 없는 멍에가 되어 간직될 것이다. 철학의 현실화를 시도하고자 했고 멋진 신세계를 창출하고자 했으며 조나단 리빙스턴 시걸처럼 그렇게 유토피아를 갈망했지만 나름대로의 체계화 구조를 갖추지 못한 채 아쉬움만 남겨두고 상아탑의 은둔처를 나와 내동댕이쳐진 현실에 살아남아야 했다.

휴일날 연주회

지난 휴일이었다. 비가 억수같이 쏟아지는 날이었다. 교육원 원장의 사택에서 조촐한 모임이 있었다. 회원은 9명이었다. 선배가 두 명, 동기가 한 명, 후배가 4명이었다.

한 선배님은 동부인해서 왔다. 간단한 회합의 자리를 가진 후에 연주회가 있었다. 악기라고는 달랑 색소폰과 베이스 기타가 전부였지만 앰프를 연결하고 연주를 시작했다. 조상무는 학창시절에 그룹사운드의 보컬 경력이 있었다. 한 후배는 노래를 잘하지 못해서 노래교실에서 강습을 받고 있었는데도 훌륭한 노래실력을 보여주었다. 동기는 아주 어려운 노래를 선곡했지만 연주자들이 베테랑답게 다 잘 소화해냈다. 바깥에는 비가 내리고 있었지만 교육원을 휘돌아 흐르는 음악의 선율은 무척이나 분위기를 고조시켰다. 한 시간 여가 지나고 마무리가 되었다. 한 사람씩 모두 노래를 다한 셈이었다. 노래가 쉴 때에는 색소폰의 독주가 이어지기도 했다. 외국곡 필링이라는 노래였다. 또한 베이스기타의 독주도 실연되었다. 매주마다 토요일 금오산 도립공원 입구에서 연주회를 두 시간씩 해오고 있었다. 실력이 거의 전문가 수준에 버금갔다. 색소폰을 연주하시는 선배는 음악원의 부원장으로 재직하고 있었고 8년째 색소폰에 빠져 있었다. 베이스기타의 후배는 학창시절부터 연주를 했으니 경력이 30년에 가까웠다. 예전 중앙회 근무시절에서 선배 중 한 분이 색소폰을 연주하시는 이가 있었다. 직접 반주까지 해주는 것으로 연말 송년회 때 유효적절하게 활용한 적이 있었다. 색소폰만 연주해서 반주를 해 주었는데 이번에는 반주에 베이스기타까지 협연이 되었으니 효과음으로는 손색이 없었다. 그 선배는 지점장으로 근무하면서 노년에 색소폰을 배웠는데 아주 그것이 취미로 굳어진 경우였다. 농협교육원 중 한 곳에서도 교수들이 그렇게 색소폰을 연주해서 교육생들의 호평을 받고 있었다. 친구중에 변호사로 법무법인을 운영하는 L변호사가 취미로 색소폰을 연주했다. 몇 년 전 친구들과 평창 선배집에 놀러 갔었는데 술을 몇순배 하고 그의 색소폰 반주에 맞춰 밤하늘을 바라보며 흥겨워했었던 기억이 새로웠다. 변호사는 노래실력도 수준급이어서 합창단에서도 활약을 하고 있었는데 테너로서도 솜씨가 대단했다.

휴일 연주회가 있기까지의 과정을 보자. 애당초의 계획은 행사날 오후 6시 30분에 구미농산물공판장에 집결하고 교육원에서 봉고차가 데리러 갈 작정이었는데 각자 이동하는 분들이 많아 그냥 연락해서 모두 카플해서 들어오게 총무가 역할을 하는 바람에 각자 집결하고 회합해서 교육원으로 들어왔다. 본래 날짜도 7일이냐 14일이냐를 놓고 갈등을 하다 전격적으로 7일로 결정이 되었다. 연주회의 대한 준비는 교육원 원장이 전적으로 했는데 부족한 게 많았다. 결국 소소하게 필요했던 부분은 총무인 조상무에게 부탁할 수밖에 없었다. 부족한 것은 마늘 고추 등 사소한 몇 가지였다. 오후부터 내리는 비는 제법 빗줄기가 굵어졌고 가을비 치고는 많은 비가 내리는 형세였다. 육고기는 한우매장에서 사왔다. 매운탕은 의성에 있는 높은집 식당이라는 곳에서 메기매운탕 대자를 포장해왔다. 포장을 하면서 상추와 깻잎 마늘 등 야채도 그렇게 확보했다. 동태매운탕은 교육원내 식당에 의뢰해서 끓이기만 하면 되게 준비를 해 놓았다. 밥은 식당에서 조달했다. 기타 쌈장 등 양념류는 슈퍼에서 사 왔다. 만반의 준비를 했다고 여겼는데도 많은 게 부족했다. 김소장이 지례흑돼지를 적정할 만큼 사왔다. 선배님은 포도, 감귤 등 과일류를 사왔다. 조선배와 송 선배는 약속관계로 참석치 못했다. 모두들 흥겨운 자리가 되었고 제대로 음악회를 즐긴 듯 보였다. 다음에 한번 더 해보자는 제의가 있기도 했다. 맨 먼저 온 S 선배는 자신의 얘기를 들려주기도 했다. 5년간 젊은 시절 상선을 타고 세계를 돌아다녔다고 했다. 해기사 또는 항해사의 자격까지 보유하고 있었다. 상선을 탄 후에는 줄곧 구미에서 생활하셨던 듯하다. 지금도 박사과정에서 논문만 제출하면 되는 상태까지 이르고 있었다. 기업에 컨설팅을 해주고 있고 고용노동부와 많은 일을 함께 하고 있다고 했다. 오늘도 대전에 컨설팅을 해주고 일찍 내려오게 되었다. 자신은 이렇게 외롭게 생활하라고 하면 좀이 쑤셔서 할 수 없을 것이라고 했다. 당구도 사회에 나와서 배웠는데 에버리지가 150이라고 했다. 바둑도 사회에 나온 후 배웠는데 5급 정도 수준이라고 했다. NCS라고 해서 고용노동부에서 직무관련해서 사격을 만들고 있다는 얘기를 들려주었다. 기획자격증 같은 것이라고 했다. 기획을 하는 사람이 실질적으로 바로 업무에 적용할 수 있는 실질적인 자격증이라고 설명했다. 60을 넘긴 상태였음에도 아주 활력이 넘치게 활동하고 있는 상황이었다. 석사 과정은 경영학 쪽으로 했다. 여러 가지 실패사례 등에 대한 경험이 다양해서 컨설팅에 자신을 가지신 듯 보였다. 준비는 많이 했는데 남은 것은 너무 많았다. 밥도 그대로 남았고 매운탕도 맛만 본 수준이었다. 사모님께서 설거지도 해놓으려고 했는데 극구 만류해서 손을 놓았다. 다들 돌아갈 때는 즐거운 기분이 되어 귀가했다. 본래 예상은 몇 분은 숙박을 하고 갈 것으로 예상되었는데 모두 돌아가고 나니 허망했다. 이부자리까지 다 준비를 해 두었는데 쓸 일이 없었다. 동기는 내일이 제사라서 간다고 하니 만류할 방법도 없었다. 두 분의 재능 있으신 아티스트 덕분에 휴일의 음악회가 빛났고 흥겨웠던 듯 여겨졌다. 여가가 많아지고 생활이 윤택해진 세태 덕에 이런 휴일날의 연주회도 가능했다.

어려운 가운데서도 참여해주시고 연주해주시는 등 노고를 아끼지 않은 선후배 여러분들께 감사를 표한다. 요즘은 하도 대단한 취미와 특기를 가지신 분들이 많아 회합이 흥겨워지고 풍요로워지는 것으로 보였다. 가을밤은 아름다운 선율과 함께 깊어만 간 뜻깊은 휴일날 연주회였다.

제2부

7년의 밤

나는 내 아버지의 사형집행인이었다. 7년의 밤은 이렇게 시작된다. 정유정의 소설이다. 7년 동안 딸을 살해한 자에 대한 복수극을 펼쳐가는 이와 그에 맞서 아들을 지키려는 자의 대결과 갈등이 핵심이다.

7년 전 세령호라는 호수에서 치과의사였던 오영제의 딸이 교통사고로 차에 치였다가 댐의 보안팀장 최현수에 의해 질식사를 당하고 호수에 버려진다. 최현수는 야구선수 출신이었는데 야구를 접고 새롭게 택한 일이 보안요원이었다. 12살의 아들을 데리고 세 식구가 단란하게 살아가는 가족이었다. 동거인으로 최 팀장의 부하인 안승환이 같이 살았다. 시신을 수습한 최현수가 차를 몰고 일산에 갔다. 그리고 그곳에서 손상된 차량을 고치고 다시 등대마을로 돌아온다.

그는 어린 시절에 모든 집안의 기대를 한 몸에 받고 자랐다. 아버지는 언제나 술을 마셨고 그렇게 술을 마신 후에는 현수를 때렸다. 모든 것의 원인은 현수였고 그로인해 그는 아버지의 화풀이 대상이 되었다. 수수밭에는 우물이 있었다. 그 속에는 귀신이 산다는 속설이 있었다. 그리고 그 속에 사람의 신발을 던져 넣으면 그 귀신이 신발 주인을 끌어들여 죽음에 이르게 된다는 것이었다. 고교에 진학할 당시 스카우터가 와서 현수의 포수자질을 보고 서울로 데려가려고 한다. 그리고 테스트를 하고 부모님을 뵈러왔다. 아버지는 막무가내였다. 결코 서울로 보낼 수 없다는 완강한 반대였다. 그들은 캐쳐글러브를 현수에게 기념으로 주고 갔다. 그러나 그것이 다음날 갈기갈기 찢긴 채 널브러져 있는 것을 보게 된다. 현수는 오열하고 아버지에 대한 원망이 쌓여간다.

그런 어느 날 밤 아버지의 신발을 들고 수수밭으로 간다. 꿈인지 생시인지도 모른 채 우물 속에 신발을 던진다. 그러던 차에 아버지는 아들을 찾아서 나오고 우물에 빠지는 사고를 당해 결국 죽고 만다. 현수는 2군 야구선수로 생활하던 중 아내를 만나 결혼을 하고 아들을 낳는다. 천금같은 아들이었고 애지중지 길렀다.

은주와 현수는 초기에는 화기애애하게 잘 지냈으나 세령호 사건이 났을 때에는 이미 파경에 가까울 정도로 불협화음이 심각했다. 은주는 남편이 바람을 폈거나 사고를 낸 것이 아닌가 하고 의혹의 눈초리로 접근하고 남편의 이상행동을 주시하게 된다. 수목원의 오영제의 가사일도 맡아서 봉사하면서 생활비를 벌어들이기도 했다. 그리고 일산에 아파트까지 장만해서 아들의 미래를 위해 준비해 두기도 한다. 오영제는 수목원의 주인이자 치과의사로 아내와 딸과 함께 살고 있었다. 딸이 신부화장 놀이를 하는 것을 못마땅하게 여겨 질타를 하던 중 딸이 촛대잔을 던지고 집을 뛰쳐나가자 그녀를 쫓아 나갔는데 그만 행방불명이 되었다. 이리저리 수소문을 하고 실종신고까지 했지만 찾을 길이 없었다. 차츰 사건을 파헤치다 보니 현수가 범인인 것을 알게 되었다. 덫을 설치해서 현수를 다치게 하고 병원에 입원하기도 한다. 현수의 아들 서원을 납치해서 세령호 가운데 묶어놓고 물이 점차 차오르게 해서 익사를 시킬 작전을 세운다. 관제소에서 현수를 결박해놓고 서원이 죽어가는 모습을 보라고 하는데 현수는 의자에 결박된 채 오영제에게 달려들어 한바탕 실랑이를 벌인다. 이런 와중에 승환은 호수 가운데 묶여있는 서원을 구출하고 관제소로 간다. 현수는 서원을 구할 명목으로 댐의 수문을 열고 수문의 개방으로 하구에 살던 수많은 주민들은 피해를 입게 된다. 영제는 관제소를 나와 도망치던 중에 현수의 아내 은주를 만난다. 그는 은주에 대해 살해의도가 없었다. 그런데 은주가 야구방망이로 그의 허리를 가격하자 하는 수없이 은주를 살해한다.

영제의 아내 문하영은 프랑스 파리로 영제의 추격을 피해 달아난다. 수없이 영제의 사슬에서 벗어나고자 시도했지만 번번이 실패했다. 강원도 설악산 자락인 한계령에서 버려진 뒤 그녀는 최후의 탈출을 시도하고 곧바로 파리로 줄행랑을 친다. 승환은 하영에게 연락을 취하고 영제의 성격, 행동양식 등을 자문 받게 된다. 9차례에 걸쳐 편지를 보내 그와의 관계를 설명하고 어떻게 행동할 것인지를 예측하기도 한다. 오영제는 최현수를 거의 중환자 수준으로 만들어 내팽개쳐 놓은 채 관제소를 나왔다. 그리고 파리에 있는 문하영에게 간다. 그녀도 몸이 아파 병원에 누워있는 상황인데 그가 나타난 것이다. 링게르병 등을 박살내고 행패를 부리다 병원관계자에 의해 경찰로 호송된다. 그녀는 결국 파리에서 이스탄불로 도망을 갔다가 다시 파리로 돌아온다. 혼수상태로 병원으로 후송된 최현수는 결국 병이 완쾌된 후에 재판을 받고 사형수로 7년을 복역한다. 그는 복역 중에 치과치료를 받는데 그 의사가 오영제였다. 그는 기겁을 하고 그의 목적 또는 음모의 내막을 유추한다. 그리고 서원에게 오영제의 음모를 분쇄할 수 있는 지혜를 제공한다. 무척이나 서원이 보고 싶었지만 면회를 사절한다.

승환은 이러한 세령호에서의 사건을 중심으로 소설을 쓴다. 그리고 문하영에게도 편지를 쓴다. 그는 그 소설을 서원에게 보내고 문하영에게도 보낸다. 끝없이 도피행각을 벌이는 서원을 위해 물심양면으로 도움을 주고 최종적으로 그를 거두고 같이 생활한다. 그러나 오영제의 방해공작은 계속된다. 서원이가 학교를 옮겨 적응할 때쯤이면 사건을 보도한 주간지를 배포해서 서원을 옴짝달싹 못하게 궁지로 몰아간다. 이리저리 친척집을 떠돌고 이 학교 저 학교를 떠돌면서 겨우 고등학교를 졸업한 상태로 지낸 7년 후 아버지의 사형집행 소식을 전보로 받는다. 그리고 시신을 인수하기 위해 의왕으로 간다. 그러면서 그는 오영제의 계략을 눈치 챈다. 그리고 아버지의 기발한 계략도 알게 된다. 안승환은 서원과 함께 오영제에게 볼모로 잡히고 죽음의 문턱까지 가게 되지만 미리 연락해 둔 형사에 의해 구출된다. 오영제는 결국 살인미수 등 갖가지 죄목으로 체포되고 그의 복수극은 막을 내린다.

사족이긴 하지만 아마 추측컨대 비슷한 세령호의 댐은 남도 쪽의 J댐이 아닐까 여겨지기도 한다. 잠수에 관한 부분에 대해서는 그것에 대해 별도로 연구하고 자문을 받은 것으로 추정된다. 아무튼 세심하게 준비하고 사전에 실제적으로 체험을 통해서 그런 부분과 장면을 묘사할 수 있었을 것으로 보인다. 긴장감 넘치는 사건의 전개가 한 치도 눈을 뗄 수 없게 만든 흡인력은 대단한 필력으로 느껴진다. 여전사라는 이미지로 묘사되기도 했는데 그런 부분에 부족함이 없을 듯하다.

아무튼 오랜만에 속이 뻥 뚫리는 호쾌한 작품을 하나 감상하게 되었다. 이 작품은 곧 영화화되어 출시될 것이다. 최현수 역에 류승룡, 오영제 역에 장동건, 안승환 역에 송새벽, 최서원 역에 고경표, 은주 역에 문영희로 2017년에 개봉 예정이다. 기대된다. 정유정 작가의 계속적인 걸작의 출현을 기대하며 작가의 왕성한 필력에 의한 베스트셀러 행진과 더불어 계속 승승장구하길 기원한다.

28

화양이라는 인구 29만의 수도권 인근 가상의 소도시에서 엄청난 재앙이 발생한다. 그것은 인수공통전염병으로 눈이 붉게 충혈되고 몸의 곳곳에서 피를 흘리며 결국에는 죽음에 이르는 병이다.

한 환자가 발생되자 119구급대원 기준은 그를 응급실로 옮긴다. 다섯 명의 관찰자와 또 하나는 링고라는 늑대개의 시각으로 전염병 발생 후 28일간의 사건들의 연속인 내용이 묘사된다. 다섯 명은 서재형, 박동해, 김윤주, 기준, 수진이다. 서재형은 드림랜드라는 유기견 보호소를 운영하는 수의사다. 그는 아이디타로드라는 개썰매견 경주대회에서 구사일생으로 살아서 돌아왔다. 아이디타로드라는 것은 알래스카 앵커리지에서 베링해 근처인 놈Nome까지 1,041마일(1600km)을 썰매견으로 경주하는 대회다. 개 10마리와 인솔자가 일주일 이상 달려서 도달하는 것이다. 눈 속에서 그는 늑대떼를 만난다. 그리고 애지중지했던 자기 목숨 같았던 썰매견을 희생양으로 해서 겨우 목숨만 부지해서 귀국한다. 그는 유기견 보호소를 운영하며 언론의 주목을 받는다. 한창 언론에서 훌륭한 수의사로 치켜세우고 유명세를 타게 된다. 그러자 박동해는 자신이 죽이고자 했던 쿠키를 구해간 재형에게 앙심을 품고 그의 과거 어둠에 가려졌던 과거사를 한진일보 김윤주기자에게 제보해서 재형의 본모습을 세상에 폭로한다. 그렇게 되자 재형은 궁지에 몰린다.

박동해는 병원에 근무하는 박남철 과장의 아들이나 부모로부터 학대를 당하면서 그 화를 개를 통해서 화풀이 한다. 그렇게 해서 문제아로 성장해 가던 중 군에 입대한다. 1년 여가 지나고 각 중대에서 기르던 개들이 하나 둘 처참한 모습으로 살해된다. 결국은 그 모든 범행은 박동해가 실행한 것이었다. 그는 개들을 무참하게 살해했고 혀까지 잘랐다. 그리고 그것을 나무에 목매달아 놓는다. 그는 결국 공익요원으로 전출된다. 그렇게 해서 공익근무를 마치고 집으로 돌아온 그는 집에 돌아와서도 아버지로부터 구박을 받는다. 그러던 차에 집에서 쫓겨나다시피 되었던 상황에서 어머니께 구원을 요청했는데 그것은 함정이었다. 그는 결국 요원들에 의해 체포된 후 감금되고 정신병원으로 후송된다. 서재형은 유기견을 돌보던 중 할아버지와 승아라는 여자애를 알게 된다. 할아버지가 붉은눈 전염병에 의해 죽음을 당하게 되자 승아를 드림랜드로 데리고 온다. 승아는 맹인이었다. 여자아이를 돌보기 위해 윤주를 데려와 2층에 기거하게 한다. 김윤주는 동해의 제보에 의해 재형을 궁지로 몰아넣었지만 그가 사실은 좋은 사람이라는 것을 알게 되고 그와 화해하고 애정관계로 발전한다. 기준은 화양시에서 전염병이 발병되었고 소방대원들에게도 전염되었음을 알게 된다. 그리고 그는 자신의 아내와 딸을 화양시에서 내보내기 위해 동분서주한다. 시댁에는 안 가려하니 결국 처가인 제주도로 보내려 이리저리 항공편을 알아본다.

링고는 늑대개로서 아주 싸움에 능숙한 개였다. 그는 스타라는 암캐를 좋아한다. 정처없이 떠돌아다니며 세상을 살아간다. 개에게서 전염병이 발병하였다는 것을 감지한 보건당국에서는 군부대를 동원해서 살아있는 개들의 살처분에 들어간다. 살아있는 개임에도 무지막지하게 땅을 파고 그곳에 산채로 묻어버린다. 개들의 살려달라는 울부짖음이 천지에 진동함에도 인간들은 무자비하게 살처분을 계속해 나간다. 서재형과 링고는 살처분된 곳의 흙을 파헤쳐 동료들을 구해보려 하지만 모두 죽은 후였다.

동해는 정신병원에서 소화기로 감시자들을 상해하고 탈출한다. 윤주는 재형의 부탁으로 승아를 돌보며 드림랜드의 2층 숙소에 기거한다. 그러던 중 드림랜드에 화재가 발생하고 결국 승아도 죽음을 맞이한다. 기준은 넘쳐나는 전염병환자를 처리하느라 동분서주한다. 그러던 중 개들에 의해 주검이 된 아내를 발견한다. 그리고 아이도 개에 의해 희생된 상태였다. 그는 목격자들의 증언을 듣고 유기견에 의해 아내가 죽었다는 것을 알고는 분노한다. 그리고 링고를 찾아 나선다. 링고를 지키려는 재형과 싸움을 벌이기도 한다. 119 구급대원 전체 22명 가운데 20명이 전염병에 감염된다. 병원의 간호사인 수진은 자신의 동료요 후배 간호사가 전염병에 걸려 죽었다는 것을 실감하지 못한다. 자신의 아버지와 남동생이 사태의 진압을 위해 화양으로 왔다는 것을 전해 들었으나 그들과의 조우는 이루어지지 못했다. 수진은 전염병 환자들의 간호를 위해 불철주야로 고군분투한다. 그러던 중 그는 집에서 사태가 악화되는 상황 속에서 젊은 남자 셋으로부터 윤간을 당한다. 그리고 그 후 그녀는 싸늘한 시신이 되어 발견된다.

동해의 아버지는 동해가 집으로 올 것을 예감하고 대비한다. 그는 아들에게 자살을 하든가 아니면 자신의 손에 죽으라고 애원한다. 그러자 동해는 아버지에게 상해를 입히고 도주한다. 링고를 쫓던 기준은 링고를 발견하고 상해를 입히기는 하나 치명상을 입히지는 못한다. 부상을 당한 링고를 위해 재형은 그가 올만한 곳에서 잠복하며 그를 기다린다. 그러다 결국 링고에 의해 죽임을 당하고 만다. 당국에서는 화양시를 폐쇄하고 군부대를 투입시켜 무자비한 살상을 자행한다. 그리고 모든 도로를 폐쇄한다. 백신의 개발도 이루어지지 못한다. 비상사태가 선포되고 모든 통행은 통제된다. 김윤주는 재형의 무덤에 꽃을 바친다. 28일 후 사태는 수습되고 전염병도 자취를 감춘다. 수많은 사상자를 낸 화양의 사태는 이렇게 막을 내린다.

우리의 광주민주화운동 또는 메르스 사태를 연상시킨다. 그리고 눈먼 자들의 도시라는 사마라구의 소설과도 유사한 느낌을 준다. 작가는 구제역으로 살처분되는 돼지를 보면서 소설을 구상하게 되었다고 했다. 참으로 처절한 인간의 사투였고 암투였다. 그런 속에서의 삶이 사람을 얼마나 부조리하게 만드는가를 느껴볼 수 있었다. 결국은 생존이라는 것이 인간의 기본에 속하는 부분이었다. 이성도 감정도 극한의 상태에서 어떻게 작용되는지를 느낄 수 있었다. 너무나 가혹하고 무자비하고 피도 눈물도 없는 조치들에 치를 떨면서 몸서리치는 인간들에게서 사람의 정이 느껴지기도 했다. 비록 동물이지만 그래도 나름의 존재이유와 가치를 가지고 있음에도 인간에게 해악을 끼친다는 것에서 아무런 제대로 된 명분도 갖지 못한 채 살처분이라는 최악의 선택을 하는 인간에게서 과연 기대할 수 있는 것이 어떤 인간성일 수 있을까.

그레이의 50가지 그림자

엊그제 TV를 보는데 소개가 되었다. 책으로 얘기되는 프로였는데 아주 야한 것으로 그리고 여성용으로 회자되었고 2015년 최악의 영화로 평가되기도 했다. 그리고 현재 그레이의 50가지 그림자 2편인 영화가 캐나다에서 촬영이 진행되고 있다고 했다. 호기심으로 영화를 먼저 보았다.

대학졸업반인 여주인공은 룸메이트가 병이 나서 대신해 젊고 멋진 백만장자를 인터뷰하러 간다. 화려한 사무실에서 인터뷰를 한다. 객쩍은 질문은 '당신은 게이입니까' 라고 묻는 장면이다. 그렇게 물은 데에는 이면이 있었다. 여자와 같이 찍은 사진을 발견할 수 없었기 때문이었다. 인터뷰를 하면서 그레이는 여주인공에게서 강한 인상을 받았고 여주인공도 호기심이 발동하게 된다. 그리고 서로에게 관심을 갖게 된다. 연애감정이 싹트기 시작한 것이다. 인터뷰 후에 그녀는 사진을 촬영하는 것도 허락받게 된다. 그리고 미진한 부분에 대해서는 이메일로 답장을 받게 된다. 이렇게 시작된 인연은 꼬리에 꼬리를 물고 밀고 당기는 가운데 서로의 감정을 확인해 간다. 여주인공의 아르바이트하는 곳에 나타나 로프를 사가기도 한다. 둘은 처음 데이트를 헬기를 타고서 한다. 참으로 파격적이고 낭만적이지 않을 수 없다. 억만장자다운 데이트였다. 자신은 사랑을 할 수 없는 이라고 소개하고 계약을 맺어야 한다고 하며 계약서를 보여준다.

그는 15살 때 엄마친구와 관계를 갖게 되고 그것을 통해서 오랫동안 성적인 취향을 갖게 되었단다. 그래서 그때는 수동적인 입장이었는데 이제부터는 가학적 행위자로 변모되었다. 그가 보여주는 방안에는 갖가지 도구들도 가득 차있다. 관계를 처음 맺게 되는데 여주인공은 자신이 숫처녀임을 밝힌다. 두 사람의 관계는 급진전되고 졸업식에서는 후원자로서 참가한 그레이를 만나 사진까지 찍게 된다. 그리고 가족들과도 만난다. 한편 클럽에 간 여주인공은 그에게 전화를 하게 되고 그는 금방 달려와 위기에 빠진 여주인공을 구한다. 계약서 조항을 꼼꼼히 검토한 여주인공은 일부 조항의 수정을 요구하고 생각할 시간을 달라고 한다. 그레이는 자기의 몸에 손을 대는 것 자체도 허락하지 않고 같이 잠자리를 하는 것도 불허한다. 관계를 하는 중에 그녀는 손목을 묶인다든지 볼기짝을 얻어맞는 등의 행위로 인해 곤욕을 치른다. 그러나 그의 제안은 파격적이고 유혹적인 부분이 너무나 많았다.

그는 그녀에게 멋진 자동차를 선물한다. 그러는 와중에 그녀는 엄마를 만나러 조지아로 가고 그런 상황에서 그레이가 그녀를 만나기 위해 조지아로 간다. 그리고 둘은 경비행기를 타고 환상적인 데이트를 즐긴다. 그레이는 그녀에게 평상인과 같이 영화를 보고 식사를 하는 일반적인 데이트를 하루 동안 할 수 있게 해준다. 둘은 깊은 관계에 빠지게 되고 서로가 원하는 형태를 띠게 된다. 그러나 결코 어떤 정해진 경계를 넘을 수는 없는 상황에 빠진다. 여자가 남자를 만지는 것도 허용되지 않고 같이 잠을 자는 것도 불허된다. 서로가 원하는 관계로까지 진전은 되었지만 그레이의 태도나 형식은 언제나 일정한 선을 유지하고 있는 것이다. 그녀의 여자 친구는 그레이의 형과 깊은 관계에 빠지게 된다. 그레이는 그녀와의 관계를 유지하면서도 두 사람 사이의 있었던 일에 대해서는 비밀을 유지하도록 하라고 종용한다. 어느 누구에게도 발설하지 못하게 하는 것이다. 그녀는 그가 준비해 놓은 방으로 이사까지 와서 생활하고 그것에 익숙해지기까지 하지만 최종적으로 그와의 관계를 이어가는 것에는 회의적인 태도를 취하게 된다. 그가 왜 그런 취향을 갖게 되었는지에 관해서 물어보자 그는 그렇게 답변한다. 50가지의 그림자 때문이라고 한다. 그러나 그것이 무엇인지는 알려주지 않는다.

여주인공은 결국 자신의 마음을 주지 못하고 막판에 결별을 고하고 떠난다. 참으로 이색적이고 독특한 소재를 갖고 있었고 흥미진진한 스토리를 갖고 있었으며 충분히 공감을 일으킬 수 있을 것으로 보였다. 그럼에도 영화가 최악의 평가를 받은 부분에 대해서는 애석함이 있다. 그레이가 그렇게 모든 것을 갖춘 상태에서도 완벽함을 보여주는데 반해 여주인공은 좀 더 냉혹하고 자기애를 잃지 않았으면 하고 기대를 하게 만드는 부분이 있었다. 어느 누구라도 그런 유혹에 빠진다면 헤어 나올 수 없을 만큼 달콤한 부분이 있다.

그레이의 50가지 그림자는 계속될 것으로 여겨지고 호기심을 계속 불러일으킬 것으로 보인다. 책도 5권까지 나올 것이라고도 한다. 아무튼 재미있는 일이고 계속 지켜봐야할 부분이 아닐까싶다. 아주 평범한 일상을 사는 주부가 쓴 글이고 얘기라고 하니 더욱 흥미가 가는 부분일 수밖에 없는 노릇이다. 아주 특이한 방식이고 전개되는 얘기가 범상치 않은 부분으로 채워져 있는 듯하다. 어떤 오묘한 부분이 있는 것 같지는 않는데 뭔가 궁금증을 자아내게 하고 흥미를 유발시키는 부분에 있어서는 성공적이지 않았을까. 통속적이고 정형화되지 않은 부분이 그래도 독자들의 흥미를 불러일으키고 호기심을 자극하고 있지 않나 여겨진다. 앞으로 향후 전개와 그 결말의 귀추가 궁금해진다.

내 심장을 쏴라

한 청년이 수리희망병원에 실려 온다. 백주대낮에 젊은 여자를 희롱했다는 것에서 발단이 되었다. 아버지는 그를 경찰서에 넘기는 대신 정신병원에 집어넣었다. 공황장애도 있었고 가위에 대한 트라우마도 있었다.

그의 나이 18살 때 어머니를 잃었다. 어머니는 10여 년 전부터 병원과 집을 왔다 갔다 했다. 그러다 결국 집 목욕탕에서 가위로 자신의 목을 찔렀다. 이수명, 그는 신림서림을 운영하는 자의 아들이었다. 그는 고교 시절에 어머니를 잘 보살피라는 아버지의 엄명을 잊고 책에 열중하다가 어머니를 돌보는 것을 소홀히 했다. 그리고 결국 자신의 과오로 어머니를 돌아가시게 했다는 죄책감에 시달린다.

그와 같은 날 병원에 들어오게 된 또 한 명의 젊은이가 있었다. 그는 류승민이었다. 재벌가의 혼외자식이었던 그는 아버지가 죽자 외국에서 돌아왔는데 그에게 아버지가 남긴 유산을 빼돌리기 위해 아들을 방화범으로 몰아 정신병원에 넣은 것이었다. 전화 한 통이면 곧 이곳을 빠져나갈 것이라며 하소연하는 그에게 병원 관계자는 막무가내였고 가혹하기만

했다. 온갖 난동을 일삼고 사건 사고를 저지르고 다닌다. 그 둘과 더불어 기존에 있던 환자 2명이 병실 501호에서 생활한다. 만석 씨는 말을 부리던 사람이었는데 정신이 오락가락하게 되어 이곳에 왔다. 항상 사람들의 등에 업혀 생활하고자 하는 습성이 있었다. 또 한 명은 용이라는 인물이었다. 유명 명문대를 나왔는데 어떻게 하다 보니 이곳에 와서 생활하게 된 것이다. 수리희망병원은 정선의 한적한 곳에 외따로 위치해 있었다. 의사와 간호사 그리고 남자 보호사 등이었다. 최기훈은 그래도 가장 인간적으로 환자를 돌보는 이였다. 점박이는 악독한 보호사였다. 류승민을 야밤에 탈출을 기도하나 야맹증으로 인해 실패를 맛본다. 아침 7시에는 모두 모여 체조를 한다. 그리고 밤 2시에는 보호사와 간호사가 순찰을 돌며 제대로 취침하고 있는지를 확인한다.

어느 날 승민은 자신의 끼를 발산하며 한껏 고무되면서 춤과 노래를 선보인다. 흥겨운 시간을 보내고 모두들 즐거워한다. 그는 어린 시절 아버지의 별장에 불을 놓아 방화한 경험을 갖고 있다. 아버지는 그를 미국의 한 시골로 보낸다. 그곳에서 그는 패러글라이딩을 배운다. 창공을 나르며 세상을 다가진 것처럼 환호한다. 그렇게 패러글라이딩을 하던 중 극적인 경험도 한다. 구름 속까지 비행하고 그 높은 곳에서 별들을 바라보는 환상적인 경험도 한다. 그러다 그는 자신의 눈에 문제가 있다는 것을 알게 된다. 두 차례 정도 수술치료를 받지만 제대로 정상적인 시력을 회복하는 것은 어렵다는 것을 깨닫는다. 수명에게는 수제자가 생긴다. 세탁부에 일하는 이였다. 그는 검정고시를 준비 중인데 수명에게 배우기를 청한다. 그리고 목표는 사회복지사를 꿈꾼다.

승민은 어느 날 갑자기 시력이 떨어지고 온몸에 열이 나는 일이 생긴다. 아무리 고함을 쳐보지만 아무도 달려오지 않는다. 옆방에서 위쪽 방의 창문을 깨뜨리라고 조언해 준다. 수명은 옷에 무거운 것을 넣고 회전을 시켜 창문 깨트리기를 시도해 보지만 여의치 않자 만석씨가 시도한다. 그렇게 해서 최기훈 보호사가 오고 승민은 원주의 대학병원으로 가서 눈 수술을 받는다. 그리고 돌아온다. 그는 이제 맹인용 검은 안경을 쓰고 돌아온다. 일거수일투족을 모조리 수명의 도움을 받아 겨우 일상생활이 가능할 지경이 되었다. 승민은 퇴원하는 용이에게 편지를 전해 패러글라이딩에 필요란 도구일체와 옷 등을 선배에게 부탁해서 병원 인근의 수리봉 근처에 묻어둘 것을 부탁한다. 병원에서 환자들을 데리고 호수가 유원지의 쓰레기를 줍는 봉사활동을 나간다. 수명과 승민도 점박이의 감시 아래 쓰레기를 줍는다. 어느 만큼 인적이 줄어든 상황에서 승민은 점박이를 제압하고 창고에 결박해 유기하고 요트를 타고 줄행랑을 친다. 승민은 조종법을 수명에게 가르쳐주고 자신은 요트에서 탈출한다. 승민은 외친다. 세상 사람들에게 자신의 심장을 쏴라고 말이다. 정말 제대로 된 삶을 살고 싶은데 세상은 그런 그를 가만히 내버려두지 않는다. 수명은 혼자 요트를 몰고 가다 결국은 요트가 뒤집히고 자신은 물속에 빠진다. 그리고 얼마 후 추격자들에게 잡힌다. 승민도 육지까지는 올라가나 곧바로 기다리고 있던 병원관계자에게 잡히고 만다. 승민의 의붓형은 승민을 찾아오고 승민에게 주먹을 한방 먹인다. 그 둘과 같이 앉아 있던 수명은 승민의 형에게 항변하고 승민을 병원에서 퇴원하게 해달라고 간청하나 무산되고 만다.

다시 병원에 돌아온 이들은 결국 전기충격요법을 받게 된다. 지은이라는 환자가 있었다. 어느 날 갑자기 입덧을 하고 임신의 증후가 나타난다. 한이가 그애의 아버지라는 소문이 돌기도 했지만 근거가 미약했다. 결국 세부적으로 조사 후에는 보호사 등에 의해 그렇게 된 것이 확인되고 그들은 모두 다른 병동으로 전출된다. 그리고 애는 낙태수술을 받는다. 세탁부 아저씨는 검정고시에 당당히 합격해서 기뻐한다. 현선이 엄마는 엄마가 자신을 버려서 죽음에 이르렀다고 자책하며 괴로워한다. 수명은 승민에게 탈출계획을 전한다. 세탁물을 수거하러 오는 차량에 편승해서 빠져나간다는 것이었다. 세탁부와 공모해서 그렇게 탈출계획을 수립하고 실행에 옮긴다. 처음에는 승민이 혼자 나가는 것이었으나 전기충격요법을 받은 후 수명도 탈출하기로 한다. 둘은 세탁물 수집용 차량을 빼앗아 타고 병원의 탈출에 성공한다. 그들은 수리봉 근처까지 가서 다시 산행을 해서 수리봉 부근까지 오른다. 그리고 미리 계획된 대로 패러글라이딩을 해서 승민은 자유를 찾는다. 수명은 다시 수리봉에서 아침까지 견디다 결국 추적자에 의해 다시 병원으로 오게 된다. 그는 재판을 받고 승민에 대한 자살방조죄까지 혐의를 받지만 사체가 없는 상태였기에 용서를 받는다. 4년 후 보건심의위원회의 심의를 거쳐 수명은 자유의 몸이 된다. 정신병동에 오는 환자는 두 가지가 있다고 한다. 정신이 미쳐서 병원에 가는 사람 그리고 정상이었는데 병원에서 미쳐서 나오게 되는 사람이란다.

아주 세밀하게 묘사되고 정밀하게 전개가 되었지만 딱히 제대로 그들의 마음을 또는 정신을 심층적으로 표출시켰는지는 일말의 회의가 인다.

이 작품은 세계문학 공모전의 당선작이기도 하다. 영화화되기도 했다. 김민기와 여진구가 주연을 맡았다. 작가는 직접 정신병원에 가서 일주일간 그들과 함께 생활하면서 많은 것을 조사하고 설문하고 취재해서 작품을 쓸 수 있었다고 한다. 운명이 자신을 침몰시킬 때 과연 어떻게 할 수 있겠는가를 끊임없이 자신에게 질문하게 작품을 썼다는 작가의 얘기에 충분한 공감대를 느껴볼 수 있었다. 아주 특이한 소재로 만들어진 독특한 작품을 경험한 좋은 계기였던 듯하다. 영화 뻐꾸기 둥지로 날아간 새라는 영화와 유사점이 많은 듯 여겨졌다. 일상적인 것이 아닌 특이한 구조와 상황하에서의 인간은 어떻게 의미 지어지는가를 생각해보게 만드는 것이다. 이 젊은이 둘이 과연 세상에 나와서 제대로의 삶을 살아갈 수 있을까 의심스러워지는 대목이기도 하다. 자신의 내면에 잠재되어져 있는 의식 속에서의 삶이라는 것이 얼마만큼의 의미로 다가올 수 있을까. 보다 적절하고 현명하게 대응하고 모색해 볼 수 있었지 않았을까 여겨지기도 한다.

종의 기원

제목이 특이했다. 찰스다윈의 책이 아니라 정유정이란 소설가의 소설이다. 참으로 특이한 소재였고 세상에 이런 일이란 소재가 될 만한 것이었다. 작가는 책 앞에 태양은 만인의 것, 바다는 즐기는 자의 것 부디 즐겨주시기를… '정유정' 이라고 작가 서명을 해 주었다.

향후는 호모사피엔스의 시대에서 사이코패스의 시대로 진화할 것이란다. 주인공은 사이코패스였다. 그중에서도 최고의 단계라는 프레데터 단계다. 주인공 유진은 자신의 엄마를 죽였고 또 죄 없는 한 가련한 처녀를 살해했다. 그리고 둘도 없는 형을 죽였고 마지막에 자신의 친구이자 형을 수장시키고 그에게 모든 죄를 뒤집어 씌웠다. 그리고 유유자적하게 세상을 살아간다. 정상적인 세상살이가 가능해 보이지 않을 듯한데 그는 아직도 건재해 보인다. 어린 시절 그는 그림을 한 장 그렸다. 그것을 본 의사였던 이모는 그가 보통의 사람이 아니란 것을 직감하고 끊임없는 약물치료를 받을 것을 권고하고 그것을 실행한다. 한순간도 눈을 뗄 수 없는 요주의 인물이 된 것이다.

그는 수영에 자질을 보였다. 뛰어난 기량을 발휘했고 대표로 발탁되기도 한다. 그는 이모가 주는 약을 매일 복용해야 했다. 그런데 그것을 복용하지 않으면 새로운 근력이 생기고 신기록을 낼 정도의 실력을 발휘하게 되는 기현상을 겪는다. 그러던 차에 경기를 하던 중 발작을 일으키고 그는 자신도 모르는 곳에서 발견되고 이후 수영팀에서 퇴출된다. 이제는 수영에서 다시 공부를 하는 것으로 전향한다. 그리고 그는 공부에서도 탁월한 역량을 발휘한다. 그리고 로스쿨을 준비한다.

그에게는 친구가 한 명 있었다. 그는 할아버지와 살고 있었다. 나이는 한 살이 많았지만 같이 학교에서 둘도 없는 친구였다. 어느 날 어머니가 모는 차에 할아버지가 사고사를 당한다. 그렇게 할아버지를 여의게 되자 어머니는 친구를 양자로 입적시켜 키운다. 그는 영화에 빠져서 생활한다. 고등학교시절 어머니와 함께 두 아들은 영화를 보러 간다. 그것은 브라질 영화 '시티오브 갓' 이라는 것이었다. 도시의 슬럼가에서 한 친구는 갱이 되고 한 친구는 신문사의 사진기자가 된다. 갱의 일상을 찍어오라는 신문사측의 요구에 그는 친구인 갱들의 사진을 찍어서 신문에 싣는다. 그러나 갱인 친구는 총질을 해대다가 죽음을 맞는다.

상당히 잔혹성이 있는 영화여서 미성년자 관람불가였다. 그랬기에 어머니와 함께 영화를 보게 된다. 어린 시절 가족은 남도 쪽 바닷가에 여행을 간다. 즐겁고 행복한 시간을 보냈다. 그러던 차에 바닷가에는 종탑이 있었다. 유진의 형 유민과 유진은 서로가 게임을 하기로 했다. 종탑까지 가서 종탑을 울리고 돌아오는 것으로 했다. 서로 경쟁하고 티격태격할 나이였다. 종탑에서 유진은 유민을 밀어서 바다에 빠지게 한다. 그러자 그 소식을 들은 아버지가 급하게 바다 속으로 뛰어든다. 그러나 높은 파도는 둘을 수장시키고 만다. 형은 게임에 중독되어 있었고 동생은 수영에 빠져 있었다. 결국 아버지와 형을 모두 잃게 된 것이다. 할아버지는 해외에서 아들의 장례를 위해 들어온다. 어머니와 이모는 유진의 상태를 끊임없이 감시하고 긴장을 늦추지 않는다. 유진의 유일한 낙은 야밤에 어머니 몰래 집을 빠져나와 돌아다니는 것이었다. 26살이 되어 있었던 때에 어느 날 그는 집에 돌아왔는데 어머니로부터 몸의 수색을 당한다. 그리고 그러던 상황에서 발각된 것은 아버지의 면도칼이 발견되었다. 끔찍함은 느낀 엄마는 그것을 압수하고 아들을 혼낸다. 그러자 아들은 분노하고 결국 어머니를 살해하고 만다.

그런 살인이 일어나기 전에 먼저 한 처녀를 살해한다. 버스의 종점에서 마지막 막차를 타고 내린 두 남녀가 있었다. 둘은 서로 나란히 걸음을 옮기고 그들은 각자의 우산을 들고 있었다. 남자는 우산을 펴보려고 용을 써보지만 우산은 쉽게 펴지지 않는다. 그렇게 남과 여는 길을 따라서 걷게 되고 그 뒤를 유진이 따른다. 그러던 차에 갑자기 남자가 바지를 내리고 볼일을 보는 장면에서 여자는 갑자기 유진 쪽으로 오게 된다. 그리고 둘은 같이 걸음을 걷게 된다. 그러다 갑자기 돌변한 유진에 의해 여자는 피살된다. 그렇게 살해한 여자를 그는 개천가에 다리로 옮겨서 개천에 유기한다.

그런데 이런 장면을 어머니가 직접 다 목격하게 되고 기겁을 하고 귀가한다. 유진은 가끔씩 발작을 일으켰다. 간질발작이었다. 유진은 자신이 어머니를 죽이고도 그 죽인 장면이나 상황자체가 기억되지 않는다. 2시간 30분간의 행적이나 행동에 대해서 의식을 하지 못하는 것이다. 그는 그런 속에서 피투성이가 된 현장에서 흔적을 제거하기 시작했고 피를 닦아냈다. 그리고 이모에게서 어머니의 행방을 묻는 전화를 받는다. 그러자 그는 어머니가 피정을 갔다고 둘러댄다. 그런데 핸드폰은 고스란히 집의 방에 있는 것이다. 어머니의 차도 지하실에 그대로 있었다. 그들은 고층 아파트에 살았고 복층이었고 옥상까지 갖추고 있었다. 유진은 시신을 옥상으로 옮겨서 숨겨놓는다. 다음날 이모가 나타난다. 유진이 로스쿨 합격 소식을 듣고 축하를 위해 케이크까지 사들고 왔다. 피곤하다며 안방에서 좀 쉬겠다고 한다. 그리고 그곳에 들어간다. 유진의 사는 동네는 신도시였다. 그 동네에는 호떡집이 있었다. 그곳에 해진이가 영화 DVD를 하나 가져나 놓아달라고 유진에게 부탁한다. 그러자 그는 그의 부탁을 이행하기 위해 20분가량 집을 떠난다. 유진도 해진에게 영종도의 어느 횟집에 가서 핸드폰을 좀 찾아달라고 부탁하기도 한다. 그런데 막상 그렇게 영종도를 가보니 그곳에는 휴대폰이 없었다. 유진이 착각을 했다고 사과를 하기도 한다. 다시 집으로 돌아온 유진은 결국 이모의 추궁을 당하다 도저히 빠져나갈 구멍이 없다고 여기자 이모마저 살해한다. 그리고 고무통에 이모를 구겨 넣고 옥상에 갖다놓는다. 그러던 중에 경찰의 방문을 받기도 한다. 절도 신고가 들어왔다고 해서 집을 둘러보고 나가기도 한다. 그러던 중에 아랫동네에서 살인사건이 발생하기도 한다. 그러는 중에 이모는 엄마에 대해 실종신고를 한다. 그리고 경찰에서는 엄마와 이모가 오리무중인데 대하여 의구심을 갖는다. 해진은 영화촬영을 갔다가 다음날 돌아온다. 그리고 자고 있는 유진을 보고는 자신의 방으로 간다. 유진은 해진을 만나자 결국 자신의 범행일체를 고백하고 해결책을 찾자고 한다. 해진은 유진을 태우고 경찰서에 자수를 시키기 위해 집을 나선다. 유진은 마지막으로 등대 쪽으로 한 바퀴만 돌고 가자고 얘기하고 그렇게 등대 쪽으로 간다. 등대 가까이 가게 되자 유진은 해진의 운전을 방해해서 제압하고 엑셀레이터를 밟아 난간을 부수고 바다로 추락하게한다. 그 충격으로 해진은 정신을 잃게된다. 유진은 차문을 열고 빠져나와 잠수 후 육지로 올라온다. 의식불명이었던 해진은 결국 그렇게 최후를 맞는다. 그리고 경찰은 해진이 모든 일을 벌인 이로 몰아갔고 유진은 행방불명으로 실종자처리를 한다. 그 이후 유진을 본 사람은 아무도 없었다.

작가는 작품을 세 번에 걸쳐 고쳐 썼다고 한다. 한 사회면에서 본 모친살해사건에서 착안을 했다고 한다. 천인공노할 일이고 인간으로서 해서는 안 될 일이었다. 도덕성의 추락 내지 실추를 개탄할 수밖에 없는 세상에서 작가의 의도가 시작된 모양이다. 악의 근원을 파헤친 것 같았고 인간으로서 그렇게 할 수 있을까 라는 것에서 인간의 잔인성에 치를 떨게 만드는 것이 아닌지 모르겠다.

꽃잎보다 붉던 당신

처음 인상은 그렇게 느꼈었다. 얼마 전 한참 화제에 올랐던 '화장' 이라는 영화였다. 그런데 제목과 내용은 전혀 다른 작품이었다. 윤희옥은 결코 사랑하지 않았던 남자이자 남편인 주호백을 집 앞마당의 청매실 나무 밑에 묻었다. 그리고 그것을 기억하지 못하고 경찰서에 실종신고를 한다. 그리고 미국에서 귀국한 딸 인혜와 함께 아버지를 추억하기 위해 여행을 떠난다. 희옥은 무용을 전공했다. 6.25 전쟁 통에 부모님을 잃고 삼촌과 함께 피난을 가던 중 폭격을 맞았다. 그리고 자기를 품에 안았던 숙모는 결국 불귀의 객이 되고 삼촌이 기거하던 낙일암에서 자라게 된다.

초등학교 시절 그녀는 동생들의 흠모의 대상이었다. 주호백, 허용구, 이칠성이었다. 오빠로는 김가인이 있었다. 연날리기를 하던 중 주호백은 이칠성의 강한 연줄에 맥을 못추고 연실이 끊기게 된다. 그러자 호백은 연을 찾으러가고 그러던 중에 희옥을 만난다. 그리고 그는 패배의 울분을 애꿎은 개구리에 화풀이 한다. 그렇게 시작된 연정은 질기고 끈질기게 이어진다. 희옥이 아버지를 장사지내는 곳까지 호백은 따라가고 그는 그녀를 줄기차게 쫓아다닌다. 서울로 대학을 진학한 네 사람은 방학이 되어 낙일암을 찾아든다. 그리고 김가인도 낙일암으로 온다. 네 남자는 절 밑에 있는 선술집에서 한잔하기로 한다. 김가인은 시국사범으로 낙일암에서 체포된다. 세 남자는 희옥을 차지하기 위한 암투를 벌인다.

그러던 중 이칠성은 벼랑 위에서 떨어져 죽고 만다. 김가인의 아기를 배게 된 희옥은 서울 고모집에서 생활하다 도저히 견디지를 못하고 집을 나온다. 그러나 막상 나오긴 했지만 갈 곳이 없었다. 그래서 생각다 못해 떠올린 곳이 호백의 집이었다. 호백은 기꺼이 희옥을 받아들인다. 결국 산파의 도움을 받아 희옥은 아이를 출산한다. 그리고 그 아이는 거의 호백이 도맡아 키운다.

용구는 호백의 도움을 받기위해 호백의 집으로 들어오고 같이 기거하게 된다. 둘은 사법시험을 보게 된다. 용구의 꼬임에 빠져 호백은 답안지를 용구이름으로 제출하게 되고 용구만 합격한다. 그리고 호백은 2년 후에 합격한다. 용구는 연수원 생활을 마치고 검사로 임용된다. 호백도 연수원 생활을 마치고 법조인이 된다. 그러나 인권변호사로 생활을 해나가던 중 숱한 애로를 겪고 결국 변호사생활을 접고 사진관을 낸다. 김가인을 가슴에 품고 사는 윤희옥을 위해 인혜를 위해 평생을 바쳤던 것이다. 인혜가 2살 때 수두에 걸려서 고생을 하고 있었다. 그러던 중에 용구가 김가인의 소재를 알려준다. 그러자 희옥은 딸을 팽개치고 미친 듯이 그가 있다는 곳으로 달려간다. 그는 위도에 있었다. 고문 후유증으로 폐인이 되어 있었다. 두 달 동안 지극정성으로 희옥은 그를 간호했다. 그러나 별 차도를 보이지 않는다. 가인은 결국 남원의 정신병원에 입원하게 된다. 그리고 그곳에서 최후를 마친다. 희옥은 끝내 가인에게 자신이 가인의 아이를 가졌었고 그 핏줄이 잘 크고 있다는 얘기를 차마 하지 못했다. 인혜는 혈액형을 통해 호백이 자신의 아버지가 아님을 중학교시절에 알게 되고 혼란스러워 한다. 호백은 그럼에도 불구하고 지극정성으로 인혜를 돌본다. 호백은 청매실에 심한 알레르기를 지니고 있었다. 그런 상황에서 희옥은 청매실 꽃을 한가득 병실에 가져다 놓기도 하고 자살을 권고하기 위해 눈에 잘띄는 곳에 면도칼을 비치해 놓기도 한다. 호백은 치매가 오고 그러면서 그는 희옥에게 못다했던 온갖 저주를 퍼붓는다. 어린 핏덩이가 병에 걸려 죽네사네 하는데 그것을 팽개쳐두고 집을 나섰던 과거를 꼬집어 질책한다. 그는 그 모든 것을 다락방의 반닫이 속에 일기로 남겨 두었다. 한때 그는 김가인의 흔적을 찾아보기 위해 그가 머물렀던 곳으로 여행을 떠나기도 한다. 위도에서 지내기도 했고 낙일암을 가보기도 하고 그 아래의 선술집에서 풋사랑도 회상한다. 젊었을 때 선술집 딸이 호백에게 자신을 좀 멀리 데리고 가달라는 사정을 듣고 그녀와 함께 줄행랑을 치기도 했던 것이다. 3일간의 취기어린 도피행각이었다. 그리고 3일 후에는 제자리로 다시 돌아와 있었다.

만약 호백이 그녀와 살았더라면 행복했을까. 그렇게 맺어질 수밖에 없는 운명이었을까. 아무튼 인혜는 아버지에 대한 추억을 통해 그가 얼마나 자신과 엄마를 위해 지고지순한 사랑을 했었는지를 새삼스럽게 느껴간다. 그녀는 미국인과 결혼해서 잘살았지만 자식은 낳지 않았다. 그리고 한국으로 돌아왔다. 6개월 여가 지난 후 엄마를 찾아갔더니 엄마는 완전히 호호백발의 노파가 되어 있었고 허리도 다 굽어있었다. 그리고 제대로 운신도 할 수 없을 지경으로 변해 있었다. 호백이 치매에 걸리면서 그의 아름다웠던 희생을 새롭게 느꼈고 다시 그를 사랑할 수 있게 되었다고 고백했다. 그렇게 홀대하고 냉대하고 무시했었던 그 모든 것을 용서받고자 했지만 용서받을 수도 없었다. 그러면서 그는 치매상태의 그의 모든 응석을 다 받으면서 자신의 죄를 사함받고자 했다. 참으로 안타까운 노릇이고 인간으로서 차마 못할 짓을 저질러놓고 60평생을 헛개비와 산 느낌이 그러하지 않았을까. 두사람의 사랑은 사랑이라기 보다 숙명적인 관계였지 않았을까 여겨지기도 한다.

세 사람의 삶이 우리 시대를 대변한다고 했다. 시대에 저항하고 그것을 극복하고자 했고 변혁시키고자 했던 사람, 그리고 두 번째는 시대의 조류에 적극적으로 순응하고 그것을 발판으로 자신의 출세욕을 이루고자 했던 사람, 마지막으로는 그것에 반항하거나 순응하는 것이 아니라 그것에 적정하게 순응하고 또 한편으로는 저항하고 그것을 바로 잡아보려고 했던 것이었다. 체제에 제대로 적응해서 살아가는 것 자체가 힘들었던 시대였다.

작가는 이 책을 아내에게 바친다고 했다. 아직도 한 번도 아내를 위해 책을 썼던 적이 없었다는 토로도 있었다. 아무튼 대단한 묘사였고 역작이었다는 느낌이 들었다. 영화로도 한번 나올 법하지 않을까.

소금

박범신 소설가의 소금은 우리 시대 아버지의 애틋함을 표현한 것이라 했다. 박범신 작가의 40번째 소설이다. 자신의 고향 논산에 관한 내용을 담고 있었다. 처음 시작은 한 염부鹽夫의 죽음으로부터 시작된다.

선명우라는 주인공의 아버지였다. 그는 모든 가족의 염원을 담아 막내아들 명우에게 집안의 장래를 책임질 것을 종용했고 그를 위해 헌신했다. 다른 자식들은 모두 팽개친 채 오로지 한 아들에게만 희망을 걸었다. 아들은 똑똑했고 열심히 공부했다. 서천의 조그만 어촌마을에서 유일하게 집안의 명운을 걸고 공부에 전념하게 한 것이었다. 그런 아들은 아버지의 염원도 모른 채 고모집에서 기거하면서 학업 하던 중 아버지의 부상소식을 듣고 그 먼 길을 걸어서 귀향한다. 그렇게 힘들게 돌아온 아들을 아버지는 불호령을 내려 쫓아 보낸다. 작은 형은 폐병으로 몸져누웠다. 큰아들은 군복무를 위해 군에 입대했다. 아버지는 염전을 일구며 오로지 막내아들의 금의환향을 꿈꾸며 그를 위해 몸 바쳐 일한다. 아들은 아버지에게 갔다가 혼찌검을 당하고는 부랴부랴 강경으로 돌아가던 길에 허기지고 지쳐 졸도한다.

그를 구한 것은 세희 누나였다. 3일간 혼절한 상태에서 그녀의 극진한 간호로 생기를 회복한다. 그는 그녀를 사모하는 관계로 발전한다. 그는 강경에서 중학교를 마치고 고등학교는 대전으로 유학한다. 그리고 서울의 명문학교에 진학한다. 그는 여느 대학생과 마찬가지로 운동권에 동조하게 되고 그의 친구를 하숙집에 숨겨준 죄로 고역을 치른다. 세희도 서울로 올라와 재봉일을 배우고 자신의 사업체를 꾸려나간다.

한편 선명우는 대학 재학 중 대학친구였던 김혜란과 깊은 관계가 된다. 그리고 얼마간의 세월이 흐른 후 애를 갖게 되고 둘은 결혼도 하기 전에 동거부터 시작한다. 세희 누나와는 애틋한 마음만 지닌 채였다. 세희는 애를 입양해서 키우게 되고 결국은 불치병에 걸려 서천 쪽으로 내려가 오막살이집에서 기거하다 임종을 맞는다. 명우는 음료회사에 직장을 잡게 되고 세 딸을 낳고 오순도순 살게 된다.

그러던 중 막내딸 시우가 20살 생일인 때에 우연한 계기로 소금을 실은 차가 정차해 있는 것을 보게 된다. 그런데 그 속의 차주인은 소금을 팔러왔다가 심장마비를 일으키고 이 사람을 돌보던 명우는 결국 소금장수 김승민으로 변신해서 서천으로 낙향한다. 그리고 세희의 마지막 살았던 집에서 산다. 절대적으로 믿고 의지했던 아빠를 잃은 시우네 가족은 사방으로 아버지를 찾기 위해 동분서주한다. 시우는 아버지를 찾아서 서천으로 내려온다. 그리고 그곳에서 남자를 만나 깊은 관계로 발전한다. 남자는 배롱나무 아래에서 시우를 만나고 아버지의 실종을 파헤치기 위해 동분서주한다. 선명우는 이미 췌장암 판명이 나 있었던 상황이었고 그런 상태에서 소금장수를 만난 것을 기화로 모든 것을 접고 그를 대신해 염부로서의 삶을 다시 시작한다. 명우가 대학을 졸업할 때쯤이었다. 며칠 전에 큰형이 집으로 올라왔다. 그리고 그곳에서 숙식을 제공하라고 협박한다. 명우는 결국 형이 묵을 모텔을 소개해주고 당분간 그곳에서 지내게 한다. 그리고 아버지가 졸업식장에 나타나지 않았으면 하는 바람을 위해 서천으로 내려가는 데 아버지를 바라본 순간 아버지는 소금 일을 하다가 쓰러져 운명한다.

결국 그의 죽음의 원인에는 염분부족이었다는 것에서 삶의 아이러니가 있었다. 김승민에게는 함열댁 그리고 그의 딸인 지애, 선애가 있었다. 선명우는 음료회사의 임원으로 승진까지 해서 단란한 가정을 이루고 살던 중에 어느 날 갑자기 가출을 하고 새로운 삶을 살게 된다. 아내와 딸들에게 너무나 자상했고 헌신적이었던 주인공은 갑자기 새로운 변신으로 새로운 삶을 살게 된 것이다. 빨대처럼 그렇게 세 딸과 부인에게서 택배아저씨보다 못한 대접을 받은 아버지 선명우는 그 모든 것에 환멸을 느끼고 가출하고 새로운 세계에 접어들게 된다.

작중 화자는 이혼한 후 낙향해서 글을 쓰고 있던 중에 시우를 만나고 시우의 아버지가 김승민으로 변신해 생활하고 있음을 알게 된다. 췌장암에 걸려 가출했던 이가 염부로 변신해 여러 장애를 가진 가족과 함께 생활해 가고 있는 것이었다. 경제개발시대 우리의 아버지들이 가졌던 모든 염원의 한 모형을 보는 듯했다. 모든 가족의 희망의 끈이었고 미래였었다. 그러나 그들은 그렇게 부모가 원하는 대로 이루고 성취하고 만들어 갔지만 결국은 그런 굴레에서 무척이나 힘들어 했고 가족애를 위해서 아버지의 뜻을 받들어 생을 살았지만 모든 가족을 다 책임질 수는 없었다.

그저 그렇게 그나마 그래도 한 명쯤은 세상을 반듯하게 살 수 있었고 학업도 마칠 수 있는 기회를 제공받았을 뿐이었다. 그것이 아버지의 원대로 모든 가족을 평안하게 하고 행복하게 해 줄 수는 없었지만 그래도 그것은 아버지들이 피땀 흘려 뒷바라지하고 물심양면으로 자식을 키워낸 이유였으리라. 그렇게 힘든 일을 감수하고 마다않고 견디며 참으로 고생했던 모든 뜻은 그렇게 한 자식의 입신양명立身揚名을 위해 쏟아 부어졌다. 모든 자식을 다 그렇게 공부시키고 뒷바라지하고 성공시키기에는 너무나 열악한 환경과 조건을 가지고 있었던 것이다. 그렇게 아버지의 희망이었고 삶의 이유였던 아들이 아버지를 걱정해서 집으로 오자 불호령을 내려 다시는 오지마라고 지엄하게 호통 치는 모습에서 봉건적 아버지상이 그대로 묻어나는 듯하다.

어린 시절 아버지의 불호령 내지는 훈계는 하나님의 말씀처럼 지엄했고 권위로 꽉 차있었다. 그런 아버지의 총애를 듬뿍 받아온 주인공은 이제는 자신이 아버지로서 그렇게 자식을 보살피고 돌봐야 하는 입장이 되었는데 그 모두가 자신의 몸에 빨대를 뽑고 모든 진액을 쪽쪽 빨아먹고 있는 것을 보게 되는 것이다. 그는 시한부 인생을 살아야 하는데 자신의 가치는 그렇게 빨대 역할을 하고자 하기 위해 태어나고 고생하고 일한 것이 아니었는데 하는 것에서 그는 결국 그것을 벗어나기 위해 어느 날 과감히 가출을 감행한 것이었다. 소금은 정말 힘들게 세상을 살며 오로지 자식을 위해 헌신했던 아버지들을 위한 헌사였다. 모든 가족에게서 아버지의 존재는 소중한 것이고 보배로운 것임을 다시 한 번 일깨워준 글이 아니었을까.

주름

'주름' 이란 소설은 박범신 작가의 작품이다. 1999년에 나왔던 침묵의 집이란 소설을 세 번째로 깎아서 만든 작품이다.

한 주류회사의 자금담당 이사인 김진영은 어느 날 갑자기 권태로운 일상에서의 일탈을 꾀한다. 와이셔츠의 단추에 실밥이 풀리고 그것에서부터 그런 것 하나 제대로 챙겨주지 못하는 아내에 무척이나 이례적으로 화를 내고 출근을 한다. 퇴근을 하는 시간에는 공교롭게도 비가 내린다. 노란 우의를 입고 가는 한 여자를 쫓아서 그는 그녀에게 빠져든다. 그녀는 화실로 들어간다. 운명적인 만남이었다. 그는 그녀와 인사를 나누고 그녀가 화가겸 시인이라는 천예린이었다.

김진영 이사는 며칠 후 그녀의 시낭송회에 참석한다. 낭송회가 끝나고 시인의 차를 운전하게 된 그는 그녀와 바다를 보러 떠난다. 외박을 몰랐던 충실한 가장이었던 김 이사는 그녀와 하룻밤을 보낸다. 그녀는 그보다 4년이나 연상이었다. 딸도 있었다. 그녀의 이름은 경혜였다. 화실을 운영하고 있었다. 한강변이 보이는 그녀의 아파트에 출입하게 된 이사는 공금까지 횡령해서 그녀를 도왔다. 그런데 그녀는 김진영 이사와는 별도로 또 하나의 젊은 화가를 애인으로 두고 있었고 그를 돕기 위해 김진영에게서 돈을 빌려왔었던 것이었다. 남편의 바람에 화가 난 부인은 그녀를 만나기도 하고 그들의 관계를 종식시키기 위해 애써보지만 그들은 막무가내였다. 고급 식당에서 식사하고 예술적 연주회 전시회 등을 쫓아다니며 문화생활을 즐긴다. 그녀는 한 신부를 파계시킨 장본인이기도 했었다. 2년여의 동거 후 그는 결국 다시 성당으로 되돌아가기도 했다. 그들의 사랑은 달콤했고 황홀한 기분을 맛보게 해 주었다. 그러나 그녀는 갑자기 잠적해 버리고 만다. 아파트는 팔렸고 그녀의 딸이 운영했던 화실도 문이 잠겼다.

얼마만큼의 세월이 흐른 후 그는 그녀가 아프리카의 나이로비에 있다는 소식을 듣는다. 그러자 그는 그녀를 쫓아가야 한다는 마음을 품는다. 그리고 그는 재크나이프를 산다. 그는 공금을 횡령해서 일부는 집에 남겨두고 나이로비행을 감행한다. 케냐였다. 킬로만자로의 표범이 사는 곳이고 만년설이 있는 곳이었다. 천신만고 끝에 케냐에 도착한 김 이사는 이제 그녀를 만나는 것만이 유일한 삶의 의미였다. 그러나 그녀는 이미 그곳을 떠나고 없었다. 다음으로 전해진 그녀의 행선지는 모나코의 카사브랑카였다. 그가 가보니 그곳은 영화 카사브랑카의 무대였던 곳이었다. 그 카페에서는 아직도 영화주제곡이 흘러나오기도 했다. 피아노 연주자는 김진영을 위해 연주를 한다는 멘트를 남기기도 했다. 그것은 천예린의 부탁에 의해 짜여진 각본처럼 연출된 내용이었다. 길거리를 걷던 중 그는 날치기를 당하고 빈털터리가 된다. 그리고 범인을 쫓다가 엉뚱한 아이를 다치게 하는 우를 범하고 그것을 벌충하기 위해 노역을 강요당하기도 한다. 2주정도의 노역으로 그는 그 배상을 채우지만 여행경비를 마련하기 위해 40여 일 동안 더 노역을 감내한다. 그리고 여비가 마련되자 다시 천예린을 찾기 위해 그녀를 추적한다. 그녀가 간 곳은 북해 쪽이라고 했다. 그래서 그는 파리를 거쳐 영국으로 가고 영국을 거쳐 스코틀랜드 북쪽까지 간다. 그리고 그 북쪽 끝 부근에 있는 오크니 섬에서 그녀를 드디어 만나게 된다. 당초 그녀를 죽여 버리고자 했으나 그녀가 시한부 삶을 선고받고 서서히 죽어가고 있다는 것에서 그는 그녀를 용서하고 단죄를 단념한다. 그녀는 투석을 하고 병원 치료를 하지만 결국 온몸에 종기가 나고 열꽃이 피어나는 고통에 휩싸인다. 그러자 그는 그 피고름을 자신의 혀로 직접 핥아내고 정제시켜간다. 자신에게 시시각각으로 다가오는 죽음의 그림자를 극복하기 어려워진 그녀는 결국 자살을 감행하지만 그가 그녀를 발견해 병원으로 옮긴다.

어느 정도의 시간이 흐른 후 그는 결국 자신 때문에 고초를 겪고있는 것에 몸서리치는 그녀의 권고를 받고 그곳을 떠난다. 그가 간 곳은 이스탄불이었다. 그곳에서 온갖 잡일을 하며 생활하던 그는 그녀가 예전 그 신부에게 갔을 것으로 추측하고 그녀의 행방을 쫓아간다. 그는 수도원에 있었고 행려병자들을 돌보고 있었다. 그는 결국 그녀와 같이 기거하게 되고 그녀의 몸상태가 점차 악화되어 감을 감지한다. 결국 그녀는 바이칼 호수가 있는 곳으로 가게 되고 그곳에서 최후를 맞이하게 된다. 그녀는 최후의 순간까지도 시작詩作을 놓지 않았고 유언까지 다 남겨놓았다. 유골을 어떻게 하고 장사를 어떻게 하라는 말을 남긴다.

김 이사의 아들은 대학 3학년 시절에 아버지의 가출을 받아들인다.

그리고 그는 직업전선에 뛰어든다. 그러던 중 아버지의 소식을 듣게 되고 바이칼호가 있는 곳으로 간다. 그곳에는 천예린 씨가 죽어 있었다. 아버지에게 귀국을 종용하지만 봄까지만 있겠다는 답을 듣는다. 그리고 얼마 후에는 어머니가 돌아가시는 일을 당하게 된다. 그는 아버지의 노후 등을 위해 음성에 시골집을 사둔다.

한국으로 돌아온 아버지는 시골에 집이 있다는 소식을 듣자마자 그곳에 가겠다는 결심을 밝힌다. 그리고 그는 시골집에서 기거하게 된다. 그러던 중 어느 날 전화를 받는다. 아버지의 사망 소식이었다. 그는 급하게 시골로 내려온다. 그리고 아버지의 사망 경위를 듣는다. 그는 심장마비로 돌아가셨다는 것이었다. 나중에 알게 된 내용은 더욱 충격적이었다. 읍내의 다방 아가씨와 정사情事를 하던 중 사망하게 되었다는 것이었다. 천예린 그녀는 결코 김 이사를 사랑한다고 말하지 않았다. 그러면서도 그가 그녀를 쫓아오게 되리라는 것을 예견하고 있었다. 철저히 이용하고 활용하고 내팽겨 쳐버리는 그런 상황이었다. 그러면서도 둘은 처절할 만큼 지독하게 서로를 탐닉했고 빠져들었다. 그녀는 자신의 죽음을 받아들이기가 쉽지 않았던 듯하고 그도 그녀의 죽음을 수용하는 것이 쉽지 않았던 듯하다. 인간이 가지고 있는 운명적이고 숙명적이었던 관계 속에서 헤어나오지 못하는 안타까움이 있었던 듯하다.

이 소설을 읽으면서 느꼈던 부분은 아무래도 천 시인에게 빠져드는 것이 이해되지 않는 부분이었다. 섹스를 하기 위한 것도 아니고 그렇다고 해서 그 시인에 대해 매력적인 부분이나 마력적인 요소가 있어야 할 것임에도 그것은 좀 아니지 않는가 하는 느낌이다. 나이도 훨씬 많고 그의 폐경도 다 지난 이로서 성적 매력은 차치하고 정신적으로 고양되는 그런 부분에서 마술적인 매력을 풍겨야 할 텐데 그런 것에 관한 설명이나 해명이 좀 약했던 것은 아닐까.

중년의 남자의 넋을 빼놓을 만한 그런 뭔가가 과연 무엇이었을까 해명되지 않는 부분이다. 어떤 집착 인연의 끈 엮여진 운명에 의한 끌림이었을까. 도대체 해석되지 않고 납득되지 않는 부분이다. 감각적인 부분에서 그 어떤 흔들림이나 끌림에 유혹되지 않을 충분한 연륜과 세상에 대한 통찰이 있을 터인데 그렇게 허무하게 무너지고 일탈한다는 것이 어렵지 않을까 느껴지는 부분이었다. 천명天命을 알 나이가 지나서 그렇게 물불 안 가리고 질풍노도와 같이 휩싸여버리고 빠져버리는 부분에서 불가사의함이 있을 것인지 모를 일이다. 결코 그를 사랑하지도 않는 여자에게 모든 것을 올인 한다는 것에서 무척이나 무모해 보이고 그렇게 진정성이 느껴지지도 않는 부분이 아니었을까 여겨지기도 한다. 참으로 인간의 불가해성을 다시 생각하게 하는 부분일지도 모를 일이다.

아무튼 그는 불같은 열정으로 삶을 다시 재투영시켰고 장년의 불꽃을 불사르고 갔다. 모든 지탄과 질시를 감내하면서 그가 과연 이루고 성취하고 느꼈던 것은 인간의 실존을 느꼈을까. 허망하고 무상한 마음으로 세상을 떠나간 게 아닐까 모를 일이다. 어제 한 모임을 갔었다. 그곳에서 한 분이 그렇게 말씀을 하셨다. 이제 거의 60을 넘어 선 이였다. 마누라와 모든 관계가 끊겼다는 것이다. 소위 말하는 목석과 같은 관계가 연결되는 것이었다. 그녀가 어떤 부분이든 상관하지 않고 간섭하지 않고 완전한 독립된 개체로서 서로의 삶을 존중하면서 각자 삶을 살고 있다는 것이다. 부부관계는 말할 것도 없고 오로지 그냥 이때까지의 정 때문에 마지못해 이어져 온 관계를 이어가고 있을 뿐이라는 것이다. 그는 그랬다. 똑똑한 부인을 두는 것만큼 피곤한 것이 없다는 것이다. 자식들에게도 그렇게 얘기한다는 것이다. 편안하고 포근함을 느낄 수 있는 배우자를 택하라는 것이다. 그는 그래도 충분히 세상을 살았고 오로지 가족을 위해 한평생 헌신하면서 노력했는데 이제 와서는 아무도 그 노고를 알아주지 않고 그 부분에 고마워하지도 않고 아버지니까 당연히 그러해야 한다고 하는 부분에 안타까움이 일더라는 것이었다. 무슨 희망을 품을 수 있으며 어떻게 생을 영위할 의미를 가질 수 있을까 여겨지기도 했다.

우리나라 남자 50대 중반이후 삶의 진솔한 토로를 들었던 셈이었다. 그랬다. 이젠 우리가 그렇게 애지중지했던 모든 것으로부터 외면당하고 질시될 때 장년의 남자가 택할 수 있는 길은 결국 홀로 꿋꿋이 자신의 존재를 증명해 보이고 싶었는지 모를 일이다. 그러나 그것은 결코 간단하고 쉽지 않은 일 같아 보인다. 김진영이 택한 길은 그 여자를 천예린을 쫓아서 갈구하고 택하고 애증의 그림자를 밟아간 것이 아니라 자신이 자신의 삶의 실존적인 것을 구해보고자 떠났고 찾아보고자 했지만 결국에 남은 것은 허망한 삶이었다는 것으로 결론지어야 하는 것이 아닌가 여겨졌다. 장년 남자여 자유를 찾아 비상하고 떠나라. 그것이 오늘을 사는 우리에게 필요한 부분일 것으로 체화하면서 가슴 가득 차오르는 울분을 쏟아야 할 것이다. 그러나 그 속에서 겪어야 하는 비애는 어쩔 수 없는 인간이 감내해야할 숙명이 아니었을까.

한은교

시인 이적요는 어느 날 외출에서 집으로 돌아온다. 따사로운 햇살이 내리쬐고 있었다. 야외의 의자 위에 웬 낯선 여자애가 잠들어 있었다. 때를 맞춰 그의 애제자 서지우도 당도했다. 서지우가 물었다. "너 누구냐?" "아저씨는 누구세요" 그리고 곧이어 "할아버지는 누구세요" 그러자 지우가 물었다. "어떻게 들어왔니?" "사다리가 놓여있어서 들어왔어요." 또다시 지우가 물었다. "집은 어디니" 그러자 여자애가 답했다. "저쪽 아래 세탁소 옆집이예요." 이렇게 은교와의 만남이 시작되었다.

토요일 오후에 한 번 와보라고 했다는 것이 시인의 의사意思였다. 토요일에 은교가 왔다. 그리고 집안일을 도와주는 아르바이트를 하게 되었다. 토요일에 한 번 오는 것이었다. 집안 청소를 하면서 은교가 물었다. "할아버지 연필통에 연필이 다 뭉턱하네요." 그러자 시인이 답했다. "뾰쪽한 연필은 슬픈 거란다." 라고 답했다. 그러면서 은교에게 의자에 앉은 채 얘기했다. "은교가 나에게 연필을 깎아주세요." 라고 말을 하면 그것은 '제 눈물을 좀 닦아주세요' 라고 얘기하는 것이라고 했다. 교과서 책에서 시인의 시를 봤다고 얘기한다. '동백꽃' 이란 시였다. 비 오는 날에 은교는 엄마에게 얻어맞고 시인의 집으로 도망쳐온다. 비를 흠뻑 맞은 채였다. 시인의 은교의 젖은 교복을 세탁기로 세탁해서 드라이기로 말려준다. 소파에서 잠이 들었던 은교는 아침녘에 시인의 침대 속으로 파고든다. 시인은 얼떨결에 은교의 가슴속에 문신된 헤라를 보게 된다.

아침에 시인의 집으로 온 서지우는 은교가 이곳에서 잠을 잤음을 감지한다. 시인과 서지우와 은교는 휴일을 맞아 북한산 등반에 나선다. 중턱쯤의 바위에서 손거울을 보던 은교는 서지우의 집적거림에 의해 손거울을 떨어뜨리고 아연실색해하고 울음을 터뜨린다. 엄마가 생애처음 생일선물로 사준 것이라고 울먹이며 얘기한다. 멀찌감치서 이 광경을 지켜보던 시인은 위험을 무릅쓰고 바위 밑으로 내려가 손거울을 집어가지고 와서 은교에게 건넨다.

하루는 은교의 학교 앞에 시인이 차를 대놓고 기다리고 있다. 서지우의 모략에 의해 노랑머리 젊은이가 시인에게 다가가 다 늙은 노인네가 무슨 짓이냐며 심한 모욕감을 주고 해꼬지를 한다. 시인은 심한 좌절감을 느끼게 되고 은교를 향한 연모의 정을 끊게 된다.

서지우는 시인의 장편소설 '심장'을 출판한다. 대중적으로 선풍적인 인기에 힘입어 83만부가 팔리게 된다. 시인은 반체제 운동으로 10년간 복역을 한다. 그러면서 그곳에서 자동차 정비기술도 배우게 된다. 어느 정도 유명세를 타게 되자 시인은 잠깐 강단에 선다. 그때 만나게 된 이가 시지우였다. 무기재료학과 2년생 시절이었다. 시인은 무기를 무기武器로 잘못 알았다. 무기는 무기無機였다. 서지우는 별의 의미를 아는데 10년이 걸렸다. 은교는 서지우의 간절한 부탁을 받고 약을 지어서 그의 집에 갖다 준다. 그러자 서지우는 은교에게 선생님에게 더 이상 접근하지 말라며 경고를 한다. 시인의 집에서 청소를 하던 은교는 한 반닫이를 장소를 옮겨놓으려고 하면서 서지우와 실랑이를 벌인다. 그러자 시인은 그것을 본래의 위치에 놓아두라고 한다. 그것이 비록 반닫이에 불과하지만 한 곳에 뿌리를 내리고 싶어한다고 했다.

은교는 재료를 구해와 시인의 가슴에 은교와 같은 헤라 문신을 새겨준다. 영화상으로만 나온 장면이지만 그 속에서 시인은 눈을 감고 환상에 빠진다. 은교가 달아나고 시인이 젊은 시절의 청춘으로 변모해서 그녀를 쫓아간다. 그리고 둘은 환상적인 결합을 거친다. 시인은 문단모임에 참석하고 그리고 문신을 보여준다. 은교와 데이트를 즐기는 시인은 은교의 부족한 부분을 채워준다. 그리고 즐거운 시간을 보낸다.

서지우의 심장은 베스트셀러가 되고 인기작가의 반열에 오른다. 반닫이에서 시인의 육필원고 '은교'를 발견한 서지우는 그것을 문학잡지에 발표하고 큰 반향을 일으킨다. 문학잡지사 관계자로부터 그런 사실을 알게 된 시인은 당장 서점으로 달려가 문제의 작품을 읽어보고는 허탈해한다.

서지우가 시인 앞에 나타나자 시인은 불같이 화를 내고 두 번 다시 내 눈 앞에 나타나지 말라고 호통을 친다. 그리고 그는 차를 몰고 지리산으로 내려간다. 노고단에 차를 주차해두고 지리산 종주에 나선다. 은교는 서지우의 강권에 못 이겨 그의 차속에서 키스를 한다. 서지우는 시인과 자신은 다르고 그는 젊음을 구가할 수 있음을 시인에게 보여주고 싶어했다. 시인에 대한 열등감에서 해방되고자 했다.

서지우는 연말에 꿈에 그리던 이상문학상을 받게 된다. 그것은 영화상에서만 설정된 것이었다. 거의 은둔생활을 했었던 시인이 그곳에 나타나 치사를 한다. 시인의 생일날 셋은 삼겹살을 구워 먹으며 오붓한 시간을 갖는다. 시인은 일찍 자리를 뜨고 얼마의 시간이 지난 후 남은 둘은 육체의 향연을 벌인다. 야심한 시각에 일어난 시인은 그 장면을 목격하게 된다. 치밀하게 준비하고 계획한 시인은 애제자를 죽일 계획을 세운다. 제자의 RV용 자동차를 펑크내고 자신의 차량에 나사를 풀어놓는다. 결국 서지우는 불의의 교통사고로 인해 사망하게 된다.

시인은 오랜 지병으로 인하여 차츰 기력을 잃게 되고 결국 운명의 시간이 다가오자 병원에서 나와 자신의 토굴 속에서 운명하게 된다. 은교는 시인의 집을 방문하면서 안개꽃을 들고 간다. 시인은 쥐 죽은 듯이 고요히 잠들어 있었다. 그러나 그것이 정지된 상태임을 알고 은교는 마지막 작별을 고한다.

은교는 대학에 진학하게 되고 변호사를 통해서 시인의 작품 인세가 자기에게 유산으로 상속되었음을 알게 된다. 유언집행자 변호사는 시인의 유고를 보게 되고 시인이 죽은 후 1년 뒤에 개봉해보라는 원고를 간직하게 된다. 1년 후 개봉해 보니 그가 서지우를 죽이게 된 내용이 들어 있었다. 소설의 내용은 시인의 노트, 서지우의 노트, 변호사의 노트 등으로 편성되어져 있었다. 또한 변호사의 시각에서 쓴 글도 있었다. 은교는 모든 것을 묻기 위해 유고를 불태워 없앤나.

변호사는 시인의 집을 문학관으로 개조하는 작업을 진행한다. 세상 사람들의 시각은 시인의 음탕함 또는 불순한 의도 등으로 왜곡된 시선으로 은교를 보았을 것으로 여겨진다. 작가의 얘기로는 모든 인간이 희구하는 바 그것은 은교라는 것으로 구체화되고 표출되었다는 것이다.

인간이 갈망하는 바 또는 원하는 속의 전형으로 은교를 바라봐야 한다는 것이다. 결코 시인은 그 어린 것을 탐하고 육욕의 대상으로 간구한 것이 아니다. 삶의 의미와 늙은 시인의 삶의 활력소로서 한줄기 빛과 같은 구원의 상징으로 의미를 가져야 할 것이다. 인간이 꿈꾸는 세상 내지 지향하는 바 그것이 은교이고 은교는 모든 인간이 가슴 가득히 품고 있는 그런 꿈을 의미하는 것으로 해석되었다.

느미

느미는 염재만 님의 장편소설이다. 80년대 김기영 감독에 의해 영화화되기도 했다. 하명중과 장미희가 주연을 맡았고 가수 김수희가 주제가를 불렀다. 윤준태는 펌프에서 허름한 옷차림으로 물을 긷고 있는 느미를 바라보고 첫눈에 반해 버려 그녀에 관한 것을 조사한다. 그녀는 아버지뻘이나 되는 늙은이와 부부로 살고 있고 그 둘 사이에서 난 딸 방실이가 있다. 기와와 시멘트 등의 공장을 운영하는 곳에서 일을 하며 살고 있었다. 그녀는 벙어리였으나 살결이 너무 하얗고 눈부시게 아름다워 준태의 눈길을 끌었다. 얼굴도 이 세상 사람이 아니라 할 만큼 절색이었으며 남편을 극진히 모셨고 자식을 지극정성으로 돌보았다.

준태는 이름 있는 지방유지의 둘째아들이었고 대학을 졸업하고 곧바로 유수한 대기업의 취직시험에 합격한 전도양양한 젊은이였으며 흠잡을 데가 없었다. 이러한 조건하에서 둘은 이루어질 수 없는 사랑을 하게 된다. 어느 날 갑자기 공사장에서 일을 하던 느미의 늙은 남편은 느미를 차지하기 위해 눈에 불을 켜고 노리고 있던 트럭운전사의 고의적 범행에 의해 뒤로 후진하던 트럭에 받혀 죽음을 맞이한다. 준태는 느미의 가족의 일거수일투족一擧手一投足을 감시하고 관찰하던 중에 그 사고를 목격한다. 그러나 한 마디도 증언하지 않고 트럭운전사는 과실치사 혐의로 징역을 살게 된다. 남편이 죽은 후로 남편 일을 도맡아 하던 느미를 준태는 도와주게 되고 느미도 준태의 호의에 감사해한다. 준태는 일의 대가로 받은 월급을 모두 그 모녀를 위해 쓰고 도와준다.

어느 날 젖이 불어 넘치던 느미는 방에서 사발을 놓고 불어서 흐르는 젖을 짜내는 광경을 목격하게 된 준태는 그녀의 젖을 자기가 먹을 수 없냐고 요구하나 느미의 심한 반발로 무산된다. 어색해진 분위기를 수습하기 위해 느미는 앞가슴을 풀어헤치고 젖꼭지 주위를 깨끗이 닦은 다음 젖꼭지를 준태의 입에 물린다. 쏟아져 나오는 젖줄기를 흠뻑 먹은 준태는 느미의 유방을 만지기도 하고 키스도 포옹도 불사하는 관계로 발전하기까지 되었다.

그리고 비가 세차게 내리는 날 밤늦게 준태와 느미가 아기를 사이에 두고 나란히 누웠고 불을 껐다. 준태는 느미의 손을 잡았고 느미도 순순히 손을 내어주었다. 준태는 느미의 앞가슴을 만졌고 드디어 손은 허리를 지나 하체에까지 내려갔다. 느미는 하체를 움직여 준태의 손동작을 도왔다. 준태는 아기를 넘고 느미에게 적극적으로 몸을 허락해 주기를 요구했으나 벙어리로서의 회한을 갖고 있는 느미는 그것을 거절하고 준태를 달랜다. 자신들의 결합이 어떠한 결말을 가져올 것인가는 불을 보듯 뻔히 아는 느미는 준태를 위하여 육체관계를 거부한다. 연휴에는 괜찮다고 해서 일을 핑계 삼아 그 위기를 뒤로 미룬다. 준태가 기다리던 연휴는 곧바로 다가왔고 그날 준태는 느미의 집을 찾았다. 느미는 그것을 잘 이해하지 못했으나 곧바로 알아차렸다. 느미가 당황한 기색을 보이고 피하려 하자 준태는 밖으로 나와 새끼줄을 찾아 죽을 준비를 갖추었고 올가미에 목을 넣었다. 준태의 모든 행동을 지켜보던 느미는 결국 자신이 준태를 사랑하는다는 것을 확인하고 준태를 위하여 아낌없이 몸을 바친다. 이리하여 준태와 느미는 끊을래야 끊을 수 없는 사이가 된다.

동네에 소문이 파다하게 퍼지고 모두 준태를 동정했다. 참다못한 하숙집 주인은 준태를 내보내게 되고 느미도 기와공사장에서 쫓겨나게 된다. 부랴부랴 회사를 마치고 돌아온 준태는 인근 여인숙으로 숙소를 옮기고 셋방을 찾아 나선다. 변두리에 방을 하나 얻어 느미와 아기 셋이서 단란하고 행복한 생활을 보내게 된다. 불행한 사랑은 본래 그러하듯 곧바로 그들은 큰 위기를 맞게된다.

준태가 사무실에서 일을 하고 있는데 전화가 계속해서 아무 말 없이 왔다가 끊겨져 온통 사무실이 벌집 쑤신 곳이 된다. 직감적으로 사태의 중대성을 알아챈 준태는 전화기를 들고 그것이 느미임을 확인하고 느미의 울음소리로 사태를 눈치채게 된다. 바로 집으로 달려오니 집앞에서 느미가 아기를 안고 발을 동동 구르며 그를 기다리고 있었다. 대문안으로 들어가니 마당에는 온통 아수라장이 되어 되어있다. 여러 가재도구인 냄비며 밥상이며 접시며 그릇들이 내동댕이쳐져 있었다. 시골에서 아버지가 올라온 것이었다. 우선 큰절을 올린 후 준태는 침묵으로 아버지의 질책을 들었으나 그 고집을 버리지 않았다. 그로 인하여 아버지는 졸도까지 하게 되고 다시는 아들을 보지 않겠다고 호통을 치고 내려간다. 아버지의 압력으로 그리고 사장의 특별명령으로 준태를 바로잡게 하기 위하여 준태를 매장시키다시피 하였다. 상사와의 싸움으로 인해 준태는 좌천되어 슈퍼마켓 점원으로 일하게 되었다. 다시 손님과의 불협화음으로 인해 지배인과의 싸움 끝에 파면된다. 그리고 그 회사를 사직하게 된다.

회사를 그만 둔 준태는 느미와 같이 여기저기에서 맞벌이로 살림을 꾸려 나갔다. 그러던 어느 날 심상찮은 예감을 직감한 준태가 급히 리어커를 끌고 집으로 돌아오니 느미와 방실이가 죽을 각오로 사약을 앞에 놓고 먹으려고 하고 있었다. 그 전날 느미와의 정사에서 느미는 온힘과 열정을 다해 준태를 애무했고 봉사했다. 그리고 그들은 죽으려고 하고 있는 것이다. 준태는 허탈한 심정과 기분에 빠져 집안의 위험한 물건들을 모두 치우고 느미를 감시하고 여러 가지 해결책을 강구하게 되었다. 그리고 그들은 결정을 내렸다. 다같이 죽느니보다는 당분간 떨어져 살아보기로 했다. 그리하여 준태는 전세비를 받아내고 여러 가지 가구들을 팔아 돈을 만들어 느미의 고집대로 반반씩 갈라서 서로 헤어졌다. 느미를 보낸 후 준태는 느미를 잊을 수 없어 괴로워 하다가 그녀를 찾아 나선다. 옛 공사장을 찾으니 느미가 다녀간 흔적이 있었다. 그 하숙집 여주인에게서 느미의 소식을 듣게 되었다. 느미는 헤어진 그 다음날 공사장에 찾아왔다가 벽에 기대어서서 한없이 눈물을 흘리다가 아래로 내려갔다고 한다. 그 후 느미는 내려가는 길목에서 그전에 늙은 남편을 죽인 트럭운전사를 만났다. 뿌리치는 그녀를 운전사는 데리고 내려와 여인숙에 들었다. 한사코 뿌리치는 느미를 운전사는 각각 따로 방을 얻었다. 저녁에 둘의 싸움 때문에 주인이 신고하여 운전사는 사죄하고 순경을 돌려 보냈다. 곰곰이 녀석의 퇴치방법을 생각하던 느미는 방문을 부수다시피하고 들어오던 녀석에게 조금 승복의 뜻을 비쳤다. 그 녀석이 옷을 벗고 느미에게 달려드는 것을 느미는 남자의 양물을 물어버려 여인숙은 온통 아수라장이 되었다. 느미는 파출소에 가서 조사를 받았으나 벙어리였고 아기까지 있어서 곧바로 무죄방면되었다.

느미를 찾던 준태는 트럭운전사의 소재를 알아내어 찾아가서 심하게 욕했으나 병원의 관리인들에게 붙들려 나와 그것을 가르켜주었던 녀석에게서 사정얘기를 듣게된다. 느미는 아기가 아파 병원에 이틀이나 다닌 이후의 종적이 묘연했다. 그녀와 같이 살던 그 때를 못잊을 만큼 그리워하던 준태는 느미를 그리며 사방으로 그녀를 찾기위해 수소문하고 발품을 팔았지만 그녀는 어디로 갔는지 찾을 길이 없었다. 준태는 죽을 각오를 하고 느미가 죽은 걸로 알았다. 마지막으로 세상을 바라보며 가던 중 느미같은 모녀를 발견하고 급히 차에서 내려 찾아 보았다. 그러나 그들은 느미 모녀가 아니었다. 실망하여 돌아선 준태는 그길로 어느 이름없는 산속에서 자신의 생명의 불을 꺼버리고 말았다. 이리하여 대단원의 막은 내렸다.

불행한 환경에서 악조건을 갖고 태어난 느미에게 다가온 세상살이는 어찌 보면 좋았다. 그러나 그것은 그렇지 않으리라. 준태와 아름답고 만족되게 그들의 행복을 구가했더라면 좋았으리라. 그러면 그것은 무슨 사건이 되겠으며 인생이 되겠는가. 그녀가 그렇게 된 것이 당연하다는 것이 아니라 그들의 이루어지지 못한 사랑은 어쩔 수 없었지만 그들의 사랑은 애틋했고 감미로웠으며 무척이나 아름다웠다.

안개 속에 지다

오래 전에 부산일보에 연재된 소설이다. 부산의 모병원에 입원해 있던 유한백이란 우리나라 최대의 세균 학자가 병을 치료하던 중 의사를 가장한 괴한에 의해 피살된다. 그곳에서 간호하던 유보화란 그의 딸은 범인을 목격한 유일한 사람이었다.

조형사는 그녀를 여러모로 추궁하고 집으로 찾아가 연구실을 뒤지게 되었다. 그리고 놀라운 사실을 발견하게 된다. 그것은 한 학자로서의 놀랄 만큼의 거액의 재산을 발견하고 의심을 한다. 범행 후 얼마 있지 않아 킬러는 유양의 침실로 찾아든다. 죽이려던 그는 결심을 바꾸고 교묘한 기술로 그녀를 농락하고 유유히 사라진다.

다음 달 조형사는 그 사실을 유양의 고백으로 알게 되나 서울로 전근을 가게 된다. 킬러는 그의 애인에게서 전화를 받고 설악산으로 여행을 떠난다. 기차 안에서의 정사는 아주 황홀했다. 설악산을 내려오다 옆으로 빠져나온 두 남녀는 그곳에서 밀회를 즐긴다. 하의를 벗긴 킬러는 눈을 뭉쳐 음부를 비벼대고 나중에 여자는 무릎을 꿇게 된다.

한편 유양은 킬러의 초상화를 한 달 동안 집에 처박혀 그림을 완성하고는 대학생을 모집해 조사원으로 고용한다. 그리고 각 호텔을 뒤져 킬러의 행방을 찾는다. 오랜 시간이 지난 후 그 킬러가 서울에서 왔음을 알게 된다. 부유한 가정에서 태어난 킬러의 애인 노처녀는 자립으로 살아가기 위해 도스토예프스키의 집이란 경양식 집을 경영하고 있었다. 킬러는 주일우란 가명으로 일본을 상대하는 무역회사에 다니고 있는 건실한 사람이었다. 임신을 하게 된 노처녀는 주일우를 뒷조사하게 되고 그가 가면을 쓰고 있음을 감지하게 된다. 주일우란 이름을 가진 사나이는 행방불명이 된다. 킬러를 미행한 그녀는 킬러의 아파트에 들어가게 된다. 킬러에게 자신의 임신사실을 빌미로 결혼을 종용한다. 주일우는 돈 백만 원을 주며 병원에 가라고 하나 정염에 불붙은 그녀는 돈을 팽개치고 조른다. 어쩔 수 없어진 킬러는 자신의 정체를 알고 있음을 감지하고 그녀를 꾀어 한강백사장에서 살해하고 그 뒤에는 그 회사 여직원(노처녀 애인에게 정보를 제공했음)을 살해한다.

조형사는 그 살인사건을 조사 중에 킬러에 대한 두려움을 느낀다. 회사 여직원의 회사로 들어간 그들은 범인 주일우가 한발 앞서 신상카드를 갖고 사라졌음을 뒤늦게 알고는 억울해 한다. 유양은 서울로 올라와 조형사를 찾는다. 그에게 킬러의 초상화를 주게 되고 조형사는 상부에 보고하여 수사는 공개수사로 전환한다. 신문에 킬러의 사진이 실린다. 킬러는 재빨리 제주도로 도주한다. 제주도에서 킬러는 그의 고용주에게 외국여권을 부탁하고 흥정을 하게 된다. 백사장에서 그의 부하를 만나게 된 킬러는 간단히 그를 제압하고는 서류를 갖고 호텔로 돌아와 자신이 감시당하고 있음을 알고 피스톨을 갖고 가서 그 녀석을 살해한다. 내용은 모재벌회장을 살해하라는 것이었다. 킬러는 모 회장이 만들어놓은 별장에 침투해서 구경하고는 어부를 매수해서 섬에 침입한다. 안개가 자욱한 날에 모 회장을 인질로 헬리콥터를 타고 가던 중 그는 회장을 살해하고 헬리콥터는 물속에 빠져버리게 된다. 그때까지 그를 기다린 어부도 다음날 피살체로 발견된다. 계약주는 죽음을 확인할 수 없다는 이유로 계약이행을 거절하게 되고 킬러는 조직에 대한 무서운 분노로 그들을 없애기로 다짐한다.

유양은 민대식과 민우식 등과 함께 일본에 간다. 아버지의 유품에서 나온 일본에서의 편지 정체를 살펴보기 위해서였다. 주소대로 찾았으나 사람이 달랐다. 일본 방위청 소련담당이었다. 소련 스파이의 킬러로 유명했다. 그들은 흥신소 직원을 동원하여 한 남자와 유한백을 옭아매기 위한 계약으로 사용된 한 여자를 찾으려 했으나 문제가 아주 확대되었다. 그 두 사람의 조사를 사적으로 동경 경시청에 의뢰한 조형사는 상관의 심한 질책을 받게 되고 유양을 회유하기 위해 일본으로 간다. 유양을 찾아서 설득했으나 그녀는 막무가내였다. 방위청의 감시를 받고 있다는 것을 안 유의 일당은 호텔을 나와 허름한 여관에 들었다. 그날 밤 애송이 킬러가 유양 방에 침입하려다 민군에 들켜 잡히고 만다. 모진 고문을 통해 그를 고문해서 알아낸 것은 모 조직이 유양을 살해하라는 지령을 내렸고 헬스클럽 사장이 관련되어 있다는 정도였다. 민우식이 헬스클럽에 들어가 사장에 관한 얘기를 듣게 된다. 조직의 일원은 고문에 못 이겨 자살한다. 세 사람은 그 원흉으로 지목되어 쫓기는 신세가 된다. 유양은 사장을 미끼로 킬러에 대한 정보를 수집하게 된다. 그는 한국인 아버지와 일본인 어머니로 하여 태어나 우수한 성적으로 학교를 졸업하고 그 중 아버지는 사망하고 어머니는 누이동생과 살아가고 있다. 강사로 있으며 그는 곤충학을 전공했다. 특히 나비에 관해 뛰어났다. 그러다 곤충채집 중 일본인日本人교수와의 말다툼 끝에 그를 살해하고 경찰에 잡혀 후송중 도주하여 아직 체포되지 않고 있다고 했다. 그때 조직의 두목이 그를 비호하여 숨겨주었다. 그의 비호 아래 킬러로 길들여졌다. 유양은 그의 모친을 찾아 조형사가 해준 얘기대로 킬러의 약혼녀인양 행동하고는 그의 연락처를 일러두었다. 옛날 그를 숨겨준 여자를 만나 그의 정보에 대한 2억엔을 주고는 그것을 듣는데 그가 죽었다는 것이고 내일 비행기로 그의 시체가 오리라고 했다. 다음날 공항에 일팀과 한국 형사들이 그 시체를 검사하고 그 약혼녀의 시체도 확인하고 보증했으나 조형사는 그의 죽음을 믿지 않았다.

한편 킬러는 그의 연락처로 들어가 연락책을 소음총으로 죽이고 그를 통해 다른 조직책을 불러 또 그 위까지 통했다. 범행을 발각당한 그는 급히 그곳을 빠져나와 맞은편에서 그곳을 지켜보다 그곳에 나타난 그를 보고 추적한다. 그가 공중전화로 연락하는 장소에 가서 먼저 호텔을 정해두고 그를 위협해서 일본과의 관계와 암호 등을 알아내고 그를 죽여 버리고는 사라진다. 일본으로 가는 밀항선을 타고 그는 일본에 잠입한다. 그전에 그는 그의 아버지 고향인 전라도 G군에 들러 그의 백부에게 돈을 듬뿍 주고 하룻밤을 지내고 신친들의 무덤에 절을 올렸다. 일본에 잠입한 그는 그의 누이를 만나보고는 사정을 알아차리고 유영의 연락처를 받아들고 그녀에게 연락한다. 그녀는 이미 킬러의 애를 배고 있다가 그

애를 지워버렸다. 킬러는 검은 복장으로 검은 오토바이를 타고 자신을 이용해온 조직책을 고속도로 상에서 살해한다. 그리고 Z에게서 연락받은 곳에 연락해서 만나자고 한다. 그는 다른 사람을 보내고 그 사람은 피살되고 그는 그들을 뒤쫓는다. 킬러의 피스톨은 불을 뿜게 되고 다크호스를 찾게 된다. 미행을 부탁한 녀석이 뻰질나서 그를 죽여 버린다. 호텔에 들어 침입하니 그곳에 한참 광란의 열기가 더해가고 있었다.

쇼가 다 끝났을 때 킬러는 그들에게 다가가서 다크호스를 물었다. 마침내 벌거벗은 여자가 얘기를 했고 다크호스가 얼마 후 나토 훈련에 참가할 것이라고 했다. 조직에 대한 모든 서류를 가지고 킬러는 우두커니 서있는 여자의 젖가슴을 한번 쥐고는 안개 속으로 사라졌다. 그 후 킬러는 독일에 나타났다. 일본 일행의 호텔에 머무르면서 6명의 동태를 살폈다고 한다. 그들을 꾀었으나 아무도 아니고 마지막 여자만이 남았다. 도시구경을 마친 그들은 돌아왔고 일인 여자박사는 킬러의 추격을 받는다. 그러다 호텔에 들어간 여자는 조금 후 벌거벗긴 채 살해된다. 김표 킬러는 그 여자의 마지막 몇 마디를 듣는다. 파리에서 10시라고만 말했다. 파리에서 킬러는 포르노모델을 만나 꽉 찬 성욕을 배설한다. 그날 미행을 느낀 킬러는 미행을 잡아 추궁하다 죽여 버린다. 킬러는 다크호스를 죽이고 일본 경시청에 서류를 보낸다.

한편 조문기 형사는 킬러가 한국 곤충학 박사에게 보낸 편지를 입수하고 킬러의 아파트를 뒤진다. 500여 마리의 나비들이 있었다. 먼저 그는 킬러의 고향에서 킬러의 조카에게서 킬러에 대한 것을 알아낸다. 열쇠를 똑같이 맞춘 후 원상태로 호텔 화장실에 열쇠를 두고 킬러가 함정에 걸려들기를 기다린다. 한편 유양도 킬러의 고향집 부근에서 민과 부부로 행세하며 꼬마아이의 환심을 사둔다. 서울로 돌아온 킬러는 곤충학 박사에게 전화를 걸고 만날 것을 제의한다. 조형사는 약속장소에서 그를 기다리다 허탕을 치고 만다. 고향으로 내려온 킬러는 며칠간 행복한 나날을 보낸다. 킬러는 유양에게 살해되고 뒤늦게 쫓아온 조형사는 그곳에서 숨을 거둔다.

이 소설은 탐정추리소설로 수많은 살인이 비일비재하다. 별 의미도 없이 오로지 자신의 이익을 위해서만 사람 목숨을 파리 목숨보다도 하찮게 죽여가지만 결국은 인과응보란 결말에 왠지 씁쓸해지는 건 어쩔 수 없다.

정녀

윤양은 21세에 집을 나와 4년 동안 독신으로 아파트에 살고 있는 신문기자이다. 어느 날 그녀는 김 검사의 초빙으로 파티에 가게 된다. 유 회장의 딸이 주최하는 연회에서 소외되고 매너 없는 남자에게서 환멸을 느낀 그녀는 홀로 뛰쳐나온다. 자유롭게 구속 없이 자신의 삶을 개척하려는 그녀는 어느날 선을 보게 되는데 그것도 어처구니없는 닥터 최란 예전부터 잘 알고 있던 의사였다. 그녀는 그에게 말할 수 없이 치욕적인 조롱을 주고 돌아온다.

취재를 하고 돌아오는 길에 근처에 있는 공사장에서 멋진 청년에게 눈길을 빼앗긴다. 그날 지하도에서 두 남녀는 만나 커피를 한잔 하게 되고 술도 한잔 마시게 된다. 그리고 헤어졌다. 어느 눈 오는 날에 길을 걷다 검사를 만나게 되고 그녀는 그와 쥬스를 마시게 되고 심한 분노를 느끼며 뛰쳐나와 취재도 허탕이어서 그를 만나러 간다. 그들은 두 번째로 만나 얘기도 나눈다. 어느 인적 없는 공터에서 남자가 그녀의 입술을 훔쳐간 것이 두 번이나 되었다. 그 후 그녀는 그를 못 잊어 세 번이나 찾아갔으나 만나지 못했다.

취재의 특종감은 닥터 최에 의하여 잡았다. 그것은 센세이셔널한 것이었다. 벌거벗은 남녀의 결합장면이 우스꽝스럽게 응급실 침대에서 그녀에게 노정이 되었다.

그 사정은 다음과 같았다. 어느 부잣집 운전수인 남자가 여중 1년생인 학생을 아무도 없는 집에서 강간하던 중에 발생된 일이라는 것이다. 집에 돌아온 여학생의 어머니에게 둘은 사정을 얘기했고 어쩔 수 없이 병원으로 데려온 것이라고 했다. 삽입된 물건이 질의 경련으로 인해 마비됨으로써 배출이 되지 않았던 것이다. 그들은 곧 치료를 받게 되었고 기자는 어렴풋하게 기사화 했으나 그것은 많은 물의를 가져온 특종이었다. 닥터 최와 윤양은 데이트 중 음악회에 갔다가 돌아오는 길에서 수간호원을 만나 그들의 관계를 들키게 된다. 최의 아이를 3개월째 임신하고 있고 3번이나 낙태수술을 했다는 것이다.

윤양은 특종감을 또 얻게 되었다. 그것은 선천성 질폐쇄환자를 취재한 것이다. 음핵과 요도구만 있고 질이 없는 환자를 새로운 의료법으로 수술하는 것이라 했다. 미모의 아가씨였다. 그녀의 대장에서 10센티미터를 잘라내고 그것을 질 대용으로 해서 삽입하고 봉합했다. 그리고 그것으로 질의 대용으로 수술을 한 것이었다. 그 단점은 식욕을 느낄 때에도 질 속에서 분비물이 분비되는 점이며 임신이 안 되니 장점은 훨씬 더 섹스에 민감해진다는 것이었다.

세상에는 참으로 희귀한 일들이 많았다. 아주 특이한 사례에 속하는 경우였다. 계속 선우혁을 찾고 있던 윤양은 어느 날 그로부터 전화를 받게 되는데 그는 모일 어느 강변 찻집으로 오라는 연락을 받게 된다. 그녀가 당도하니 그는 없었다. 그런데 조심스럽게 자리에 앉은 후 살펴본 그녀는 주방에서 커피를 끓이고 있는 그를 보게 된다. 그는 곧 옷을 갈아입고 그녀 앞에 앉았고 그들은 곧 강가로 나가 강변을 거닐었다. 그리고 그녀는 그를 그녀의 아파트로 데리고 갔다. 그곳에서 그녀는 그를 위해 몸을 바친다. 그는 그녀의 간절한 요구에 부응해 아파트에서 본의 아니게 기거하게 된다. 그러다 선우혁의 여동생 약혼식에 간 그녀는 그의 실체를 보게 된다. 그는 유성그룹 회장의 둘째 아들이고 그 여동생의 남편은 그 검사라는 것을 알고 그녀는 대충 인사하고 곧바로 귀가한다. 그녀는 여러 특종 건수로 여자로서는 파격적으로 차장에 오르게 되고 백광열이란 입사동기 친구와는 멀어지게 된다.

그러다 그녀는 백광열의 심각한 얘기를 들으러 커피숍에 가게 되나 그곳에서 그녀는 그녀의 결혼을 알리게 되고 백광열은 그 후 3일간 결근을 한다. 우혁도 윤의 집을 방문한 후 그녀가 대재벌의 외동딸임을 알게 되고 그들은 행복한 신혼생활에 접어든다.

검사도 윤양을 만나 그녀의 얄팍한 농간에 놀라워하며 분노에 떨게 되나 사실을 알게 되고 닥터 최도 수간호원과 결혼하게 된다. 본래 저자는 돈과 물질 재력을 탐하는 현대의 속물인간들에게 뭔가 진실한 삶의 모습을 보여주려 했다. 그러나 그것은 어마어마한 실패로 끝났고 졸작으로도 이만한 것이 없으리라 여겨진다.

제5열

조동희는 56세로 대학교수직을 그만두고 K일보 논설위원으로 일하고 있던 중 대동회란 단체에 대하여 그 대표자 이창성의 발언에 대한 심한 논박조의 논설을 쓰게 된다. 아파트에서 담배를 물고 자신이 쓴 논설 내용을 읽고 있던 중 정체모를 두 사나이의 방문을 받게 되고 그 다음날 그는 피살체로 발견된다.

그의 아버지의 죽음을 보고 분노한 최진은 아버지의 복수를 위해 대동회의 야욕을 분쇄하기로 결심한다. 대동회 회원의 뒤를 밟던 그는 공항에서 어떤 일본인日本人을 만나게 된다. 그는 귀가 심하게 찢어진 한국인 재일교포였다. 일본의 관광객으로 가장하고 온 그는 그곳에서 청소부로 일하던 변인수란 사람을 만나나 외면하고 모른 체한다. 호텔까지 찾아간 변인수는 모른 체하는 김창근 일명 오오다께를 굴복시키고 협박하여 50만 원을 요구하게 된다. 오오다께는 옛날 일제시대 민우현이라는 독립투사를 살해한 일본 헌병대장을 했었다. 약점을 잡힌 오오다께는 술집으로 변인수를 유인하여 청산가리를 변소간 틈에 술잔 속에 넣어 독살한다.

한편 최진은 오오다께의 신변을 감시하다 변인수의 살해 보고를 보고받은 후 즉시 김 형사를 불러 오오다께가 있는 곳으로 오게한다. 한편 그는 오오다께에게 연락하여 소재를 옮기도록 하고 킬러 B를 그곳에 보낸다. 오오다께를 추적하던 최진은 호텔을 나온 오오다께를 추적하여 새로운 소재 호텔에서 연방 시경에 전화하나 김 형사는 나가고 없었다. 오오다께와 만난 킬러 2명은 그의 명령대로 할복할 것을 권유하나 듣지 않자 총으로 위협하니 오오다께는 19층에서 뛰어내린다. 호텔 일대는 일순간 아수라장으로 화해 구름같이 구경꾼이 모여든다. 최진은 그 사람이 오오다께임을 확인하고 불러보니 오오다께는 마지막 숨을 몰아쉬며 쥐새끼 소리처럼 약하게 그만 계속 찾는다. 뒤에 닥친 김 형사는 최진에게 상황이야기를 듣는다.

50이 넘은 김 형사는 S국 요원으로 발탁되어 엄인회의 명령을 받고 대동회에 관한 애기를 듣게 된다. 최진도 업저버역으로 S국에 끼어들어 김 형사와 같이 활동하게 된다. 일본에서 아버지의 죽음 소식을 듣고 곧바로 한국으로 온 도미에는 아버지가 죽은 호텔 19층에 방을 정하고 시경에 전화한다. 최진은 김 형사에게서 도미예양의 안내를 부탁받고 수락하게 된다. 둘은 오오다께를 화장하고 그의 고향인 밀양으로 내려와 강에 뼈가루를 뿌리고 도미에에게서 여러 가지 얘기를 듣는다.

도미에는 오오다께가 어느 첩과의 불륜에서 태어났고 그 후 그녀는 어머니와 외가에서 살다가 어머니가 죽고 외조모가 죽은 후 오오다께가 대주는 학비로 공부를 하여 대학 3학년까지 다니다가 중퇴하여 단독으로 일본의 이름 있는 모델이 되었다. 최진이 오오다께의 죽음에 관해 얘기한다. 둘은 해가 저물어 인근 여관에 들어간다. 최진이 방을 두 개 얻을 것을 제안하나 도미에가 혼자 자기 두렵다고 해서 한방에 들게 되었다. 최진을 옷을 벗고 팬티바람에 이불속에 들어갔다. 도미에는 아무거리낌 없이 환한 불빛 속에서 옷을 벗고 팬티와 브래지어만 걸치고 이불속에 들어갔다. 도미에는 최진의 어깨에 유방을 대고 포옹해왔다. 더구나 브래지어를 끌러달라고 했다. 최진을 손을 돌려 브래지어를 끌렀다. 허연 유방이 나타났다. 그녀의 몸은 나무랄 데 없이 깨끗하고 아름다웠다. 둘은 같이 안고 아무 일 없이 밤을 지새웠다.

서울로 돌아온 최진은 S국 요원들과 같이 사격에 대한 훈련을 받았다. 그리고 그들은 국제첩보조직에 전화하여 그들을 만나 오오다께를 죽인 킬러의 신상에 관한 것을 조사해 달라고 부탁했다. 중국인 팽과 프랑스인 카자르가 있었다. 그들도 쾌히 승낙했다. 팽은 일본항공 잘JAL기로 홍콩으로 가는 도중 기체 내에서 앞에서 노인과 소곤거리고 있는 스튜디어스를 보았다. 그녀는 미니스커트를 입고 있어 허리를 굽히자 그녀의 삼각팬티로 가린 엉덩이와 허연 다리들이 다 보이고 있었다. 얘기를 마친 그녀는 돈으로 꾀어 심부름을 부탁하고 곧장 호텔로 가니 황경부에게서 전화가 걸려왔다. 내일 만나기로 하고 전화를 끊었다. 잠시 후 노크소리가 났고 마스꼬 양이 들어왔다. T셔츠와 청바지를 입고 있었다. 노브래지어 차림이었다. 샤워를 시킨 후 따라 들어갔다. 목욕탕에서 그들은 한 몸이 되었고 여자는 훌륭한 몸매를 갖고 있었다. 한순음 돌린 얘기를 하고 다시 게임을 벌였다.

다음날 팽은 팬티를 입고 담배를 피워 물고 알몸으로 자고 있는 그녀를 바라다보았다. 일어나 목욕을 대충한 후 옷을 입고 그녀는 팽이 주는 100달러 지폐를 마다하고 팽에게 따끔한 경고를 주고는 나가버렸다. 황경부와 만나 식사를 하면서 이야기를 하다 포켓에 손을 넣는 순간 마스꼬 양의 정체를 알아차렸다. 사진은 난데없이 사라져 버렸다. 천불을 준다는 황경부의 흥정은 공허한 청탁으로 돌아갔다. 조금 후 전화벨이 울렸고 마스꼬에게서 전화가 왔다. 그는 프론트에서 그녀가 있는 곳을 알아내어 들이 닥쳤다. 두 남녀는 한참 숨을 몰아쉬고 있었고 부끄러워 하지도 않았다. 오히려 팽이 압도당했다. 곧이어 퍽하는 소리와 함께 팽이 꺼꾸러졌고 국제킬러에 대한 정보제공과 팽의 정보비밀 엄수를 대가로 흥정이 되었다. 팽은 그것을 곧바로 한국으로 보내고 황경부에게로 가서 그녀석의 범인 몽타즈 작성에 협조했다. 돌아오는 길에 그는 괴한들에게 납치되어 죽음을 당하고 만다.

한편 한국에서는 최진은 카자르에게서 팽의 소식과 함께 킬러에 대한 정보를 입수하게 된다. 그는 국제적 킬러로 시카고 담당계 거물을 죽인 일류킬러였다. 베트남전에 참전했다고 한다. 최진은 나름대로 그 킬러 B를 쫓고 있었다. 그는 고아원에서 자란녀석이었다. 신문에 난 구인광고를 보고 들어온 정보였다. 고아원에서 그는 데이비드 김에 관한 얘기를 듣게 된다. 일본남자와 한국여자에게서 태어난 혼혈로 고아원에서 생활하다가 미국 데이비드 소령의 양자로 갔고 그녀석은 어머니를 찾아달라고 편지를 했다고 한다. 그는 곧바로 오오다께를 떨어뜨린 후 일본으로 가서 그곳에서 Y와 Z의 명령에 관한 회담을 가진 후 곧 성형수술을 받아 코를 높게 만들었다. 최진과 김 형사는 그들을 쫓다가 우연히도 Z와 B, Y,

X 등에 관한 것을 알게된다. 도미에는 일본에서 Y와 접근하기 위해 그의 부하인 고오노에 접근한다. 어느 날 나이트클럽에서 그를 만나게 되고 그와 함께 그의 집에 간다. 그로서 고오노와 Z의 전화통화를 도청해서 듣게된다. 고오노는 도미에를 목욕탕에 넣고 탕속 바닥 타일에서 그들은 한몸이 되어 뒹군다. 카자르에게 최진은 부탁해서 Y가 프랑스를 방문하게 된 이유 등을 묻게 된다. 그는 북한 병기 전문가 소장과 만나 무기밀매에 대한 것을 논의한 것을 알게 된다. 고오노는 도미에를 Y에게 소개시키고 도미에는 Y의 정부가 된다. 도미에는 일본에서 북한소장을 만나 일본을 안내하게 되고 당시 일본에 온 최진을 그들을 미오리 형사와 함께 미행한다. 나이트에서 위층을 보니 삼각팬티 사이로 허연 다리들이 명멸하는 것을 그대로 볼수 있는 곳을 도미에는 소개한다. 마지막으로 호텔에 간 그녀는 옷을 벗고 목욕과 샤워를 하고 밖으로 나왔다.

모오리는 전화해서 도미에게 카메라를 갖고 가게 하고 프론트에 카메라를 맡겨두고 최진과 앉아서 기다리니 곧 도미에가 나타났다. 도미에는 임신을 피하기 위해 콘돔을 사러 나간다며 벌겋게 달아오른 북한소장을 놔두고 내려와 자동판매기에서 콘돔을 사들고 프론트에 내려와 카메라를 들고 갔다. 그전에도 그녀는 Y의 집에서 100컷을 찍어와 집에 놔두어 최진가 모오리가 인화했으나 한 장밖에 인화가 되지 못했다. 그것은 무서유 음모였고 Y가 북으로 무기를 판다는 내용이었다. 도미에는 일을 치른 후 알약을 먹고 머리에 향수를 뿌렸다. 목욕을 하고 나온 북한 소장은 곧바로 잠에 빠져들었고 그녀는 재빨리 그의 옷속에서 열쇠를 찾아내어 서류를 촬영했다. 촬영을 마치고 그녀는 있던 그대로 서류를 두고 잠에 곯아떨어졌다. 최진과 모오리는 도미에가 돌아오니 도미에의 아파트에서 자고 있었다. 도미에는 심한 폭언을 퍼부었다. 그녀의 카메라를 들고 최진과 모오리는 곧바로 시경에 가서 인화했다. 무기판매에 관한 자세한 내용이 들어있었다. Y와 데이비드 김은 대동아제국의 건설을 위해 그가 제안한 여러 사업얘기를 나누었다. 마약밀매와 호텔사업, 인신매매, 대마초에 관한 것 등이었다.

그들은 일본에서 힘깨나 쓰는 녀석을 10명 한국에 보냈고 그들의 한국의 대마초 밀매조직들을 그들의 명령대로 실행하게끔 만들었다. 그들은 처음 1개 대마초 조직 두목을 죽여버리고 그들에게 협조하도록 통합하고 서울에서 여두목이 부두목과 함께 춤추고 앉는 것을 좌석에서 보고 있다가 바싹 마른 한 녀석이 그 여두목에게 춤을 신청했고 그녀석은 잘 그 여두목을 요리했다. 춤을 추며 그는 그녀의 가랑이 사이로 다리한쪽을 넣어 여두목이 헐떡거리게 만들었다. 부두목이 춤이 끝난 후 데려가려는 것을 저지하자 바싹마른 녀석이 그를 반쯤 죽여놓았다.

호텔에 들어온 그는 여두목과 벌거벗고 춤을 추고 정사를 벌였다. 그녀는 만족한 듯했다. 그는 기뻐 어쩔줄 모르는 그녀를 한손에 급소를 치고 목을 비틀어 죽여버리고는 그들도 조직에 통합하게 했다. 그리하여 그들은 10개 조직을 모두 다 통합했고 최진과 김 형사는 그것이 대동회의 짓임을 간파했다. 최진이 일본으로 가는 도중에 비행기 속에서 이순복양을 만나 인력수출에 관한 것들을 알게 되었고 일본에 간 후 만나기로 약속했다. 그날 약속장소에서 기다린 최진은 그녀를 만나지 못했다. 그곳에서 그는 모오리 형사에게 전화를 했었다는 전갈을 받았다. 급히 달려

온 모오리 형사와 함께 그들은 전화가 걸려온 여관을 덮쳤다. 그러나 그곳엔 여자가 없었다. 여관주인을 심문한 결과 그들은 오사까로 떠났다는 것을 알게된다.

한편 그전에 일본에 도착을 한 최진을 죽이라는 명령을 받은 데이비드 김은 그가 엘리베이터를 타고 올라가면서 죽이려고 했으나 도중에 종업원이 10층에서 엘리베이터를 멈추는 바람에 구사일생으로 살아났다. 최진은 곧바로 오사까로 가며 세심한 주의를 살폈다. 데이비드 김과 그리고 또다른 Y의 지령을 받은 2명의 킬러들이 최진을 미행하고 있었다. 열차가 달리는 도중 긴 터널을 통과하게 되었다. 곧바로 최진은 옆은 청바지 청년이 기대온 머리를 놔두고 옆자리로 가서 앉았다. 터널을 통과하는 중에 퍽하는 금속성이 조금 있었다. 터널을 지나고 보니 청바지 청년은 피로 범벅이 되어 죽어 있었다. 최진은 심문을 받았으나 대충 답변하고 모오리를 불렀다. 그는 범인으로 생각되던 2명을 경찰에게 인계하고 사창가로 들어가기 전에 술을 한잔 걸쳤다. 한국을 욕하는 녀석에게 심하게 때려주고 같이 사창가로 가서 방에 들어갔다. 곧이어 웃음을 헤프게 웃는 여자애가 들어와 옷을 벗고 들어누웠다.

최진은 한국의 매춘부에 관한 얘기를 물어본 후 주인에게 돈을 쥐어주고 외국인 사창가로 들어갔다. 그곳에서 한국인을 찾았으나 비싸게 주었다. 그냥 막 울고 들어오는 처녀는 아주 겁에 질려 있었다. 최진은 그 아가씨를 설득시키고 탈출을 계획하고 침대 시트를 찢어 밧줄을 만들어 창문너머로 늘어뜨리고 권총으로 여자애들을 지키는 녀석을 모두 처치하고 한국애들을 데리고 가려던 차에 흑인녀가 나타나 할 수 없이 그녀를 죽이고 재빨리 창문너머 내려가 청소부들을 협박하였다. 그때 그를 쫒아 온 데이비드 김이 그를 향해 총을 발사했고 그는 재빨리 청소차로 줄행랑을 쳤다. 경찰에 잡혔으나 다행히 모오리의 주선으로 풀려나왔다. 일본에서 돌아오는 최진을 마중하러 가려던 김 형사는 싸구려 음식점에서 설렁탕을 먹고는 어둠속을 빠져나오는 순간 괴한들에 의해 죽음을 당했다. 최진은 그 소식을 듣고 아주 슬퍼했다. 그의 장례식을 치르고 엄인희와 최진은 김 형사의 친구들과 KGB요원 군정보요원들을 보아 새로이 제5열을 방지하기 위해 조직을 만들었다. 그는 X라는 부하가 있었는데 그의 이름은 조남표 한때 과거에 정치깡패로 이름을 날리다 살인죄를 사형이 되려다 감형에 감형이 더해져 10년형을 살고 나왔다.

그의 가족은 모두 일본에서 살고 있었다. 수상은 몸의 건강을 이유로 사의를 표했고 국민투표가 실시되었고 그 헌법에 의한 새로운 정부가 구성될 시기였다. 그들의 음모는 이 선거에서 이창성을 당선시키기 위해 1조원을 투자하고 그리하여 당선시킨 후 그가 인수받으려 했다. 부산에서 전화를 걸던 X는 그를 추적하던 최진과 엄인희 등 S국 요원에 의해 체포되나 워낙 중상이었다. X가 체포되자 그는 곧 데이비드 김에게 그를 살해하라는 명령이 하달된다. 그는 그전에 자기의 정보를 누설한 고아원 원장을 살해한 적이 있었다. 그 때 최진은 원장에게 부탁한 김의 어머니 행방에 관한 것을 알린 전화로 그를 급히 찾아오고 있는 중 그가 사망한 것을 발견했다. 데이비드 김은 일단 호텔을 정하고 시내로 나와 가발점에 들렀다. 그는 가발 여주인의 호의와 섹시함에 눈을 조금 돌렸다. 그녀는 먼저 약속을 해왔다. 그는 안경과 의사복 그리고 청진기 등을 사들고 호텔 커피숍 맞은편에서 그녀의 동태를 감시했다. 그전에 그는 X가 입원한 병원을 시경 형사로 사칭해서 알아내고 그 병원에 종합진찰을 위해 입원하기로 하고 X가 입원한 부근의 병실을 잡았다. X의 방에는 한 5국 요원이 지키고 있었다. 침대에 누워 있으니 간호원이 환자복을 가지고 왔다. 그는 입고싶은 때 입겠다고 하고 간호원의 허리에 손을 대고 안아서 몇 가지를 물어보았다. 문을 조금 열어놓고 가라고 해두고 X의 병실을 주시하고 있으니 안에 있던 녀석이 바깥에 있던 녀석과 뭐라 소근거린 후 밖으로 나갔다. 재빨리 킬러는 슈트케이스를 들고 화장실로 들어가 의사로 변장을 하고 X의 병실로 들어가 간단히 청진기로 녀석의 목을 졸라 죽였다. 그리고 병실을 나오는 순간 그의 병실에서 간 간호원이 그를 주시하고 있었다. 그는 재빨리 그 간호원을 병실로 데리고 들어가 죽여버리고 침대에 시체를 넣고 나와 가발 집주인을 살펴보고 있는 것이다.

그를 기다리다 지친 그녀는 택시를 타고 영화관에 들어가 젊은 놈을 만나 같이 나오고 있었다. 그들은 곧 가까운 여인숙에서 일을 치르고 나와 택시를 타고 그녀의 아파트앞에서 그녀는 내렸다. 데이비드 김은 그녀를 불렀다. 그녀는 못마땅해 하며 그녀의 아파트로 그를 데리고 들어갔다. 결혼 후 아이를 낳지 못해 춤바람이 났다가 쫓겨난 과부였다. 그녀는 브래지어와 팬티차림으로 그와 함께 춤을 추었고 그는 그녀의 브래지어를 풀어 주었고 그녀는 더욱 흥겨워했다. 둘은 서로 안고 입맞춘 후 침대까지 같이 걸어가 뒹굴었다. 아침이 되자 데이비드는 팬티를 입고 담배를 물고 창밖을 바라보고 있었다.

갑자기 초인종이 울리고 어제 그 젊은녀석이 나타났다. 잠옷을 입고 나타난 여자의 앞가슴의 끈이 풀어지자 젖가슴이 드러났고 젊은 녀석은 그녀의 유방을 만지작거리며 현관문을 들어섰다. 한바탕 싸움이 날 듯했다. 그러나 데이비드는 공손히 그를 응대했다. 그녀가 시장을 보러 나간 사이 젊은 녀석을 죽이고는 욕탕 속에 처박아 두고 오리온 호텔로 돌아갔다. 최진과 엄인희는 시내의 안경점, 의료점, 가발점을 뒤진 후 문제의 그 여자집을 알아내고 덮쳤으나 한발 늦었다.

신문에서는 온통 그녀석의 몽타즈가 보도되고 있었다. 급히 외국인으로 변장한 데이비드는 곧바로 서울로 올라갔다. X의 호텔 사장을 심문한 결과 X의 호텔 사업에 관한 것을 알게되고 그들은 그것을 엄중 감독하도록 조처했다. 호텔이 4개였다. 김 형사와 최진은 고오노를 일본식 요정을 덮쳤다. 그곳에서 고오노를 잡았으나 X는 놓치고 말았다. 김 형사는 그 여주인 마담을 취조실로 끌고가서 옷을 벗기로 그녀가 알고 있는 모든 것을 실토하게 만들었다. 그녀는 모든 것을 자백했다.

대동회의 배후를 쫓던 최진은 Z와 Y의 국제 통화를 통해 대충 그들의 소재를 파악하게 되고 데이비드로부터 Z에게 가는 전화까지 도청해서 그 경로를 파헤치게 된다. 그 첫 경로를 추적 중에 최진은 들창코를 가진 유흥업소 가수인 그녀를 호텔로 끌어들여 추궁한다. 그녀는 모든 것을 자백하고 돌아가나 그곳에서 알몸인 채 사체로 발견된다. 최진은 개인적으로 사무실을 차려 그곳을 특수부에게 각자 암호를 주어 절대 비밀을 누설치 않게 한다. 인신매매 작전에 실패한 그 일당은 분개하고 Y와 Z는 부산 어느 해변가에서 만나 밀약을 맺고 선거자금 1조원을 대여해 제주도에 조차권을 백년간 받을 것을 조건으로 내건다.

한편 일본에서는 도미에가 북의 병기 전문가와 만나 정사중에 전화로 확인되는 것을 듣고 바로 북한 소장을 잠재운 뒤 어느 항구에서의 무기밀매 정보를 제공하고 그들은 일본 방위청의 공격으로 자폭하고 만다. 고오노는 도미에를 찾아와 뺨을 갈기나 기다리고 있던 모오리 형사에게 체포된다. 최진은 이것을 이용하여 K일보에 대동회의 배후내막과 일본의 야욕을 공개케 한다. Z는 격노하고 Y와 협상하며 따진다. Z는 Y의 아들을 인질로 잡아놓고 그를 감시한다. 도미에는 일본을 떠나 모오리와 함께 한국으로 온다. 최진은 도미에게 호텔을 정해주고 어느 날 그들은 육체관계를 맺는다.

도미에는 일본에서 조명식 즉 조남표의 아들을 꼬신다. 술집에서 그가 그의 애인을 학대하는 것을 달래고 그녀를 집에 데려다 주는데 그것을 미행한 명식과 함께 그들은 식당에 들어가 식사를 하고는 술집에 들어간다. 그곳에서 명식은 도미에에게 술을 먹여놓고 젖가슴을 만진다. 손을 뿌리친 그녀는 그를 데려다 준다고 하면서 그의 집에 같이 들어가니 마침 그녀의 어머니는 외출하고 없었다. 도미에의 원피스를 벗기려는 그 녀석은 벗기지는 못하고 허리에 돌돌말리게 하고 브래지어를 끄르고 마지막으로 힘을 쓰는 도미에의 팬티를 찢어벗기고 몸을 덮쳐오나 도미에는 좀처럼 그에게 몸을 허락하지 않는다. 부엌으로 들어간 그는 식칼을 그녀의 가슴에 들이대며 위협한다. 그러나 그녀는 좀처럼 받아들이려 하지 않는다. 마침 초인종이 울리고 그들은 그 자리를 수습하고 옷을 입고 어머니를 맞았다.

어느 날 그집에 들어간 도미에는 위험스럽게 5국의 특수부 요원과 함께 이리저리 여기저기를 뒤진다. 요원은 재빨리 그것을 찾는다. 그곳에는 보석이 많이 들어 있었고 그속에는 편지가 짧게 적혀있었다. 내가 죽으면 Z에게 도움을 청해라. 그의 이름은 OOO이다. 숫자로 표시된 암호였다. 그 때 명식의 어머니가 돌아왔고 도미에를 피신시킨 요원은 후에 모오리의 협조로 무사히 그곳을 빠져나왔다. 그 요원이 가져온 것은 Z의 이름의 마지막 암호 2개였다.

그 후 데이비드 김은 대통령 후보 장연기 씨를 살해하라는 명령을 받는다. 그전에 최진을 살해하라는 명령을 받고 S국 건물 맞은 편에 사무실을 얻어 무비카메라로 종일 그를 찾으려 했으나 찾지 못하고 어느 날 그를 찾아 미행하게 된다. 길을 건너는 도중 최진은 무릎을 택시의 앞문에 받쳐 허리를 굽히는 순간 운전수가 쓰러진다. 최진은 급히 사방을 둘러 보았으나 사람이 너무 많아 범인을 찾지 못한다. 장연기 씨는 엄 과장의 간곡한 부탁으로 선거유세를 그만두고 방송으로만 유세를 하게된다. 그러던 중 어느날 그의 딸 장기화 양이 데이비드 김에게 납치된다. 이 때 데이비드 김은 최진의 집요한 추격으로 인하여 호텔을 떠나 아파트에 있게된다. 그의 어머니 김수자는 정신병에 걸려 그것으로 인해 죽게 되고 데이비드 김은 그녀를 금강공원묘지에 매장시키고 매월 돈을 부쳐주고 가끔 전화하고 찾아가기도 했다. 이러한 것을 탐지한 최진은 쓰레기통을 뒤져 우체국 소인을 갖고 우체국으로 가나 한발 늦고 말았다.

데이비드 김은 공원묘지 사무원을 협박하여 모든 것을 알아내고는 한방을 먹이기는 하나 죽이진 않는다. 기화 양을 아파트로 데려온 데이비드는 사정없이 그녀의 옷을 벗기고 알몸으로 있게 하고는 환각제를 먹인다. 데이비드와 기화 양의 전화로 이 사실은 곧 장연기의 머릿속에 들어가게 되고 완강한 장연기씨는 협박에 못이겨 선거유세를 직접 하게 된다. S국 특수부는 장연기씨의 경호를 위해 만반의 준비를 하고 방탄조끼를 입게 하고 유세중 머리를 자주 흔들게 한다. 인파는 수없이 많아 한강다리 밑에 운집이 되었다.

데이비드는 어제부터 다리 위에 모든 준비를 완료해놓고 기다리고 있었다. 장연기 씨는 곧바로 유세에 들어갔다. 머리를 겨냥하던 김은 장연기 씨가 너무 머리를 흔들자 가슴을 겨냥하여 쏜다. 장연기 씨는 꺼꾸러졌고 유세장은 아수라장이 된다. 곧바로 병원으로 장연기 씨는 실려간다. 데이비드는 그가 성공한 줄로 알고 유유히 Z에게 전화를 건다. 그는 미국에서 Z와 알게 되었다. Z는 그당시 유학생으로 미국에서 얻어 터지고 있는 그를 김이 살려준 것이 인연이 되어 의형제로 맺어 Z의 오른팔과 같이 움직이고 있었다. Z의 반응은 의외였다. 심한 질책이 뒤따랐고 다음 기회를 놓치지 말라고 성화였다. 김은 깨끗이 그것을 거절했다. 아파트로 돌아오니 기화 양은 며칠새 많이 수척해져 있었고 말라가고 있었다. 급히 옷을 입히고는 병원으로 택시를 타고 달려갔다. 병원에서 그는 하루를 밤새워 그녀를 간호했고 다행히 몸은 나을 수 있다는 결론을 얻었다. 바로 그는 장연기 씨가 집에 전화하여 그를 찾아가라고 했다. 장연기 씨와 그의 부인 등은 매우 놀랐고 한편으로는 기뻐했다. 최진은 이때 국제전화 도청담당 요원으로부터 전화를 넘겨받은 것을 듣고 놀라워 했다. 그것은 뭔가 새로운 작전을 펴려고 하고 있었다. 그 일당은 일본에서 가장 출중한 세균학자로 하여금 페스트 균을 배양케하고 그것으로 한국을 혼란에 빠뜨려 선거를 미루게 하려 하고 있었다.

세균 학자는 산책도중 납치되었고 그들의 협박과 공갈로 페스트균을 배양케 했다. 급히 모오리에게 일본의 권위 있는 자 중에 없어진 자를 체크하게 부탁했고 며칠 후 세균학자가 없어졌다는 정보를 받은 최진은 세균작전에 대한 것을 알게되고 암호를 해독하게 되었다. 그의 이름 끝자가 악으로 끝나고 S국 요원 중에 그것을 찾았다. 그것은 어김없이 백창학 S국 국장이었다. 그들은 이제 백창학을 예의 주시하게 되었다.

최진은 도미에에게 부탁하여 술집에서 백창학의 옆에 앉게 한다. 그러나 그것은 과오였다. 같이 호텔로 들어갔다. 백은 그 나이에도 힘에 부치지 않고 능숙하게 그녀를 다루었다. 아침이 되자 최진에게서 전화가 왔다. 앞에 나와 있으라고 해서 앞에 나가 있을 때 택시가 서더니 다짜고짜 그녀를 태우고 시내를 빠져나와 경부선 진입로 들판에서 그녀는 무참하게 죽음을 당했다. 뒤늦게 도착한 최진은 도미에의 행방불명을 알고 수배했다. 며칠 후 그녀의 사체는 바로 발견되었고 최진은 심하게 오열을 터뜨렸다. 그녀의 시신을 안고 그는 하염없이 눈물을 흘렸다.

페스트는 한국으로 건너오게 된다. 모오리에게 최진은 사전 검열을 부탁했으나 허사였다. 김포공항에서 예의주시하고 검사했다. 영화배우 한 녀석이 영화사의 초청형식으로 온다던 모오리 씨의 말대로 그들은 그를 추적했으나 행방이 묘연했다. 그는 킹호텔에서 피살체로 발견되었다. 배신한 데이비드의 약속대로 호텔방을 찾아간 Z의 부하들은 김으로 알고 그 호텔방에 있던 녀석을 무참하게 죽이고 사라졌다. 김은 그전에 예방조치에 나이크 클럽에서 한 술꾼과 여급을 딸려 그의 호텔을 빌려주고 맞은편 방에서 감시하고 있었던 것이다. 한참 열을 올리고 있던 그들은 부숴질 듯한 문소리에 놀라 열어보니 세 명의 남자가 아무 소리 없이 그에게 난사했다. 여자는 옷을 입을 겨를도 없었다. 그들은 그녀를 목욕탕 속에 처넣고 유유히 사라졌다. 김은 Z에게 전화해서 그를 죽일 것을 협박했다. 그후 그는 최진의 집에 전화했다. 최진은 그와 통화했다. Z를 죽여주기로 하고 외국여권과 26천불을 부탁했다. 그는 흥정을 하기로 한다. 11월 30일 까지로 데이비드는 S국 수위를 매수해서 청소부로 취직했다.

어느 날 그는 S 국장이 혼자 화장실에 들어가는 것을 보고 재빨리 옥상으로 올라가는 엘리베이터를 탔다. 엘리베이터걸과 약간 농담을 지껄였다. 그녀의 몸매는 훌륭했고 다리는 쭉 뻗어 있었다. 옥상문을 열어놓고 그는 내려와 화장실에 들어가 S국 국장이 있는 화장실 다음 화장실에서 위로 뚫린 것을 이용하여 변기를 밟고 올라서서 총을 겨누는 순간 Z가 눈을 돌렸다. S국 국장은 통사정을 했으나 킬러는 그를 죽였고 쓰레기 통속에 그의 사체를 넣고는 옷을 다른 작업복으로 갈아입고 통을 끌고 엘리베이터를 탔다. 엘리베이터걸이 껌을 씹다 뱉으며 피를 보고 기함을 하자 킬러는 재빨리 그녀의 입을 틀어막고 급소를 쳐서 죽였다. 옥상까지 올라온 그는 그들을 비상구 문에서 밀어내었다. 그녀의 미니스커트가 바람에 날리어 팬티와 허벅지가 완전히 드러났다. Z는 제거되었다. 페스트 만연에 대비하여 모두 예방주사를 맞게 하였으나 많은 사망자들이 발생했다. 비상구를 급히 내려온 킬러는 변장을 하고 유유히 사라졌다.

킬러는 Z와 특별한지 조금 후에 돈이 궁해서 은행을 털어 29백만 원을 훔치는 강도짓까지 서슴치 않았다. 과거에는 은행원에게서 5555 암호로 인하여 미행당하다가 화장실에서 그를 위협한 적도 있었다. 그는 약속을 지켰다. 이제 최진이 그 약속을 지킬 차례였다. 그들은 다리위에서 만나 여권을 주고 최진은 또 협박을 받았다. 서울 주요 관공서에 시한폭탄을 설치해 놓았고 그것을 비행기가 떠난 후 그 장소를 알려주겠다고 하며 자기를 안전하게 지켰다. 그는 홍콩발 그날의 마지막 비행기를 탔다. 최진도 그를 따라 같이 변장하고 그 비행기에 탑승했다. 홍콩에 내린 그는 곧바로 호텔에 들었고 최진도 그의 방과 가까운 곳에 투숙했다. 최진은 곧 서울로 전화하여 그것이 사실이고 그 시간이 지나기를 기대하고 있다. 그러나 데이비드는 한수 그를 앞지르고 있었다. 카운터에 덤뿍 사례를 하고 서울로 전화한 방 호수를 알아내고 최진임을 감지하고 역습에 대비했으며 호텔보이에게도 더 많은 돈을 주어서 그를 매수했다. 그의 말이 거짓임이 드러나자 최진은 곧 권총을 들고 그에게로 갔다. 문을 확 제끼고 들어가니 아무도 없는 빈방이었다. 샅샅이 뒤지다시피 했지만 쥐새끼 한 마리 없었다. 자기의 방문을 열고 들어서는 순간 무엇이 퍽하고 둔탁한 소리를 냈다. 그는 앞으로 퍽 꼬꾸라졌고 킬러의 강한 힘을 견디지 못하고 죽음의 길을 가게 되었다. 이로써 소설은 대단원의 막을 내린다.

무시무시하리만큼 커다란 음모와 맞싸우는 정의의 용사는 결국 킬러에게 죽게 되나 그렇지 않았다면 좋은 소설이 되지 못했을 것이다. 독자들의 예상을 빗나가게 하고 상식을 벗어난 황당한 것에서 사람들은 매력을 느끼고 흥미를 가지기 마련인 것이다. 끝부분의 반전은 씁쓸한 여운을 남기게 한다.

최후의 증인

황바우는 20년 감옥생활을 마치고 출옥한다. 그는 60이 넘은 노인이 되어 백발이 성성한 초췌한 모습으로 감옥을 나온다. 6.25 전쟁 중에 사형을 선고 받은 후 감형이 되어 무기수로 되었다가 가석방 된 것이었다.

감옥을 나오는 날에 눈이 내렸다. 허름한 음식점에 들어가서 밥과 술을 마시고는 홀연히 사라진다. 1974년 김중엽이라는 변호사가 집으로 귀가하던 길에 피살되었다. 그 후 시체는 그를 기다리다 지쳐 마중나온 첩에 의해 발견된다. 경찰은 수사에 들어가고 김중엽을 중심으로 한 원한관계 소송관계 등이 수사되나 미궁에 빠지고 만다. 그런 일이 있은 후 6개월이 지난 뒤 문창에서 양조장을 하던 양달수라는 사람이 인근 저수지에서 공교롭게도 피살체로 발견된다. 그곳에서는 그날 양달수와 함께 집을 나선 양조장 일꾼 진태를 진범으로 몰아 구속하여 심문하고 재판에 기소를 하나 혐의가 없어 무죄로 석방된다. 그곳에 있던 오병로는 문창 파출소 지소주임이었으나 도 경찰국의 지원에 의한 형사들의 수사로 손도 못대게 되었다가 다른 곳으로 좌천되어 대기발령을 받는 상황으로 몰린다. 그러던 중 그곳 서장의 명령 설득으로 오 형사는 수사를 맡게 된다. 그는 먼저 저수지 일대를 탐문 수사하던 중 그곳 부근에 있는 도살장을 발견하고 그곳에서 그는 낯선 청년이 한 달쯤 기거하다 양 씨가 죽은 후 사라졌다는 것을 듣게 된다. 양 씨가 죽은 날의 김우식의 행방을 알아내고 대밭골에 돼지를 잡은 정생원 집에서 그에 대한 얘기를 듣는다. 그전에 도살장에서 그는 우식이 남기고 간 손수건을 얻어가지고 왔다. 그는 문창의 술집에서 주모의 그의 아들을 알게 되고 그의 아들이 진태와 친구사이라는 것을 알고 그의 집을 알아두고 다시 그를 찾은 후 그에게서 양 씨가 죽은 후의 상황을 듣게 된다.

양 씨는 본래 본부인이 있고 아들도 세 명이나 있으며 그들은 양 씨가 죽은 후 양 씨의 재산을 모두 가지고 가고 후처를 두들겨 쫓아 보냈다는 것이다. 그 후처에게는 딸이 하나 있었다. 진태는 그 딸을 좋아하고 있었고 그는 오 형사에게 사진을 보여주게 된다. 그리고 묘련이는 수녀원에 들어갔다는 것을 듣게 된다. 오는 먼저 풍산에 들러 양 씨의 과거행적을 듣게 된다. 노인들의 얘기로는 양 씨는 20년 전에 청년대장을 했다고 한다. 공비 13명을 잡아 상금을 많이 탔다고 했다. 그 중에는 민간인도 3명이 포함되어 있었단다. 황바우와 한동주를 죽인 죄로 감옥살이를 하고 있다고 했다. 황바우와 같이 살던 손지혜는 황이 감옥에 들어간 후 양달수와 눈이 맞아 그와 함께 줄행랑을 쳤다. 빨치산 중에 그녀는 임신 중이었고 그녀는 아들을 산속에서 낳았다. 그런데 그 아들은 황바우의 아들이 아니라고 했다. 다음날 다시 부탁을 받고 그는 박 노인을 찾았고 그 박 노인은 자기 조카가 한동주를 보았다는 얘기를 해 주었다. 양 씨가 공비를 잡을 때 도와준 강만호란 사람이 있다고 했다. 그리고 그 다리를 놓아준 조준현이란 사람은 읍내 중학교 교장을 하고 있었다. 교장을 만나러 학교에 간 그는 그날이 일요일이었음을 알게 되나 학교에 들어갔다. 그곳에서는 어설픈 풍금소리가 들려오고 있었다. 그가 문을 열자 그곳에는 여선생이 풍금을 치고 있었다. 조해옥이라고 했다. 용건을 얘기 했으나 3일쯤이 지난 후 교장이 광주에서 돌아온다고 했다.

3일 후 그는 조준현을 만나 얘기를 듣게 된다. 강만호는 그 당시 빨치산 대장이었고 그와 대학동창인 조는 그가 자수할 때 다리를 놓아 같이 초등학교를 다닌 양달수에게 주선시켰다고 했다. 조해옥이 따라 나와 같이 강변을 거닐었다. 강만호는 다행히 살아 있었다. 그의 얘기는 다음과 같다. 대학시절에 선배인 손석진이란 마르크스에 심취한 사람의 영향을 받아 그가 좌익이 되었다는 것이었다. 그 이후 손은 중국을 갔다가 해방 후 한국으로 건너와 빨치산으로 변신했다. 그리고 여순반란사건을 배후에서 조종했다. 그는 부유한 집의 아들이었는데 많은 유산을 처분하여 지리산 속에 묻어 두었다. 빨치산 중에 그는 그의 딸을 데려왔다. 그 이후 북의 지령을 이행하지 않아 그는 반동으로 지목되어 살해되었다. 그 이후 강은 손의 딸을 보살폈다. 토굴 속에서 살아가다가 그는 마을로 대원을 이끌고 내려와 초등학교 교실 밑바닥에 진을 쳤다. 그리고 밤마다 나와 식량을 구해서 갔다. 그러던 중 손지혜는 10명의 남자들에 의해 밤마다 강간을 당하는 고초를 겪는다. 그 중 강만호와 황바우만이 그녀를 보살폈다. 그러던 중 강은 황을 통해 조의 행방과 거처를 알게 되고 그를 통해 자수를 계획하고 실천한다. 황과 손지혜만 남아있고 한

동주도 강에게서 맞은 상처로 남아있게 되는데 양달수의 소탕작전이 시작된다. 황은 한을 칼로 찔러 상처를 입히게 된다. 그 후 부역에서 돌아온 공비들은 끝내 저항하다 모두 9명이 죽게 된다. 강은 빠져나와 그들을 설득했으나 소용이 없었다. 그리고 강은 2년 동안 징역살이를 했다. 황은 풀려나왔고 손지혜는 정신병이 나아져 황과 같이 살게 되었다. 강은 손석진의 비밀리 묻어둔 보석의 위치를 그린 지도를 황에게 주고 황은 손지혜에게 준다. 그런데 그것을 찾기 위해 양의 도움을 청하게 된다. 여기에서 황은 다시 살인죄와 부역죄로 기소되고 손지혜는 백방으로 손을 쓴다. 양 씨는 손지혜(18)로부터 돈을 얻어내고는 일이 틀어진다. 결국 황은 사형선고를 받는다. 그전에 손지혜는 황을 위해 김중엽 검사에게 간다. 그곳에서 그녀는 그를 위해 옷을 벗는다. 김은 그것을 보기 위해 불을 켠 후 그를 돌려세우고는 그녀의 몸을 만져본 뒤 쫓아낸다.

그날 밤 그녀는 인근 여관에서 자고 다시 양 씨가 있는 곳으로 오게 된다. 그곳에서 자고 있던 그녀는 양 씨에게 화간을 당하고 그와 함께 살게 된다. 강은 양 씨의 음모에 대해 암시를 준다. 중풍을 맞은 그는 오랫동안 얘기했다. 오가 강에게 송지혜의 아들이 강의 씨임을 추궁하자 그는 부인하지 않았다. 그 집을 나온 오가 걸어가는데 강이 죽었다는 것을 듣게 되고 그것이 약간의 말썽이 되었다. 그는 서울로 올라가 수도원을 뒤져서 묘련을 찾아내고 손지혜가 있는 곳을 알게 된다. 손지혜는 집에 없었다. 옆집 아낙네가 가르쳐준 곳의 술집을 찾았다. 그는 그곳에서 손지혜를 알아보았다.

그녀는 춘희로 통하고 있었다. 손님 방에 들어갔다가 손님의 혀를 물어 얻어 터지고 있는 것을 오가 구해주었다. 방에 들어간 그는 손지혜로부터 사정 얘기를 듣게 된다. 아들은 황이 감옥에 들어간 후 그의 누님 집에 데려다 주고 양 씨와 함께 살게 되었다는 것이다. 술값을 지불한 그는 엄이라는 기자 친구를 불러 여비를 주었다. 다시 그는 내려왔다. 박 노인의 조카를 찾아가 그는 한동주를 만난 경위를 지서로 끌고 가서야 들었다. 그 후 그는 한동주의 동생을 만나 추궁 협박하여 한동주의 무덤을 헤쳐보기로 했다. 같이 가다 그들이 삽과 곡괭이로 덤비자 오는 피스톨을 발사한다. 한동주의 동생이 죽어버렸다. 풍산에서는 그를 체포하라는 명령이 하달되었다. 그는 서장에게 전화한 후 곧장 광주로 내려갔다. 그곳 법원에서 황에 대한 것을 공판기록을 조사하고 김중엽 검사의 전화번호를 수첩에 적고는 광주교도소로 가서 사정하고 수소문해서 황바우의 거취를 찾았다. 목포로 순천으로 전주로 사방 찾은 후 그는 황바우가 출옥했음을 알게 되었다. 그는 마침내 황이 범인이라 추측했다.

한편 한동주 일당들은 밤에 박용재 집에 들어가 그를 끌고가 무덤 속에 넣고는 그 무덤의 뼈를 한동주 무덤 속에 넣었다. 오는 황바우를 찾아갔으나 황은 서울로 가고 없었다. 서울에 올라온 그는 손지혜가 일하던 술집에서 여급을 꼬셔서 손의 거처를 알게된다. 황은 그녀와 같이 있었다. 손수건에 적힌 곳을 찾아간 오는 그곳에서 태영의 친구 최수일을 만나 태영의 근황을 알게 되었다. 그는 황을 만나 여러 가지 얘기를 듣는다. 오는 태영이 있는 정신병원에 찾아가 태영을 만나본다. 그곳을 나오다 조해옥을 만나 다시 만날 것을 약속하고는 서울역으로 간다. 한동주의 집에서 발견된 편지에 의하면 그날 한의 처가 올라오게 되어 있었다.

그녀는 올라오지 않게 되고 오는 그녀를 올라오도록 조작한다. 엄기자에게 사건의 내용을 설명하고 엄은 그것을 기사화 한다. S신문과 대립되는 Y신문에서는 S 신문의 배신자 부장 덕에 특종을 알게 되고 기자를 문창에 특파하여 오를 잡도록 하라고 지시한다. 그리하여 한의 무덤을 파헤쳐 보기로 하고 무덤은 파헤쳐진다. 엄이 데리고 간 검시의檢屍醫의 검시결과 그것이 여자임을 밝혀내고 옷의 박용재의 옷임이 드러난다.

한편 한의 처는 위장을 하고 서울행 열차를 타게되고 엄과 박기자가 그를 추적하고 오도 대전에서 합세하여 그녀를 뒤쫓는다. 그녀는 최대수와 함께 차를 타고 어느 양옥집으로 사라진다. 오가 자리를 비운사이에 박이 그들을 추적해서 소재를 알아낸다. 그 후 정신과 의사의 얘기를 들은 오는 태영을 옮기기 위해 황과 손과 같이 정신병원에 가나 태영이 사라져버린다. 간호원의 얘기로 최대수 짓임을 알고 그집을 습격한다. 그리하여 최대수와 잔당들 그리고 태영을 만난다. 태영만 데리고 온 오는 그를 곧 수술시키나 불구가 되고 만다. 그러던 중 황이 유서를 남기고 사라지고 그다음날 시체가 발견된다. 황을 관에 넣고 빈소를 지키던 중 손도 죽고 그들을 화장한 후 뼈상자를 묘련에게 갖다준다. 그를 잡으러온 형사들과 함께 묘련과 가던 오는 묘련을 보내고 화장실을 간다며 가서 그곳에서 가슴에 총알을 박는다. 이상이 대체적인 줄거리다.

우선 미심쩍은 것부터 얘기를 하면 태영이 서울로 가던 중에 늙은이와 동행했다고 해놓고는 사실은 손지혜와 그의 딸이었다는 것이다. 그리고 한이 간첩이었다는 것에 상당히 문제가 있다. 이북에 두 번 갔다가 왔는데 다시 내려 왔다는 것과 자기를 본 박용재를 죽일 필요가 전혀 없었고 어렵게 그것을 묻어두고 무덤 속 뼈를 한동주 관 속에 넣은 것이 이해할 수가 없다. 물론 박용재의 시체를 은닉하고 한의 죽음을 확실하게 하려 했는 의도는 이해된다. 이미 밝혀진 사실을 죽여서 무슨 소용일까. 괜히 그를 죽여 문제를 까다롭게 했다는 것이다. 그리고 하나같이 밥을 먹는 것이 해장국 밖에 없었다는 것이다. 그리고 오가 왜 죽었는가 하는 점이다. 물론 진행상 그렇게 하는 것이 훌륭한 결말인지 모른다. 그리고 법에 전문적인 사람이 볼 때에는 얼토당토 않는 허황된 점이 너무 많이 노출되었고 앞뒤가 맞지 않는 인과성도 많이 부족해 보인다.

누구를 위하여 종은 울리나

너무나 유명한 어네스트 헤밍웨이의 작품이다. 스페인 내전에 참가한 미국인 로버트 조던의 얘기를 담고 있다. 전체주의 독재를 꿈꾸는 프랑코의 군부세력인 국민당파와 민주주의를 옹호하는 시민세력인 공화파의 내전이 벌어졌다.

마드리드에서 서북쪽 60킬로미터 지점에 있던 과다라마 산맥의 협곡을 잇는 다리를 폭파하기 위해 유격대에 합류한다. 그곳의 유격대 대장은 파블로였다. 그의 아내 필라르도 용감무쌍한 여걸이었다. 조던은 안젤모라는 늙은이와 함께 그곳에 합류한다. 폭약을 짊어지고 그곳에 도착한다. 그곳에서 그는 마리아라는 젊은 처자를 만나 한눈에 반한다. 다리를 폭파해야 한다고 하자 파블로는 그것에 반대한다. 그는 술주정뱅이였고 오랜 전투 등으로 지쳐있었고 겁쟁이로 변모되어가고 있었다. 필라르가 파블로 대신 유격대의 대장을 자처하고 대원들을 지휘한다.

조던은 대원들에게 임무를 부여하고 다리 주변의 초소의 근무상황 등에 관한 정보를 수집한다. 망원경으로 다리 주변의 초소를 정찰하고 폭파 계획을 수립한다. 침낭 속에 잠을 자던 조던은 그곳으로 숨어들어 온

마리아를 반긴다. 그녀는 마을 촌장의 딸로서 국민당파에 의해 어머니와 아버지를 잃은 가운데 성폭행까지 당하고 머리까지 삭발당하는 치욕적인 일을 겪은 여성이었다. 그렇게 어려움을 겪은 이를 유격대원들이 구출해 온지 3개월이 지났다.

눈부신 미모를 가진 19살의 마리아는 한눈에 조던에게 빠져든다. 다음날 귀머거리 영감과 일행이 말을 구해오기로 유격대와 협약을 맺는다. 저녁이 되자 필라르는 공화파에 의해 처참하게 죽음을 맞이하게 되는 이들에 관한 얘기를 들려준다. 처음 나온 이는 시장이었다. 그는 분노한 청중들이 도리깨 등 무기를 들고 일렬로 죽 늘어서 있는 사이를 지나게 되고 곧이어 처참하게 몰매를 맞고 결국은 절벽 아래 계곡으로 떨어져 죽는다. 다음에는 여자들을 울리고 다닌 바람둥이 투우사의 차례였다. 그도 행렬을 따라 걸음을 옮기던 중 죽게 되고 최후로 절벽 아래로 투척된다. 예전 6.25 전란 당시의 인민재판 등에 의해 사람들이 죽어나가는 바와 다를 바 없는 행태였다.

조던은 질 좋은 담배를 대원들에게 나눠주고 환심을 산다. 그는 스페인어를 대학에서 가르쳤던 강사였다. 자신과는 아무 상관없는 전쟁이었지만 민주주의를 지키기 위해 참전하게 된 것이었다. 상부로부터 다리폭파의 밀명을 받고 유격대에 합류해서 작전을 펼치게 된 것이다. 보초를 서고 있던 조던은 말을 타고 그곳을 지나던 기병과 조우를 하게 된다. 그리고 그를 사살하고 말을 획득한다. 유격대가 갖고 있던 말은 다섯 마리 수준으로 전 대원이 폭파 후 탈출하기에는 부족한 실정이었다. 우수한 좋은 말을 획득하게 된 것이다. 조던은 눈이 내려 흔적이 남은 것을 감추기 위해 파블로에게 말을 타고 다른 쪽으로 발자국 흔적을 남기도록 지시한다. 기병을 처치하고 조금 있으니 이번에는 네 명 정도의 적군이 또 나타난다. 그 후에는 거의 중대병력 규모의 대규모 병사들이 뒤이어 올라온다. 조금 있으니 다른 쪽에서 콩볶는 소리처럼 시끄러운 총소리가 난다. 귀머거리 영감 쪽 사람들과의 교전이 시작된 것이다. 기관총으로 응사를 하고 많은 적을 물리치지만 곧이어 출동한 비행기의 폭격에 의해 귀머거리 영감 등 일행 대원들은 모두 절명하고 만다. 유격대원들은 영감 등 동료들을 구하기 위해 가야한다고 주장하지만 조던은 허락하지 않는다. 내일의 다리폭파 임무를 위해 인내를 요구한 것이었다. 한 동안 기지를 떠났던 파블로가 말을 구해서 가지고 오는 일이 생긴다. 그러면서 그는 또 한편으로는 다리폭파에 필요한 기폭장치를 훔쳐서 못 쓰게 만든다. 결국 조던은 수류탄을 이용해 폭약을 폭파하는 방법을 사용하게 되고 그들은 폭파작전에 돌입한다. 대원들이 초소의 경계병들을 살해하고 안전한 통로를 확보한다. 조던과 안젤모는 다리 교각에 폭약을 설치하고 퇴각한다. 곧이어 적 탱크부대가 몰려오기 시작한다. 적절한 시기에 줄을 당겨 다리를 폭파시킨다. 안젤모는 폭파에 의해 떨어진 파편으로 죽음을 맞는다. 다리를 폭파시킨 후 조던 등은 퇴각을 시도한다. 그러나 추격대가 대기하고 있으면서 총격을 가해온다. 한사람씩 말을 타고 적의 포위망을 뚫고 도주한다. 맨 마지막에 통과하던 조던은 결국 말이 총상을 입게 되고 말에서 떨어진 조던은 다리에 골절상을 입는다. 그리고 그는 최후의 방어망을 형성하기로 한다. 기관총을 거치하게 하고 최후의 항전을 한다. 마리아와 눈물겨운 최후의 작별을 하고 그는 무참하게 죽음을 맞는다.

헤밍웨이는 산부인과 의사인 아버지의 아들로 태어났다. 신문사에 취업해서 종군기자로 활약을 했다. 여러 번의 결혼과 이혼을 거쳤다. 스페인 내전에도 직접 참전하기도 했다. “무기여 잘 있거라.” “해는 다시 떠오른다.” “노인과 바다” 등 주옥같은 작품을 남겼다. 쿠바의 해변에서 집필에 전념하기도 했다. 비행기 사고 등 여러 가지 어려움을 겪기도 했고 마지막에는 총으로 자살하며 생을 마감했다. 말년에는 어려움 속에서도 노벨 문학상을 수상하기도 했다.

누구를 위하여 종은 울리나 라는 것은 고든 시인이 쓴「누구를 위하여 종은 울리나」라는 시의 제목에서 따온 것이다. 시인은 신부이기도 했다. 종은 조종을 의미하고 그것은 사람들이 죽었을 때 울리는 종소리를 의미한다. 전쟁으로 인해 죽음을 맞이한 많은 이들을 추모하기 위한 종소리를 잘 기억하고 그 의미 되짚어야 한다는 것으로 의미지을 수 있으리라.

전쟁을 통해서 비록 이렇게 노력하고 민주주의를 위해 피를 흘렸지만 승리는 국민당파가 거둔다. 그리고 1975년까지 프랑코 독재가 이어진다. 4일간의 내용이 소설 속에 녹아들었고 그것이 영화화 되었다. 영화는 2시간여 동안 장대한 스케일로 표현되었다.

‘키스를 하다 코가 걸리면 어떻게 되죠’ 라는 대사가 인상 깊었다. 처절하게 마지막 작별을 하던 장면은 뇌리에서 지워지지 않는다 정말 대의를 위해 몸 바친 사람들의 높은 뜻이 항상 길이 기억되어야 한다는 것을 느끼게 해준 작품이었다.

누구를 위하여 종은 울리나

존 고던

어느 사람이든지 그 자체로써 온전한 섬은 아닐지니
모든 인간이란 대륙의 한 조각이며
또한 대양의 한 부분이어라

만일에 흙덩어리가 바닷물에 씻겨 내려가게 된다면
유럽 땅은 또 그만큼 작아질 것이며
만일에 모래벌이 그렇게 되더라도 마찬가지며
그대의 친구들이나 그대 자신의
영지가 그렇게 되어도 마찬가지어라

어느 누구의 죽음이라 할지라도 나를 감소시키나니
나란 인류 속에 포함되어 있는 존재이기 때문이라
누구를 위하여 종은 울리나
이를 위하여 사람을 보내지는 말지라
종은 바로 그대를 위하여 울리는 것이므로

바보들 죽다

조든, 마린, 켈리 이들은 라스베가스 한 호텔 카지노에서 만났다. 켈리는 그곳 보스 그린베레와 연결되어 있었다. 어느 날 조든이 돈 40만 불을 딴 후 호텔에서 자살을 한다. 그 후 마린은 라스베가스를 떠나 시카고로 돌아와 가족들과 재회하여 새 생활을 꾸민다. 그는 예비군 부대에 들어가 나쁜 짓을 저지른다. 돈을 받아먹고 많은 사람을 배치시킨다. 그래서 모은 3만불을 켈리에게 맡겨두게 된다. 마린은 계속해서 책을 쓰기위해 노력한다. 그러던 중에 FBI의 수사망에 걸려들게 되나 켈리의 도움으로 다시 자유의 몸이 된다. 마린은 다시 출판사에 들어가 잡지를 쓰다 노벨상 후보에 오르고 있는 오사노에게서 일을 부탁 받고 그 밑에서 일하게 된다. 오사노는 할리우드에 갔다 오던 비행기 속에서 개 때문에 시가를 꺼라는 말에 개를 목 조르고 개 주인 여자를 때린다. 그 사건으로 오사노는 곤욕을 치른다. 그 후 마린은 오사노가 면직됨에 따라 다시 일자리를 잃고 소설을 써서 일약 유명작가가 된다. 다시 그는 할리우드에서 시나리오를 써달라는 부탁을 받고 할리우드로 간다. 그곳의 영화제작자 M이란 사람이 또 죽게 된다. 그 후 마린은 자넬을 만나게 되고 그들의 관계를 계속 유지시켜간다.

그러던 중 마린의 형 아티가 죽는다. 마린은 뉴욕에 가서 장례를 치른다. 자넬은 도란이란 영화중개인과 같이 고향에서 자랐다. 처음 결혼했으나 그녀는 애기를 낳고 풍성해진 유방을 자랑스럽게 생각한다. 남편은 무시하고 이혼하게 된다. 그 이후 그녀는 도란과 결혼한다. 도란은 자기의 목적을 위해 자넬을 최고로 이용한다. 늙은이에게 가고 젊은 돈 많은 사람을 위해 봉사하기도 한다. 한 영화계의 권위자에게 갔다가 그녀는 그의 부인이 레즈비언임을 알게 되고 질겁하며 도망친다. 그전에 그녀는 어린 소년이 변성기의 목소리를 그대로 두기 위해 내시가 되려고 하는 것을 보고 그 소년을 침실로 끌고 가 농락한다. 그 후 그녀는 도란과 이혼하고 엘리트란 여자와 같이 살다 마린을 만난다. 그 후 그녀는 엘리트와 레즈비언이 되어 남자 역할로 그녀를 즐겁게 해준다. 마린을 그것을 알고도 모른 채한다. 그 후 자넬은 오사노와 만나고 그 이후에 같이 잠자리를 한다. 마린은 그것에 분노해 그녀와 인연을 끊는다. 그녀는 오사노가 일을 치르지도 못했다고 항변했으나 하는 수 없었다.

켈리는 마린이 호텔 카지노를 떠난 후 그린베레의 오른팔이 되어 호텔 실무를 잡게 되고 그러던 중 찰리브라운이라는 여자를 만나게 되고 그녀를 정복하고 그린베레에게 바치기도 한다. 그러다가 오사노에게 유혹되어 그를 떠난다. 켈리는 일본 후미로를 손님으로 초대하여 막대한 수입을 올리고 그가 좋아하는 서부극 여배우도 소개한다. 그러던 중 그 여배우가 후미로 부하에게 당하는 불상사가 일어났지만 그 일은 그런대로 잘 처리되었다. 후미로에게 외상값을 받으러 간 켈리는 마린을 데리고 일본에 간다. 마린은 그곳에서 두 여자에게서 안마를 받고 육체의 향연까지 제공받고 죽음의 탈출을 하여 엔화를 홍콩으로 유출시키고 홍콩에서 달러로 바꾼 후 스위스 은행에 입금시킨다. 그런 일을 무사히 마친 마린과 켈리는 사이가 더욱 두터워진다. 사노와 다시 만난 마린은 그의 최후를 맞는 것을 보게 된다. 오사노는 병원에 입원하게 되고 찰리브라운이 그 옆을 지키게 된다. 마린이 찾아갔을 때 오사노가 찰리의 허벅지를 만지고 있었고 그 후에는 스커트 밑으로 손을 넣는다. 마린은 오사노의 사고관리자로 유언을 남긴다. 오사노는 병원에서 정사를 벌인다. 찰리는 옆에 속옷도 입지 않고 스커트만 입고 있었고 오사노는 벌거벗고 일을 벌인다. 치료를 하고 마린은 오사노를 퇴원시킨다. 오사노는 찰리브라운과 마지막 정사를 나누고 고요히 잠든다. 마린은 오사노의 노벨상을 목적으로 한 원고의 초고를 보고 심하게 놀란다. 켈리가 그린베레에게서 특명을 받고 다시 일본으로 건너가나 그곳에서 그는 피살되고 만다. 그 후 마린은 조용히 살아간다. 여기에 수많은 사람이 죽어나간다. 인간의 죽음이란 심한 피비린내가 진동한다.

죽음과 그 속에서 펼쳐지는 모략과 음모 사랑 등으로 펼쳐져 있다. 올바른 사람도 올바르게 살지 못하는 세상을 고발하고 있는지도 모르겠다. 인도 고아에서 태어난 어느 작가의 체험담을 토대로 쓴 소설이라고 한다. 세상을 잘못 사는 사람들의 최후를 잘 묘사하고 있다. 죽는 사람은 조단 켈리 자넬 오사노 M씨 아티 등 그 중에는 세상을 진실 되게 살려고 했던 아티도 포함되어있다. 멋대로 세상을 살아가는 평범한 삶속에서도 가장 저질스럽고 괴상망측한 삶이 도박장을 중심으로 펼쳐지고 있다.

빙점의 나그네

에마는 후꼬꾸의 어느 식당에서 데자부(기시감)을 느끼며 파블로 로페스의 그림을 보게 되고 한 그림애호가와 그의 그림의 행방을 추적하게 된다. 현재의 직장을 그만두고 아내도 친정으로 돌아가 버린다. 에마는 그의 옛 교수를 찾아가 파블로 로페스의 그림의 행방을 물어보나 대답대신 재떨이가 날아오고 그 다음날 그 교수는 철로에 몸을 던져 자살한다.

에마는 그의 친구 A에게 (프랑스에서 프랑스여자를 데리고 온 이) 파블로 로페스에 관해 묻게 된다. 에마는 후꼬꾸에서 그 그림이 발견된 탄광에 가서 그곳을 찾았으나 그림은 이미 그곳에서 사라진지 오래였다. 탄광주를 찾아간 노인은 심하게 분노하고 그곳을 나온다. 교수의 유품에서 파블로 로페스의 그림 150점과 그 외 62점의 리스트를 발견하게 된다. 과거에 그 교수와 라이벌이었던 한 친구와 후꼬꾸의 탄광주 집에서 로페스의 그림의 진품여부를 가려주고 돌아가다 그 친구는 리스트를 두 장 만들어 한 장은 집에 보내고 미국 정보장교를 찾아갔으나 그곳을 나온 후 그는 살해되고 그 교수는 비밀을 지킬 것을 약속하고 그 교수 스승의 딸과 결혼한다. 7개월 만에 낳은 아이 사이꼬는 죽은 그 교수의 친구의 딸임을 알게 된다. 이리하여 사이꼬와 에마는 노인의 62점의 행방을 찾게 되고 그중 13점이 일본에 남아 있음을 알게 되고 그 소유주들이 대부분 국회의원임을 알게 된다. 과거 탄광의혹을 무마하기 위해 그 그림들이 수수되었고 그리고 그 일은 무마된 것이었다. 마침내 노인과 에마는 탄광주를 협박하고 그림을 인도하라고 하고 다음날 연락하기로 한다.

그전에 에마는 친구 부인의 언니인 발라스 부인을 만나게 되고 이사벨의 친구임을 알게 된다. 로페스가 프랑스로 망명한 후 그림 150점을 그리게 한 칠레 갑부의 딸이었던 그녀는 2차 대전 중에 피살된다. 그녀는 로페스의 그림을 찾고 있었다. 그의 고국은 심각한 위기에 처해 있었다. 집으로 돌아가는 노인은 탄광주에게 교사敎唆된 괴한의 습격을 받게 된다. 무서운 충격을 받게 된다. 그림을 처음 발견한 친구의 집에 머물게 되고 다음날 그는 지명수배가 되었음을 알게 된다. 에마, 나루미 노인 사에꼬 구로마찌 야스미는 구로마찌의 아파트에서 작전계획을 짠다. 사에꼬 에마는 미주누마를 만나러 가기로 하고 구로마찌 야스미 나루미 노닌 등은 로페스의 그림을 입수하러 탄광주 주인에게로 가기로 한다. 그림을 탈취하러가며 에마는 여장을 하고 간다. 사에꼬는 매춘부나 호스티스처럼 차리고 간다. 중간에서 심문을 받으나 속도위반 차량덕택에 무사히 위기를 넘기고 에마 사에꼬 야스마는 미즈누마의 거처를 찾게 된다. 에마와 사에꼬는 살모사가 우글거리는 다리를 건니 미즈누마를 만난다 에마는 해인족의 후예임과 사에꼬는 산인족의 후예임을 알게 된다. 그들은 모두 자유인으로 살아온 세상에서 도외시된 모든 자유와 선량함을 지닌 일본과는 거리가 먼 원초적 일본인의 조상임을 듣게 된다.

미즈누마 노인에 의해 옛날 해인족과 산인족의 만남에서의 두부족의 일남 일녀의 교접이 다시 재개된다. 미즈누마의 옷을 깔고 사에꼬는 원시의 모습으로 들판에 눕고 에마는 미즈누마의 요청대로 움직여 두 사람의 교접이 이루어지고 미즈누마의 협력과 구로마찌의 탁월한 지혜로 로페스의 그림을 입수하고 산인족의 본거지 산에서 일본의 전 군사력 경찰력과 대항하여 그들의 신념을 관철시킨다. 산인족의 수령 가비를 만난 사에꼬는 자신이 옛날 훌륭한 산인족 여자 두목의 후예임을 알게 되고 가비는 자신의 지위를 사에꼬에게 넘길 것을 얘기한다. 경찰 군대와 대치하던 나루미 노인 구로마찌 등은 그곳을 지휘하던 국회의원을 인질로 삼아 다른 산으로 아지트를 옮겨가고 그곳에서 사흘 동안 군대와 공방전을 벌이다가 자폭하여 모두 사멸하고 만다. 한편 로페스의 그림은 가비의 명령과 지휘로 외도를 거쳐 무사히 해안에 당도하게 되고 에마와 사에꼬는 미즈나마의 거소를 떠나 다시 가비와 야스미를 만나게 되고 발데스 부인의 연락을 기다리게 된다. 에마와 사에꼬는 로페스의 그림과 함께 필리핀 군도로 옮겨갔다가 다시 타이티로 갔다. 칠레 산티아고에 도착한다. 그곳에서 그림이 가짜라고 하는 발데스 부인의 스승 얘기를 듣고 에마가 직접 감정해서 확신하나 스승의 안내로 파블로 네루다의 집에 걸려 있는 로페스의 그림을 보고 자신의 무능을 질책한다. 그 이후 발데스 부인의 요청으로 어느 파티에 참석하고 어둠속에서 3명의 파블로를 만나게된다. 파블로 로페스. 파블로 카잘스. 파블로 네루다를 만나게 되고 칠레 대통령까지 만난다. 그리고 로페스의 얘기를 듣는다. 그것은 바로 자신의 그림이 아니지만 자신이 그린 것이라고 했다. 칠레는 심각한 위기상황에 빠져 있었다. 로페스의 그림을 이용해서 아르헨티나 대통령의 모든 의혹을 풀려고 한 것이다. 그곳에서 에마와 사에꼬는 웬 미국기자를 만나게 되고 칠레의 사정을 어느정도 알게 되고 로페스 그림의 역할을 똑똑히 알아차리게 된다. 대통령의 위치, 군부의 움직임 대통령의 조짐까지 상세히 알려준다. 1973. 9. 11 군부 쿠데타로 대통령은 자결하고 에마와 사에꼬도 체포된다. 그러면서 이 작품의 이야기는 여기서 마무리가 된다.

이상과 현실 이것은 인류가 존재해 온 이래로 해결되어지지 못하고 조화점을 찾지 못한 수수께끼의 하나다. 리얼리즘과 아이디얼리즘 이것은 인간이 살아가는 동안 끊임없이 자신들이 부딪치는 끝임없는 딜레마라 할 수 있을 것이다. 이것은 어찌 보면 이론과 실재라는 괴리 속에 그 근원을 찾을 수 있을지 모를 일이다. 그것은 결코 만날 수 없는 평행선의 철로같은 성격을 지녔다. 이 작품 속에서 갈등의 소재는 바로 그것이 끝까지 진실을 추구하고자 하는 이상주의자와 현실의 자기 앞가름에 급급한 현실주의자 정치가와의 대립 갈등 충돌이 주 내용을 이루고 있다.

현실은 가깝고 이상은 먼 것이다. 법보다 주먹이 가깝다는 말과 상통한 것이다. 세상을 좀 더 훌륭하게 하기 위해 자신의 모든 것을 팽개치고 정의를 위해 싸우는 사람들의 불굴의 투지 용기는 본받을만 한 것이다. 거대한 국가를 상대로 그들은 결코 무너지지 않고 좌절하지 않고 자신들의 양심을 지켜가며 고수시켜가는 것에 우리는 훌륭한 감동과 환희를 가져다주고 있다. 현실보다 더 중요한 진리나 정의가 더욱 요구되고 있음을 보여주는 멋진 작품이라 여겨진다.

소피의 선택

1947년 스팅고라는 작가 지망생이 뉴욕시 맨허튼 브루클린의 셋집에 들어온다. 2층에는 소피와 네이단이 살고 있었다. 소피는 폴란드 출신으로 아우스츄비츠의 수용생활에서 살아남아 이곳으로 온 아픔을 가진 중년의 여자였다.

그녀는 부모와 남편 그리고 아들 딸을 모두 잃고 오로지 홀로 살아남았다는 것에서 자괴감을 갖고 있었고 팔목에는 자살한 흔적의 상흔이 고스란히 남아 있었다. 그리고 팔목에는 수형번호 11379라는 낙인이 그대로 찍혀 있었다. 아우슈비츠 수용소 시절에는 머리도 깍인 채 생활해야만 했었다. 창백한 모습이었고 그의 피골이 상접한 상태였다. 네이단은 신동으로 태어난 유태인이었으나 편집증인 조울증을 앓고 있었다. 네이단은 소피를 구해주는 것으로 해서 인연을 맺고 같이 생활하고 있었다. 네이단은 그렇게 많은 유태인을 학살한 나치즘에 치를 떨었고 그들은 더욱 큰 죄값을 받아야 한다는 신념을 품고 있었다. 이사온 첫날 이층에서 책을 한 권 선물로 보내온다. 월터 휘트먼 시인의 시귀와 함께 저녁 초대장이 메모로 되어 있었다. 그러나 한바탕 소동이 나고 네이단은 집을 나가고 저녁 초대도 무산된다. 그러자 소피는 쟁반에 음식과 와인을 차려서 스팅고에게 가져다 주고 사과한다. 네이단은 곧 이들 부부와 친숙해지고 스스럼없이 친구처럼 다정한 관계로 발전시켜나간다. 네이단은 남부풍의 복장을 차려입기도 하고 또는 광적으로 정통 클래식인 교향악 음악(베토벤의 합창)을 틀어놓고 지휘를 하는 모습을 보여주기도 한다. 놀이공원이나 해변에서 노는 것을 즐기기도 한다. 셋은 항상 같이 행동했고 놀았고 시간을 보냈다. 네이단은 오붓한 침대에서 시를 읽으며 정감있는 시간을 보낸다. 에밀리 디킨슨의 시였다.

이 쓸쓸한 침상 위에 찬란한 빛이 비춰게 하라
심판의 새벽이 올 때까지 이 빛나는 아침
이불깃 똑바로 접고 베개도 두둑이 하여
아침 햇살외에 그 어떤 것도 훼방치 못하게 하라

소피는 대학 법학교수의 딸로 폴란드에서 태어났다. 어머니는 피아니스트였다. 언어능력도 뛰어났다. 독일어 프랑스어 등 여러나라 언어를 자유자재로 구사했다. 아버지의 제자와 결혼해서 10살 난 아들과 8살난 딸을 키우고 있었다. 아버지는 유태인의 몰살 계획을 입안했던 이였다. 그러나 그가 하는 연설문을 타이핑 하던 중 몇 개 오자가 발생하게 되어 아버지는 처형되고 자신은 아우스비츄로 끌려간다.

빛나는 미모와 고운 피부를 갖고 있었던 소피는 곧 어느 장교의 눈에 띄게 된다. 장교는 질문한다. "유태인인가." 소피는 답한다. "아니다. 폴란드인이다. 그리스도를 믿는다." 그러자 장교는 "두 아이 중 한 아이만 살려주겠다"라는 아량을 베푼다. 그러면서 소피의 선택을 강요한다. 그러자 처음에는 거부하다 결국 마지못해 아들을 선택한다. 딸을 끌고가라는 장교의 말에 따라 딸은 수용소로 끌려가면서 엄마를 부르며 절규한다.

수용소 생활을 하던 중 아우슈비츠 수용소 헤시사령관의 비서로 발탁된 소피는 그의 마음을 얻기 위해 최선을 다한다. 레지스탕스에 의해 헤시사령관의 딸이 갖고 있는 라디오를 훔쳐서 가져오라는 밀명을 받는다. 그런 그녀는 라디오를 훔치려다 딸에게 들켜서 곤욕을 치룬다. 하지만 딸과 얘기하며 자신의 딸과 같은 느낌을 갖고 다행한 친구처럼 살갑게 군다. 딸은 수영선수로 챔피언이 된 사진을 보여주기도 한다. 헤시의 신임을 얻은 그녀는 헤시에게 자신의 아들을 만나게 해달라고 간청한다. 헤시는 궁지에 몰려있으면서도 그녀에게 다음날 아들을 만나게 해 주겠다는 약속을 해준다. 하지만 헤시는 약속을 저버린다.

구사일생으로 수용소에서 풀려난 소피는 미국으로 건너와 생활한다. 그러던 중 한 도서관에서 시집을 빌리려다 실패하고 난 후 실신한다. 그런 소피를 네이단이 보살피고 둘은 깊은 관계로 발전해 간다. 소피는 네이단이 생물학자로서 화이자 제약회사에서 연구를 하고 있는 줄 알았다. 스팅고는 두 부부 사이에서 네이단의 소개로 여자친구도 소개받았지만 결정적인 순간에 결별한다. 스팅고는 어린 시절 어머니를 잃은 것으로 제재를 삼아 글을 썼다. 네이단은 그것을 가로채서 읽어보기도 한다. 네이단은 자신이 암을 고칠 수 있는 신약을 발명했다고도 한다. 그리고 셋은 한밤중에 브루클린 브리지로 가서 샴페인을 터뜨리고 네이단은 가로등 위로 올라가 삼페인 잔을 던지면서 자신이 발견한 신약에 대한 축하를 하기도 한다. 올해의 노벨 의학상을 타게 될 것을 예언하기도 한다. 네이단은 소피에게는 빨간 드레스를 스팅고에게는 멋진 양복을 한 벌 선물한다. 그러자 소피도 금시계를 네이단에 선물하나 네이단은 광증이 폭발해서 집을 나가는 일이 생긴다. 그러자 스팅고는 소피의 지인을 찾아가기도 한다. 그리고 그곳에서 대학교수를 만나고 그 교수로부터 소피의 아버지에 관한 진실을 알게 된다.

네이단은 소피에 집착하면서 스팅고와의 관계 혹은 다른 제3자와의 불륜을 의심하며 소피를 괴롭힌다. 그러던 중 스팅고는 네이단의 형인 의사 래리의 전화를 받고 그와 만나 네이단의 병에 관해 소상하게 듣게 된다. 그는 조울증을 갖고 있는 마약중독자였고 서서히 죽어가고 있는 상황이었다. 어느 날 네이단은 집을 나가고 소피와 결별한다. 그러자 스팅고는 소피에게서 아우슈비츠에서 있었던 일에 관해 얘기를 듣게 된다. 그리고 워싱턴으로 갔다가 시골로 갈 계획임을 얘기한다. 소피와 스팅고는 뜨거운 하룻밤을 보낸다. 그런 다음 아침을 맞은 스팅고는 소피가 떠났음을 안다. 소피는 메모를 남겼다. 그 메모 속에는 소피가 네이단에게 갔음을 직감하게 된다. 스팅고는 다시 예전의 부루클린으로 와 본다. 그리고 그 두 사람의 정사情死장면을 목격한다. 햇볕이 강물에 부숴지고 있었다. 여러 가지의 홀로코스트(독일군에 의한 유대인 대학살, 본래의미는 희생제물을 불로 태워죽이는 것을 이름) 영화가 있는데 그 중 하나로 되어있다. 본래의 원작은 1979년 윌리엄 스타이런William Styron의 작품이다.

이 영화에는 바흐의 [예수는 나의 기쁨], 슈만의 [어린이의 정경] 중 [미지의 나라들, 미지의 사람들], 멘델스존의 [무언가] 제1번, 베토벤의 [합창교향곡], 요한 슈트라우스의 [봄의 소리 왈츠] 등이 나온다. 이 중 슈만과 멘델스존의 음악은 비슷한 의미 즉, 행복한 시절의 음악으로 쓰였다. 먼저 네이단이 피아노로 슈만의 [어린이의 정경] 중 [미지의 나라들, 미지의 사람들]을 연주한다. [어린이의 정경]은 슈만이 어린 시절을 회상하면서 쓴 작품이다. 모두 13곡으로 이루어져 있는데, [술래잡기], [조르는 아이], [만족], [트로이메라이(꿈)], [난롯가에서], [약이 올라서]와 같이 누구나 한 번쯤 경험해 본 어린 시절의 기억들을 담아낸 단순하고 소박한 작품이다.

이 영화에 나오는 [미지의 나라들, 미지의 사람들]은 [어린이 정경]의 첫 곡으로 멜로디가 자장가처럼 달콤하고 로맨틱하다. 네이단이 이곡을 피아노로 치자 소피가 어린 시절을 회상한다. 항상 아빠의 타자치는 소리와 어머니의 피아노 치는 소리를 들으며 잠들었던 어린 시절이 가장 행복했던 때라고 회상한다. 메릴 스트립이 영화의 소피역을 맡기 위해 감독에게 가서 무릎을 꿇고 간청했다는 것이 회자膾炙되고 있다. 메릴 스트립은 이 영화로 아카데미상과 골든글로버상을 받았다.

영화는 1982년에 제작 상영되었다. 감독은 앨런 J 파큘라가 메가폰을 잡았고 네이단역은 케이빈 클라인이 스팅고역은 피터 맥니콜이 맡았다. 이 영화는 100대 영화를 뽑은 것에서 91위를 차지했다. 메릴 스트립이 연기한 소피역은 메릴스트립만이 할 수 있었으리라고 비평가들의 비평을 받을만큼 최적의 상황이었고 메릴 스트립은 혼신의 연기를 위해 최선을 다했다. 전쟁에 의해 망가진 인간의 인간성 상실에서 그것을 회복하고자 무던히 노력했지만 결국 자책과 자학에 못이겨 비극적 선택을 하고 마는 소피의 선택을 통해 인간의 진면목을 보여준 것이 아닌가.

소피의 선택 2

소피는 폴란인이었다. 기묘한 운명을 타고났다. 어린 시절 대학교수인 아버지와 피아니스트인 어머니 사이에서 행복한 생활을 영위했다. 아버지는 유대인에 대한 반감이 가득찬 이였다. 소피는 아버지의 연설문 또는 일거리를 타이핑하는 것을 도와주었다.

세상이 바뀌고 나치 치하가 되자 곤욕스러운 일들을 겪게 된다. 아버지와 남편이 교수로서 잡혀가 학살을 당한다. 어머니는 병고에 시달리고 어려움을 겪는다. 그런 처지의 어머니를 보다 못한 딸이 햄을 뱃속에 숨겨오다 경관에게 잡혀 수용소로 끌려간다. 아들과 딸을 데리고 먼 기차여행을 하고서 아우슈비츠 수용소에 억류된다. 죄인을 분류하는 군의관은 특별히 소피가 유대인이 아니라는 것으로 아들과 딸 중 한 명만 선택하도록 강요한다. 소피는 울먹이면서 선택할 수 없다고 하지만 소용이 없었다. 결국 아들 얀을 선택하고 딸 에바는 사형장으로 간다.

우여곡절 끝에 수용소 생활을 하게 된 소피는 타고난 언어능력 그리고 사무능력 등으로 인해 수용소에서도 특별한 보직을 부여받고 생활한다. 1년 6개월 정도 생활한다. 남편이 사형당하고 난 후 그녀는 같은 집에 살았던 오누이와 각별한 사이가 된다. 남자는 좀 어렸었는데 그는 반유대인들을 척결剔抉하러 다니는 살인청부업자였다. 그와는 돈독한 사이가 되기도 했는데 어느 날 추격경찰에 발각되어 살해당하고 만다. 그의 누나였던 여자는 레즈비언이었다. 은밀하게 비밀조직들과 접촉하면서 무기를 제공하기도 하고 레지스탕스 활동을 도왔다. 그녀와는 많은 대화를 주고받기도 했고 서로 도움을 주고 받기도 했다. 수용소에서도 같이 만났고 소피의 아들 얀의 소식을 전해주기도 했다.

소피는 수용소 생활 중에 수용소의 소장이었던 헤스사령관의 집무실에서 일을 하게 된다. 그녀는 그를 통해서 어떻게든 아들의 생환을 도모하려 했고 다른 삶의 모색을 위해 암중모색하나 여의칠 못하게 된다. 다른 이들로부터 라디오를 훔쳐오라는 밀명을 받고 그것을 실행하려다 곤욕을 치르기도 한다. 막판에 사령관을 유혹하려 했으나 수포로 돌아간다. 아들을 내일 아침에 만나게 해주겠다는 확언을 받기도 하나 그것마저 실현되지 못한다. 사령관은 베를린으로 전출을 가고 그녀는 다시 행정업무를 하던 수용소로 다시 가게 된다. 그녀가 모색했던 바는 독일인들이 어린 아이들을 미래의 희망으로 만드는 프로그램에 자신의 아이도 포함되기를 희망했으나 결국 수포로 돌아간다.

그녀는 전쟁이 끝나고 미국으로 건너와 뉴욕 브루클린에 정착하려 한다. 그녀는 어느 날 기차를 타고 가던 중에 치한에 의해 성추행을 당하기도 한다. 그러던 차에 영어를 배우러 학원에 다니면서 병원에서 일을 했다. 그러다 그녀는 마음에 드는 시집에 마음이 동해 도서관을 찾아 갔다. 그곳에서 그녀는 그녀가 찾던 시인의 시집을 얘기했는데 그런 시인은 없다는 얘기를 듣는다. 그렇게 실랑이를 하는 그녀는 현기증을 느끼고 바닥에 쓰러진다. 마침 그곳을 지나던 네이단이 그녀를 발견하고 곧바로 응급처치를 하고 병원으로 데려간다. 극진한 간호를 받고 서서히 그녀는 몸을 회복하고 건강을 되찾는다. 그렇게 해서 소피는 네이단과 사귀게 되고 둘은 깊은 관계로 발전한다. 네이단은 유대인이었다. 전후 유대인 학살의 주범을 지구끝까지라고 쫓아가서 단죄하여야 한다는 주장을 폈다.

그의 형 래리는 의사였다. 소피를 데리고 가서 진찰을 받게 하고 적절한 의사를 소개받아 건강회복을 위해 과정을 밟아나간다. 네이단은 하버드대학 생물학과 출신의 연구원이라고 했다. 경제적으로도 풍부했고 거침이 없었다. 두 사람은 브루클린에 방을 각각 얻고 동거생활에 들어간다. 그러던 차에 아래층에 스팅고라는 젊은 남부출신 작가지망생이 입주한다. 세 사람은 서로 친밀한 관계를 맺게 되고 돈독한 사이로 발전해 간다. 소피는 스팅고에게 자신이 겪었던 여러 가지 얘기들을 들려주기도 한다. 소피는 그 어려움 속에서 자신의 삶을 지탱해 왔고 살아남았다는 것에서 위안을 갖고 있었지만 죄책감이나 자괴감에서 자유로울 수는 없었다. 네이단은 정신분열증을 앓고 있었다. 그는 편집증적으로 소피에게 집착했고 그녀의 정절을 의심하면서 그녀를 학대하기도 한다. 네이단은 스팅고에서 여자를 소개시켜주기도 했지만 그녀와의 연애는 결국 실패로 끝나고 만다.

스팅고는 한결같이 소피를 애모하고 좋아하게 된다. 스팅고의 아버지는 아들이 걱정되어 뉴욕으로 와서 같이 지내면서 근황을 파악하고 내려가기도 한다. 네이단은 자신의 지병을 견디지 못하고 마약에 빠져든다. 소피는 네이단의 학대를 견디다 못해 술에 빠져들어 알콜 중독자가 되어간다. 네이단은 자신들이 암치료약을 개발했다고 해서 거하게 축하를 하고 소피에게는 드레스를 스팅고에게는 멋진 양복을 선물하기도 한다. 브루클린 다리 위에서 샴페인을 마시며 축하를 하기도 한다. 침대 위에서 네이단은 소피에게 멋진 시를 낭송해 주기도 하면서 생활해 나간다. 스팅고는 생활비를 도둑맞아 곤란한 처지에 빠진다. 그런데 네이단이 200달러를 주면서 구원의 손길을 보내기도 한다. 네이단은 소피와 결혼을 계획하고 남부를 여행하면서 신혼여행을 대신하려고 하는 복안을 갖고 있었다. 스팅고의 친구가 한 명 뉴욕으로 와서 그의 근황을 알려주고 그의 처제를 소개시켜줘서 한동안은 스팅고가 그녀와의 관계설정을 위해 애를 쓴다. 그러나 그녀도 지난번처럼 그렇게 철두철미하게 자신의 처녀성을 지키고자 하는 바람에 그들의 연애는 파국을 맞는다.

그런 와중에 스팅고는 두 사람이 대판 싸움을 하고 결별했다는 것을 알게 된다. 네이단은 떠나고 소피는 남았다. 스팅고는 소피를 설득해서 같이 남부로 가기로 한다. 워싱턴을 거쳐 뉴욕으로 향한다. 꿀처럼 달콤한 시간을 보낸 스팅고와 소피는 내일의 남부생활에 대한 단꿈에 젖는다. 그런데 다음날 아침이 되자 소피가 사라졌다는 것을 알았다. 그녀는 편지를 남기고 네이단에게 갔다. 스팅고는 절망감을 느꼈다. 그리고 얼마 후에는 그들의 소식을 듣고 브루클린으로 간다. 둘은 아름다운 옷을 입고 꼭 껴안은 채로 죽음을 맞고 있었다.

소피는 선택할 수 있었는가. 소피의 잘못은 무엇인가. 왜 그녀는 그렇게 삶을 살지 못하고 생을 마감할 수밖에 없었을까. 먼저 보낸 부모, 남편, 자식에 대한 죄책감 때문에 더 이상의 삶을 견디지 못했을까. 참으로 기구한 삶을 살았던 한 여인의 인생에서 많은 것을 고민하고 느끼고 숙고하게 만드는 부분이 있었다. 자신의 의지와 상관없이 역사의 흐름 속에 묻혀버린 인간사의 안타까움이 느껴지는 작품이었다. 두 사람의 죽음 후에 스팅고가 한 카페에 앉아 하염없이 눈물을 흘리는 장면이 있었는데 모든 독자들의 마음이 스팅고의 눈물에 담겨져 있으리라 여겨졌다. 가슴 찡한 암울함이 그대로 다가왔다. 소피에게 날개를 달아주었다면 보다 자유로울 수 있었으리라.

앵무새 죽이기

과연 어떤 책일까 하는 궁금증이 일었다. 소문대로라면 대단할 것이라 여겨졌다. 성경책 다음으로 많이 읽힌 책이라고 하니 호기심이 동했다. 1930년대를 배경으로 알라바마주의 조그만 소도시 메이컴이라는 곳에서 일어난 일을 소재로 했다. 하퍼 리라는 여류작가가 쓴 작품이었다. 얼마전 작고했다. 철저하게 은둔생활을 했었던 작가였다.

첫 장면은 스카우트라는 어린 소녀가 그네를 타고 있는데 커닝햄이라는 가난한 농부가 수확한 호두를 아빠에게 가져왔다. 지난번 일을 해준 대가로 가져온 것이라고 했다. 스카우트의 오빠 젬은 아빠가 축구를 같이 하겠다는 약속을 하지 않는 한 나무 위에서 내려가지 않겠다고 위협을 가하지만 아빠는 나이가 들어 같이 축구를 할 수 없다고 버틴다. 아빠 애디커스 핀치는 정의로운 변호사였다. 부인과 사별하고 어린 아들과 딸을 키우고 있었다. 저녁 무렵에 판사가 핀치네 집으로 와서 성추행범 톰 로빈슨의 변호를 부탁한다. 스카우트의 오빠 젬은 개구쟁이다. 이웃에는 친구 딜도가 있었다. 셋은 항상 어울려 다니며 놀기를 좋아했다. 톰 로빈슨은 어엿한 가정이 있는 가장이었고 흑인이었다. 마을의 이웃인

이웰의 집을 지나다가 이웰의 딸 마웰라의 부탁으로 여러 가지 가사일을 도와주곤 했다. 사건 당일에도 마웰라가 톰에게 도움을 요청해서 집안일을 거들어주게 되었다. 어떤 때는 장작을 패주기도 했고 전등을 갈아주기도 했다. 마웰라는 홀로 된 아버지를 모시고 어린 동생들을 보살피고 있는 상태였다. 아빠가 술만 먹으면 딸을 학대하고 혼내켰다.

그러던 어느 날 성폭행을 당했다고 마웰라가 톰 로빈슨에 대해 고소를 한 것이었다. 애디커스의 옆집에는 부 래들리라는 정신지체인이 살고 있었다. 오로지 집에서 칩거하고 있는 상태였기에 두려움의 대상이었다. 가끔 큰 거목의 홈속에 조각품이라든가, 낡은 시계 등을 넣어두기도 했다. 그것을 모아온 것은 젬이었다. 스카우트는 학교에 입학을 하여 등교한다. 어색하게 치마을 입고는 무척이나 부끄러워하고 쑥쓰러워한다. 학교를 간 첫날부터 싸움판을 벌이고 말괄량이 행세를 한다.

마을의 사람들의 귀여움을 받던 개가 있었다. 그 개가 광견병에 걸려 마을을 돌아다닌다. 신고를 받고 보안관과 함께 온 애디커스는 장총으로 개를 쏘아 죽인다. 총을 쏘지 못한다고 했지만 실상은 명사수였다. 애디커스는 앵무새 죽이기를 해서 안 된다는 애기를 한다. 왜냐하면 앵무새는 화초를 망가뜨리지 않고 사람들에게 해를 끼치지 않는 유익한 조류이기 때문이었다. 마찬가지로 착한 사람을 죽이는 일은 일어나서는 안된다. 그렇지만 현실은 그렇지 않았다. 어느 날에는 마을의 한집에서 불이 났다. 불구경을 나온 스카우트는 미처 옷도 제대로 챙겨입지 못해 추위에 오돌오들 떠는 일이 생긴다. 그러자 어느 순간 어깨위에 따뜻한 무릎 담요가 덮여진다. 어둠속으로 사라진 이의 정체는 부 래들리였다. 재판이 열리고 열띤 공방이 이어진다. 마웰라, 보안관, 톰, 이웰의 증언이 이어졌다. 톰은 왼손을 쓸 수 없는 이였다. 그러나 마웰라는 오른쪽 빰을 맞았다고 한다. 톰의 증언에 의하면 그녀가 먼저 톰을 유혹했고 도발했다는 것이 드러났다. 그녀가 폭행을 당한 흔적은 모두 아버지에 의해 자행되었다는 것이 확실해졌다. 엄연히 명백한 증거가 나왔음에도 톰이 동정심으로 그녀를 도왔다는 것에 격분한 배심원들은 유죄를 선고한다. 법정의 아래층은 모두 백인편이었고 윗층은 흑인편이었다. 비록 재판에서 졌지만 윗층사람들은 애디커스에게 경의를 표한다. 흑인을 변호한다는 것으로 해서 애디커스는 톰을 지키려고 애쓴다. 이웰을 비롯한 마을 사람들은 백인에게 피해를 입힌 로빈슨에게 린치를 가하기 위해 몰려온다. 애디커스는 귀가를 종용하고 스카우트의 애절한 호소로 그들은 모두 물러난다. 로빈슨의 집을 방문한 애디커스는 그곳에서 이웰을 만나기도 하고 모욕적인 일을 당하는 치욕을 겪는다.

톰 로빈슨은 억울함을 참지 못하고 감옥에서 탈옥하여 도주하다 보안관의 총에 의해 죽음을 맞는다. 이후 이웰은 할로윈데이에 축제를 끝내고 나온 스카우트 남매에게 위해를 가하기 위해 뒤를 밟는다. 어둠이 깊은 어수룩한 곳에서 그들은 이웰의 습격을 받고 위기에 빠진다. 그러나 부 래들리의 구원에 의해 그들은 위기를 모면한다. 젬은 팔이 부러져 의사의 치료를 받는다. 보안관은 이웰이 부 래들리에 의해 죽었다는 것을 알지만 그것을 사건화하지 않고 조용히 처리한다.

스카우트는 부 래들리에게 오빠의 머리를 쓰다듬어주라고 하고 그는 그것을 실행한다. 대공황이 진행되었던 시기였다. 무척이나 혼란스러웠고 제대로의 정의가 실현되기도 힘들었고 집단적인 광기가 힘을 발휘하던 것이 개인에게 얼마나 치명적인 피해를 입혔는가를 보여준 것이었다. 결코 문명사회라면 있을 수 없는 일이 그렇게 벌어졌고 그러면서도 세상은 굴러갔고 흘러갔던 것이다. 이런 속에서 어린 소녀는 성장통을 겪었고 나이들어갔고 성숙한 사람으로의 발전을 이루었다. 세상만사가 그렇게 가장 올곧은 방향으로 정도正道로만 나아가지 않는다는 것을 보여준 것이었다.

그러나 앵무새처럼 그렇게 인간사회에 이로움을 주는 것도 가끔씩은 피해를 입고 횡액을 당하는 안타까운 일들이 벌어지는 것이 세상사라는 것을 일깨워주는 것이 아닌가. 모든 이들이 그것이 결코 바람직하고 옳은 일이 아님에도 그렇게 휩쓸려버리고 자신들의 주체성 정체성을 몰각하고 집단의 광기에 손을 드는 앵무새 죽이기에 동참하고 마는 것은 어쩔 수 없는 일인가 보다. 만약 우리가 그런 입장에 처한다면 결코 앵무새 죽이기에 동의해서는 안 된다는 것을 일깨워주는 것이 이 작품의 의도요, 목적이 아닐까.

앵무새 죽이기 2

앵무새 죽이기는 하퍼 리 라는 여류 작가의 소설이다. 스카우트라는 소녀가 7살에서 10살까지 3년간의 성장기라고도 볼 수 있다. 마지막에 상당히 성장한 듯한 얘기를 한다. 무척이나 성숙해졌고 이제 대수 이외에는 배울 것이 없다는 얘기도 한다. 배척되고 소외된 소수자를 위한 것이 모든 사람들이 배려해야 하고 그것에 가치를 부여해야 하는 것이라는 것을 교훈으로 남기고 있다. 앵무새는 그런 배려 받아야 할 소수자란 것이다.

스카우트에게는 4살 위의 오빠 젬이 있다. 그리고 여름이면 오는 딜이라는 남자아이는 한 살을 더 먹었다. 셋은 어울려 다니면서 사이좋게 지낸다. 부 대들리라는 집에만 사는 사람을 골려주기 위해 온갖 모험을 감행해 보지만 그를 집밖으로 끌어내는 데는 실패한다. 부 래들리 집 앞에는 큰 나무가 한 그루 있었다. 그곳에는 일미터쯤의 높이에 큰 구멍이 생겼다. 그 속에는 온갖 것이 놓여져 있었다. 그것을 젬은 다 끌어모아다 한 사각통에 모아둔다. 그것은 인디언 얼굴을 새긴 동전 두닢, 껌 비누로 깍은 작은 인형, 녹슨 메달, 고장난 시계와 시계줄 등이다. 어느 날 스카우트는 오빠의 보물상자 속에서 숨겨놓은 그것을 모두 보게 된다. 어느 추운 날에 모디 아줌마의 집에 화재가 발생한다. 한겨울이라 추위에 오돌오돌 떨며 한기를 느꼈던 스카우트에게 의문의 담요가 어깨위에 걸쳐져 있었다. 아주 고약한 할머니인 듀보스에게 말썽을 피웠던 젬은 동백나무의 꽃을 흩어놓는다. 결국 아버지 애디커스 핀치는 사과를 하고 한 달 동안 하루에 한 시간씩 할머니를 위해 책을 읽어드리는 벌을 내린다. 결국 오빠와 스카우트는 고역스러운 책을 읽어주기 위해 매일 할머니의 집을 방문한다. 그 후 얼마의 시간이 흐른 후 할머니는 운명한다. 아이들은 아빠가 백인 여자를 성폭행한 톰 로빈슨을 변호하게 된 것을 알게 된다. 그로 인해 여러 사람들로부터 핍박을 당하고 고역스러운 일들을 겪는다. 그렇지만 아빠와 아이들은 결코 그것이 나쁜 것이 아니고 옳은 일임을 알고 굳건하게 소신을 지켜가고 흑인 피고인을 위해 온 정성을 쏟는다.

아이들은 집안일을 돌봐주던 흑인 캘퍼니아의 안내로 흑인들이 예배를 보는 교회에 다녀온다. 아빠는 별로 개의치 않았지만 고모는 무척이나 섭섭해 한다. 고모 알렉산드라는 아이들을 보살피기 위해서 먼 곳에서 온 것이었다. 아이들은 흑인들이 다니는 교회에서 색다른 예배를 보고 귀가한다. 본래 애티커스는 변호사이기도 했지만 주의회 의원이기도 했다. 그래서 의회 일이 생기면 장기간 출장을 가야하는 상황이었다.

드디어 재판이 벌어진다. 톰 로빈슨은 동정심에서 그녀를 도와주었다고 했고 전혀 성폭행을 한 적이 없다고 했지만 그가 얼떨결에 도망을 쳤고 과거의 전력이 있었던 부분도 배심원들에게 부정적으로 작용이 되었다. 그는 거의 왼손을 쓸 수 없는 상황이었기에 오른쪽 눈을 가격한다는 것이 거의 불가능했음에도 불구하고 흑인이었고 소수자였기에 그의 말은 인정되지 않았고 백인 여자의 주장이 설득력을 얻었다. 결국 배심원들은 유죄 평결을 내렸다. 백인 여자의 강간 부분은 사형이라는 중형이 선고되던 시절이었다. 아이들은 재판정에 들어가 재판과정을 관람하기에 이른다. 고모는 아이들이 없어졌다고 실종신고를 할 정도였다.

아무튼 핀치 변호사가 당연히 상고하고 다시 재판을 신청하겠다고 했지만 톰은 그런 부분에 참지 못하고 가족의 품에 돌아가기 위해 감옥에서 무모한 탈옥을 시도하다 멈추라는 교도관의 지시도 무시하고 철조망을 넘으려다 총을 맞았다. 사후 그의 몸에서 나온 총알을 여러 발이었다. 안타까운 일이었다. 톰 로빈슨을 고용했던 고용주는 그를 위해 그의 아내 헬렌을 고용해서 일을 할 수 있게 해 주었다. 헬렌은 처음에는 이웰 집을 돌아서 먼거리로 출퇴근을 했지만 고용주의 설득에 의해 이웰집을 지나쳐서 출퇴근을 할 수 있게 되기도 했다. 스카우트의 친구 딜은 그런 와중에 의붓 아빠가 생기게 된다. 그런 상황에서 딜은 집을 가출해서 머나먼 거리를 이동해와 스카우트의 방에 숨어있다. 젬에게 발각되기도 한다. 딜과 스카우트는 서로 좋아하는 사이였다. 이웰은 애티커스 변호사에게 침을 뱉는 등 모욕을 가하고 검둥이 애인이라고 놀려대기도 한다.

10월의 마지막 날 할로윈데이가 되었다. 스카우트는 햄 복장을 하고 할로윈 축제에 참가했다. 늦은 시간이 되어 집으로 돌아가는 중에 사건이 벌어졌다. 젬은 스카우트를 보호하면서 길을 가던 중 뒤를 밟는 이상한 낌새를 눈치챘다. 그러나 어른의 습격을 막아낼 수 있을 만큼 자라있지는 못했다. 이리저리 몸싸움을 하던 그는 어떤 이의 도움을 받아 간신히 사건 현장에서 집으로 도망칠 수 있었다. 결국 이웰은 부엌칼에 찔러 죽임을 당하고 말았다. 보안관이 사건현장을 돌아보고 왔다. 그곳에서 두 남매를 살린 사람은 부 래들리였다. 젬은 상처투성이였고 의식을 잃었다. 의사가 와서 처치를 하고 부러진 팔에는 기부스를 했다. 곤히 잠들고 있었지만 스카우트가 부 래들리 아저씨에게 오빠의 머리를 쓰다듬어도 괜찮다고 해서 부는 젬의 머리를 쓰다듬어준다.

소외된 소수자들에 대한 배려가 없으면 얼마나 세상이 쓸쓸하겠는가를 여실히 보여주는 장면이었다. 그래도 정직하고 올곧게 세상을 살아가는 사람들이 있기에 비록 앵무새 죽이기에 의해 희생당한 이도 있지만 그것을 지켜내고 그것을 바르게 하기 위한 이들의 노력은 계속된다는 것을 웅변적으로 보여주고 있었다. 고독한 소수자도 핍박을 받았지만 그렇게 소수자를 핍박받게 한 이도 결국은 죄값을 치르고 말았다는 것을 여실히 보여주고 있었다. 역천자는 곧 징벌을 받을 것이고 순천자는 그 대가를 받을 것이라는 것을 다시 한 번 생각하게 하는 것이었다.

전쟁과 평화

전쟁과 평화는 톨스토이의 3대 걸작의 하나다. 19세기 초 나폴레옹의 러시아 침공이 있었던 것을 시대적 배경으로 해서 그 당시 러시아는 어떤 상황에서 전쟁을 맞이했고 귀족들은 어떤 심정으로 전쟁을 치렀으며 평범한 사람들은 어떤 삶을 살았는가를 보여주고 있다. 영웅으로 칭송받는 나폴레옹보다 자신의 본분에 충실한 삶을 살았던 러시아의 병사에게서 더 큰 의미를 부여하고자 했던 작가의 심중을 헤아려 보는 것이 필요하다.

이제 갓 소녀티를 벗어난 백작의 딸 나타샤는 사교계에 첫 데뷔를 하게 된다. 두려움과 설렘을 안고 무도회에 참석한 여주인공은 출중한 미모로 인해 많은 이들의 주목을 끈다. 안드레이는 나타샤의 집에 묵게 되는데 한밤중에 독백을 내뱉는 나타샤의 목소리를 듣고 상념에 사로잡힌다. 안드레이 공작은 만삭의 아내를 여동생 마리아에게 부탁하고 쿠조노프 총사령관의 부관으로 출정한다. 프랑스 유학에서 돌아온 베주로프 공작의 사생아 피에르는 그의 부친의 임종을 맞게 된다. 그리고 그는 그의 아버지로부터 막대한 유산을 단독으로 상속받게 된다. 피에르는 간교한

꾐에 빠져 엘렌이란 여자와 사랑 없는 결혼을 하게 된다. 엘렌은 남편을 두고도 뭇남자들과 연애를 한다.

그러던 차에 피에르는 자기 부인과 불륜관계에 빠진 이와 결투를 벌인다. 피에르는 무사했으나 상대는 상처를 입는다. 안드레이의 부인은 아들을 낳고는 산후 임신중독으로 인해 사망하고 만다. 소식을 들은 안드레이는 비통해한다. 나타샤의 오빠 니콜라이는 전쟁에 나서게 된다. 그에게는 사촌인 소냐가 열렬히 사모하는 상태에 있었다. 피에르는 자주 나타샤를 찾으며 그녀의 집을 들락거린다. 전쟁이 소강상태에 이르자 안드레이는 잠시 집에 들른다. 그리고 무도회에서 나타샤를 만나 열렬히 사랑하는 사이가 된다. 그는 나타샤에게 청혼한다. 그러자 나타샤도 승낙한다. 그런 내용을 안드레이는 아버지에게 얘기하고 허락을 구한다. 나타샤와 로스토프백작은 블론스키 공작을 찾아가고 혼인에 관한 얘기를 한다. 그러나 블론스키 공작은 냉랭하게 대한다. 그러나 마리아는 그들은 환대한다. 안드레이의 아버지 블론스키 공작은 1년만 기다리라고 유예기간을 둔다. 1년 후에는 정식으로 청혼하고 결혼식을 올리는 것을 허락하겠다고 한다. 다시 전장으로 떠난 안드레이는 유럽의 여러 나라를 여행하기도 한다.

그러던 중 나타샤는 무도회에서 만난 바람둥이 피에르의 처남 아나톨 쿠라긴에게 넋이 나가고 그와의 도피 행각을 계획한다. 이런 사실을 알게 된 소냐는 급히 피에르에게 연락을 취한다. 피에르는 소냐의 얘기를 듣고 나타샤를 못 나가게 하고 처남을 혼내킨다. 쿠라긴은 이미 결혼한 상태였음에도 그런 도피극을 꾸민 것이었다. 결국 나타샤는 안드레이에게 파혼을 통고하고 시름에 빠진다. 전쟁의 상황을 파악하기 위해 전장을 살피러 간 피에르는 그곳에서 안드레이와 만나 전쟁 상황 등에 관해 의견을 교환한다. 계속적인 전쟁에서 쿠조노프는 후퇴를 거듭하고 결국 모스코바까지 나폴레옹에게 넘겨준다. 그러나 모스코바의 절반은 불태워진 상황에 처한다. 추운 겨울이 닥치자 나폴레옹은 추위와 굶주림으로 지쳐간다. 한 달여를 모스코바에 체류한 나폴레옹은 결국 파리로 돌아가기로 결정한다. 그런 나폴레옹을 저격하려던 피에르는 결국 저격에 실패하고 체포된다. 그리고 포로로 퇴각행렬에 동참한다. 한편 안드레이는 전투에서 부상을 입고 후선으로 이송된다. 극적으로 안드레이를 만나게 된 나타샤는 지극정성으로 그를 간호한다. 그리고 자신의 잘못을 용서해달라고 한다. 마리아와 안드레이의 아들도 아버지를 만나기 위해 그곳으로 온다. 그리고 만난다. 결국 숨을 거두는 안드레이는 삶의 진정한 목적을 깨닫기는 했지만 그것을 향유할 시간을 갖지 못한다. 퇴각하는 나폴레옹의 군대를 쫓으며 결정적인 패배를 입히고 그들을 추방시킨다. 그러던 중에 페챠가 입대해서 전투에 참가한다. 결국은 적의 흉탄에 맞아 절명한다. 로스토프 집안에서는 슬픔에 빠진다. 니콜라이는 전쟁 중 피난길에 떠나려던 마리아가 분노한 농민들에 의해 억류된 위기 상황에서 그녀를 구해내고 그녀에게 구애한다. 그리고 둘은 결혼에 골인한다.

피에르의 아내 엘렌은 난행을 거듭하다 임신을 하게 된다. 그러자 그녀는 아기를 지우기 위해 약을 복용했는데 그것의 부작용에 의해 죽음을 맞이한다. 피에르는 졸지에 홀아비가 된다. 포로로 잡힌 피에르는 퇴각하는 나폴레옹의 군대와 같이 걷는다. 눈 덮힌 전선을 누비며 고초를 겪던 그에게 러시아 병사 포로가 큰 위안이 된다. 그러나 그도 추위와 굶주림을 견디지 못하고 길 위에서 죽음을 맞이한다. 러시아 군의 거듭되는 공격에 의해 포로를 후송하던 부대도 전열이 무너지고 혼란이 계속되는 틈에 피에르는 탈출에 성공한다. 그리고 나타샤를 만나 구혼한다. 둘은 결혼해서 단란한 가정을 꾸리고 토끼 같은 새끼들을 낳고 행복한 생을 구가한다.

전쟁과 평화는 세 가문의 삶을 보여주면서 그 시대에 러시아 국민의 삶이 어떠했는가를 보여준다. 첫 번째가 블론스키 가문이다. 안드레이 그리고 마리아의 삶이 펼쳐진다. 다음은 베주호프백작의 가문이다. 그 속에는 피에르가 있다. 그리고 마지막으로 펼쳐지는 것이 로스토프 집안이다. 나타샤 니콜라이 페챠 등이 있다. 영화에서 만난 안드레이(멜 화라)와 나타샤(오드리헵번)는 실제 결혼까지 이어진다. 방대한 분량의 대서사시였다. 전쟁 속에서 진정한 인간의 길이 무엇인가. 어떻게 삶을 사는 것이 필요한가를 보여주었다. 삶의 진정한 의미를 깨우치게 된 피에르는 살아남아야 한다는 것의 절박함을 느꼈고 그것이 근원적인 것임을 느끼게 되었다. 온갖 형태의 사람들의 삶 속에서 진정으로 어떤 삶이 바람직한 것인가를 보여 주었다. 지독한 어려움 속에서 또는 삶과 죽음 속에서 많은 것을 느끼고 깨닫게 되면서 진정한 삶의 가치를 느끼게 되었을 것으로 여겨진다.

죄와 벌

오래 전에 석영중 교수의 죄와 벌에 관한 강의를 들었다. 그래서 한번 책을 봐야겠다는 생각을 하게 되었고 책을 사서 읽었다. 그리고 조금 지나서 영화를 보았다. 한 시간 40분이 걸리는 것이 두 편으로 되어 있었다. 등장인물들이 하도 이름도 복잡하고 발음하기 쉽지 않았고 기억해 내기도 어려웠다.

어느 무더운 여름날 좁고 칙칙한 하숙집을 나서는 라스꼴리니꼬프가 등장하면서 소설은 시작되었다. 그는 오랫동안 계획하고 준비한 살인계획을 실천하기 위해 전당포로 간다. 그리고 사전 답사를 하면서 전당포를 샅샅이 살펴보고 사전 범행 현장을 점검한다. 그리고 다음에 다시 올 것을 기약한다.

하숙비도 밀려있고 제대로 식사도 제공받지 못하는 상태에서 곤궁한 처지에 빠져 있던 그는 어머니로부터 온 편지를 받는다. 여동생 두냐가 가정교사로 들어갔던 집에서 몹쓸 일을 겪게 되고 그런 가운데 빚으로 인해 일을 하고 있다는 얘기였다.

며칠 후 그는 계획한 대로 전당포에 맡길 물건을 준비하고 도끼도 챙긴다. 그리고 범행을 결행한다. 그가 그렇게 범행을 결심하게 된 사상적 배경에는 초인사상이 있었다. 평범한 사람에게는 허용되지 않지만 초인에게는 살인 같은 비도덕적 행위도 대승적 견지에서는 용납된다는 것이다. 아주 이기적이고 백해무익한 노파를 '이' 같은 존재로 여긴다. 그러니 그 노파를 살해하고 재물을 취해서 자신의 곤궁함을 해결하고 인류의 복지를 위해 유용하게 사용한다면 별로 죄책감을 갖지 않아도 된다고 생각한 것이다.

그는 술집에서 퇴직관리로 살아가는 술주정뱅이 마르멜라도프를 만난다. 그는 거룩한 창녀인 소냐의 아버지로 두 번째로 결혼해서 살고 있었는데 자신의 자식인 소냐와 두 번째 부인의 자식이 딸려 있는 상태임에도 소냐에게서 돈을 뜯어내 술을 마시고 있는 한심한 인물이었다. 그는 어느 날 길을 가다 마차에 치여 죽임을 당한다.

라스꼴리니꼬프는 전당포 여주인 알료나 이바노브나를 살해하고 물건을 챙기는 중에 나타난 라즈베타까지 살해하고 집을 빠져나오려고 하던 차에 인기척을 느끼고 몸을 숨긴다. 손님이 찾아와 문을 두드린다. 인기척이 없자 경찰을 부르기 위해 아래로 내려간 사이 그는 그곳을 빠져 나온다. 그는 원래 있던 곳에 도끼를 숨기고 훔친 보석 등을 하숙집에 은밀하게 숨겨 놓는다. 하숙집 여종업원 나스따시야는 경찰에서 온 소환장을 주인공에게 건넨다. 그는 경찰에 출두해서 자초지종을 듣는다. 그것은 하숙비를 내지 않자 하숙집 주인이 진정을 한 것 때문이었다. 언제까지 하숙비를 변제하겠다는 서약을 하고 경찰서를 나온다.

마르멜라도프의 장례를 위해 거금을 내놓은 주인공은 그의 장례식에 참석한다. 그리고 그곳에서 소냐를 만난다. 언제나 기도하며 하느님의 은총을 믿는 그녀는 깨끗하고 순수한 영혼을 가진 이였다. 얼마 후 주인공의 여동생 두냐와 어머니가 라스꼴리니고프를 찾아온다. 그리고 빼뜨로비치 루쉰과의 혼담을 얘기한다. 그러자 그런 잘못된 결혼에 반대 의사를 갖고 있던 주인공은 그를 만나는 것을 탐탁하게 여기지 않는다. 그러자 루쉰은 만남의 자리에서 속물적이고 이기적인 본색을 드러내고 결국은 결혼이 파혼이 되고 만다. 그러자 루쉰은 소냐에게 조의금을 건네고 호의를 베푼다. 그리고 그녀의 주머니에 100루불 짜리 지폐를 몰래 감쪽같이 집어넣어 그녀를 궁지로 몰아간다. 그녀는 주인공과 소냐를 이간질하기 위한 목적으로 그런 음모를 꾸민 것이다. 그런 상황에서 주인공은 소냐를 구해내고 루쉰의 파렴치함을 폭로한다.

그러던 속에 옛 주인이었던 스비드리가 일로프가 주인공을 찾아온다. 그리고 여동생 소냐와의 결혼을 위해 노력해 달라고 부탁한다. 그러자 주인공은 그를 내친다. 그러는 사이에 주인공은 살인으로 인한 고통 그리고 망상에 시달리고 아파한다. 그런 그를 그의 친구 라주미힌이 돌본다. 그러면서 어머니와 여동생을 만나게 되고 좋은 감정을 유지한다.

예심판사 포르피리 리빼뜨로비치는 전당물을 맡긴 주인공을 심문하게 되고 그에게 혐의를 둔다. 수사망이 좁혀져 오자 주인공은 훔친 보석 등을 하숙집에서 공원의 한적한 곳으로 옮겨 놓는다.

소냐의 의붓어머니인 까딸리나 이바노브나는 남편을 잃고 살 길이 막막해 해서 길거리에 구걸을 하러 다닌다. 그러다 지병이었던 폐병으로 인해 숨을 거둔다. 그렇게 되자 욕망에 가득한 스비드리가 일로프가 그녀의 장례를 위해 발 벗고 나선다. 장례비를 다 부담하고 그녀의 아이들을 고아원에 보내고 얼마간 기부까지 한다. 그리고 소냐에게도 채권을 건네 어느 정도의 호구지책을 강구할 수 있게 한다.

그는 주인공의 범죄 사실을 알게 되고 그것을 미끼로 두냐를 유인한다. 그리고 결혼하자고 유혹한다. 그러자 두냐는 권총을 겨누게 되고 결국 발사해서 가벼운 찰과상을 입히고 그 집에서 뛰쳐나간다. 그러자 그는 두냐와의 결혼을 꿈꿨던 것이 수포로 돌아가게 되는 등 제대로 원하는 바를 성취시키지 못하자 자살로 생을 마감한다. 주인공의 여동생은 라주미힌과 결혼을 하게 된다.

한편 경찰서에서 엉뚱하게 범행을 자인한 사람이 나타나게 되고 주인공은 당분간 혐의를 벗는다. 주인공은 결국 소냐에게 범행을 고백한다. 그러자 소냐는 괴로워하고 마음 아파한다. 그리고 충고한다. 당신이 더럽힌 대지에 키스해서 용서를 구하고 사방에 엎드려 "나는 전당포 노파자매를 살해했다"고 자백하라고 했다. 그는 소냐가 시키는 대로 하고 경찰서에 가서 범행을 자백한다. 그리고 재판을 받고 8년의 시베리아 유형을 선고받는다.

소냐는 그를 위해 시베리아 유형에 동행한다. 그리고 그에게 성경책을 준다. 시베리아 유형지에서 주인공은 진정으로 소냐를 사랑하고 있음을 알게 되고 삶의 진정한 의미를 깨치게 된다.

죄와 벌은 작가가 45세 때 쓴 소설로 알려져 있다. 사회면에 나왔던 그 어떤 사건에서 모티브를 얻어 인간의 심리 내지 고독을 파헤치고 분석해서 어떤 해법을 제시했던 화제작으로 떠올랐다. 왜 도끼를 사용했는가 하는 부분에 대한 해석도 있었다. 일상적으로 사용되던 도구가 도끼였고 그것이 벌목을 위해 서 또는 땔감의 장작을 패기 위해서 일상적으로 사용했던 것이기에 가장 익숙했던 것이었다고도 했다.

그리고 주인공은 과연 죄책감을 느꼈는가 또는 그는 자신의 한 일에 대해 어떤 벌을 받았는가 하는 의문을 가지기도 했다. 인간의 존엄성에 대한 제대로 된 인식을 가졌는가. 세상에 이로울 것이 없다고 여겼고 '이' 처럼 백해무익하다고 여겼던 전당포 주인 노파에 관해서 그는 새롭게 인간이 어떠해야 하고 어떤 존귀함을 갖는지에 대해 새롭게 눈을 뜨는 계기는 어디였는가. 그는 죄에 대한 합당한 벌을 받음으로 인해서 제대로 된 갱생의 길을 밟았는가. 주도면밀하게 범죄를 계획했으며 실행하는 것에서 우발적으로 또다시 살인을 저지르는 부분에 대해서 그는 어떤 변명을 하고 있는가.

노파는 파렴치한이니 그렇다고 하더라도 그녀의 여동생은 그 현장에 나타났다는 것으로 인해 죽임을 당했다. 그것은 어떤 합당한 이유를 댈 수 있을까. 그가 괴로워하고 망상에 시달리며 쫓겨 다녔던 것은 왜일까. 그렇게 영리하고 이지적인 인간이 그렇게 속절없이 무너져 내리고 한순간에 망가져버리는 모습에서 인간의 나약함을 보여주는 것은 아닌가. 그는 어떤 마음으로 세상을 살아가고 있고 어떤 심정으로 시베리아 유형을 갔을까 등은 여전히 미스터리가 아닐까.

그는 여동생이 결혼하는 것이 자기와 가족을 위해 희생양이 되는 부분에 안타까워하며 반대한다. 그리고 자신도 불우한 처지에 있으면서 소냐 가족을 위해서는 헌신적으로 최선을 다해 도와준다. 그러면서도 속물적인 인간이나 이기적인 사람들에 대해서는 면박을 준다. 한편으로 진실하고 올곧게 세상을 살아가는 사람들에 대해서는 무척이나 헌신적이다.

결론적으로 주인공의 초인사상은 허점이 많았고 잘못되었다. 인간은 모두 다 나름대로의 존재이유를 갖고 살아간다. 옆에서 볼 때 가장 허술하고 속절없이 보일지라도 모두다 각자의 존재를 증명하면서 살아간다. 그것에 의미를 두어야 할 것이다. 정당성을 부여해야 할 것이다. 인간의 존재는 모두가 선험적으로 본질이 규정지어진 것이 아니라 나름대로의 존재 근거를 만들어가면서 삶을 살아가는 것은 아닐까.

제3부

구미 동문회에서

일주일 전쯤의 일이었다. 고교 동기고 대학동기인 L군으로부터 문자를 받았다. 5월 넷째 목요일에 동문 모임이 있으니 일정을 비워두라는 문자였다. 그러면서 카카오톡의 동호인 방에 초청을 해주었다. 간략하게 소개 인사를 카톡방에 올리고 명함도 등재했다.

며칠이 지나고 드디어 회합을 가지는 날이 왔다. 본래는 금오산 자락의 파전집이 유력했는데 신규 회원의 참석관계로 봉곡동에 있는 D횟집으로 예약이 되었다. 참석인원은 9명이라고 했다. 낯설음과 생소한 길이고 퇴근길의 정체도 예상되어 일찍 준비해서 약속장소로 갔다. 약속 시간보다 30분 정도 일찍 도착했다. 얼마간의 시간이 흐르자 회원들이 한두 명씩 나타나더니 곧 성원이 되었다. 4년 선배가 둘, 3년 선배가 둘인 셈이었고 나머지 3명은 후배들이었다. 선배들의 얘기가 좌중을 압도했다. 회장인 선배는 8개월 전부터 사교댄스를 배우고 있다고 한다. 아주 큰 즐거움을 주고 있고 한 시간 반 정도 추고나면 거의 만보 이상을 걷는 효과가 있다는 설명이었다. 그런데 그 옆 좌석의 선배는 초기에 사교댄스를 배운다고 했을 때 극구만류를 했었는데 아직도 그때의 충고를 한 마음에는 변화가 없는 듯 보였다. 가장 큰 고민과 스트레스는 부인과의 불협화음이라고 했다. 아내와 그 비위를 맞추고 조화롭게 화합해 가는 것이 쉽지 않다는 얘기였다.

그러자 한 후배가 얘기했다. 자기에게 한 동서가 있는데 그 동서 사례를 전했다. 그것이 해결책의 절반쯤은 될 수 있을 것이란다. 그 친구는 오로지 주말 이틀간은 매사를 집사람이 하자는 대로 무조건 수용한다는 것이다. 일체의 토나 이의를 달지 않고 복종하고 순종한다는 것이다. 어디로 가자면 무턱대고 데려다 주고 무엇을 먹을까라고 하면 아내가 먹고 싶은 것을 선택하게 하고 그것을 먹게 해준다는 것이다. 그러면 부인이 엄청 좋아한다는 것이다. 그렇게 집사람이 하자는 대로 해서 손해나는 것은 없고 골치 아플 것도 없다는 것이다. 자신이 하고 싶은 것 또는 가고 싶은 곳 먹고 싶은 것 등에는 제약이 되지만 가정의 평화를 위해서 그 모든 것을 희생하고 그렇게 관계를 만들어 간다는 것이다.

회장님은 여러 가지 인생사의 우여곡절을 겪었고 산전수전을 다 경험했었고 사업도 실패해서 어려움을 당하기도 하는 등 다양한 인생 역정을 겪은 것으로 실토했다. 이 모임의 참석을 위해서 포항에서 이곳까지 올라왔다고도 했다. 자신이 자신 있게 얘기할 수 있는 부분은 실패 사례에 관해서 어느 누구보다 더 잘 컨설팅해줄 수 있다는 것이다. 자식 셋을 다 서울로 보내 공부를 시켰으니 그것도 내세울만한 공적이었다. 일에 파묻혀 자신의 삶을 전혀 돌보지 못해 자녀들에게도 신경을 쓰지 못한 부분과 부인에 대한 미안함은 큰 회한으로 남았다. 경제적으로도 향후 2, 3년간 2~3억 정도 모은다면 충분히 노후를 준비하고 대비할 수 있을 것으로 낙관하고 있었다.

다음은 또 다른 최고참 선배님의 얘기였다. 평소 가족 간의 대화가 그렇게 많은 것은 아니었지만 그렇게 대화하기 위해 노력했고 나름대로 가족 간의 대화에 익숙해지고 공감하기 위해 애를 썼는데 이제 다들 출가를 시키고 보니 모든 대화는 시어머니와 하게 되고 아들들의 대화상대도 항상 모친과 속닥속닥하니 불만이 참 많다. 그래서 젊은 후배들에게 충고하고 조언하고 싶은 것이 젊은 시절에 가족들과 많은 대화의 시간을 가질 필요가 있다는 조언이었다. 선배의 아들은 서울에서 직장생활을 하고 있고 며느리는 세종시에서 공직생활을 하고 있는데 아들이 주말이면 세종시로 내려와 주말부부 생활을 하고 있는 신세란다.

그러자 동기 녀석이 한마디 거들었다. 자신도 그렇게 가족과의 대화를 위해 그들이 쓰는 용어도 배워가며 딸들과 많은 대화를 하려고 했고 카톡을 통해서도 수시로 얘기를 나누고 공감하려고 애를 썼지만 성인이 되고나니 아빠와는 완전히 등을 돌려버리고 대부분의 대화는 엄마와 소통이 이루어지더라는 것이다. 우리나라 여자들이 다 그런 것은 아니지만 얼굴이 예쁜 것도 아니고 남편에 그다지 헌신적이지도 않고 오로지 자식을 위해 애쓰고 헌신하고 애태우는 것이 당연시되던 시대를 살았으니 그것을 탓할 수는 없지 않겠냐는 얘기도 있었다. 자식들의 성취에서 자신들이 이루지 못한 꿈의 실현을 보게 되고 대리만족을 경험하기도 했을 것이라고도 했다.

세 번째 선배의 얘기는 40대에 패러글라이딩에 취미를 가졌었다. 그리고 거의 10여 년에 걸쳐 전국 곳곳을 돌며 글라이딩을 하러 돌아다녔다. 이제는 그것도 접고 색소폰의 매력에 푹 빠져있다고 한다. 자신의 IQ 얘기를 했다. 동기생들 중에서 최고의 지능지수를 가졌다. 그런데 더 높았던 이는 자신의 남동생이었다. 156의 천재 수준이었다. 치과대학에 진학해서 의사로 생활하고 있다. 때때로 동생은 농땡이를 피우기도 했지만 작심을 하고 공부를 하면 타의 추종을 불허했다. 어린 시절 부산 최고의 초등학교라던 교대부속초등학교에 다녔다. 그러면서 그는 고적대에 가입해서 활동하기도 했다. 집에서는 공구상 같은 것을 했었는데 집안에 한쪽 벽면이 모두 LP판으로 꽉 차 있을 정도였다. 클래식 음악을 듣는 것이 일상적이었다. 그러니 음악적 감각이 어린 시절부터 터득이 될 수밖에 없었던 환경이었다. 요즘 이렇게 음악을 듣다 보면 그것이 전부 계명화되어 되살아난다고 하니 음감을 타고났다고 할 수밖에 없을 듯했다. 경북대 음대의 유명 교수로부터 색소폰을 사사받았고 하루에 열 시간 이상씩을 연주를 했으니 이제는 어느 정도 경지에 올라왔다. 매주 토요일 오후에 금오산 자락에서 2시간 정도씩 야외음악회 연주를 하고 있다고도 했다.

한 선배는 나처럼 처음 회합에 오신 분이었다. 한전 자회사에 근무를 하고 있는데 지난해 7월에 내려왔고 내년 7월이면 만 60세로 정년퇴임을 앞두고 있다. 홀로 내려와 근무를 하고 있고 주말부부 생활을 하고 있다. 월요일 아침 6시에 사당역에서 출발해서 월요일 출근을 하고 금요일은 오후 3시쯤 퇴근버스가 상경해서 사당역에 내려주는데 6시에서 6시 30분경에 도착이 되었다. 예전에는 삼삼오오 모여서 술도 마시고 했으나 요즘은 다 각자 활동하고 있었다. 그래서 시간도 많이 나고 해서 색소폰을 배워볼까 생각 중이다. 동기회 산악회의 산악대장을 역임할 정도로 운동 등에는 특별한 일가견이 있었다. 다음 주쯤 선배가 운영하는 음악학원에 찾아서 상담을 받을 요량이라는 얘기였다. 차라리 드럼을 배우는 것이 낫지 않을까 했는데 드럼은 타악기라 음감이 좀 떨어진다는 얘기였다. 음악학원 운영하는 선배님의 사모님이 처음에는 색소폰을 하다 힘드니까 드럼을 배우다가 요즘은 다시 바이올린에 취미가 붙어 그것을 배우고 있다.

써클의 보컬멤버로 활동해서 수십 년간 베이스기타를 쳐온 후배는 조만간에 부산에서 연주회가 있다는 소식도 전해 주었다. 동기 친구의 베이스 기타 연주 전력도 우연찮게 얘기가 되었다. 아주 오랫동안 두 달에 한 번씩 회합을 가지면서 돈독한 친목관계와 두터운 우의를 가진 듯 보였다.

일행은 다음 회합을 위해 인근 당구장으로 몰려갔고 일부는 귀가를 서둘렀다. 아주 짧은 시간의 회합이었지만 많은 것을 생각하게 하였고 많은 부분에서 배울 것도 있었고 느끼는 점도 컸었던 듯하다. 모든 회원들이 건강하고 행복한 노후를 이어가길 기원해 본다.

구인사

어쩔 수 없이 홀로 휴가를 보내게 되었다. 큰아들은 이미 필리핀을 다녀온 후였고 작은아들은 친구들끼리 가는 계획이었으니 달리 도리가 없었다. 집사람은 연수 기간 중에 외국까지 다녀온 터라 휴가의 휴자도 꺼내기 힘든 상황이었다. 홀로 차를 몰고 출발했다. 집사람을 출근시킨 후 곧바로 고속도로로 접어들어 냅다달렸다.

단양군청을 목적지로 삼고 내비게이션에 목적지를 설정하고 갔다. 신록의 푸르름은 날로 더해가고 있었고 무더위는 유난히 더운 날씨였다. 한줄기 빛 같은 소나기가 절실했다. 거리상으로는 200킬로미터 남짓이었다. 소요시간도 거의 두 시간 반이었다. 충북지역이었고 생소하고 낯선 고장이었다. 단양팔경이라는 얘기는 많이 들었으나 직접 가 본 적은 없었다. 예전 연수원 근무시절 한 직원이 승진해서 발령받은 곳이 단양이었던 것만이 유일한 인연이었다. 인근에 소재한 곳이 제천이긴 했다. 두 시간여를 달려 그곳에 도착을 했다. 다시 목적지로 설정한 곳은 구인사였다. 단양에서 한참을 또 더 가야 하는 곳이 구인사였다. 35킬로미터쯤 되었다. 점심도 굶은 채 계속 더 전진해 보기로 했다. 단양 읍내를 지나가는 곳에는 남한강이 흐르고 있었다. 도도한 물줄기가 굽이굽이 흘렀다. 강변길을 따라 한참을 올라갔더니 곧 구인사로 이정표가 나왔다. 주차장에 차를 주차해 두고 걸어서 올라갔다. 입구쯤에는 특이하게도 버스터미널도 나왔다. 수시로 봉고차들이 오르락내리락하면서 신도들을 실어서 날랐다.

구인사는 천태종의 총본산으로 유서 깊은 절이었다. 많은 휘하 사찰을 거느리고 있었다. 최고위 건물에는 상월조사를 모시고 있었다. 천태종의 맥을 다시 이은 이였고 1966년에 구인사를 세웠던 인물이었다. 만 명이 들어가는 법당도 있었고 주경야선의 기치 아래 낮에는 스님들도 농사일에 매진하는 모습을 보인다고 했다. 아주 가파른 언덕위의 양쪽으로 법당들이 즐비해 있었다. 맨 위 법당을 올라가는 길에는 승강기가 설치되어 있었다. 우리나라 사찰의 3대 종단이 조계종, 천태종, 태고종이었다.

아무튼 한참을 올라가서야 겨우 최정상에 있는 법당에 당도할 수 있었다. 신도들의 모습이 여기저기에서 관측되었는데 대부분 나이 드신 보살님들 이었다. 사진도 몇 장찍고 간혹 가다 셀카도 찍으면서 그곳을 돌아다녔다. 가파른 지형이라 오르내리는 것이 보통일이 아니었다. 상월조사는 강원도에서 태어난 이였는데 65세에 열반에 드셨다고 했다. 다비식을 한 것이 아니고 석곽에 매장을 해서 묻혔다고 했다. 절 구경을 다 마치고 내려와 식사할만한 곳을 찾았으나 여의치 않았다. 일단 길거리에서 파는 복숭아를 한 박스를 샀다. 그런데 공교롭게도 남한강을 따라서 내려오던 중에 갑자기 소나기가 쏟아졌다. 다행히 차속이었기에 비를 피할 수는 있었다.

한참을 달려 다음 목적지에 도착했는데 그곳은 도담삼봉이었다. 단양팔경 중의 하나였다. 단양팔경은 하선암, 중선암, 상선암, 사인암, 구담봉, 옥순봉, 도담삼봉, 석문이다. 조선 초기의 삼봉 정도전이 이곳에 와서 풍류를 즐겼다. 그는 호를 이곳 도담삼봉에서 삼봉을 따서 그의 호로 삼았다. 가장 가운데 우뚝 솟은 봉우리가 장군봉(남편봉)이라고 한다. 좌측은 첩봉(딸봉)이라고 하고 오른쪽은 처봉(아들봉)이라고 한다. 아들을 얻기 위해 첩을 본 남편을 미워하는 본처의 형상을 하고 있단다.

단양 군수를 지낸 퇴계선생은 도담삼봉에서 시 한 수를 읊었단다. "산은 단풍잎 붉고 물은 옥같이 맑은데 석양의 도담삼봉에는 저녁놀이 드리웠네. 별빛 달빛 아래 금빛 파도 어우러지더라." 퇴계선생은 이곳에서 군수로 재임하기도 했고 형님이 도 관찰사가 되자 단양군수로 부임한 지 9개월 만에 풍기군수로 전근을 가게 되었다. 그리고 이곳에서 상처한 이후 두향와의 연정이 싹튼 곳이기도 했다. 두향은 퇴계선생에게 매화를 보냈고 퇴계선생은 마지막 유언까지 매화에 물을 주라고 했을 정도로 매화를 아꼈다. 두향은 퇴계선생이 풍기군수로 떠난 이후 21년 동안 구담봉에 초막을 짓고 살았는데 그의 부고를 듣자 나흘을 걸어서 안동에 가서 문상을 하고 단양으로 돌아와 남한강에 몸을 던졌다고 한다. 그리고 충주댐이 건설되면서 두향의 무덤도 매몰되었는데 용케도 퇴계의 후손들이 나서서 두향의 무덤을 새롭게 만들어 그 넋을 기리게 했다.

도담삼봉에 도착하니 어느새 소나기는 그쳤고 무더운 햇볕만 내리쬐고 있었다. 일단 근처 음식점으로 들어갔다. 그곳은 막국수 집이었다. 그곳에서 막국수로 늦은 점심을 먹었다. 시간이 좀 더 있었더라면 여기저기를 둘러보았을 텐데 더 이상 지체할 여유가 없었다. 아쉬움을 뒤로하고 귀로에 올랐다. 다음에는 충분히 시간적 여유를 가지고 이곳을 방문해서 제대로 단양8경을 섭렵해보리라 생각했다. 별다른 사전 준비도 없이 얼떨결에 단양으로 와서 급하게 구경을 하다보니 아쉬움이 남았다.

구인사와 도담삼봉을 둘러보면서 옛 조상들의 풍류와 그 깊은 뜻을 다시 한 번 되새기는 계기가 되었다. 평생 정인을 그리며 그리워하며 그의 안위를 빌었던 두향에게서 여인의 정절을 되돌아보게 되었다. 요즘 세상에서는 감히 상상도 할 수 없을 일들이 아닐 수 없다. 깊은 정절과 정인을 향한 갈구가 더욱 그리워지는 요즘이다. 구인사에서의 뜻 깊은 휴가를 보내며 언제 또다시 이곳을 밟을까 알 수 없는 노릇이다. 아무튼 세상은 넓고 가야 할 곳은 많았다. 항상 새롭게 자신을 되돌아보게 하고 새로운 활력으로 충전시켜주는 여행은 삶의 윤활유요, 충전제로서의 엔도르핀을 쏟게 만드는 것이리라.

금오산을 오르며

지난 월요일이었다. 예정대로 직원들과 함께 금오산을 올랐다. 정상까지는 상당히 가파르고 4시간 정도가 소요된단다. 거의 1/3수준까지만 답사를 하는 것으로 했다. 목요일에 교육생들을 이끌고 가야 했기에 사전에 미리 돌아보는 것이었다.

민족의 영산이라는 별칭이 있었다. 해발 977미터였다. 정상에는 헬기장도 마련되어있다고 했다. 입구에서 대혜폭포까지는 1킬로미터 남짓한 거리였다. 정상까지 가려면 2.2킬로미터를 더 가야했다.

경북도립공원으로 지정되어 있었다. 별도의 입장료는 없었고 차량의 주차비로 입장이 되었다. 우리의 경우에는 차량이 바로 회차해서 돌아갔기에 별도의 비용 부담은 없었다. 한 직원은 이제 갓 결혼한 신혼의 새댁이었다. 가장 힘들 것으로 여겨졌는데 역시 젊은 세대답게 씩씩하게 걸어서 올랐다. 다들 물병을 하나씩 챙겨들고 도란도란 얘기를 나누면서 산길을 올랐다.

처음에는 나무로 계단이 되어 있었고 고무로 된 탄력 있는 깔판이 깔려 있어 순조로운 출발이 되었다. 얼마 지나지 않ㅎ 본격적인 돌길이 이어졌다. 한 직원이 옆길에 계속 이어지고 있는 소나무에 대한 얘기를 들려주었다. 나무가 붉게 되어있는 소나무는 국산이라고 했다. 그것은 솔잎이 두 가닥으로 되어 있다. 그러나 외국산 소나무는 솔잎의 가지 수가 세 가닥이라고 했다. 여러 가지 병충해에 강한 것은 아무래도 외국산이 더 강한 것으로 되어 있단다.

금오산의 입구에는 자연보호 헌장의 표석이 세워져 있었다. 또한 입구에는 호수가 길다랗게 넓게 자리를 차지하고 있었다. 주변으로 산책을 할 수 있도록 산책로가 이어져 있었고 그곳을 다 걸어서 돌아보는데 소요되는 시간이 40분 정도라고 했다. 입구에는 메타세콰이어가 길게 줄지어 자라고 있었고 최소 수령이 35년을 넘을 것으로 보였다. 그것은 예전 근무했던 곳에 수령이 30여년 된 메타세콰이어가 8그루 가량 있었는데 그것보다 키와 둘레가 훨씬 커 보였기 때문에 추정한 것이었다. 예전엔 외국산이어서 별로 호감이 가지 않았는데 숲 속에 있으니 새로운 느낌이 있었다.

평일 오전이었음에도 간간히 등산객들이 즐비했다. 그것도 대부분은 부인네들이었다. 40여 분을 산행해서 도착한 곳은 대혜폭포였다. 여기저기에 벤치가 마련되어져 있고 등산객들이 휴식을 취하며 땀을 식히고 있었다. 우리 일행도 기념사진도 찍고 물도 마시며 등산의 피로를 씻었다. 그전에 케이블카의 내리는 곳이 있었고 그 옆에는 약수터와 해운사라는 암자가 하나 있었다. 돌담 틈으로 다람쥐가 한 마리 먹이를 찾아 어슬렁거리고 있었다. 옆에 직원에게 빨리 사진을 찍으라고 얘기를 했다. 그것이 하나의 사단의 빌미를 제공했다. 어설프게 사진을 찍는다고 핸드폰을 꺼내던 차에 같이 주머니 속에 넣어두었던 카드를 땅바닥에 떨어뜨려버린 것이다. 신록의 푸르름이 날로 더해가는 6월의 싱그러움이 더할 나위 없었다. 무더울 법도 한데 산속이라 그런 무더위는 전혀 상관할 바가 아니었다. 대혜폭포에는 예전 대통령이 그곳을 방문하셔서 처음으로 그곳에 버려져 있던 병조각 등을 주우면서 자연을 보호하고 소중히 해야 한다는 것을 말씀하면서 시작된 자연보호운동의 시발점이 된 곳이라고 했다.

목적지에서 내려오면서 보니 금오산 입구에 자연보호헌장이 새겨진 표석이 크게 자리를 잡고 있었고 거기에서 얼마 지나지 않은 곳에도 자연보호운동의 발상지라는 표석을 크게 새겨놓았다. 일행을 모두 모이게 해서 기념사진촬영도 했다. 대혜폭포에는 당시의 박 대통령의 사진이 새겨져 있었고 자연보호운동의 발상지라는 표식을 해 두었다.

금오산의 원래 이름은 대본산大本山이었다. 중국의 오악 가운데 하나인 숭산에 비겨 손색이 없다 하여 남숭산이라 불리기도 했다. 금오란 이름은 이곳을 지나던 아도화상이 저녁놀 속으로 황금빛 까마귀, 곧 전설에서 태양 속에 산다는 금오金烏가 나는 모습을 보고 태양의 정기를 받은 산이라 하여 그렇게 부르게 되었다. 이곳 사람들의 금오산에 대한 긍지와 존경을 보여주는 설화의 한 토막이겠지만 그밖에도 이 고장 사람들의 금오산에 거는 애정과 기대를 보여주는 얘기는 수도 없이 많다. 선산에서 보면 붓끝같이 보이는 금오산의 '필봉'筆峰 덕에 선산에는 문장과 학문으로 이름난 사람들이 많이 났다. 이미 금오산의 정기를 받아 대통령이 났으니 그 정기는 남다른 것이다.

구미시 인동에서 이 산을 보면 귀인이 관을 쓴 것 같아서 '귀봉'이라고 하는데, 예로부터 큰 부자와 높은 벼슬아치가 흔한 까닭이 이 때문이라는 게 인동사람들의 자랑이다. 또 김천에서는 노적가리처럼 보인다고 해서 금오산을 '노적봉'이라고 부르며, 같은 김천의 개령에서 보면 도적이 짐을 지고 내려오는 모양이라 하여 '적봉'賊峯이라 하는데, 이 때문에 이곳에서 큰 도적이나 모반이 자주 일어났다고 엉뚱하게 풀이되기도 한다.

그런가 하면 성주지방에서는 이 산이 여자처럼 보인다 하여 '음봉'陰峯이라 부르며 성주 기생이 이름난 것도 이러한 산세 탓이라고도 했다. 또한 일설에는 부처님의 얼굴형상을 한 능선이 있다고도 했다. 그 얼굴상의 광대뼈 부분에 전신주 탑이 세워져 있어 별로 좋은 정기를 뿌리내지지 못한다고도 했다. 그래서 그 전신주 탑을 뽑아야 한다는 등의 얘기도 나오고 있단다.

본디 우리 일행은 산행을 마치고 내려와 목요일에 오게 될 직원들이 식사를 하기로 예정된 식당에 들러 식사를 했다. 한 시간 여의 산행이었지만 신록의 푸르름을 새삼스럽게 느껴보았고 금오산의 좋은 공기를 마음껏 마실 수 있는 소중한 시간이었다.

본래 고향집과 감나무집이 있었는데 감나무집에 들어갔다. 정갈하게 차려진 소담스러운 음식들이 나왔다. 능이버섯 백숙이라고 했다. 무척이나 맛깔 나는 음식들이었고 시장기를 채우기에 안성맞춤이었다. 도토리묵 무침 등은 추가로 더 달라는 주문이 이어졌다.

금오산의 1/3밖에 오르지 못해 아쉬움이 남았지만 그나마 구미의 영산靈山이라는 곳을 오르면서 여러 가지 감회가 떠올랐다. 이제는 고인이 되셨지만 그분의 뜻은 아름답게 우리나라 국토 곳곳에 그 정신을 뿌려놓고 가셨구나 하는 심정이 되기도 했다. 비록 여러 가지 면에서 공과가 뒤섞여 있지만 어느 만큼의 재평가도 이뤄져야 할 것으로 보였다.

아무튼 심신의 피로를 풀고 금오산을 오르며 새로운 정기를 받을 수 있는 좋은 기회가 되었을 것으로 여겨진다.

대구

대구라고 하면 언제나 생각나는 건 뜨거운 도시라는 것이었다. 본래 계획은 하루를 휴가 낼 생각을 하고 있었는데 공교롭게도 정부에서 임시공휴일로 지정을 해줘 천만다행한 일이 되었다. 또한 처음에 의도했던 것은 저녁자리에만 참석할 요량이었는데 골프도 같이 하게 되었다.

그것도 처음에는 하루만 하는 것으로 되었는데 일이 꼬이다보니 이틀을 연속해서 하게 되었다. 4명은 한 차로 서울에 집결해서 출발하는 것으로 되었고 수원에서 출발하는 K이사만 외톨이가 되었다. 당초 입석을 타고 내려오려고 계획했는데 계획을 수정해서 차로 구미로 와서 나와 합류해서 대구 쪽으로 내려가는 것으로 되었다. 아침 6시에 출발했는데 2시간이 지났어도 용인 IC 밖에 오지 못했다고 했다. 본래 구미 도착예정시간이 10시 30분이었는데 그것도 맞추지 못했고 결국 10시 40분경에야 구미에서 합류하게 되었다. 클럽과 백을 옮겨 싣고는 곧바로 출발했다. 황금연휴 4일간이 주어졌고 그 첫째 날이었다. 임시공휴일인 내일에는 고속도로 통행료도 무료로 고지되었다. 경기가 침체된 상황이고 보니 내수를 진작시킨다는 명분이 세워졌다. 1시간 여를 달려 목적지 부근에 도착해서 점심을 먹었다. 서울에서 내려온 팀이 먼저 도착해서 한창 식사를 하고 있는 중에 우리가 식당에 들어갔다. 반갑게 악수를 나누었고 인사를 했다. 이제는 다들 현직에서 퇴직해서 새로운 삶을 살고 있는 입사동기생들이었다.

날씨는 화창했고 전형적인 봄 날씨였다. 꽃들이 만발해 있었고 운동하기에 최적의 상황이었다. 두 팀으로 나눠 본격적인 경기에 들어갔다. 메이저리그 팀은 타당 걸린 것이 2달러였다. L전무가 환전을 해왔다. 불꽃튀는 격전이 벌어졌다. 오후에 시작된 경기였기에 날씨가 무척 무더울 것으로 우려했는데 그것은 기우에 불과했다. 산속이어서 그런지 무더위는 느껴지지 않았다. 그늘집에서는 막걸리를 한 잔씩 했다. 마이너리그는 라스베거스 식으로 뽑기를 해서 먹기로 했다. 실력들이 엇비슷해서 우열을 가리기가 쉽지 않았다. 주관자는 그나마 현직 본부장이었다. 문제는 저녁식사와 내일의 경기에 참여키로 했던 P 감사가 펑크를 내면서 발생되었다. 당장 내일의 경기 인원을 맞추는 것이 급선무였다. L 전무는 오늘만 경기에 참여하고 내일은 대타요원으로 K 사장을 물색해 놓았다. 4시간여의 경기를 마치고 항상 그렇듯이 샤워를 하고 저녁식사를 하는 자리로 자리를 옮겼다. 차들을 주차해 두기 위해 일단 숙소로 차를 몰았다. 30여분을 달려 T모텔에 도착했다. 일단 여장을 그곳에 풀어놓고 저녁식사자리로 이동했다. 운동을 했던 이들에 더해서 3명이 추가로 참석했다. H 부장이 서울에서 내려와 합류했고 두 명은 내일 경기에 참여할 선수로 J 지점장과 K 사장이었다. 유쾌하고 즐거운 식사자리가 이어졌다. 격의없는 대화가 이어졌고 화기애애한 분위기가 연출되었다. 제일 많은 축하를 받은 이는 최근 자리를 잡은 K 이사였다. 강화 쪽의 회원축협에 상임이사로 제2의 인생을 살게 되었다. 4개월 여를 쉬다가 멋지게 새로운 생을 구가하게 되었다. 그냥 제대로 쉽게 취임이 되는 것으로 알았는데 그것이 그렇게 손쉬운 것이 아니었다. 대의원회의 통과가 간단치 않는 일이었다. 고향에 내려가 농사일을 할 계획을 세웠다는 것에서 절박함의 극을 보는 듯했다. 작년 연말에 사위까지 봐서 뭇 친구들의 부러움을 한몸에 받고 있었다. 다들 능력이 남달라서 제2의 인생도 멋지게 살아갈 것으로 보였다. 대부분이 다 안정적이고 확실한 자리를 차지했다. 일부 동기들은 가사일로 소일을 하는 이들도 있지만 그들도 모두 부인들이 확실한 직장을 굳건하게 유지하고 있었다. 2년 전에 퇴직했었던 C 감사는 최근에 회사 감사에서 자리를 내놓게 되어 안타까움이 있었다. 아직 임기가 남은 상황이어서 아쉬움이 더 컸다.

우리 모두는 T모텔에 들어가 잠자리에 들었다. 다음날 아침이 되었다. 미리 예약된 아침식사 장소로 집결이 되었다. 오늘의 게임 장소는 대구에서 최단 거리에 위치한 경산 CC였다. 휴일의 부킹이라 쉽지 않았을 텐데 모두 호사를 누리는 셈이었다. 추어탕으로 해장을 하고 티업시간에 맞춰 인근에 있는 클럽하우스로 이동했다. K 이사가 늑장을 부린 바람에 순번을 바꿨다.

마이너리그가 먼저 라운딩을 하게 되었다. 새로운 멤버로 J 지점장이 들어왔다. 새벽의 안개도 전혀 해당이 없었고 우려했던 강풍과 비도 없었다. 비가 약간 흩뿌려지기도 했지만 오히려 운동하기에는 더할나위 없는 날씨였고 조건이었다. 운동을 주관했던 본부장은 공식행사로 인해 참석이 어려웠다. 시원하게 펼쳐진 페어웨이에서 마음껏 샷을 날렸다. 오늘도 여전히 마이너리그에서는 C 감사의 독주가 계속되었다. 7개를 따면 OBCD에 가입이 되어 벌금을 게워내게 되었으니 샷이 신중해질 수밖에 없었다. 벌금을 게워내는 것도 다반사가 되었다. 라운딩이 끝나고 나니 거의 중식 때가 되었다. 클럽하우스를 나와 인근 매운탕집에 집결이 되었다. 일부 인원은 운전을 해야 했기에 술을 마실 수는 없었지만 일부는 호기롭게 술잔을 기울였다. 이제부터가 본격적인 귀경전쟁이 치러질 것으로 보였다. C 원장은 부인이 여수에서 유치원 원장으로 취임하게 되어 두 딸의 뒷바라지를 해주고 있었다. 막내아들은 얼마 전 입대해서 신병훈련을 마치고 후반기 교육을 홍천에서 받고 있는 중이었다. 그곳까지 광주에서의 거리가 200킬로미터쯤이라고 하니 한 번씩 면회 가는 것도 보통일이 아니었다. L 이사는 올해 말에 아들을 장가보내기로 사돈네와 약조를 한 모양이었다. 지난해 대전의 연구단지내 업체에 취업을 시켰다고 했는데 이제는 결혼까지 예약이 되었다. J 지점장은 오래전에 본 사위에게서 난 손자가 세 살이라고 했다. 아직도 건장한 체력을 유지하고 있었다. 메이저 리그에 참여한 K 사장은 어설픈 실력으로 인해 많은 손실을 본 모양이었지만 동기들 간에 우의를 돈독히 한 것에 위안으로 삼았다. 막판에 행사를 마친 본부장이 합류해서 피날레를 장식했다.

즐겁고 유익했던 1박2일 간의 대구에서의 일정이 마무리되는 순간이었다. 각자 노고를 치하했고 다들 새롭고 멋진 제2의 인생을 구가하길 기원해본다.

도리사桃李寺

얼마 전 점심시간에 교육원 일행은 바깥으로 식사를 하러 나갔다. 부리나케 선산읍내 국밥집에서 식사를 마치고 나왔다.

시간이 좀 남았다. 그날은 하필 선산 장날이어서 거리가 복잡했다. 2일과 7일이 장날로 정해져 있었다. 바로 들어가기에는 시간이 좀 일렀다. 곧바로 도리사에 들렀다. 절로 들어가는 입구에는 느티나무가 일렬로 죽 행렬을 보여주고 그 푸른 잎의 자태를 마음껏 뽐내고 있었다. 입구는 고즈넉하기 그지없었다. 길가의 풍광은 운치를 더해 주었다. 한참 고갯길을 올라가야 했고 무척이나 고지대에 위치해 있었다. 간간히 꽃을 피우고 있는 것들을 마주할 수 있었다. 도리사에 들어가는 쪽으로는 연등이 줄지어 매달려 있었다. 아직 초파일까지는 한 달 여가 남았다. 일단 차를 주차해 두고 전망대로 향했다. 그곳은 서대라는 곳이었다. 도리사로 올라올 때에는 몰랐는데 아래로 내려다보니 안개가 자욱했다.

시야가 그렇게 퍽 멀리 보이지 않았다. 그곳에 적혀 있는 것은 아도화상이 저 멀리 황악산 아래쪽을 가리키며 그곳에 절을 지어야 한다고 했다. 그래서 그 손가락을 가리킨 곳이란 의미를 지닌 황악산 직지사直指寺

가 탄생하게 되었다. 서대에서 도리사로 오는 길에는 중간쯤에 공연장이 있었다. 아래에서 공연을 하면 위쪽에 앉아서 관람을 하는 형국이었다. 군데군데 균일하지 않게 좌석이 마련되어져 있었다. 춘천의 102보충대 신병훈련소의 입소장과 유사한 형태였다.

위에서 아래로 내려다볼 수 있는 형태였다. 도리사의 유래는 그곳의 문화해설사에게서 설명을 들었다. 나이도 꽤 지긋해 보이시는 분이 말끔하게 정장을 차려 입고는 설명을 해 주었다. 서국사람을 아버지로 그리고 고구려인 어머니를 둔 아도화상이 불교를 전파하러 고구려에서 신라로 내려왔다. 그렇게 정착한 곳이 도개라는 곳의 모현이라는 집이었다. 선산의 대갓집이었던 모현의 집에서는 아도화상을 극진히 모셨다. 그러던 중 눌지왕의 공주 성국공주가 병환이 들었다. 온갖 명약을 다 썼어도 효험이 없었다. 유명한 의사도 소용이 없었다. 아도화상이 그 소식을 듣고 궁으로 들어가 자기가 치료를 해보겠다고 청을 넣었다. 그러자 허락이 떨어졌다.

서역에서 가져온 향을 피워놓고 정성스럽게 기도를 올렸다. 그러자 신통하게도 공주의 병이 나았다. 무척이나 기뻐한 눌지왕은 아도화상에게 소원을 말해보라고 했다. 절을 지을 수 있게 해달라고 했다. 그러자 귀족들의 반대에 부딪쳐 왕도 어쩌지를 못했다. 결국 아도화상은 모현의 시주를 받아 현재의 도리사 자리에 절을 짓고 이름을 짓게 되었다.

복숭아꽃과 오얏나무가 많다고 해서 도리사로 이름을 지었다. 1977년 절 외곽에 있는 부도를 절 안으로 옮기게 되었는데 그곳에서 사리함을 발견하였고 부처님의 진신사리가 발견되었다. 충분히 고증을 하고 고

고학적 조사를 통해 부처님의 진신사리임이 확인되었고 적멸보궁에 안치하여 일반인들도 친견하게 되었다. 선원에는 기도기운이 좋아 지극정성으로 기원하면 소원이 이루어지는 경우도 많았다. 그러자 입소문을 듣고 신도들의 발길이 끊이질 않았다고 한다. 사리함은 국보 208호로 지정이 되었고 현재는 동국대 박물관에서 보관 중이라고 한다. 절의 한 공부방에서 고시공부를 한 이는 고시에 합격을 하였고 검사로 근무하다 최고위직인 검찰총장의 자리에까지 올랐다.

유명한 스님들도 이곳에서 많은 수행을 하고 갔다는 얘기도 문화해설사는 전해 주었다. 해설사는 참배객이나 관광객들을 위해 한껏 고무되어 신나게 도리사의 유래를 설명해주고 있었다. 사진을 몇 장 찍은 후 우리 일행은 교육원으로 돌아왔다. 신라 최초의 사찰로 되어있고 아도화상의 조형물도 있었다. 이제는 기도기운이 떨어졌는지 찾는 이도 별로 없는 모양이었다.

아래 쪽으로 많은 음식점 등이 산재해 있었는데 지금은 거의 문을 닫고 있는 상태라고 했다. 겨우 명맥을 유지하고 있는 곳이 찻집 정도라고 하니 참으로 안타까운 일이 아닐 수 없었다. 신규 직원의 훈련 장소로도 답사를 한 적이 있었고 그곳에서 산행을 계획했었는데 결국은 여러 가지 사정으로 포기했다.

교육원으로 돌아오는 길은 무척이나 가벼운 발걸음이 되었다. 선산의 아름다운 명소 도리사를 둘러본 소회는 무척이나 뿌듯함을 안겨주었다.

부석사 등

한창 무더위가 기승을 부리던 지난 휴일에 우리 부부는 부석사로 향했다. 거의 한 시간 여가 소요되었다. 아무런 준비도 없이 길을 나섰던 터라 대략 난감하기 그지없었다. 복장부터가 나들이 복장과는 거리가 있었다. 집사람이 전날에 문상을 갔다 오던 길이었기에 복장은 더욱 가관이었다. 결국 허름한 나의 와이셔츠를 그나마 다림질해서 입고 있었던 정도였다. 일단 시장통에라도 들러 간편복을 사야했는데 그것도 쉽지 않았다.

결국 그냥 그 상태대로 부석사에 당도했다. 미리 정보를 알았더라면 들러야 할 곳이 소수서원이었는데 워낙 경황이 없다 보니 그냥 바로 부석사로 올랐다. 가는 길 국도는 한산하기 그지없었고 한여름의 정취를 느낄 수 있었다. 입장권을 끊고 입장을 했다. 하필 내가 지갑을 놓고 오는 바람에 모든 계산과 비용부담은 집사람의 몫이었다. 일단 들어서자마자 문화해설사가 설명을 해주었나.

부석사의 사찰을 바라보라는 것이었다. 그 사찰 내부로 보니 다섯 분의 부처님이 앉아 있었다. 오로지 지금 서 있는 곳에서만 관측이 된다는 설명이었다. 사명대사의 애기도 있었다. 사찰 정원에는 항상 그렇듯이 온갖 꽃들이 난만해 있는 상황이었다. 한쪽 편에는 능소화가 흐드러지게 피어있었다. 최고의 목조건물이라는 것만 알았는데 그 옆에는 큰 바위도 부석이란 암각이 된 채로 근엄하게 자리하고 있었다.

그곳에는 설화가 있었다. 부석사를 세운 이는 의상대사였다. 최초 우리나라에 화엄종을 개창하였고 수없이 많은 절을 지었고 부지기수의 제자도 길러내었다. 그는 원효와 더불어 대표적인 고승에 속했다. 중국에 불교를 더 공부하기 위해 길을 떠났다. 처음에는 도적으로 몰려 곤욕을 치르기도 했다. 두 번째에도 원효와 같이 갔었는데 해골바가지의 물로 인해 원효는 그대로 귀국하고 의상 홀로 중국으로 유학을 갔다. 독실한 신자의 집에 머물며 불법을 공부했는데 그때 만나게 된 여인이 선묘라는 아가씨였다. 그는 의상의 높은 인품을 흠모해서 은애하게 되었다. 그러나 의상은 그녀의 뜻을 받을 수가 없었다. 10년의 공부를 마치고 의상은 귀국하게 되었다. 배에 떠나는 상황에서 선묘아가씨는 그를 위해 만든 법복을 배로 던졌고 의상은 그것을 받았다. 결국 선묘는 그를 보호하기 위해 바다로 뛰어들어 용이 되었다. 그리고 그 용은 의상이 탄 배를 수호하게 되고 무사히 신라에 당도하게 되었다. 부석사라는 절을 지으려고 하니 도적들이 횡횡해서 도저히 정상적인 절을 지을 수 없는 상황에 처하게 되었다. 그러자 용이 나타나 바위를 들었다 놨다를 여러 번 했다. 그러자 도적들은 혼비백산해서 도망가게 되었고 이후 순조롭게 절의 건축이 세워질 수 있었다.

그 후 부석사에는 부석이 자리 잡게 되었고 석룡의 흔적도 있어 불상이 위치한 곳 아래쪽에는 용의 머리가 석등이 있는 쪽에는 용의 꼬리가 묻혔다. 부석사의 아래쪽에는 박물관도 위치해 있어 부석사를 발굴하는 중에 출토된 문화재 등도 전시되어 있고 사찰에 보존되었던 불화 등도 전시되어 있었고 퍼즐 맞추기도 직접 해볼 수 있게 놓여있었다. 사찰을 내려오는 길에는 풋사과인 아오리를 팔고 있기도 했고 간간히 말린 나물류도 곁들여 팔고 있기도 했다. 부석사를 다 보고난 후 우리는 다시 청량산의 청량사로 향했다. 그곳은 봉화에 속해 있었다. 한창 심산유곡을 더듬어 들어가야만 했다. 가파른 길을 한참 올라가고서야 사찰에 들어갈 수 있었다. 이곳은 의상대사와 원효대사가 창건한 절이라고 했다. 청량산에 구름다리가 놓여있는데 당분간 통행을 할 수 없다는 안내 표지판이 있었다. 가파른 길을 올라갈 때에는 목덜미에 땀이 비 오듯 했다. 대웅전에 도착해서 보니 산세가 유려했고 정경이 더할 나위 없었다. 고려시대 홍건적의 난이 있었을 때 공민왕이 노국공주와 피신을 이곳으로 왔었다는 애기도 있었다. 절의 유리보전이란 현판을 공민왕의 친필로 남겨진 것이라고 했다.

원효대사가 절을 창건할 때의 설화가 남아있었다. 어느 날 대사가 아랫마을에 내려갔더니 농부가 논을 가는데 소의 뿔이 셋이었다. 그런데 이 소가 농부의 말을 제대로 듣지 않는 것이었다. 그래서 농부에게 부탁을 했다. 절에 공사를 하는데 꼭 소가 필요하니 제발 소를 공양해달라는 요청이었다. 농부는 어려운 형편이었지만 좋은 뜻을 받아들여 소를 절에 희사했던 것이었다. 소는 절에 오니 성질이 양순해졌고 곧잘 어려운 일도 척척해내고 절을 건축하는데 혁혁한 공훈을 세웠던 것이다. 그리고 그

소가 죽은 후 가지가 셋인 소나무가 자라나게 되었고 우각삼송이라 이름 불리게 되었다. 일설에는 그 소는 관음보살상의 현신이라고도 했다.

청룡사의 특이한 부분은 급격한 경사지를 따라 물길을 만들어 놓았다. 그래서 시주객들이 더위도 식히고 물의 시원함을 만끽할 수 있게 해 놓았다.

두 군데의 절을 답사하고 나니 시장기가 돌았다. 우리는 청량사 입구에 있는 한 음식점에 때늦은 점심을 위해 들렀다. 까치마을이란 식당이었는데 상당히 이색적이었다. 문안으로 들어서니 온통 한바탕 쓰나미가 지나간 것처럼 여러 가지 식탁위에 음식들이 그대로 치워지지 않은 채 나뒹굴고 있었다. 주문을 했더니 상당한 시간이 소요될 터이니 기다려달라는 얘기였다. 막간을 이용해 마당에 있는 눈요깃거리를 카메라에 담았다. 해바라기도 함초로이 피워있었고 한켠에는 하얀 토끼가 놀란 듯 빨간 눈동자를 크게 뜨고 있었다. 곧이어 음식이 나왔는데 상당히 정갈하고 맛이 담백했다. 송이덮밥과 더덕구이를 시켜서 맛있게 요기를 하고 그곳을 나섰다.

이제 다음 목적지인 울진으로 정했다. 한참을 달리고 보니 불영계곡이 나왔다. 설악산의 천불동 계곡만큼은 아니었지만 그래도 올망졸망하게 운치가 있어보였다. 깊은 계곡 속에 아름들이 금강송 등이 그 훌륭한 자태를 마음껏 뽐내고 있었다. 차를 멈추고 절경을 감상하고 갔으면 하였으나 그렇게 할 만한 시간적 여유를 갖지는 못했다.

집사람은 오늘 유숙할 숙소를 물색하느라 여념이 없었다. 그렇게 애타게 찾은 숙소는 영덕 강구항의 한 모텔이었다. 성수기인 탓에 가격도 턱

없이 비쌌지만 달리 도리가 없었다. 울진을 거쳐 동해안을 따라 영덕 강구항까지 갔다. 6시 이후부터 입실이 가능하다고 하니 좀 쉬었다 갈 필요가 있었다. 차를 해안가에 세워두고 바닷 속으로 발을 담갔다. 이제 석양이 지는 때였다. 잠깐 휴식을 취한 후 다시 강구항의 어시장으로 발길을 돌렸다. 그곳에서 회를 좀 뜨고 필요한 야채는 식당에서 사서 차에 실었다. 이제 필요한 것은 소주와 기타 필요 물품이었다. 길가의 인근 편의점에 들러 필요한 것을 구입했다. 이젠 만반의 준비가 된 셈이었다. 숙소에 들어가 여장을 풀고 맛있게 술잔을 기울였다.

약주를 한잔 한 후 집사람을 쉬게 하고 강구항의 야경을 둘러보기 위해 바닷가로 나갔다. 휴가철임에도 손님들은 별로 많아 보이지 않았다. 동네 분들인 듯한 장년 여러 명이 선착장에서 술잔을 기울이고 있었다. 무척이나 분주했던 하루였는데 그래도 좋은 경치와 관광지인 부석사, 청량사 등지를 순례하고 나니 일상의 피로가 풀리는 기분이었다. 새롭게 충전된 에너지로 다음 한 주도 힘차게 시작해야겠다.

상원사

8월 중순쯤이었다. 3일 연휴가 이어졌다. 하루는 집사람이 선원을 가는 날이라 이틀밖에 시간이 되지 않았다. 두 아들을 불러놓고 상원사를 다녀오겠다고 다짐을 주고 길을 나섰다.

지난 겨울에 이어 두 번째였다. 물론 그전에도 찾은 적이 있었던 곳이기도 했다. 연휴 2일차여서 그런지 돌아오는 길이 더 힘들어 보였다. 반대편 차선은 귀경을 서두르는 인파로 인해 도로가 아니라 주차장으로 변해있다고 여겨질 정도였다.

먼저 일단 숙소부터 정했다. 다행히 연휴임에도 숙소를 구할 수 있었다. 그것은 언제나 그렇듯이 집사람의 몫이었다. 원주의 리츠칼튼 호텔이었다. 이제는 안심하고 상원사를 둘러볼 수 있을 것으로 여겨졌다. 중부고속도로로 가다가 호법에서 영동으로 갈아타고 가는 중이었다. 다행스러운 것은 갓길의 운행 허용이었다. 가는 길이 순탄치만 않았지만 그래도 그것으로 인해 한결 운행이 순조로울 수 있었다. 진부IC에서 국도로 접어들었다. 오후에 출발한 탓에 5시경이 되고 있었다. 월정사로 들어가는 길은 한적했다. 한여름임에도 마음이 차분해 지는 것을 실감해 볼 수 있었다. 신록이 푸르름을 더해가고 있었다. 지난해 연말에 올 때에는 백설이 만연했었는데 분위기가 너무도 달랐다. 월정사를 지나고 보니 곧이어 비포장 길이 나왔다. 한참을 올라갔더니 상원사 입구 주차장에 다다를 수 있었다. 차를 주차해 두고 선재길을 따라서 상원사까지 올라갔다. 짧은 거리여서 금방 상원사에 도착할 수 있었다. 한여름의 더운 열기가 이곳에서는 전혀 어울리지 않았다. 조금 있으니 소나기가 한줄기 뿌려졌다. 그동안은 꼼짝없이 법당 옆에서 비를 피할 수밖에 달리 도리가 없었다.

상원사는 조선왕조 7대 임금 세조와 인연이 깊었다. 불공을 드리러 세조가 왔다. 그는 몸에 부스럼이 있었다. 그래서 그는 근처의 냇가에서 몸을 씻었다. 한 동자승이 오길래 등을 좀 밀어달라고 했다. 그리고 신신당부를 했다. 임금의 몸을 씻었다고 발설하지 말라고 얘기를 했다. 그랬더니 동자승이 얘기했다. 어디 가서 문수보살을 보았다고 얘기하지 말라라는 것이었다. 세조는 화공을 불러 문수보살의 형상을 그리게 했다. 그리고 그것을 목조각을 해서 후세에 남겼다. 그것이 목조문수보살좌상이라는 것이다.

다음에 또 세조가 상원사를 방문했다. 법당에 들어서려는데 고양이가 한사코 소매를 물고 늘어지더라는 것이다. 여기저기 인적을 수소문했더니 아연실색하게도 자객이 법당 깊숙이 숨어서 그의 목숨을 노렸다. 세조는 고양이 덕에 목숨을 건졌다. 그래서 그는 상원사에 묘전을 내렸다. 고양이를 위한 전답인 것이다.

이후 상원사에는 방한암이라는 선사가 있었다. 6.25 전쟁 당시의 얘기였다. 국군이 후퇴하면서 상원사 절이 적의 근거지나 요충지가 될 우려가 있다고 해서 불태우겠다는 의지를 피력했다. 그러자 한암선사가 나를 죽이고 절을 불태우라고 했다. 그러자 군인들은 문짝만 떼어서 태우고 후퇴를 해서 전란 가운데 상원사가 보전될 수 있었단다.

절터의 왼쪽으로 올라가면 적멸보궁과 사자암을 만날 수 있었다. 부처님의 진신 사리를 모셔놓은 곳이었다. 적멸보궁 뒤에는 사리탑도 있었다. 한편에는 고3 수험생을 위한 보시도 받고 있는 듯했다. 집사람의 도반 두 분은 시간이 날 때마다 이곳 적멸보궁에 와서 서너 시간씩 좌선을 하고 간다는 얘기를 했다. 갑자기 까마귀들이 떼 지어 날아왔다. 소나기가 내린 후 비가 추적추적 내리고 있었는데 흉조인지 까마귀 떼들이 몰려왔다. 우산을 쓰는 둥 마는 둥 했기에 몸은 비에도 젖었고 땀에도 젖어버린 상태였다.

집사람이 간단히 예불을 하고 하산길을 서둘렀다. 월정사를 둘러볼 시간적 여유는 없을 것으로 보였다. 곧장 횡성 둔내 정도를 목적지로 하고 자동차를 몰았다. 결국 지체구간을 만날 수밖에 달리 여지가 없었다. 면온IC에서 국도로 빠져나왔다. 한적한 길이라 막힐 일은 없었다. 바로 옆이 고속도로였다. 그렇게 해서 30여분을 달려 도착한 곳은 한우프라자였다. 얼마나 손님이 많았던지 번호표를 배부하고 있었다. 번호표를 받고 한참을 기다린 후에야 겨우 자리를 잡을 수 있었다. 한쪽에는 회갑연을 하고 있는 대가족을 보았고 또 한쪽에는 단란하게 식사하는 40대 중반의 부부와 아이들이 맛좋은 횡성한우를 열심히 음미하고 있었다. 가격도 서울의 일류식당에 버금가는 가격이었고 보통사람은 쉽게 접근하기 어려울만한 가격이었다. 우리도 고기를 사가지고 와서 본격적으로 대한민국 최고 품질의 한우를 맛보기 시작했다. 맛은 일품이었다. 육즙이 제대로 우러나왔다. 횡성한우의 특별한 맛을 음미해볼 수 있는 기회였다.

식사를 마치고 숙소로 향하는 발걸음은 무척 가벼웠다. 연휴를 그나마 이렇게라도 즐길 수 있고 보낼 수 있는 것도 얼마 남지 않았다는 생각을 하니 하루하루가 더욱 소중해지지 않을 수 없었다. 아직도 올림픽경기는 한창이었고 무지하게 무더운 올해의 더위는 끝날 줄을 모르고 열대야까지 몰고 오고 있는 형편이었다. 전기세 걱정 없이 에어컨 바람을 쐬며 피서를 제대로 해야 할 것으로 보였다.

이렇게 올여름도 가고 있었다. 아무리 오래 더위가 머문다고 해도 세월을 속일 수는 없을 것이다. 그리고 세월의 흐름은 멈출 수 없는 것임에도 우리는 그것을 항상 잊고 살기가 일쑤이다. 소중한 시간들 나날들을 아낌없이 후회 없도록 소중히 여기면서 사는 삶을 살아야 할 것이다.

상원사에서의 여름나기가 이렇게 지나갔다. 아주 의미 있는 순간이었고 지난날을 되돌아 볼 수 있었고 앞으로의 나날을 대비하고 설계할 수 있는 시간이었다. 남아있는 날들을 더욱 알차고 보람 있게 보내는 사람으로 거듭나고 싶어진다.

속리산

지난주 목요일이었다. H 교수와 함께 교육과정 운영상의 필요성 때문에 속리산을 답사하러 갔다. 11시 20분경에 출발했다. 교육원에서 목적지까지의 거리는 80킬로미터 남짓 되었다. 한 시간 15분이 소요된다고 계기판은 알려주고 있었다. 교육생들과 현장교육을 다녀오기에는 다소 부담이 되는 거리였다.

날씨는 화창한 가을날이었다. 중추절을 지난 지 얼마 되지 않은 때였기에 관광지이지만 다소 한가하리라 기대하고 출발한 것이었다. 간편한 복장으로 갈아입은 상태였기에 홀가분한 기분으로 길을 나선 것이다.

고속도로를 벗어나자 곳곳이 대추 과수원이었다. 수확기가 임박해 오고 있는 상황이었기에 대추나무에는 열매가 알차게 주렁주렁 열렸다. 노지재배를 하는 곳도 대부분이었지만 일부는 비가림 시설을 해 놓은 곳도 있었다. 속리산 입구에 도착해서 일단 식당을 찾아서 들어갔다. 미리 수소문을 해둔 상태였기에 쉽게 식당을 찾을 수 있었다. K라는 음식점이었다. 대부분 고만고만했고 메뉴의 종류도 대동소이했다. 능이버섯전골을 시켰다. 식당 내부는 깨끗하게 청소가 되어져 있었고 일반 손님은 전무했다. 밑반찬이 십여 개가 나왔다. 아주 정갈한 모양새였다. 식당의 규모로 봐서는 교육생들을 충분히 수용할만한 시설이었다. 전골은 이미 주방에서 한번 끓여서 나왔기에 그냥 먹어도 되었으나 다시 한 번 끓여서 먹었다. 순전한 능이버섯전골이었다. 고소하고 담백한 국물 맛이 일품이었다. 이미 식사시간을 지난 시간이었기에 시장기가 동한 상태였기에 금세 밥 한 공기를 비웠다. 개운한 느낌을 주었다. 식사를 마치고 근처식당들을 수소문하고 다녔다. 명함도 받고 메뉴도 핸드폰 카메라로 찍고 필요한 부분이나 궁금한 부분에 대해서는 질의도 했다. 일차 식당방문을 마친 우리는 본격적인 속리산 탐방에 나섰다.

입구 인근에는 조각공원이 있었다. 잘 가꾸어진 잔디밭 한 켠에는 아름들이 소나무들이 즐비했다. 일단 매표소까지 10여분쯤 걸어서 올라갔다. 차는 식당 앞에 주차해두었다. 곧 매표소가 나왔다. 일반인은 입장료가 4천원이었다. 단체는 300원이 할인되었다. 단체의 기준은 30명이었다. 매표를 해서 표를 주고 입구를 통과했다.

수목이 우거진 길은 절로 깊은 숲속에 들어온 느낌을 주었다. 매표소에서 복천암까지 4.2킬로미터였다. 길에 이름이 있었다. 세조길이라고 했다. 지난 8월 26일에 엄청난 예산을 들여 깨끗하게 정비가 된 길이었다. 피부병을 앓았던 세조는 요양을 위해 법주사 복천암을 찾았다. 그곳에는 왕의 스승 사미스님이 수도하고 있었다. 중간에 목욕소가 있었고 편재호수도 있었다. 상당히 큰 호수였고 물도 깨끗하고 밝았나. 세심정으로 이어지는 길은 평평했다. 그러나 세심정에서 복천암까지는 제법 급경사였고 가팔라졌다. 두 가지 종류의 길이 있었다. 보행로가 있었고 차가 다니는 길이 있었다. 보행로에는 요즘 새롭게 유행하는 산속에 까는 가마니 카페트 모양의 길이 죽 이어지고 있었다. 일부는 나무로 이어져있기도 했다. 일단 차도로 올라갔고 내려오는 길은 보행로로 내려오기도 했다. 그리고 옆에 있는 법주사 등 볼거리도 내려오면서 구석구석 살펴보기로 했다.

H 교수는 특이한 경험을 갖고 있었다. 진도에서 태어나서 고등교육까지 그곳에서 받았다. 그리고 대학은 대구에 있는 학교로 갔다. 1학년 1학기를 마치고 군에 입대했다. 같은 학과에 다녔던 여학생이 한 명 있었다. 몇 번 만나기는 했지만 낯설었던 친구였다. 한창 군 생활을 하던 중에 여학생이 면회를 왔다. 주소나 연락처도 전혀 없었는데 말이다. 그녀는 H 교수의 고향인 진도까지 가서 그곳에서 군대의 주소를 확인한 후 면회를 온 것이었다. 지극정성이었다. 대단한 열의였고 집념을 보여주었다. 대학시절 둘은 캠퍼스 커플이었다. 두 사람은 이곳 속리산을 등반했다. 입구에서부터 걷기시작해서 최고봉인 문장대까지 올랐던 것이다. 무척이나 힘들었고 어려운 산행이었던 것만 기억에 남았다.

학교를 졸업 후 두 사람은 각각 직장생활을 하게 되었다. 그리고 얼마 후 결혼에 골인하게 되었다. 신부댁 부모님의 반대가 있기도 했지만 신부의 집요하고 끈질긴 설득에 무릎을 꿇었다. 부부가 된 두 사람은 가정을 꾸렸고 알콩달콩 재미나게 생활해나갔다. 딸 둘과 아들하나를 두었다. 이제는 큰딸은 대학 졸업반이 되었다. 둘째딸도 3학년에 다니고 있었다. 모두 서울에서 생활하고 있었다. 큰딸은 원룸을 얻어서 생활하고 있고 작은딸은 기숙사에 있었다. 큰딸의 용돈은 육십만 원이고 작은딸은 오십만 원이다. 1년에 천만 원씩 적자가 나고 있는 상황이다. 엄마가 일 년에 한 번 정도 서울에 상경해서 집들을 둘러보고 온다. 두 자녀와 그렇게 약정을 했다. 취직을 하면 급여의 30%를 내놓기로 했다. 결혼 후에는 20% 수준으로 낮추기로 했다. 공무원 시험을 1년간 준비하기도 했는데 요즘은 방향을 전환해서 공기업 쪽의 취업에 매진하고 있었다.

간간히 사진을 찍었다. 일단은 좀 무리였지만 복천암까지 갔다. 조그만 암자였다. 한켠에는 스님들이 가꿔놓은 작물들이 예쁘게 자라고 있었다. 고추도 붉게 물들고 있었고 가지도 탐스럽게 달려있었다. 화단에는 코스모스가 가을에 한껏 자태를 뽐내고 있었다. 지역분인 듯한 이가 사진을 찍으려면 가옥뒤쪽으로 올라가서 찍으면 한눈에 복천암을 다 볼 수 있다고 조언해 주었다. 정말 그곳으로 올라가니 전망이 훤했다. 친구인 듯한 분이 커피를 가져와 같이 얘기를 나누고 있었다. 능이버섯과 송이버섯의 시세를 알아보고 있었다. 송이는 킬로그램당 30만 원이라고 했다. 능이는 12만 원이라 했다.

이제는 복천암에서 내려올 일만 남았다. 일단 시간을 체크하고 법주사로 내려왔다. 고등학교 학생들이 수련회를 왔다고 했는데 엄청난 인파들이 법주사를 돌아다니고 있었다. 그곳에는 엄청나게 큰 입석불상이 야외에 서 있었다. 그리고 팔상전이 있었고 그 앞에는 쌍사자석등이 있었다. 국보5호라 했다. 넓은 절 위쪽으로는 템플스테이를 위한 별도의 공간도 새롭게 단장이 되어져 있었다. 그곳을 빠져나와 입구까지 걸었다. 이제는 제법 발이 아파오기 시작했다. 입구 쪽의 조각공원을 둘러볼 차례였다. 일부는 관리가 되지 않았는지 거미줄이 쳐져있기도 했다.

하루의 속리산 답사가 마무리되었다. 법주사는 신라 진흥왕 때 지어진 절이라고 했다. 보은의 명찰로 이름이 높았고 국립공원으로 지정되었다. 마지막은 차를 타고 내려오다 만났다. 그것은 정이품송이었다. 아주 멋진 자태를 뽐냈는데 이제는 그 멋진 모습의 반쪽만 남아 있는 느낌이었다. 부인송도 있다고 했는데 그것은 더 내려가야 하고 8킬로미터쯤 가야 한다고 해서 포기하고 말았다.

맑은 가을에 정말 좋은 답사였고 산책이었다. 다소 힘든 여정이었지만 충분히 묵은 때를 다 날려버리는 좋은 힐링의 멋진 기회였다. 모두가 속리산을 다녀가면서 새로운 활력을 찾는 기회를 가진다면 좋겠다는 생각이 들었다.

운문사

지난 연휴에 경북 청도 호거산(운문산)에 있는 운문사에 다녀왔다. 35년 전에 대학시절이던 81년 여름에 한번 수련회로 호거산을 올랐고 운문사를 다녀오기도 했으니 이번은 두 번째인 셈이었다. 그때에는 젊은 청춘의 시절이라 혈기방장했던 때이기도 했다. 일행 중에 한 여학생이 산행 중에 소나기를 맞아 졸도를 하기도 했었던 기억이 새롭게 떠오르기도 했다. 아주 정갈하고 깨끗한 느낌을 주었던 사찰로 추억되는 곳이기도 했다.

운문사는 신라 진흥왕 때에 한 도승이 도작갑사라고 절을 세운 이후 태조 왕건이 요양을 한 후 벼 50석씩 하사를 하면서 운문선사라는 절명을 내려 운문사로 되었다. 가을 단풍이 들 때면 그 아름다운 자태에 호랑이가 반해 거닌다고 해서 산이름이 호거산虎踞山으로 불렸다. 이곳에는 비구니들이 수련을 하는 곳으로도 유명하다. 이곳에는 일명 처진 소나무라는 소나무가 그 아름다운 자태를 뽐내고 있나. 수령이 400여 년이라고 한다. 한 선승이 소나무 가지를 꽂아 놓았던 것이 시발이 되었다.

운문사에서는 매년 4월과 9월에 막걸리 12말을 받아 소나무에게 고랑을 파고 뿌려준다. 그 덕분인지 알 수 없으나 소나무는 무럭무럭 자라나 오늘에 이르고 있다. 천연기념물 180호로 지정되었다.

우리가 출발을 했던 것은 9시 경이었다. 약속은 오후 한 시였지만 마음이 급했다. 예약을 음식점에 다 해놓은 상태였지만 미덥지가 않았다. 운문사로 들어오는 입구에는 엄청난 호수 운문호가 자리하고 있었고 경관은 그저그만이었다. 봄날에는 벚꽃이 만발할 것으로 여겨졌고 가을에는 단풍이 절경을 이루리라 짐작이 되었다. 거리상으로 선산읍에서 운문사까지 거리는 128키로미터였다. 시간상으로 한 시간 50분 정도가 소요되었다. 정오에 가까웠을 때쯤에 도착이 되었다. 음식점에 들러 세부적인 사항까지 확인을 해 두고 우린 솔바람 길을 따라 운문사로 향했다. 운문사로 들어가는 2키로미터 남짓한 거리에 소나무가 여기저기에 우뚝 솟아 있었다. 그리고 길에는 산책로가 꾸며져 있었다. 갖가지 가을꽃들로 단장을 해 놓았다.

특히 이색적인 꽃으로 여겨지는 것은 꽃무릇이었다. 이미 개화시기가 지나 모두 꽃이 진 듯했다. 그런데 또다른 한 쪽에는 꽃무릇이 아직 자태를 뽐내고 있는 곳도 있어 그곳에서 기념촬영을 하기도 했다. 솔바람 길을 따라 오르는 길 옆으로는 계곡물이 졸졸 흐르고 있어 시원함을 더해 주었다. 본래 꽃무릇은 고창의 선운사가 제대로 명성을 날리고 있는 곳으로 유명했다. 일반인들은 꽃무릇을 상사화로 잘못 알고 있기도 했다. 지천으로 흐드러지게 피는 꽃무릇이 장관을 이루기도 한다. 9월 초순 경이 절정이라고 알려져 있다. 본래 일정대로라면 아침 새벽에 출발을 했어야 하는데 번거러움을 피하기 위해 어제 저녁에 서울에서 선산으로 내려와 한결 편안한 여행이 되었다. 앞으로 우리 국민에게의 각광을 받을 패러다임은 단연코 여행이 될 것이라고 예상된다. 소득이 높아지고 삶의 여유를 가지게 되면 너도나도 세상의 곳곳을 관광하며 일상에서 지친 피로를 풀고 새롭게 재충전하는 계기를 갖는다.

선진국에서는 바다를 향하고 요트를 타고 휴가를 즐기고 여유로움을 만끽하는 형식으로 크루즈 여행도 즐겨한다지만 아직 우리는 그런 호화로움을 즐길 때는 아닌지 모를 일이다. 아무튼 여행이란 일상을 벗어난다는 것에서 기쁨을 주고 설레임이 있는 것이다. 먹는 것도 맛집을 찾을 수 있고 산책도 더불어 할 수 있고 수다도 떨 수 있으니 일석삼조의 효과 만점이 아닐 수 없다.

어느 심리학자의 얘기로는 가장 바람직한 것이 가족 또는 친구와의 격의없는 자유여행이야 말로 심신의 피로를 말끔하게 씻을 수 있는 기회라고 적극 권장하는 모습을 볼 수 있었다. 자주 여행의 기회를 만드는 것이 삶의 질을 풍요롭게 하고 심신의 건실함을 지켜줄 수 있으리라. 국립공원이라 도립공원으로 지정되어져 있지는 않았지만 연휴를 맞아 엄청난 관광객들이 몰려들고 있었다. 절 입구를 지나자마자 곧바로 처진 소나무가 자리를 잡고 있었다. 둘레 길이만 10미터를 넘는다고 하니 엄청난 나무라고 여겨졌다. 한 달전 쯤에 속리산에서 정이품송을 본 적이 있었는데 그것과는 또다른 느낌을 주었다.

아내와 아들, 셋이서 한가롭게 운문사 경내를 둘러보았다. 곳곳에 아름다운 국화 등으로 장식이 되어 있었고 한쪽의 정원도 아기자기하고 예쁘게 가꾸워져 있었다. 떨어진 낙엽을 빗자루로 쓸고 있는 비구니도 여렷 있었다. 대웅전, 나한전 등 각 건물마다 참배객들이 줄지어 들어가는 것을 보니 보통의 사찰이 아니라는 느낌이었다. 한쪽에는 스님들이 수도하시는 건물은 별도로 지어져 있었다. 한쪽에는 두 비구승이 얘기를 나누는 모습도 보였다. 아주 젊은 모습이었는데 무슨 얘기를 그렇게 열심히 하고 있는 것일까.

운문사로 들어오는 입구에는 각종 작물들이 거의 수확을 앞두고 있는 모습을 볼 수 있었다. 가지도 있었고 배추도 한참 자라는 모습이었고 깨끗하고 질서있게 작물들이 자라는 것에서 스님들의 정성을 느껴볼 수 있기도 했다.

우리는 운문사의 관광을 마치고 곧바로 솔바람 길을 내려가 예약된 식당에 당도해서 식사를 했다. 닭백숙과 수제비 매운탕을 먹었다. 정갈하고 깨끗한 밑반찬도 관광지의 명소답게 흡족하게 구미를 당기게 했다. 날씨도 구름 한점 없는 청명한 가을날씨였다. 3일간의 연휴 중 이틀째였기에 관광객으로 붐비는 날이기도 했다. 아무튼 이번 운문사의 여행을 계기로 가족간의 유대를 더욱 돈독히 하는 기회가 되었다. 다음에는 또 더욱 맑은 마음을 가질 수 있는 청정한 지역의 산천을 돌아보는 기회가 있기를 기원해본다.

원주에서

본래 계획이 있었던 것은 제천 쪽의 지인의 집에서 하루를 묵고 올 요량이었다. 그런데 집사람의 성화로 인해 급하게 일정이 변경되었다. 수안보 상록호텔로 숙소를 잡으려다가 말았다. 그래서 결국 낙점된 곳이 원주였다.

간단히 짐을 꾸려 집을 나섰다. 4일간 연휴의 3일째였다. 용케도 방을 구할 수 있었던 것이 천만다행이었다. 연휴 중간이어서 길이 많이 막힐 것으로 우려했는데 예상 외로 전혀 도로상의 정체구간은 없었다. 한 시간 여를 달려 도착한 곳은 원주의 외곽에 위치한 한 호텔이었다. 체크인을 하고 여장을 풀었다. 저녁 식사할 곳을 물색했다. 집사람이 선택한 곳은 인근에 있는 대게집이었다. 식사대가 거의 한우값 수준을 능가했다. 자리가 없어 기다려야할 지경이었다. 다음날이 어버이날이니만큼 다들 외식을 하러 나온 듯했다. 옆 좌석에는 노부부와 아들, 딸이 정겹게 대화를 나누며 화기애애한 자리를 꾸며가고 있었다. 일단 간단한 입가심용 요리들이 나왔다. 회도 감질날 만큼 맛만 보게 해주었다. 기타 주전부리는 게가 다 익을 동안 배를 채우게 할 목적으로 충분했다. 게를 찌는데 상당한 시간이 소요되는 듯했다. 차를 가져왔기에 대리를 부를 수도 있었지만 약주를 주문하지 않았다. 위치가 터미널 부근이다 보니 주차에 상당한 애를 먹었다. 나중에 가게 주인이 알려준 주차장은 만차였다. 그래서 주변의 주차장에 차를 주차했더니 도장을 받아오면 2시간이 무료라고 알려주었다. 주차장에는 그나마 잔여석이 몇 군데 남아있었다.

요즘의 현대인의 필수작업인 인증샷부터 찍었다. 드디어 메인 요리가 나왔다. 집사람은 먹어본 경험이 있는지 미리 배부된 대게용 젓가락으로 기가 막히게 살을 발라냈다. 처음 대게를 먹어본 나는 어설픈 손질에 대게 살들이 막 사방으로 튀었다. 마지막에는 볶음밥과 게 매운탕이 나왔다. 커피는 언제나 그렇듯이 셀프였다. 집사람에게 커피를 한잔 뽑아주고 계산을 하고 그곳을 빠져나왔다. 가게 앞에서 인증샷을 찍고 숙소로 돌아왔다. 숙소에 와서 아쉬워했던 술잔을 곁들이며 회포를 풀었다. 원주는 혁신도시로 지정이 되었는지 곳곳에 개발이 한창이었다. 숙소 인근도 다 개발을 하고 있는 중이어서 활기가 넘치는 모습이었다.

다음날 둘러볼 곳은 박경리 문학관과 치악산 국립공원의 구룡사로 정했다. 내일은 연휴 마지막 날이라 교통정체가 심각할 것으로 여겨졌다. 2018년에 개최예정인 평창동계올림픽까지 많은 준비를 해야 할 것으로 보였다. 영동과 영서로 강원도를 나눌 때 영서의 대표적인 도시가 원주였다. 숙소에서 지척거리에 박경리 문학관이 있었다. 너무 일찍 당도하는 바람에 개관 시간인 10시까지는 시간이 너무 많이 남았다. 이리저리 어슬렁거리다가 개관 시간에 맞춰 입장했다. 문학관은 4층에 있었다. 4층부터 2층까지 여러 가지 소품들로 꾸며져 있었다. 이번 문학관 방문을 통해 알게 된 것은 작가에게 아들이 있었다는 것이었다. 8살 남짓 되었을 때 잃었다고 했다. 남편에 대한 옥바라지를 했었는데 사위에 대한 옥바라지도 하게 되어 작가의 기구한 운명이 서글퍼졌다. 인생의 애환을 너무 많이 겪었던 것이 아니었을까 여겨졌다. 사위의 본가 쪽이 원주여서 그곳에 정착을 한 듯 보였다. 묘소는 통영에 위치하고 있단다.

토지를 쓰는데 수십 년이 걸렸다는 것도 새로운 얘기였다. '김약국의 딸들' 이라는 작품도 있었다. 대하소설을 직접 육필로 쓰셨으니 그 대작을 집필하면서 겪었을 고초와 애환이 새삼스럽게 느껴졌다. 사셨던 건물 앞에는 작가의 좌상과 호미 그리고 고양이가 한 마리 조각상으로 있었다. 무척이나 외롭고 힘들었을 일생이 정말 파란만장했을 것 같이 여겨졌다.

문학관에서의 관람을 마치고 다음 행선지로 발길을 돌렸다. 치악산 국립공원에 소재한 구룡사였다. 20여 킬로미터를 달려 도착한 곳은 구룡사 입구였다. 주차장이 협소해 결국 아래쪽 주차장에 차를 주차하고 다시 올라가야 했다. 다행히 무료셔틀 버스가 있어 걸을 필요는 없었다. 입구에서 내려 절까지는 800미터 가량이었다. 왼쪽 편에 산책길이 있었고 우측으로는 차도가 있었다. 산책길 아래로는 길게 늘어진 계곡이 있었다. 국립공원이어서 그런지 계곡 쪽으로의 출입은 제한적이었다. 맑은 물이 시원스럽게 여겨졌고 청량감을 느끼게 해 주었다. 휴일이고 연휴여서 관람객들이 줄지어 올라가고 있었다. 모두들 가슴에는 카네이션을 하나씩 달고 있었기에 어버이 날임을 실감할 수 있었다.

집사람은 대웅전 등에서 삼배를 올리고 가지고간 향을 피웠고 잠깐씩 좌선을 하기도 했다. 초파일을 일주일 앞두고 있어 연등이 줄지어 매달려 있었고 절 한켠에서는 보살들이 제기 등을 닦고 있었다. 지천으로 피어 있는 꽃들에게 벌, 나비들이 쉴 새 없이 넘나들고 있었다.

절 구경을 마치고 입구로 내려와 셔틀버스를 기다렸는데 공교롭게도 유료버스가 먼저와 그편으로 하산했다. 이제는 귀경길이 문제였다. 이미 오후로 접어들었으니 귀경길 정체가 불을 보듯 뻔했다. 일단 춘천 쪽으로 방향을 선회해서 가기로 했다. 일단 춘천까지는 쾌속질주가 가능했다. 그러나 강촌에서부터 밀리기 시작한 길은 역시 예상대로 극심한 정체 현상을 보였고 가다 서다를 반복했다. 결국 설악 IC에서 빠져나와 국도를 탔다. 결국 양평의 서종리 쪽으로 방향을 선회해서 귀갓길을 서둘렀다. 연휴의 마지막이라 귀경길 정체는 극심할 정도였다.

1박 2일간의 원주여행이 끝나고 있었다. 오랜만에 여유 있는 시간을 보냈고 소중하고 보람된 일정을 보낸 듯하다. 먹는 것도 훌륭했고 볼거리도 실컷 눈요기를 한 셈이었다. 아이들에게는 미안했지만 이제는 도리가 없는 상황이었다. 번잡하지 않고 편안하게 1박 2일간의 일정을 소화한 듯했다. 사진도 많이 찍었고 추억도 많이 남겼던 1박 2일간의 원주여행이었다.

오래 전에는 강원도에서 군생활을 하면서 하도 고생을 했었기에 그쪽을 보고는 오줌도 누지 않는다고 했는데 이제는 그곳을 그리워하게 되었으니 인간의 얄팍한 마음 변화에 쓴웃음이 절로 나온다.

친구네 문상

한가한 오후의 나른한 일상을 보내던 시간 중이었다. 단조로운 일들이 이어지고 있었고 다람쥐 쳇바퀴 도는 반복적인 생활이 계속되는 시기였다. 핸드폰을 만지작거리고 있었는데 갑자기 친구의 부고 소식이 카톡에 올라왔다.

한참 이리저리 고민을 했다. 친구의 장모상이었고 병원은 청주에 있는 병원장례식장이 빈소였다. 모레가 발인인데 갈 수 있는 날은 오늘 뿐이었다. 왜냐하면 내일은 다른 일정이 잡혀져 있었기 때문이었다. 그곳까지 가는데 추정 소요시간은 약 한 시간 30분가량이었다. 인근 구미에 있는 동창 친구에게 전화를 넣었다. 다들 바쁜 사람들이라 시간내기가 쉽지 않았을 터인데 아무튼 용케도 시간을 할애해서 5시 30분에 친구의 사무실 근처에서 만나기로 약속했다. 불볕더위를 연일 보도하고 있던 때여서 상을 치르는 것도 만만치 않을 것으로 여겨졌다. 물론 옛날 같지 않아서 모든 것이 병원이나 상조회사에서 알아서 처리를 해주니 신경 쓸일이 많이 줄어들긴 했을 것이다.

차 속에서 친구가 계속 다른친구들에게 부고 소식을 알리고 연락을 취해 보았으나 선뜻 문상을 오겠다고 하는 이도 별로 많지 않았다. 한 시간 반 정도를 달려 장례식장에 도착했다. 식장 안으로 들어서고 보니 수원에서 상을 당한 친구와 같이 근무하고 부고를 올린 L 군이 미리 와서 기다리고 있었다. 아직 문상객을 맞을 친구가 오지 않았다. 그래서 일단 식사를 먼저하고 친구네가 오면 문상하기로 했다.

한 시간 쯤 지나고 났더니 대전에 있던 P 박사가 대중교통을 이용해서 왔다면서 도착을 했다. 고인은 91세라고 했다. 병원에서 돌아가신 것도 아니고 아침에 문안을 여쭙기 위해 들어갔더니 이미 운명하신 후였다. 가족들이 임종을 못 지킨 아쉬움은 남았지만 병원신세도 지지 않고 편안히 고종명을 하셨으니 더이상 바랄나위가 없을 듯했다.

얼마 후 친구 내외가 도착했다. 정식으로 문상을 하고 친구들끼리 옛이야기를 나누며 정다운 시간을 보냈다. 손아래 처남이 공군사관학교에 교관으로 근무했던 덕에 청주에서 기거를 하게 되었고 장례도 이곳에서 치르게 되었다는 설명이었다. 문상객 중에는 제자인 듯한 공군현역 장교도 자리를 하고 있었다.

문상을 마치고 귀로에 올랐다. 이미 시간이 늦어져 거의 11시가 임박해 있었다. 차로 출발을 해서 P 박사를 대전에 내려주고 L 군은 구미에 내려주고 교육원으로 돌아왔다. 먼저 J 군에 대해서 언급해 보자. 그는 처음에는 금성사 쪽에 근무를 하다가 현대자동차에 입사를 했다. 군을 카츄사를 다녀온 덕에 영어 회화 등에는 전혀 문제가 없었다. 영국 쪽에서 연구소에서 파견을 나가 2년 정도를 근무하고 돌아왔다. 자식으로 아들과 딸을 두었고 10여 년 전에는 울산에서 남양연구소 쪽으로 근무처를 옮겨서 근무를 하고 있다. 일상 생활은 수원에서 근거지를 두고 있었다. 다이어트를 심하게 했는지 나이들어 쉽지 않은 일임에도 몸무게가 많이 줄었다. 이제 정년을 3년 정도 남겨두고 있었다. 깔끔한 영국신사의 풍모를 느끼게 해 주었다. 이제는 나이도 제법 들었음에도 삶에 관한한 활력이 넘쳐보였다.

다음은 P 박사였다. 그는 최근에 강남에 집을 사서 이사를 했다. 큰아들은 경인교대 3학년에 다니고 있고 작은 아들은 경희대 치대 2학년에 재학 중이었다. 국민은행 경제연구소에서 줄곧 근무를 하다 10여 년 전에 토지공사로 자리를 옮겼다. 현재는 대전에 있는 연구소의 수석연구원으로 재직 중이었다. 경제학 박사를 취득했으니 실력은 대단했다. 정년을 3년 정도 남겨두고 있었다. 대전에서 간혹 모임과 회합을 하고 있고 주말부부 생활을 하고 있는 형편이었다. 공기업이 한창 잘 나갈 때에는 자녀대학 학자금을 다 지원해 주었는데 어느 날 갑자기 지원이 중단되는 바람에 곤욕을 치루고 있었다. 그의 얘기 요지는 형님 두 분이 있는데 큰형님은 아들만 둘, 작은 형님은 딸만 둘이라고 했다. 자신도 아들만 둘이다. 그래서 가만히 살펴보니 아들은 다들 부모님이 병원에 입원해 있어도 간병도 제대로 하지 않는다는 불만을 토로했다. 딸들은 지극정성임에도 불구하고 아들들은 무신경하다. 그래서 둘째 형님네가 가장 다복해 보인다는 얘기였다. 딸네들이 부모님 용돈 다 챙겨서 보내준다. 아들들은 부모가 병원에 입원해 있어도 한번 잠깐 눈도장만 찍고 간다는 식이다. 이제 앞으로 퇴직 후의 삶을 고민해야 할 때가 되었다. 예삿일이 아닐 듯했다. 자식들에게 신신당부한다. 누구의 신세질 생각하지 말고 각자가 자기 삶을 책임지고 살아갈 수 있도록 해야 한다.

다음은 L 군이다. 얼마 전에 재직 30주년을 맞이했다. 그래서 회사에서 해외여행비가 나왔다. 그 덕분에 생애 최초로 가족들이 해외여행을 다녀왔다. 3박 5일간 태국을 다녀왔다. 참 오랫동안 근무를 한 것이 아닐 수 없었다. 다음은 구미의 L 군이었다. 본래 태생이 추풍령이었다. 그런데 친척의 집요한 권유로 부산 감천으로 이사를 가게 되었던 것이 초등학교 시절이다. 그래서 초등학교를 졸업하고 대동중학으로 진학을 했고, 그 후 고교 대학을 거쳤다. 굴지의 대기업에 취직해서 26년을 보냈다. 그리고 수원 쪽에서 4년 여를 근무를 했고 다시 구미로 내려와 지내는 상황이었다. 큰애는 취직했으니 걱정할 필요가 없었고 둘째와 셋째를 공부시키는 것이 관건인데 향후 2~3년은 더 뒷바라지를 해야 할 형편이었다. 이제는 모두들 환갑을 앞두고 있으니 건강도 예전 같지 않은 듯했다. 임플란트를 해 넣기 위해 애쓰고 있는 이도 있었고 한 번씩 건강에 고비를 넘기도 했던 모양이었다. 친구의 문상을 간 덕에 친구들의 형편이나 소식을 듣게 되는 신세가 되었다. 자주 만나고 얘기하고 정담을 나눠야 하는데 세상살이가 뭔지 그렇게 바쁘게 살다보니 이제는 거의 마무리 단계에 접어들고 있음을 절실하게 느끼게 된다. 이제는 노후 여생을 준비해야할 것으로 보였다.

친구네 문상을 다녀오면서 여러 가지 생각이 많았다. 향후에 친구의 모임이나 만남은 항상 경조사를 통할 수밖에 없는 세상이었다. 앞으로 친구들 모두가 항상 건강하고 멋지게 직장생활을 마무리 잘 짓고 아름다운 노후 생애도 멋지고 아름답게 펼쳐가길 간구해본다.

해인사

지난 8월 초순 주말이었다. 집사람과 함께 사택을 나섰다. 첫 방문지는 구미 해평면에 소재한 태조산 자락에 있는 도리사였다. 아도화상이 최초로 신라에 불교를 전한 사찰로 명성이 자자한 곳이었는데 예전의 그 영화로웠던 시절은 가고 이제는 한적한 사찰로 남아있었다.

몇 번을 방문했던 곳이었기에 특별함은 없었다. 새로운 것은 아도화상이 좌선을 했다던 바위가 이채로웠다. 서대에 가서는 아도화상이 황악산 직지사를 가리켰다는 포즈를 취하고 사진을 찍은 것이 유별났다. 다음의 목적지는 해인사였다. 2시간 여가 소요될 것으로 여겨졌다. 몇 차례 방문한 적이 있었지만 공교롭게도 팔만대장경 판본을 볼 수 있는 기회를 갖지 못한 것이 아쉬움이었는데 이번에는 기필코 팔만대장경의 판본을 친견할 수 있기를 기원했다.

두 시간 여가 지나서 목적지에 도착이 되었다. 심산유곡이라는 말이 실감날 정도로 분위기는 엄숙했고 고즈넉했으며 산사의 고요함을 수연하게 느껴볼 수 있었다. 해인사로 진입해 오면서 그 절경과 풍광을 다 느꼈기에 우리나라 3대 사찰다운 면모를 새롭게 느껴볼 수 있었다. 예전에 성철스님이 극락암에 계실 때에는 그분을 뵙기 위해서는 3천배를 해야 했다는데 말이다. 부처님을 뵙는 심정으로 절을 해야 한다고 했다. 말이 3천배지 정말 힘들고 어려운 부분이 아닐 수 없었다. 거의 8시간을 꼬박 해야만 해낼 수 있는 일이었다.

입구에 주차를 하고 해인사로 들어갔다. 우리나라 3대 명찰답게 들어가는 길은 정갈하게 정비되어져 있었고 오랜 세월의 연륜을 느낄 수 있을 만큼 아름들이 나무들이 즐비했다. 고사목도 세월의 무게를 실감나게 느낄 수 있을 만했다. 우리 내외는 일반 관광객들과 더불어 유유자적하게 사찰로 올라가는 길로 올라갔다. 3대사찰은 양산의 통도사, 순천의 송광사가 있었다. 불교에서는 불, 법, 승이라고 하는데 불보사찰이 통도사 법보사찰이 해인사 승보사찰이 송광사이다. 불은 부처님을 의미하고 법은 부처님이 설한 불법을 말하고 승은 부처님의 가르침을 좇는 스님을 일컫는 것이다. 양산 통도사에는 부처님의 진신사리를 모시고 있고 적멸보궁을 갖고 있다.

우리나라에는 5개 사찰에 적멸보궁이 있다고 한다. 상원사, 설악산 봉정암 등이다. 대웅전 뒤쪽으로 팔만대장경 경판을 보유하고 있는 곳이 있었다. 문틈으로 겨우 대장경판의 일부만 볼 수 있는 상황이었다. 그나마 그렇게 해서라도 볼 수 있는 것이 천운이라고도 할 수 있었다. 그쪽을 돌아 나오니 해운 최치원 선생님에 대한 일화를 갖고 있는 나무가 크게 자리하고 있었다. 학들이 날아서 왔었다는 일화를 갖고 있기도 했다.

아무튼 해인사는 대단히 웅장하고 거대한 사찰임에는 틀림이 없었다. 일반 조그만 절이나 사찰과는 비할 바가 아니었다. 대단한 규모였고 엄청난 역사와 전통을 가진 사찰임을 실감할 수 있었다. 한쪽에서는 서명을 받고 있었다. 엄청난 규모의 축사가 들어선다고 해서 그것을 반대하는 서명운동이었다. 인근에 들어오는 축사로 인해 여러 가지 폐해가 예상되고 관광객의 축소도 우려되는 상황인 듯 보였다. 한여름의 무더운 열기가 고요한 해인사에 의해 식혀졌고 서늘한 기운을 느껴볼 수 있었다. 사찰을 옆으로 흐르는 계곡물들은 엄청났고 한여름날의 더위를 식혀주기에도 충분했다. 국립공원이었는지 계곡으로의 출입도 허용되지 않았다.

조금 후에는 부산에서 출발한 동생으로부터 연락이 왔다. 2시 40분경에 도착을 할 것이라고 했다. 본래의 약속시간은 오후 6시였는데 일찍 도착해서 조우한 후에 일찍 돌아갈 요량인 듯 여겨졌다. 약속지로 정해진 곳은 인근에 있는 김천시 증산면의 한 음식점이었다. 가족모임이 한여름에 개최되는 날이었다. 그래서 고문격인 부모님도 모시고 동생이 올라오고 있는 중이었다. 아이들이 고3이어서 내자도 데려오지 못하는 상황이었다. 얼마 후 우리도 약속장소로 이동을 해야 할 상황이었다.

해인사를 돌아보느라 제때에 식사도 제대로 하지 못한 처지였다. 적정한 음식점을 찾았으나 마땅히 먹을 만한 곳을 쉽게 찾을 수 없었다. 목적지를 거의 10분정도 남겨두고 한 음식점을 찾았다. 계곡에서 잡은 물고기로 매운탕을 끓여주는 음식점이었다. 그곳에서 매운탕을 시켜서 점심을 먹었다. 무척이나 얼큰한 매운탕이었고 주린 배를 채우기에는 안성맞춤이었다. 식당의 차창 너머로는 계곡과 산사락이 지척으로 보였고 물놀이에 여념이 없는 휴가객들도 볼 수 있었다.

식사를 마치고 다시 목적지로 향했다. 오후 3시 30분경에 모임장소에 도착이 되었다. 동생과 부모님도 이미 좌정해 있었다. 인사를 나누고 정답게 일상적인 소재의 얘기를 나누기 시작했다. 조금 후에는 장비를 가지고 계곡으로 가서 물고기를 잡았다. 한쪽에서는 돌을 쌓아 올리기도 했고 계곡 바닥의 다슬기를 채취하기도 했다. 다리 밑에는 그늘이 져서 그래도 따가운 햇볕을 피할 수 있어 다행이었다. 한참을 노력했음에도 수확물은 보잘 것 없었다.

약속시간이 다되어 인근 식당으로 이동해서 염소불고기에 식사를 했다. 새로운 임원진이 선출되고 새롭게 회장단이 구성되었다. 동생은 내일의 일정 때문에 식사 후에 곧바로 내려갔다. 부모님과 우리 내외도 일행들과 작별을 고하고 사택으로 돌아왔다. 무척이나 긴 하루였다.

해인사에서는 하루는 오랫동안 쌓였던 일상의 피로와 스트레스를 날려 보내기에 충분했다. 깊은 산속에 자리한 사찰들이 주는 안온감은 언제나 사람들의 마음을 안정시키고 평온하게 만들기에 충분한 위력과 힘을 가지고 있는 듯했다. 우리나라에는 곳곳에 사찰들이 즐비하다. 반면에 서양의 대부분의 나라에서 찾아야 할 곳은 사찰이 아니고 성당이 아닌가 한다. 수백 년 동안 지어진 대단한 곳도 즐비한 곳이 서양의 유럽의 대부분의 나라들이 아닌가 여겨진다. 기본적으로 신앙의 차이에서 빚어진 것이다. 그것이 갖는 의미 또한 색다른 부분이 아닐까 한다.

우리가 사찰에서 차분해지고 일상의 여러 무거운 짐을 내려놓는 것과 마찬가지로 서구인들은 성당에서 그렇게 자신들의 고뇌와 일상의 무거운 것들을 다 내려놓을 수 있지 않을까.

제4부

믿음의 승부

믿음의 승부는 미국의 한 고등학교 미식축구부에서 있었던 실화를 영화로 만든 것이다. 2006년에 제작이 되었다. 한 교회의 헌금으로 제작되었다. 그 교회는 조지아주 알바나 셔우드 침례교회란 곳이다.

알렉스 캔드릭은 크리스 테일러역을 맡아서 열연했고 주연과 감독을 겸했다. 팀 이름은 사일로 이글스라고 했다. 걸핏하면 지기일쑤인 팀이었다. 테일러 코치는 4년이나 팀을 이끌고 있지만 제대로 성적을 내지 못한다. 듀위 카운티라는 팀에게 21대 7로 패하자 격분해서 라커룸에서 소리친다. 어떻게 너희들이 유치원 때부터 이겨왔던 팀에게 이렇게 패할 수가 있느냐는 소리를 지른다. 열심히 훈련을 해도 부족한데 겨우 하는 짓이 방과 후 활동이나 해서 어떻게 이 치열한 승부의 세계에서 승리를 쟁취할 수 있냐고 열변을 토한다. 그는 차도 거의 폐차직전에 있고 아내와의 관계도 불임으로 인해 곤경에 처한다. 결국 의사를 찾아가서 검사결과를 듣는다. 인공체외수정을 하거나 양자를 들이라고 한다. 그것은 모두 돈이 많이 드는 일이었다.

그는 어느 날 목사의 충고를 듣는다. 목사님은 그에게 비를 간구하는 두 농부 얘기를 해준다. 두 농부가 있었는데 하나님께 비를 내려달라고 한다. 한 농부는 집에서 비를 기다리고 한 농부는 바깥에 나가서 비를 기다린다. 누구에게 하나님이 비를 내려줄까. 당연히 바깥으로 나가 비를 기다리는 농부에게 비를 내려준다. 그는 곤경에 처한 상황에서 부코치를 코치로 승격시켜 지도자를 바꾸고자 하는 학교의 움직임까지 간파하고 곤혹스러워한다. 그는 들판에 나가 하나님께 간구한다. 그리고 굳건한 믿음으로 무장한다. 그는 선수들에게 하나님을 영접하고 하나님의 뜻을 받들라고 한다. 그리고 10년 전 리그의 우승팀을 맞추는 이에게 20달러를 주겠다고 했다. 그러나 그것을 아는 이는 아무도 없었다. 풋볼의 영광은 하나님에게 영광을 돌리기 위한 것뿐이라고 얘기한다. 우승 트로피도 언젠가 시간이 가면 먼지가 끼게 될 것이고 우승팀도 곧 잊히게기 마련이라는 것이다. 그리고 운동장에서 패배주의에 젖어 있는 최고 핵심선수 브락을 불러낸다. 코치는 그를 혹독하게 트레이닝을 시킨다. 포기하지 말라. 끝까지 목표에 도달하고 성취하는 자세를 가져야 한다고 가르친다. 50야드를 가야 한다고 하면서 끝까지 목표지점까지 도달하게 한다. 네가 이긴다고 하면 모두가 그렇게 믿음을 가질 수 있다고 한다. 브락은 죽을 힘을 다해 목표지점에 도달하고 새로운 각오와 결심으로 팀의 주춧돌 역할을 해낸다. 그렇게 패배주의에 젖어있던 팀원들을 독려해서 강한 자신감으로 무장할 수 있도록 팀을 단련해 간다.

팀은 날라가기 시작한다. 아버지를 무시하는 아들도 아버지의 권위를 존중하고자 하고 아버지에게 용서를 빈다. 한 선수는 몸이 무척이나 왜소하나 킥을 잘하는 선수가 아버지의 권유를 받아들여 팀에 합류한다.

그는 작고 보잘 것 없어 후보에 머무르기는 하지만 항상 열심히 훈련한다. 그에게 경기에서 한번 킥을 할 기회를 부여받지만 제대로 성공하지 못하고 킥한 공은 골대를 빗겨간다. 그는 실망하고 낙담하지만 아버지는 최선을 다했느냐고 묻고 희망과 용기를 가지라고 격려해준다.

어느 날 테일러 코치에게 새로운 소형트럭 한 대가 선물로 주어진다. 사장 학부형이 아들이 변화된 것에 감동해서 차를 선물한 것이었다. 그는 무척이나 감사해한다. 팀의 승리는 계속 돌풍을 일으키고 승승장구한다. 5연승 질주도 한다. 테일러는 매일 집에 오면 고약한 냄새로 곤혹스러워한다. 그러던 어느 날 마루를 뜯고 보니 그곳에 죽은 쥐가 썩고 있었다. 참으로 황당한 일이 일어난 것이다. 팀은 승승장구를 해서 마침내 꿈에 그리던 플레이오프에 진출한다. 플레이오프전에서 팀은 패배한다. 그렇게 종결이 되나 했는데 뜻밖의 행운이 찾아온다. 상대팀에서 19세 이상의 선수가 3명 포함되어져 있었던 것이 발각되었다. 그 팀은 실격패를 하고 이글스가 결승에 진출한다.

그는 그렇게 결전을 앞두고 있는 선수들에게 얘기한다. 첫째는 나는 너희를 사랑한다. 그리고 너희들이 자랑스럽다. 둘째 너희는 최고의 최강의 팀과 대결을 한다. 하나님이 너희를 이곳까지 끌고 왔다. 여러분들이 최선을 다한다면 충분히 승산이 있다. 비록 열세에 놓여있지만 열정을 쏟아 붓는다면 최상의 결과를 이끌 수 있으리라. 하나님과 함께한다면 불가능은 없다. 하나님이 보고 계시는 만큼 오늘 온힘을 쏟아 부어야 하고 최선을 다해서 경기에 집중해야 한다.

드디어 결승전이 시작되었다. 경기는 상대팀의 주도로 앞서가기 시작한다. 그리고 거의 막판에 24대 21로 지고 있었다. 최후의 작전이 전개된다. 남은 시간도 별로 없는 상황이다. 그것은 킥으로 승부를 거는 것이었다. 비록 킥거리가 짧은 선수였지만 사력을 다해 킥을 한다면 50미터를 찰 수 있으리라는 것이었다. 결국 키커 데이빗은 기적을 이뤄낸다. 극적인 역전승을 거두고 우승트로피를 거머쥔다. 휠체어를 타는 대학교수인 아버지는 최후의 순간에 아들을 위해 휠체어를 버리고 두 손을 번쩍 치켜든다. 경기가 끝나고 코치는 선수들에게 불가능이 없다는 것을 확인시키고 선수들을 독려한다. 그리고 영광을 하나님께 돌린다. 2년 후 테일러 코치는 아내와 함께 단란한 시간을 보낸다. 그렇게 4년 동안 되지 않았던 임신이 마침내 실현되었고 아들은 두 살배기가 되어 아빠 앞에서 재롱을 부린다. 그런 상태에서 아내는 다시 둘째를 임신해있다. 행복함이 묻어난다. 믿음의 힘의 위력을 실감할 수 있게 해준 영화였다.

항상 최선을 다하고 인간의 도리를 다하면 그것에 답해 하나님의 역사가 이루어짐을 느끼게 해주는 듯하다. 굳건한 신념으로 불가능에 가까운 일을 해낸 사일로 이글스팀에게 그리고 그것이 가능하도록 리더십을 발휘한 테일러 코치에게 박수를 보낸다. 그리고 믿음의 승부를 통해서 승리의 소중함을 우리에게 느끼게 해준 모든 이들에게 감사를 표하고 싶어진다.

사랑의 힘

자기의 욕구를 쫓아서 깊게 도외시되어 버린 질곡 속에서 외골수로 사랑의 시원이나 원인 또는 근거를 제공할 수는 없는 것이다. 그것에는 파멸과 종국이 기다리고 있을 뿐인 것이다.

사랑 그 바닥은 진실에 뿌리를 두고 있는 것이다. 현실이라는 것에 바탕을 두고 있는 것이리라. 자유의 여신상이 새롭게 단장되었다. 일국의 원수가 자기가 가졌던 감정과 감상주의를 구슬프게 읊조렸으며 아이아코카가 진두지휘해 무척이나 성대한 축제가 치러진 모양이다.

인간은 어머니 뱃속으로부터 태어나는 순간 어떤 기분이 될까. 대부분의 사람들은 울어 제친다고 한다. 슬픔과 비애와 고통의 출발선 상에 서 있기 때문이라고 할지도 모른다. 울음을 울 수밖에 달리 도리가 없기 때문에 그럴지도 모른다. 유토피아로부터 축출된 것에서 아니면 낯설음은 이방감에서 비롯된 슬픈 응어리의 폭발일지도 모른다.

혹은 운명의 베틀 속에 내던졌기 때문에 일어나는 당혹감을 참을 수 없었기 때문일 것이라는 추측도 가능하다. 생명의 탄성을 발하는 것에서 누구처럼 자기존재를 확인시키고자 해서 일지도 모른다. 그래서 석가가 태어나면서 외쳤다는 탄생의 말씀에 '천상천하 유아독존'이라는 말을 남겼다고도 한다. 백이다, 흑이다, 회색이다 구구하고 그것에서 출발선을 구하는 것도 구구각설이다. 먼저 나온 사람이 아니면 역사가 만들어 놓은 함정에서 연유될지 모른다. 일단은 아무튼 주사위는 던져졌고 출발이 될 것이다. 그 오묘한 과정과 숱한 억측이 낳은 여정을 지나서 우여곡절 속에서 인생은 시작되는 것이다. 우린 왜 나갔는지 왜 던져졌는지도 모른 채 무엇 때문에 그렇게 울음을 울었는지도 느끼지 못한 채 일단 얼마만큼 혈연적이고 지역적으로 한계 지워지고 운명 지워진 채 수레바퀴 속에 스며들게 되었다.

어떤 목적이나 목표를 가지고서 또는 의미나 본질을 가지고 무엇을 위해서 인지도 모른 채 생을 갖게 된 것이고 인생을 영위하게 된 것이다. 그런 다음은 세월이란 돛단배를 타고 항구를 떠나 또 다른 항구를 찾는 여정의 첫출발을 시작하는 것이리라. 죽음이나 멸망에 이르기까지 그 처음의 의미가 가진 것을 모른 채 말이다. 천진난만함으로 모든 것을 감싸 안아버린 그런 시간과 공간을 떠나면서 우린 깊은 물은 체험하고 자유를 알고 고독을 느끼며 시련과 유혹을 넘어가며 얼마 후면 어디로 가야할지를 결정하며 그렇게 삶을 영위하는 것이다. 이미 만들어져 있는 여러 가지 터널 속에서 살다보면 뭔가를 느끼고 깨치게 되면서 우린 근거와 뿌리를 얼마만큼 인식하게 된다. 불만도 만족도 느껴가며 자기 앞에 놓인 조건 지워진 환경과 상황을 개척해 나가는 것이다. 어떤 목표를 가지고 어떻게 자기 삶을 펼쳐갈 것인가를 구상하게 되고 그 길을 좇아서 어떤 것들을 배제하고 하나의 길로 방향을 잡아 떠나는 것이다.

어떤 이는 목적한 항구에 이를 것이고 목표를 성취시켜나갈 것이다. 숱한 노력과 인내를 가지고 성실히 자기 길을 간 사람은 성취의 쾌감 속에서 뭔가를 남기면서 떨쳐버린 길에 후회를 하지는 않지만 연민이나 미련을 남긴 채 말이다. 그리고 숱한 산전수전과 좌절과 실패를 겪는 속에서 얼마만큼 보편적이라고 보인 생의 원리를 터득해서 후손에게 전해주려 할 것이다. 그러나 누구는 낙오되고 지친 몸으로 빈 몸으로 온 것처럼 그렇게 간단하게 맨몸으로 다시 또 심판대나 종착역에 이르게 될 것이다. 후회 없는 길이 아니라 더할 나위 없는 반성과 자성을 자각하게 만드는 애달픔이 있을 그런 길을 가리라.

어떤 이들은 그런 것에 전혀 연연해하지 않고 삶 그 자체에 큰 것을 걸고 자기만족을 끊임없이 추구해가고자 하는 삶 그 자체에 그렇게 열중하며 목표를 달성하고자 하는 것이 아니라 순간순간에 즐거움을 느끼며 아름다움을 간직하면서 멋지게 자기를 향불 태우듯 그렇게 살리라. 하루를 집에서 보내며 오랫동안 그려왔던 것이 아닌가 했다. 베란다에 배를 대고 누워 책을 읽으면서 참으로 한가롭고 여유에 가득 차있다고 여겨졌다. 지금 뭘 생각하고 있을까. 어떻게 시간을 죽여가고 있을까. 한편으로 그렇게 멀리 있지 않는 것에서 위안을 받았는지 모른다.

학교를 어제 갔을 때에는 만나기 연습에서 만나던 사람처럼 그렇게 우연찮게 해후가 되면 어쩌나 하는 그런 우스꽝스러운 감상이 일어났다. 공연한 허망감이었다고 느껴지면서 가소로워졌다. 알만한 이를 찾아올라갈 수 있었지만 그날의 약속의 의미는 퇴색시킬 것 같아 어느 만큼의 절제란 것은 항상 인간이 지녀야할 것인지도 모를 일이다. 개인적인 욕망을 참지 못하고 달려가는 것에서 사랑의 깊이를 가늠할 수 있다면 잘못된 인연인 것이리라. 조용히 침잠하면서 되돌아 갈 것이 아니다. 구상하면서 아름답게 생각하고 즐겁게 계획을 수립해야 할 것이다. 끊임없이 한 여자를 향한 그리움 속에 지옥 같은 1년 9개월의 병영생활을 마치고 구사일생으로 전선을 빠져나와서 겪는 각종 상황속에서도 대답 없는 아우성을 치며 고집스럽게 순수성을 고수하려는 인본주의에서 무엇을 얻을 수 있을까. 그는 결국 수용소까지 탈출할 수 있었지만 아무도 보는 이 없는 가운데 쓸쓸히 노상에서 한 여자를 그리며 안타깝게 소진되어 가버린다.

인간의 굴레라는 것은 제약된 환경과 상황 조건을 떨쳐버리고 꿋꿋하게 자기 자신의 양심 내지는 본성에 뿌리를 두고 인간다움을 간직하려는 것에서 매우 좋았는지도 모를 일이다. 군대가 가진 의미나 전쟁이 인간에 갖는 영향력 그 극도의 상황 속에서 빚어지는 양상이나 태양을 유효적절하게 타개해 나가 인본주의자에게 박수를 보냈다.

이제 본격적으로 여름이 시작되려고 한다. 종요로운 것에서 무더워 참을 수가 없다고 소란을 떠는 것에서 인간의 한계성이 내포되어져 있는지 모른다. 초롱초롱한 눈망울이 뭘 얘기하고 있는지를 이젠 어느 정도 깨우칠 수 있게 되었단다. 묻어버리고 감내하리라 하지 말고 얼마만큼 같이 아파할 수 있고 의심 없이 부담 갖지 않고 상의해 볼 수 있는 깊은 사이가 될 수 있도록 결연관계를 더욱 결속시켜야 할 것이다.

'나는 당신을 사랑해' 라는 것은 강하고 너 깊게 포옹할 문장을 선사해 줄 것이다. 믿고 신뢰하는 것에서 반석 같은 사랑의 힘을 증명할 수 있도록 좀 더 성숙되고 세련되어야 할 것이다. 지성과 자존에 가득찬 속에서 백합처럼 찬연히 그 빛을 발하는 그 누구도 범접할 수 없는 우아함과 고고함을 항상 염두에 두고 자기완성을 이루리라.

소년이여 야망을 가져라

초등학교 6학년의 어린 나이 때에 나의 결심으로 가졌던 꿈은 판사가 되는 것이었다. 그 속에 세상의 모든 악을 척결할 수 있는 막강한 힘이 있는 정의라는 대의명분을 갖춘 칼이 있었기에 한편으로 나에게 주어진 사회적 환경이나 조건이 그렇게 포부를 갖게 만든 것인지도 모른다. 그러면서 계속 커왔고 그러한 생각은 아주 단단하고 견고하게 굳어져 갔다.

그러나 한편으로 연결되고 겹쳐졌던 것은 법에 의해서 빚어지는 맹점 혹은 부조리 외의 또 다른 면에서의 많은 문제들도 있었다. 어리석게도 법은 모든 것을 바람직하고 정의롭게 하리라는 것은 맥없이 허물어지기 시작했다. 그러면서 사회적 모순들이나 부조리 그렇게 바람직스럽게 여겨지지 않는 일은 너무나 많았고 엄청나게 복잡해져 있었다. 종교도 철학도 있었고 수많은 분야가 있었다. 법만이 인간의 전부일 순 없었고 법만이 전부라 하더라도 그 법이 그렇게 쉽게 습늑될 수 있을 만큼 가소롭게 볼만한 학문도 아니었다. 끊임없는 반목과 대립 갈등은 항상 있어왔고 계속해서 그럴 것 같다. 그와 같은 모순들과 자기부정을 어떻게 실 풀리

듯 풀어갈 수 있을까. 법학은 처음 할 땐 이로서 어느 정도의 인간관계에 모든 측면은 나타나고 연구되리라 여겼다. 하지만 인간이 그렇게 단순하지만은 않고 간단하게 해결될 만큼 쉬운 문제점을 갖고 있진 않았다. 물론 그렇게 쉽사리 정복되고 파헤쳐지리라 여겨지진 않았다.

어린 소견에서는 단지 만인이 겪는 수많은 경험과 각고를 간단하게 맛봄으로써 인간의 실체를 이해하는데 어느 정도의 통찰력을 가질 수 있게 된다면 그로써 족하지 않을까 했었다. 하지만 여태까지의 생으로선 어림없는 얘기다. 몇 천 년을 두고 해결되지 못한 일이 한 인간에 의해 풀어질 만큼 그렇게 간단한 문제성을 지니고 있다면 그건 우스운 일이리라. 경제적으로 많은 경비와 인력이 필요하리라 여겼고 그와 같은 수단과 자료를 위해 많은 노고와 수고가 필요하리라 예상했었다. 그러나 문제는 그렇게 간단하지 않았다.

인류 영원의 난제이고 인류가 멸망하고 혹은 인간 세상에 최후를 고하는 날이 올지라도 이룩되지 않을지도 모를 그런 이상세계를 꿈꾸며 그 이론적 사념적 개략적 고찰을 해나간다는 건 무지무지한 인내와 고통을 요구할 것은 너무나 자명하다. 돈과 사람과 노력과 수고와 경비 기타 등등만으로 안 되는 일일지도 모른다. 즉 그것은 절대자의 임무요 할 일인지도 모른다. 인간에 있어서의 한계를 넘어선 피안의 것일 수도 있고 허망할지도 모른다. 고래古來로 많은 사람들이 그것을 꿈꿔왔고 전 생애를 바쳐 그를 연구한 이도 있으리라. 그러나 현재는 그렇게 낙관할 만한 상태가 되어있지 못하다. 인간의 가능성의 한계를 파악한다는 것은 아주 중요하다. 하나 인간으로서 인간이 갖고 있는 근원적인 원류에는 유토피아가 있을 것으로 보는 것이다. 그것을 깨우치는 것은 어떻게 보면 종교적이고 신적이며 형이상학적인 면을 가지고 있는지도 모른다. 인류의 궁극적인 귀결점 그 하나의 원천 근원을 깨우치는 것만도 쉬운 일이 아니다.

그것에서 더 나아가서 세상 모든 사람이 그것을 깨닫고 그렇게 되도록 함에 있어서야 산 넘어 산인 셈이다. 그런데 그와 같은 유토피아를 향하는데 있어 문제되는 것은 인간이 인간이어서 되겠는가 이다. 인간이 인간이라는 것에서 나오는 것은 자유와 선택을 포용한 유토피아가 어떻게 가능하겠느냐 이다. 여기에서 자유와 선택에서 파생되는 것은 반항이나 반대 즉 새로운 다른 체제나 체계를 가르치게 될 것이다. 어떤 유토피아가 실현되었을 때 그것에서 그 유토피아를 거부하고 부정할 수 있게 되어버린다면 그것은 유토피아가 아니다 는 결론에 도달하는 것은 아닐까. 즉 유토피아에서는 자유와 선택이 배제되어야 하는가 하는 것에서 유출되는 애로는 그것에서 나오는 새로운 발상이 기존의 유토피아를 어떻게 유지시켜나가겠는가 하는 점이다.

처음 유년 시절에 꿈꾸었던 판사에의 꿈은 결국 이루지 못했고 실현되지 못한 꿈이었지만 꼭 그렇게 해서 이뤄서 살고 싶어 했던 세상은 영원히 마음 한쪽의 가슴속에 남아 있었다. 본래 '소년이여 야망을 가져라' 라고 얘기한 사람은 미국인 윌리엄 스미드 클라크 박사가 한 말이다. 그는 북해도 삿보르 제국대학의 총장으로 재임하면서 청년들에게 주지시키고 강조하고자 해서 이 말을 했다고 한다. 그가 강조했던 것은 신사도였다. 신사로서 자긍심을 가져야 하고 그 신사에 맞는 행동을 해야 한다고 강조하고 그렇게 교육을 시켰다고 한다. 얼마 후 그는 본국으로 돌아갔지만 그가 끼친 영향은 무척이나 컸었다. 130여 년 전에 미국에서 온 그가 일본인을 개화시키고 제대로 문명에 눈뜨게 한 공로가 인정되어 그의 동상이 그 대학 내에 세워져 있었다고 한다.

2차 대전 당시 미국은 일본의 적대국이 되었지만 그의 정신 그의 이념을 기리고자 했던 일본인들의 존경심은 그대로 유지 보존되었고 그의 동상도 일체의 훼손됨이 없이 오늘날까지도 건재하다고 한다. 다른 규칙이나 규정 없이 신사도의 정신을 깨우쳐 주고자 했던 선각자의 그 뜻이 오늘날까지도 면면히 이어져 내려온다고 한다.

아무튼 나의 꿈은 제대로 이루어지지 못했고 미완의 꿈으로 남아 있지만 그렇게 꿈꿨고 야망을 품었으며 그렇게 실현하고자 애썼던 부분이 인간으로서 가야 할 길이 아니었을까 여겨지기도 한다. 푸르스트의 가지 않는 길에 대한 연민이 남아 있는 것처럼 이루지 못한 꿈에 대한 미련은 늘 아련한 향수로 간직되는 것은 아닐까.

여인의 향기

여인의 향기는 1992년도 유니버셜사가 제작한 영화이다. 감독은 마틴 브레스트였다. 퇴역장교와 이제 고등학교를 졸업하려는 앳된 청년이 서로 간에 우정을 쌓아가며 우여곡절을 겪는 가운데 삶의 의미를 되찾게 해주는 영화다. 퇴역장교 프랭크 슬레이드 역은 알파치노가 맡았고 이 역으로 아카데미 남우주연상을 받는다. 7번이나 후보에 지명되었는데 이제야 받게 되었다.

사촌의 집에서 얹혀사는 신세인 슬레이드 중령은 가족들이 추수감사절 여행을 떠나자 외톨이가 된다. 찰리는 크리스마스에 집에 가기위한 여행경비를 벌 목적으로 이 일을 맡게 된 것이었다. 착실한 모범생으로 하버드 진학을 목표로 공부를 하고 있었다. 최후의 여행을 계획하고 맹인인 슬레이드 중령을 보살피기 위해 찰리 심스가 그의 집을 방문한다. 둘은 뉴욕으로 여행을 떠나고 찰리의 학교에서는 여행을 떠나기 전에 고약한 친구들이 교장선생님을 골탕 먹이는 사건을 서시른다. 그리고 찰리는 그들이 예비적으로 범행을 준비하는 장면을 보게 된다. 슬레이드는 암흑같은 세상에서 도피하고자 최후의 여행을 준비한 것이었고 그 여행 중에 자살을 실행에 옮길 작정이었다.

그가 좋아하는 것은 여자, 페라리, 탱고 등이었다. 아마도 그는 군 복무시절 사고로 인해 눈을 실명하게 되었고 삶의 의미를 잃고 하루하루를 소모하고 있는 삶을 살았다. 페라리 매장에서 시험주행을 한다고 해서는 차를 몰고 나간다. 그리고 찰리의 코칭을 받으며 이러 저리 거리를 신나게 질주한다. 교통경찰에게 딱지를 떼이기 일보직전까지 가기도 하지만 죽기 전에 마지막으로 해보는 모험이었고 버켓리스트 같은 것이었다.

식사를 하러 고급식당에 갔다가 젊은 여자를 만나 탱고를 멋지게 추기도 한다. 그는 그녀의 향기로 모든 것을 간파하는 탁월한 능력을 보여주기도 한다. 그녀는 도나역을 맡은 가브리엘 앤워라는 배우였다. 그녀는 잠시 남자 친구를 기다리던 중이었는데 슬레이드 중령과 함께 탱고를 춘다. 빼어난 춤 솜씨에 모두들 어리둥절해 한다. 그는 호텔방에서 죽을 결심을 통고하고 죽으려고 한다. 그러면서 찰리에게 자기가 죽으면 안 되는 이유를 세 가지만 대라고 한다. 그러자 찰리는 그렇게 페라리를 잘 몰고 여자와의 탱고도 그렇게 잘 추면서 왜 죽으려 하느냐고 한다. 결국 슬레이드는 죽기를 포기하고 새롭게 삶을 살아가기로 한다. 형제네 집을 방문해서 식사를 하는 자리에서도 한바탕 조카들과 실랑이를 벌이고 결국 그곳에서 쫓겨난다. 여행이 끝나고 둘은 제 위치로 돌아온다. 찰스는 교장선생님으로부터 추궁을 당한다. 사건이 일어나기 전 날 밤에 목격한 내용을 털어놓으라고 하고 그는 그것을 거부한다.

결국 징계위원회가 개최되고 슬레이드 중령은 찰리 심스의 후견인 자격으로 그를 변호하기 위해 참석한다. 그리고 멋진 변론을 한다. 지도자의 요람이라는 베어드 고교가 어떻게 친구를 밀고하라고 가르치느냐 그것이 올바른 것인가. 아버지 포켓에 숨은 친구에게는 상을 내리고 친구를 고발하지 않은 찰리에게는 벌을 내리는 것이 온당한 일인가. 내가 5년만 젊었다면 이곳에 불을 싸질렀을 것이다. 아이들의 기를 꺾으려는 이는 본 적이 없다. 앞길이 구만리 같은 아이들의 인생을 망칠 셈이냐. 위원들이 잘 판단해서 결정해라.

나는 전쟁터에서 수많은 젊은 아이들이 상처입고 부상당하는 꼴을 보았다. 리더라는 것은 용기 있게 행동하고 정당하게 업무를 처리해 가야 하는 것이 필요한 것이고 그것이 진정한 용기다. 그리고 자리에 앉는다. 우뢰와 같은 박수가 터져 나온다. 그의 그 연설은 신들린 연기였다는 평가를 받는다. 눈동자를 움직일 수도 없는 가운데 멋진 지도자의 모습을 보여주었다. 확신에 찬 모습으로 엄청난 관중이 지켜보는 가운데 그들을 다 설득하고 감동의 도가니로 몰아넣는다. 위원회는 결국 찰리의 무죄를 선언하고 결론을 내린다. 마지막으로 슬레이드 중령의 조카네 집으로 다시 돌아가고 찰리도 일상으로 돌아가면서 영화는 막을 내린다.

아무래도 영화의 압권은 탱고를 추는 장면, 그리고 슬레이드 중령의 자살을 막는 장면 마지막 징계위원회에서의 알파치노의 명연설장면 일 것이다. 최고의 장면을 연출한 것에 아카데미는 더 이상 남우주연상의 수상을 미룰 수 없었나 보다. 참으로 멋진 장면이었고 리더의 표상이라 여겨질 만 했다. 어떻게 리더가 행농해야 하고 실득해야 히고 협상해야 하는지를 보여주는 것이었다.

영화내용과는 아무런 관련이 없는 여인의 향기라는 제목은 왜 붙여

졌을까 의아한 대목이었다. 아무튼 그것은 이탈리아 소설가 조반니 아르피노의 동명소설을 원작으로 했기 때문이지 않을까 여겨진다. 알파치노의 명연설이 나오는 영화가 몇 작품이 있지만 이 영화만큼 그렇게 멋지게 표현되고 제대로의 빛을 발한 것은 없지 않을까 생각된다. 미식축구에서 감독으로 선수들에게 하소연하는 연설장면도 감동적이기는 하지만 이 영화만큼 멋지지는 않았다. 여러 가지가 잘 맞아 떨어졌고 제대로 연출이 되어 좋은 결과가 있지 않았나싶다. 이제는 나이가 많이 들어 멋진 연기 모습을 기대하기 어렵게 되었지만 그런 배우를 볼 수 있었던 것이 행복한 일이었다고 기억된다. 교장선생님의 역할을 맡았던 제임스 레브혼은 얼마 전에 세상을 떠났다는 보도를 본 적이 있었다.

아무튼 여인의 향기는 엄청난 작품이었고 알파치노의 신들린 연기를 볼 수 있게 해준 영화였다. 그가 아니면 소화해 낼 수 없는 맹인연기를 멋지게 보여주었고 그의 진면목을 볼 수 있었던 걸작으로 평가될 만 했다.

조이

자수성가한 여성 CEO의 실화로 만든 조이란 영화가 있었다. 조이역에는 제니퍼 로렌스 그리고 그녀를 성공으로 이끄는데 결정적인 역할을 한 조력자로서 닐역에 브레들리 쿠퍼가 맡았다. 그리고 감독은 러셀이었다. 조이는 열악하기 그지없는 환경 속에 처해있는 싱글맘이었다. 이혼한 남편, 그리고 이혼한 부모, 그리고 두 딸, 더욱이 그녀를 성공시키고자 하고 유일하게 인정해 주는 할머니 미미까지 참으로 복잡한 가족구조이다. 지하실에는 아버지와 이혼한 남편이 살고 있었다.

어머니는 침대에 누워 오로지 TV 연속극만 보면서 삶을 살아가는 이로 나왔다. 남편은 로크롤가수로 가정경제에 제대로 기여하는 바가 별로 없었다. 대가족의 생계를 꾸려가는 것만으로도 복잡할 것인데 그 속에서 아이디어를 창출해 내고 그것을 관철시키고 대박의 히트상품으로 만들어 내는 것에서 큰 박수를 받았다. 가족구성원의 관심분야가 제각각인 상태에서도 가족은 조이가 발명해낸 미라클 놉에 선심진력을 디헤 도와주고 지원해 주는 것은 좋은 가족애의 전형으로 보인다. 어느 날 회사에서 해고된 조이는 생활하면서 반짝 아이디어가 떠올라 손을 대지 않고 빨 수 있는 걸레 미라클 몹이라는 것을 도안하고 발명하면서 이야기는 전개된다. 집을 저당 잡히고 친구, 친척들의 모든 자본을 끌어 모아 기적의 걸레를 생산하는 공장을 건설하고 생산에 집중한다. 그런 다음 그녀가 하는 일은 그것을 판매하는 일이었다. 대형마트 앞에서 직접 판매도 해보고 시연도 해보지만 만만치 않은 일이었다. 경찰에게 불법 가두판매로 인해 끌려가기도 하고 망신을 당하기도 한다. 딸아이가 엄마는 중고걸레를 파는 청소부라고 애들이 놀린다고 푸념을 한다. 그러자 조이는 이렇게 말해준다. 열심히 일을 하는 것은 결코 나쁜 것이 아니다. 그리고 자신이 파는 것은 결코 중고가 아니다. 마지막으로 그런 시시한 것에는 신경을 쓰지 마라. 엄마는 나쁜 사람이 아니다. 아이에게 엄마를 자랑스러워하도록 얘기를 해주는 것이다.

그러던 중 이혼한 전남편의 소개로 홈쇼핑의 권위 있는 판매자를 소개받게 된다. 쇼호스트로 가장 판매를 잘하는 사람을 내세워 광고를 해보지만 매출은 기대이상만큼 오르지 않았다. 결국 그녀는 닐이라는 홈쇼핑 판매PD에게 다시 한 번 사정을 하고 이번에는 자신이 직접 TV홈쇼핑 광고에 나서기로 한다. 화려한 정장 복장을 권고하지만 그녀는 평상복으로 도전한다. 카메라가 돌아가고 광고를 하기 시작한다. 그녀는 가장 편안하고 실속 있는 걸레로 미라클 몹을 설명하고 그것은 공전의 대히트를 기록한다. 그녀는 직접 걸레의 효력을 보여주고 편리함을 보여준다. 그리고 자신이 실제 그것을 통해 얻은 효과를 강조한다. 유리 등에 의해 손을 베는 일이 수없이 일어나는데 이 걸레는 그런 일이 일어날 수가 없다는 장점을 강조한 것이다. 매출은 순식간에 5만 개를 초과하고 10만 개까지 돌파한다. 그러나 재료를 공급하는 업체에서 재료비를 올려달라고 하고 배다른 언니 페기가 2달러를 올려주자 자신이 직접 협상을 하러 캘리포니아로 가서 담판을 짓지만 여의치 않게 불법침입으로 인해 유치장에 억류되는 곤욕을 치르게 된다. 특허비 등으로 지급했던 부분도 있어 그녀는 돌파구 마련을 위해 텍사스로 간다. 그리고 특허비를 모두 돌려받고 새롭게 재기한다.

그녀는 여러 가지 아이디어로 생활용품 등을 생산하게 되고 성공한 CEO로 우뚝 서게 된다. 조이 망가노라는 CEO의 실화를 영화로 만든 것이다. 백전불굴의 정신으로 어려운 여건과 환경 속에서도 꿈을 잃지 않고 성공을 이뤄낸 이의 성공담이었다. 비록 그녀의 가족이 큰 짐이었고 부담이었지만 끝까지 그들을 내치지 않고 돌봤으며 그들을 보살핌으로써 가정의 화목을 가져왔고 여성 사업가로서도 큰 성공을 이뤄냈던 점에서 보통 사람들의 귀감으로 손색이 없을 것으로 보인다. 항상 자신이 믿고 의지했고 자신을 인정해주었던 할머니의 믿음을 바탕으로 해서 어떤 어려움 속에서도 자신의 가치를 확신했던 이의 성공담이 아닐까싶다. 실패하고 좌절하는 부분도 있었지만 성공할 수 있을 것이라는 믿음에 더욱 자신을 채찍질해서 큰 성공을 이뤄내지 않았나 보인다.

홈쇼핑의 귀재 닐과의 러브라인이 형성되지 않은 게 약간은 흠결로 남았지 않았을까. 그 어떤 희망도 보일 것 같지 않은 열악한 상황과 여건 속에서도 불굴의 정신으로 이를 극복하고 제대로 된 히트상품을 만들어냈고 그것을 판매해 대박을 만드는 신화를 이룬 사람의 애기였다. 이뤄내고 성취한 다음에는 누구나 다 할 수 있을 것 같고 간단하고 단순해 보일 수도 있겠지만 결코 쉽지 않은 걸 이뤄낸 조이에게 박수를 보내야 할 것이다. 숱한 역경과 고난 속에서도 물러서지 않고 굴하지 않고 좌절하지 않고 안주하지 않고 이를 이겨내고 극복하고 자기의 원하는 바를 이뤄낸 것에서 존경받아 마땅한 것이리라.

조이는 좋은 학교를 다니고 훌륭한 가문에서 탄생한 것도 아니었고 전폭적으로 지원해 주는 이를 가진 것도 아니었음에도 숱한 난관과 고충을 다 이겨내고 성공의 힘을 보여준 것이 더욱 빛나지 않았나 싶다. 백전백승의 정신으로 여러 고초를 무릅쓰고 바람직한 방향에로의 전진을 통해 아무도 이뤄내지 못했던 것을 성취해낸 것이다. 보통의 사업가들보다 훨씬 열악한 조건과 상황 속에서도 해낼 수 있다는 것을 몸소 보여준 것에서 뜻 깊은 성공사례로 자리매김 되었을 것이다.

커뮤니케이션 이론가인 폴 스톨츠 박사는 역경지수를 개발했다. 일반적으로 세 가지 부류로 사람을 나누었다. 역경에 굴복하는 퀴터(겁쟁이), 둘째는 역경에 안주하고 편승하는 캠퍼(야영자) 그리고 마지막으로 역경을 극복하는 클라이머(등반자)였다. 세상에 성공하고 유명해지는 이들은 모두 클라이머에 속한다고 한다.

요즘 리오에서의 감동이 물밀 듯이 전해지고 있다. 세계적인 선수들의 성공이 연일 보도된다. 펠퍼스의 5관왕, 인간탄환 우사인 볼트 100미터, 200미터, 3연속 올림픽 제패, 흑인 체조선수 바일스의 4관왕, 한국양궁전 종목 석권 등 지구촌을 뜨겁게 달구는 스포츠 영웅들의 뒷얘기 속에서 우리는 많은 교훈과 감동을 느끼게 되는 것은 그들의 피나는 노력과 굴하지 않는 불굴의 정신에서 우리가 갖지 못한 부분을 본받고 싶어서는 아닐까. 인간은 항상 목표를 성취하기 위해 노력하고 정진하고 성장하는 속에서 삶의 희열을 가지게 되는 것이 본류일지도 모를 일이다.

인간의 의지에 관하여

예전에 그런 얘기를 들은 적이 있었다. 인간에 있어서 가장 중요한 것이 무엇인가를 물어본 적이 있었다. 그런데 그 답 가운데 하나가 '살려고 하는 의지' 가 있어야 한다는 것이었다.

그것이 무슨 얘기냐 하는 것은 후에 알게 되었다. 삶의 의욕 의지가 상실되면 정말 세상을 살려고 하는 힘 내지 그런 의지가 빠져나가고 나버리면 그 삶에서 무엇이 삶을 지탱해줄 수 있을 것인가. 예를 들어 삶의 목표를 정하고 살아가던 차에 어떤 환난에 빠지고 실의에 빠지게 될 때 인간의 머리 속에 떠오르는 것은 이렇게 세상을 살아서 어떻게 하나 하는 자괴감이 든다는 것이다. 삶의 의지 내지 희망 꿈 그런 것이 사라지거나 실현 가능성이 낮아질 때 그 때 우리는 어떻게 그런 위기를 극복하고 역경을 이겨낼 수 있을 것인가. 사랑하는 사람을 잃었다거나 또는 사업에 실패하거나 자신이 실현하고자 했던 것들이 산산조각나고 물거품이 되었을 때 우리는 어떻게 삶의 의지를 회복할 수 있을까.

이런 얘기가 있었다. 한 사람이 그렇게 인간의 종요로움을 비웃고 인간 의지의 박약함을 질타하면서 인간의 하찮음을 얘기했다. 그러자 그것을 듣고 있었던 동탁 조지훈 선생이 인간의 의지의 위대함을 보여주겠다며 실제로 보여준 인간 의지의 위대성의 한 실례를 실험적으로 보여준 일화다. 그는 향을 피워서 그것을 손등에 올려놓고 그 향에 의해 손등이 타들어가는 것을 참고 견디면서 인간 의지의 위대성을 보여주었다. 가시만 손가락에 박혀도 하루종일 전전긍긍하고 못 참아 하면서 어려워하고 종종걸음을 치는 인간의 박약함이 있기도 하다.

다음은 그런 장면을 상상하면 인간이 얼마나 강한 의지를 갖고 있는가 하는 것을 보여주는 장면이다. 삼국지에서 나온 것이다. 관우라는 장수가 팔에 화살이 박혀 그것을 뽑는 수술을 하게 된다. 그는 그런 상태에서 태연자약하게 바둑을 두면서 수술을 하라고 내버려 두는 것이다. 그 고통이 이루 말할 수 없을 텐데도 그는 눈하나 깜짝하지 않고 바둑을 두면서 수술을 받아낸 것이다. 그 상대편 바둑을 두는 이는 마음을 졸이며 식은 땀을 흘렸는데 말이다.

인간이 가지고 있는 의지는 여러 가지가 있다. 첫째 종족의 의지가 있고 둘째 개체의 의지가 있는데 개인의 의지에는 권력욕이라던가, 지식욕, 추구욕 등이 있고 종족의 의지에는 여자에 대한 의지나 욕구, 아름다움에 대한 추구 등이 있다. 권력에의 의지라는 것이 왜 인간의 의지에 속하게 되는가를 철학이나 정치학의 출발점의 문제가 될 것이다.

권력에의 의지라는 것은 아마 야심과 희망 갈구를 말하는데 이건 어찌보면 지배의 욕구라고도 할 수 있고 주체에서 비롯된 강한 자존심에 근거를 두고 있는지도 모른다. 즉 그것은 어찌보면 아집과 집착에서 자신의 가장 강력한 힘의 근거가 될 수도 있겠지만 어떻게 보면 인간의 나약성의 절묘한 왜곡인지도 모른다. 그것은 공격이고 지배이며 투쟁의 결과에 의해 나타날 것이다. 왜 인간이 이렇게 연결되고 집합되지 않으면 인간들은 그 약한 허점을 적나라하게 노출시키고 말지도 모른다.

그속에서 인간들은 자신의 위대성과 인간의 훌륭함을 표출시키고자 하는 가운데서 나타난 것이라고 변명되어질 수도 있으나 그것은 결국 홀로 설 수 없는 인간의 한계를 가장 적확하게 반영시켜 주는 것이 아니겠는가.

그곳에서 우린 하나이면서 하나 하나로 연결된 전체의 강력함을 과시함으로써 지배의 근거를 마련하고 그 지배에 반역할 수 없도록 하기 위해 인간들은 그런 의지의 화신이 되었으리라. 그것은 아주 인간을 압도하는 만큼의 많은 맛좋은 미끼를 가득 갖추고 있고 인간이 인간 위에 설 수 있는 우월성의 나타남에 의한 것이라 정당화함으로써 그 속에 매몰되어져 버린 수많은 사람들을 기억해야 한다. 그것은 어떻든 인간의 본질 속에 어느 만큼 함유되어져 있는 속성일 수밖에 없는지도 모른다.

결국 인간은 지배하느냐 지배 당하느냐의 경쟁 속에 빠져들게 될 때 우리에게 절실하게 요구되는 것은 승리요, 우월자의 지위이다. 의지가 더욱 강력한 자에 의해 지배되어지게 되는 것이 분명하다. 인간이 이러한 권력에의 의지를 발전시켜가는 전개과정 가운데서 인간은 자신의 자아에 대한 실현과 확인 그리고 인간 존재의 증명과 근거를 제시해 주리라고 여기고 그런 가운데서 자기의 삶 전체를 투신하는 이도 있다.

그렇다고 해서 복종되는 자에게는 권력에의 의지가 없는가 하면 그런 것도 아니다. 대부분의 사람에게 그런 속성은 대체로 정도의 차이는 있으나 그 존속을 유지시켜 갈 뿐인 것이다. 우리는 그런 것을 접어두거나 무시하거나 뛰어넘을 수 있으나 그것을 삼키거나 소멸시켜버릴 수는 없는 것이다. 즉 그 존재를 말살시키고 더욱 비천하게 된다거나 더욱 높은 위치의 종으로 비약하게 될 수는 없는 것이다. 그 속에서 우린 굴레를 느끼고 미혹을 느끼고 봄의 꿈을 느끼는 것이다. 그 속에서 우린 절망과 고통과 비관으로 떨어질 수도 있고 아니면 낙천이나 낙관으로 떨어질 수도 있을 것이다. 그것은 결정되는 것이 아니고 선택에 의한 개체의 호응인 것이다. 그래서 우린 수많은 양상의 수많은 삶의 양태를 지켜볼 수 있고 살아가고 있는 것이리라. 그리고 또한 그 굴레를 비약하거나 타개할 수 없는 비운이 자리를 잡고 있는 가운데 인간 운명의 가소로움이 느껴지는 것이다.

결국에 인간은 그렇게 그 굴레 속을 다람쥐 쳇바퀴 돌 듯이 돌아가면서 그 굴레 속에 안주하게 되고 허망하게 자신의 뒤를 돌아보며 헛우물을 파왔음을 시인하고 그리고 다시 파기에는 너무 늦었음을 한탄하는 가운데 우리의 주어진 운명의 시간을 다하게 되는 것이리라.

언제나 간단한 해답과 명백한 충고에 의해서도 인간이 쉽사리 변화되어지지 않고 자기의 삶을 고집하고 집착하게 되는 것은 자신이 가지고 있는 삶에의 독자성과 성실성으로 어느 누구도 개입할 수 없는 테두리를 만듦으로 인해 인간은 만족을 얻고 자신의 존재에 대한 확인과 긍지를 가질 수 있는 것이리라. 이러한 것은 아마노 종족의 의지가 아닌 개체의 의지이고 이 개체의 의지 가운데서 인간의 다양성과 방향성 모색의 여러 태양이 출현하게 되는 것이 아니겠는가. 그렇게 간단히 규정지워 버리기에는 너무나 많은 문제와 의문을 지니고 있는 존재에게서 우리는 자신의 삶의 풍성함과 자기의 만족이나 자아의 실현을 통한 자기위안이나 보람의식을 얻기 위해 얼마나 많은 노력을 벌여가고 있는가.

인간의 의지는 모든 것을 이뤄내기도 하고 그것을 통해 실패와 좌절과 기타 여러 가지 삶의 다양한 모습을 보여주게 만들기도 한다. 아무튼 강력한 인간의 의지을 가지고 자신의 꿈과 희망을 성취시키고자 하는 것이 인간의 바람직한 자세요, 도리가 아니겠는가.

인문 진보주의자의 항변

얼마전 술좌석에서 있었던 일이다. 선배님은 60을 넘긴 이공계를 전공했었던 보수주의자로서 얘기를 했다. 이제는 자제들보다 결혼을 다 시키고 손자들을 보는 재미로 노후를 즐기시는 분으로 개탄해 하고 있었다. 나라를 망치고 있고 온갖 종류의 갈등이 빈발하고 있음에도 제대로 그것을 해결해 내지 못하는 부분에 관하여 분노하고 있었고 질타를 해대고 있었다.

요지는 그렇다. 전후 그렇게 피폐해진 사회와 국가에 대하여 산업전사와 이공계 사람들이 국가의 재건을 위해 불철주야 노력하고 진력을 다해 오늘날의 한강의 기적이라 불리는 그런 경제 성장을 이루었고 부강한 나라를 만들어 놓았다. 또한 끊임없는 노력과 불타는 교육열에 의한 우수한 산업인력의 양성에 의한 경제 성장을 통해서 오늘날의 대한민국이 이뤄놓은 성취는 정말 세상에서 그 유례를 찾아볼 수 없을 정도이다. OECD 국가에 포함이 되었고 세계 경제순위 11위에 올랐고 20 50클럽에도 2012년에 가입이 되었다. 2만 달러 이상의 GNP 그리고 인구 5천만 이상의 국가인 나라로는 세계 7번째 국가가 되었다. 일본(1987), 미국, 독일, 프랑스, 이탈리아(1988), 영국(1996)에 이은 순위이다.

이러한 기적적인 일을 이뤄내고 산업화와 민주화의 두 마리 토끼를 다 잡은 나라도 유례가 없는 상황이다. 그러나 작금의 우리나라 현황을 보면 뭔가 제대로 그 어떤 희망도 보이지 않는 상태로 여겨진다. 수출은 선진국과 중국과의 경쟁에서 우위를 점하지 못하고 있고 장기적인 경기침체는 지속적으로 이어지고 있으며 실업률도 가중되고 사회적 갈등은 극으로 치닫고 있다. 어떤 해결점도 보이지 않고 빈부격차나 부익부 빈익빈 등 양극화는 사회의 모든 분야에서 확연하게 실연되고 있는 중이다. 이런 나라를 만들고 이루는데 인문주의자 또는 진보주의자들은 어떤 역할을 했고 사회발전 또는 국가발전을 위해 해 놓은 것이 과연 무엇이냐? 국회에서 싸움만하고 서로 헐뜯고 비방하고 시기하고 질투하며 국민의 원성만 받아온 것이지 않느냐. 제대로 사회적 갈등을 치유시키고 국가발전을 위해 진력하고 진정으로 우리나라가 가야할 길을 비전을 제시한 지도자가 있었던가? 사회통합의 역할을 이뤄내고 발전적이고 바람직한 국가로의 모색을 위해 진력한 지도자를 찾아볼 수 있었던가?

어떤 학자의 주장에 의하면 대한민국은 피로사회라고 했다. 이제 경제성장 발전 등을 통해 노력해 왔던 것으로 인해 너무 단기간에 엄청난 성취를 이룸으로 인해 그간의 피로가 누적되고 쌓여서 이제는 성장할 수 있는 동력이 많이 약화된 상황이라는 진단이다.

그러면 이제부터 항변을 해보자. 60년대부터 시작된 경제개발계획은 성공적으로 추진되었고 2012년 20-50클럽 가입때까지 제대로 이루워졌다. 그것은 모든 국민이 힘쓴 바도 있었고 과학화 산업화를 독려한 덕분이기도 하다. 농업보다는 공업을 제조업 중심으로 철강산업이나 중화학공업 중심의 나라로 변신시키기 위해 지속적으로 노력했고 진력했기 때문에 가능한 부분일 수 있었다. 과도하게 정책적으로 밀어붙였고 모든 국민이 애쓰고 노력했고 경제발전의 일일을 담당하는 산업전사 또는 산업역군으로서 불철주야로 지칠줄 모르게 일했다. 어떤이는 중동에서 그 뜨거운 열사의 사막속에서 산업전사로서 청춘을 불사르며 애썼다. 또한 어떤이는 독일의 탄광에서 간호사들은 병원에서 외화를 벌었다. 또 어떤이는 베트남에서 총칼을 들고 목숨을 건 전투를 벌이며 외화를 벌었고 국부의 증진을 위해 열정을 불살랐다. 식민시대를 지냈고 나라를 건국해 어느 만큼 기틀을 마련하려던 차에 전쟁이 벌어져 모든 것은 폐허가 되었고 호구지책도 마련할 수 없을 만큼 국민경제는 피폐의 늪에 빠졌었다. 그런 속에서도 부정은 만연했고 공직자들의 부패도 극에 달했다. 군인들에 의해 쿠데타를 성공하고 정권을 잡은 군부는 과감하게 경제정책을 실천해 나갔고 새로운 청사진을 제시하며 부국강병의 나라로 변신을 도모해 나갔다. 그러던 차에 정적에 의해 지도자는 피살당했고 또다시 군부에 의한 나라로의 변신이 있었다. 80년대 말 민주화의 열기에 의해 우리는 새로운 문민시대를 열었고 지속적인 경제발전을 이뤄내었다. 88올림픽도 있었고 2002 한, 일 월드컵대회도 개최해서 세계적인 나라의 대열에 합류했다.

우리는 아직도 배가 고프고 목이 마르다. 우리가 성취해야 할 것들은 너무도 많고 이뤄야 할 사회적 통합이나 갈등해소 등 일류 선진국가로서의 도약도 마련해야 한다. 통섭의 개념도 있었고 융합의 개념도 있었다.

사회적 갈등과 분열 고충은 언제나 어느 사회나 다같이 있는 것이다. 훌륭한 지도자 복이 없다고 했다. 우리에게 그런 것은 우리가 그런 지도자를 만들어내는 구조 내지 시스템이 없기 때문인 것이다. 위기가 기회라고 했다. 부정부패를 뿌리 뽑고 건실한 일류 국가로 발전해 나가기 위해서는 지속적으로 갈등을 해소하는 과정을 겪어야 하고 많은 연륜이 필요하고 진통이 있어야 하는 것이다. 미국이 이뤄놓은 성취를 보면 300년이 소요되었다고 생각하면 우린 이제 겨우 70년 남짓한 것이다. 너무 서두르지 말고 제대로 전력을 다해 일로매진한다면 조만간 30-50 클럽에도 가입할 것이고 부국으로 일류 선진국 대열에도 곧 합류할 수 있을 것이다. 우리의 철학적 소양 등은 그 어느 나라에도 뒤지 않는다. 갈등을 해결하고 진전된 방향으로의 국가를 발전시켜가는 동력도 조만간 확보할 수 있으리라 믿는다. 이공계 보수주의자로서만 세상을 볼 것이 아니라 인문적이고 진보주의자가 얘기하는 것도 이해하고 들어보려는 것이 필요하지 않겠는가.

30-50클럽은 6개국이 있다. 우리는 2015년에 가입할 것이라고 예상했지만 실패했다. 아직도 기회는 있다. 2만 달러 시대는 3만 달러 시대로 진입할 때까지 통상 10년 내지 15년이 소요된다고 한다. 우리는 아직 2022년까지 또는 2027년까지 3만 달러에 이를 수 있을 것이다. 겨우 3천 달러만 부족한 시대다 곧 우리에게도 3만 달러 시대를 맞이할 것으로 믿어 의심치 않는다. 아무리 경제 성장률이 저성장 시대이고 저금리시대이며 고실업률 시대라고 하지만 우리가 저력을 발휘한다면 충분히 그런 시대를 열어갈 수 있으리라. 우리에게 필요한 것은 갈등을 해결하는 협상

력의 발휘가 절실하다. 언제나 정론이 있으면 반론이 있기 마련인 것이다. 그것을 적절히 조절하고 타협하고 조정해서 합을 이뤄야 하는 것이 필요하다. 이제는 흑백논리에 빠져 이것 아니면 저것이라고 단정지우지 말고 제발 좀 타협점을 찾고 절충점을 찾는 것을 대안으로 만들어 내는 혜안이 필요할 것이다.

그리고 하나 덧붙이자면 적법한 절차의 마련이 공정한 사회를 만드는 기초임을 인식할 필요가 있을 것이다. 우리는 너무나 정실에 치우쳐 있었고 그것으로 모든 것을 해결하고 그런 방향으로 실마리를 풀었었다. 이제는 모든 것을 법에 의해서 조정하고 그것에 의해서 합일점 또는 방향을 찾아가야 하는 것이 필요한 시대가 되어 가고 있다.

미국에서는 그렇다고 하지 않는가. 이웃사람이 돌맹이로 유리창을 깼다. 그러면 그것은 법정에서 판결에 의해 손해배상과 기타 두 사람 간의 이해조정이 이루어진다. 그러나 우리라면 그렇겠느냐는 것이다. 모든 것은 법과 원칙 규정에 의해 정해진 대로 합리적인 해결점을 찾는 것이 필요하다. 언제나 내가 옳고 다른 이는 틀리다는 논리나 주장은 결국 서로 팽행선만 달리는 격이 되는 것이다. 합리적인 기준과 근거를 법에 의해 정해 놓고 그것에 의해 모든 것을 결정하고 판정하고 결론 짓는 기준으로 삼는 사회를 만드는 노력을 기울여야 하리라.

사나다마루

사나다마루는 일드로 요즘 방영되고 있는 드라마다. 전국시대 무장 사나다 노부시게의 일대기를 그리고 있다. 예전에 나왔던 작품으로 토시이에에 관한 것을 묘사했던 것이 있었고 풍림화산에서 다까다 신겐의 책사 야마모토 겐스께에 관한 것도 있었다. 사나다마루는 최신작이다.

사나다 가는 호죠, 우에스기, 도꾸가와 가문의 틈바구니에서 절묘하게 힘의 균형을 유지하면서 자신들의 입지를 굳혀간다. 그들은 우에스기에게도 호조에게도 도꾸가와에게도 굴복하지 않고 오나 노부나가에게 의탁한다. 그러나 노부나가가 혼노사의 변을 통해 미쓰히데에게 죽임을 당하고 나자 다시 곤란한 상황에 처한다. 사나다 마사유키의 차남으로 도꾸가와 이예야스에게 대항해서 항전한 인물로 대단한 무장이었다. 그는 에치고의 다이묘인 우에스기 겐신에게 인질로 가서 사사받기도 했다. 그는 우에스기의 상락에 동행했다가 토요토미의 눈에 들어 그의 곁을 보좌하게 된다. 결국은 토요토미 히데요시의 호위무사로서 역할을 수행했다.

우에다 성에서 삼부자가 힘을 합쳐 2천의 병력으로 7천의 도꾸가와 병력을 패전시킨 명장이기도 했다. 그는 일반 농부출신이었던 우메라는 여자와 정분을 쌓았고 스에라는 딸을 낳기도 한다. 도꾸가와와의 전쟁에서 아내를 잃기도 한다. 본래는 결혼식도 하지 않는 것으로 했으나 우여곡절 끝에 결혼식을 거행하면서 다른 사건의 단초를 제공하기도 했다. 그의 아버지를 암살하려 했던 정적을 제거하는 방편으로 결혼식이 이용되었다. 그는 토요토미를 모시면서 여러 가지로 활약을 하고 세상을 읽는 눈을 가지게 된다. 토요토미가의 지략가인 교부공의 딸을 정실로 맞아들이게 된다. 호죠는 도꾸가와의 상락요청에 누마다 성을 반환하면 상락하겠다는 조건을 건다. 그러나 토요토미가 걸었던 일정 지역의 반환이 이루어지지 않자 그것을 단번에 무력으로 빼앗아 버린다. 토요토미는 차차에게 눈독을 들이고 측실로 맞이한다. 그녀는 아들을 낳지만 3년 후에 병사한다. 실의에 빠진 토요토미가에 계속해서 액운이 닥친다. 분노한 토요토미는 전 다이묘를 소집하고 호죠와 일전을 벌인다. 20만 명의 대군이 호죠의 오다와라성을 압박한다. 사나다 겐지로는 사자로 종횡무진 활약한다. 그러나 호죠는 결국 항복을 하고 토요토미의 요청에 의해 할복을 명 받는다. 이로써 호죠는 멸망한다.

그런 와중에 다도의 명인 리큐는 호죠에 납을 납품한 것이 발각되고 할복을 명 받는다. 그의 저주가 내렸는지 토요토미 가에는 암운이 드리운다. 차차는 다시 새롭게 아들을 낳고 히데요리라 칭한다. 그런 와중에 그의 조카 간빠꾸 히데츠구가 자신이 히데요리로 인해 입지가 공고화되지 못할 것을 두려워하여 자결을 실행하는 등 파란이 인다. 그는 그의 측실 자손 등을 모두 반역을 꾀한 것으로 해서 모두 죽임을 당한다. 그런 중에 히데츠구의 딸이 살았다. 그것은 겐지로가 그녀를 측실로 들인다는 조건하에 히데요시의 승낙을 받았다. 그는 그녀를 루손(필리핀)으로 피신시킨다. 토요토미는 정국이 안정되자 이제는 대륙 침입을 도모한다. 가토 기요마사를 선봉으로 해서 조선을 침략한다. 명에서 사신이 오고 서로간 화친을 제의하지만 결렬되고 다시 침략을 일삼는다. 그러는 와중에 그는 결국 죽음을 맞게 된다. 이제는 어린 히데요리 밖에 없는 세상이 되었다. 도꾸가와 등 5명의 유력한 다이묘와 5명의 부교가 전원 합의하에 정치를 이끌어 간다.

그러던 중 도꾸가와가 에도로 돌아가는 일이 생긴다. 그러자 히데요리는 낭인들을 오사까로 끌어모아 도꾸가와와 일전을 겨룰 각오를 한다. 사나다 노부시게는 14년의 유배생활을 청산하고 교묘하게 식솔을 데리고 오사카로 들어온다. 5명의 대장군을 세우고 어떻게 도꾸가와가와 싸울 것인가에 골몰한다. 그는 남쪽이 가장 취약한 상황이라는 것이 알고 그곳에 성을 세운다. 그리고 그곳을 사나다마루라 칭한다. 이름도 사나다 유끼무라라고 바꾼다. 우여곡절을 겪기도 하나 아무튼 성은 쌓고 해자도 만들고 성앞에 함정도 만들어 둔다.

드디어 결전의 날이 밝았다. 마에다 군이 사나다 마루로 쳐들어 온 것이다. 철포부대가 일제히 불을 뿜어 상대를 제압한다. 물밀 듯이 밀려오는 군세를 계속적으로 철포부대, 화살부대 등으로 집중 포화를 퍼붓는다. 그리고 최후에는 여러 병사를 거느리고 성앞쪽으로 돌격해서 적을 무찌른다. 대승리를 거둔 것이다. 그것을 보고 우에스기 겐신은 말한다.

일본제일의 무장이라고 했다. 멋진 승리를 일궈낸 유끼무라는 다음 계책에 몰두한다. 이에야스는 화친을 제의하고 한편으로는 시일을 끈다. 그리고 영국에서 수입한 대포를 사용해 집중 포격을 한다. 그로 인해 많은 사상자를 낸 토요토미 측에서는 화친을 위해 교섭을 시작한다. 히데요리의 안전을 보장하는 조건으로 사나다마루의 철거와 해자의 메꿈이 제안된다. 싸움에서 승리할 수 있는 발판 여건이 모두 사라지게 된 셈이었다. 사나다 유끼무라는 앞마당에 농사를 짓기로 했는데 그곳에서 우연히 다도의 명인인 리큐가 숨겨둔 마상포(오늘날의 권총)를 두정 발견하게 된다. 그리고 그것으로 이에야스를 죽일 작전을 세운다.

1615년 여름이 되자 이에야스는 공격을 명령한다. 사나다 유끼무라는 다데 마사무네와 결전을 벌인다. 그러면서 그를 믿고 식솔들을 그에게로 보낸다. 그리고 또 마지막으로 키리에게는 히데요리의 아내 센히메를 데리고 도망칠 것을 명령한다. 유끼무라 군은 이에야스의 본진으로 쳐들어가 그를 위협한다. 간담이 서늘해진 이에야스는 다시 전열을 재정비 해서 사나다군을 역습한다. 결국 유끼무라는 죽음을 맞게 되고 히데요리도 차차도 최후를 맞는다. 키리에 대해서는 여러 얘기가 전해진다. 그의 딸을 낳았다는 얘기도 있고 유배시절 결혼을 했다는 설도 전해진다. 아무튼 최후까지 그의 곁을 지켰던 이였다.

당초 호조에게 인질로 갔다가 우에스기에게로 인질로 가고 또 다시 히데요시에게 인질로서 총애를 받았던 사나다 유키무라는 막판에 이에야스에게 대항해서 히데요시에 대한 은덕을 갚으려 했다. 그러나 그의 희망, 비원은 이루어지지 못했다. 엄청난 지략을 가졌고 싸움에 능수능란

했지만 부족한 병력으로 대군을 이긴다는 것은 쉽지 않았던 일로 보인다. 5만 5천대 15만 명의 대결은 너무도 어려웠고 무모했었다. 그렇지만 의를 위해 최선을 다했던 것에서 무장으로서의 역할을 충실히 했던 것이었지 않을까.

전국시대 자신의 뜻을 좇아 올곧게 산 한 무장의 일생이 멋지게 종지부를 찍었다. 비록 실패로 끝났고 이루어지지 못한 의였지만 말이다. 자신의 뜻을 굽히지 않고 자기 삶을 살았다는 것에서 많은 사람들에게 감동을 주고 길이 기억되는 이로 추앙을 받게 된 것은 아닐까.

최후의 전투에서 사나다 유끼무라는 분전하지만 대군 앞에 패퇴하고 만다. 이에야스를 마상포로 겨냥하기도 하지만 결국 후퇴한다. 이에야스의 말은 그랬다. "이제 도꾸가와 가문은 반석 위에 놓여졌다. 나 한 사람이 죽는다고 해서 그 반석이 무너지진 않는다. 죽일테면 죽여라." 히데요리의 깃발이 성으로 되돌아가자 분전하던 병사들은 전의를 잃고 전세는 급격하게 기우는데 이에야스는 이 호기를 놓치지 않고 반격을 감행해 철옹성 오사까 성을 함락시킨다. 첩자에 의해 오사까 성은 불까지 나는 상황에서 더 이상 버티지 못하고 모두 최후를 맞는다. 사나다마루는 전국시대 무장으로 제대로 자기 삶을 살다간 사나다 유끼무라의 삶을 제대로 보여주었다. 비록 패자로 끝났지만 그의 호기와 무용은 후세에 길이 전해졌다.

부록

빈과 부

박동철은 오늘에야 실지로 자본주의의 모순 빈부의 격차를 체험한다. 동철이는 이모네에 가서 침대에 누워 곰곰이 생각한다.

동철의 집은 무척 가난하다. 가난이란 절대적인 것이 아니고 상대적인 것이다. 동철의 집은 이모네보다 가난하다. TV도 있고 전화도 있지만 TV 밖에 없는 이모집보다 가난하다. 가난하다는 말은 시끄럽다는 말과도 일맥상통할 것이다.

동철은 이모집 아들 최윤규라는 중학교 3학년의 생활지도 겸 학습지도를 하기위해 이모네에 와서 지내다가 다시 그의 집으로 돌아갔으나 그의 생활에서의 불편으로 인해 다시 이모집에 와서 생각에 잠긴 것이다. 동철은 고2년생이다. 키가 좀 작지만 공부는 잘한다. 안경을 썼다. 그는 대학 진학을 위해 노력해야 하지만 부모님과 이모님의 권유로 그렇게 왔던 것이다. 그 불편은 고2년생이므로 학습에 관한 것과 이모집이긴 하지만 식사 등이 불편했다. 편한 것은 조용하고 자기마음대로 생활할 수 있다는 것이었다. 그렇지만 그는 2개월도 채 견디지 못하고 돌아왔다고 부모님으로부터 호된 꾸중을 들었다. 동철은 혼잣말로 자본주의의 큰 모순이구나. 공산주의, 자본주의의 비난의 대상이고 적대시 되는 인간이하의 사상이다. 빈부의 격차를 해소한다고는 하지만 독재자들의 권력을 누리기에만 급급하니 참 한심하다.

정말 이 지구상에는 유토피아 즉 이상적인 나라가 존재할 수 없을까. 따분함을 못이겨 책상 위에 있던 죄와 벌이란 소설책을 침대에 펴놓고 전에 읽던 곳에서부터 읽기 시작한다. 읽다가 중단하고 잠시 생각한다. 라스꼴리니코프는 나와 처지가 비슷한 사람인가. 그럴지도 모르지 라고 자문자답하고 이상스러운 웃음을 웃는다. 다시 책을 덮고 그의 과거를 생각한다. 이모부가 일본에서 전화로 동철을 이모집에 데려다 놓으라는 명령이 있었다. 이모와 아버지는 토의 끝에 그의 의견을 물었다. 그는 망설이다가 가 있겠다고 답변했다. 짐을 옮겨 빈 방에 챙겼다. 윤규도 짐을 나르는 것을 도왔다.

그후 이모가 농사일을 하기위해 시골로 가셨다. 윤규에게는 대학 2학년의 누나가 있었다. 윤규는 문제아였다. 가출을 해서 결석을 하고 집의 돈을 훔쳐서 집을 나간 적이 한두번이 아니었다. 작년에 시골에서 생활하다 부산으로 전학을 했다. 전학을 할 때에도 많은 어려움은 있었지만 잘 되었다. 공부도 거의 끝에서 맴돌았다. 누나도 전문대학에 다니고 있었고 남동생과의 사이도 원만하지 못했다. 동철이 이렇게 지도를 위해 온 이유가 있었다. 동철이가 어느날 해질 무렵 윤규를 빈방으로 데리고 가서 호통을 쳤다. 중학교 3학년이면 이제 사리판단이나 행동에 잘못이 없을 것인데 너는 어떻게 그렇냐. 윤규는 꿇어앉아 있었다. 너는 고등학교에 가려면 더욱 학업에 전념해야 되지 않겠느냐. 요즘 무시험이라 공부를 안해도 막 들어가는게 고등학교가 아니다. 이제 인문계에 가는 것은 고등학교에 들어간다고 해서 다 해결 되는 것은 아니다. 학업에 못따라 가서 자퇴를 하는 사람이 1년에 3~4명씩이나 된다. 그리고 인민고등학교는 대학을 목표로 하기 때문에 대학에 못가면 아무 소용이 없다. 그리고 그만 나가보라고 했다. 윤규는 일어나 방문을 열고 나갔다. 이모네에는 네식구가 살아 아주 조용했다.

하루는 윤규와 동철이 야구를 마당에서 했다. 윤규가 공을 잘못던져 장독을 깼다. 쨍그렁 소리와 함께 간장이 바닥으로 흘렀다. 윤규는 급히 부엌으로 들어가 대야와 그릇을 가져와 남아있는 간장을 퍼서 담았다. 다행히 바닥에 버려진 간장은 별로 많지 않았다. 윤규누나가 급히나와 윤규를 나무란다. 잘한다. 잘해 좁은 마당에서 무엇을 한다고 하여튼 말썽만 부리네 할려면 넓은 운동장을 놔두고서 잘하는 짓이다. 윤규는 불난집에 부채질이야 신경질나게. 그러자 누나가 말했다. 깨진 장독이나 쓰레기통에 버려라. 윤규누나와 동철이 빗자루로 깨진 장독을 쓸어 모은다. 동철은 그모습을 우두커니 서서 바라보았다. 하여튼 무엇을 마음놓고 못하니 참. 아휴 속상해 마음 먹은 일이 이렇게도 안되니 원 아이구 두야. 이런 일이 있은 후 6월 1일에 동철은 윤규를 보고 너 학원에 좀 다닐래. 윤규가 답했다. 어느학원 청산학원. 어딘데 초량. 초량 중학교 앞에 있는데 가볼래. 어느 과목 영어, 수학. 재밌어 그래 참 재미있어. 좋아 가지. 그럼 내일 수강증 끊어라. 돈은 우리엄마한테 빌려서 50분에 2천원이니 4천원인데 한 4,500원 받아와 며칠동안의 차비하고 학원보를 보여주며 [영어 1과에서 11과까지] 이것과 수학 [처음부터 피타고라스 정리까지] 알겠지. 응. 초량에서 그러니까. 22번버스 종점에서 내려서 초량극장을 찾아서 가라. 그래 그럼 잘자. 응 형님도. 다음날 윤규가 동철이보고 형 참 청산학원 찾기 쉬었어 응 그래 그것 참 잘됐구나. 그래 수강증은 끊었니. 응 착실히 다녀라 이번이 너의 마지막 기회라고 생각하고 알았어. 응 동철은 학교에 갔다가 오후 11시에 집에 온다. 학교에서 공부를 하고 오기 때문에 그렇게 늦어진다. 수험생은 인간이 아니다. 공부에 열중해야만 진정한 올바른 수험생이라는 생각이 그의 머릿속에 남아있다.

학교를 나와 버스타는 곳까지 오면서 인생이란 이런 것인가. 나는 왜 이렇게 생활을 해야 하는가. 나는 왜 이때까지 공부를 하지 않았는가. 온갖 생각을 다하고 노래를 부르며 발걸음을 옮겼다. 눈보라가~ 휘날리는 ~ 바람 찬 ~ 흥남부두에 ~ 등 그러면 정류소에 다다른다. 피곤한 몸으로 버스를 타면 약 30분 가량 시내 도로를 신나게 달린다. 그는 차속에서 머리를 숙이고는 잠을 잔다. 내릴 정류소를 잊을까 깊이 자지는 않고 목적지에 다와가면 창 밖을 보며 도시생활의 고독함 간접적인 인간 대면 등을 생각한다. 버스를 타면 노인이나 아이를 업은 부인네들이 잘 오는 쪽의 자리를 피해 뒤쪽으로 간다. 사실 간접적인 인간 대면이므로 양보를 하든 안하든 큰 문제는 없다. 그러나 한국인이므로 한국관습을 벗어나서는 사회적 비난과 학교 망신 등 학생이란 신분에 비난이 쏟아진다. 우리가 이렇게 마지못해 자리를 양보하는데 우리 후세들은 우리에게 과연 자리를 양보할 것인가. 참 의문스럽다. 사회는 우리 학생들에게 유혹투성이다. 그것은 말하지 않아도 누구나 잘 아는 사실이다. 동철은 학교에 기숙사가 있었으면 하고 바랬던 사람이다. 학생들이 사회의 아무 유혹없이 학업에만 전념할 수 있다면 공동체 생활에 익숙하게 된다면 전국민의 대동단결에도 모래알 같다는 우리 국민성을 진흙같이 뭉치는 국민성으로 변화시키는데도 기여할 것이다. 그러면 이 발전하는 한국에 아주 좋은 원동력이 되지 않겠는가.

그는 버스에서 내려 무거운 가방을 겨드랑이에 끼고 윤규집으로 간다. 시장길을 거쳐 집으로 올라오면 그는 지칠대로 지친다. 그럼 그는 옷을 갈아입고 세수, 양치질과 발을 씻고 나서 가까운 그의 집에 가서 저녁을 먹는다. 윤규누나는 윤규만큼이나 나쁜 사람은 아니나 매우 게으른 사람이다. 집에서 가서 부모님도 만나도 동생들도 본다. 그리고 윤규집으로 와서 아령을오 운동을 하고난 후 잠자리에 든다. 그러던 그가 어느 토요일 마당에서 윤규와 윤규누나가 싸웠다. 서로 치고받고 싸움을 벌였다. 나이차이가 4년임에도 남자와 여자의 싸움이었다. 동철이가 뛰어가 윤규의 빰을 두어차례 갈겼다. 이 시끄러운 싸움에 놀라 이웃집 사람들이 이 광경을 놀란 토끼눈으로 지켜보았다. 그러자 윤규가 미쳤다. 나는 미친놈이야 하며 울면서 대문을 박차고 나갔다. 동철은 좀 무안해서 아까 듣던 야구중계를 들으려고 마루에 가서 라디오를 평상에 놓고 중계방송을 들었다. 귀로는 야구중계를 듣고 마음은 윤규가 또 가출해서 오랫동안 들어오지 않음을 걱정했다. 이모도 이때 집으로 돌아왔으나 어제 서울로 윤규 형님을 만나러 갔다. 그의 형은 일본에서 아버지와 사업을 하고 있었다. 그러던 차에 일본과의 친선 골프경기를 하러 온 것이었다. 그는 이모가 키운자식이었다. 어머님에게는 돈만 보내주고 결혼해서 처자와 살고 있었고 아버지 사업을 도와주고 있는 형편이었다. 그러자 동철의 입장이 난처해졌다. 내일은 일요일이라 오늘은 안들어 와도 되지만 내일 들어오지 않으면 학교에 결석을 하게되고 오히려 그것보다 이모가 내려오는 것이 더 문제였다. 만일 그의 형과 같이 온다면 더욱 일이 커지게 되는 것이 아닌가 하고 걱정이 태산이었다.

다음날까지도 윤규는 종무소식이었다. 동철은 가슴 속이 바싹바싹 타들어갔다. 동철이 자기의 집에 가 있을 때 윤규누나가 와서는 윤규가 돌아왔다는 소식을 전했다. 동철은 몽둥이를 구해들고 윤규집에 갔다. 그러나 문이 잠겨져 있었다. 벨을 누르니 아래층에 사는 계집애들이 있어 문이 열렸다. 윤규는 없었다. 동철은 터질 것 같은 분노를 억누르고 그를 찾으러 다녔다. 온 동네를 이 잡듯이 뒤졌으나 오리무중이었다. 그러다 갑자기 문득 내가 왜 이러나. 라고 생각한다. 참 아무 목적없이 한 나의 행동이 부끄러워졌다. 그는 집으로 돌아왔다. 그때 마침 손님이 있어 동철은 그녀석을 어찌하지는 못했다. 그후 조금 있다가 이모님이 돌아왔다. 윤규의 형은 일본으로 돌아갔다고 했다. 그날밤에는 비가 내렸다. 동철은 비를 맞으며 거리를 헤맸다. 마치 미친사람인양 말이다. 쏟아지는 빗방울을 피할 생각도 없이 하염없이 비를 맞았다. 그리고 빈방으로 돌아와 앉았다. 온 몸이 비로 흠뻑 젖었다. 그는 윗통을 벗고 울분을 참지못해 서럽게 울음을 울었다.

다음날 그는 스스로 윤규를 저지할만한 힘이 없음을 깨닫고 남을 위해 사는 희생적인 인간 즉 종교적인 삶을 살만큼 수양이 되지 못했음을 한탄하고 책과 짐을 챙겨서 본댁으로 돌아왔다. 참 지옥같은 이모집에서 윤규를 위하여 나름대로 노력을 했음에도 피치못할 한계를 깨닫고 돌아온 것이었다. 이제는 자신의 학업에 진력하리라 다짐했다. 그것은 정말 큰 오산이었다. 인간의 생리를 잘못 이해한 것이었다. 본댁으로 오니 짜증만 더해졌다. 그 시끄러움 어머니, 아버지 등의 말씀을 들어야 하고 자유롭게 생활하던 이모네에서 온 것이 후회막급이 되었다. 자고싶은만큼 자고 하고 싶은 것을 다했으니 말이다. 동철은 자기 집에 오니 꼭 자유를 잃어버린 것같은 허전함을 감출 길이 없었다. 공부를 하려고 앉았으면 온갖 시끄러운 소리에 집중이 되지 않았다.

아우 참 잘못했는가. 아니면 나는 잘못생각 했는가. 어느 것이 진정한 자유인가. 나는 이모네의 생활이 더 자유로웠다고 자부했다. 이것은 빈과 부의 차이인가. 어떤 사람들은 부는 행복과 일치하지 않는다고 했다. 그러나 가난한 사람들은 어떠한 행복을 누리는가. 그저 정신적인 것 부부의 애정 등으로 말인가. 부유한 사람들은 물질적으로 풍부하고 풍요롭다. 그러므로 정신적으로 그렇게 진정한 행복을 누려보지 못할 것이다. 행복이란 사람들이 생각하는 하나의 추상적인 만족이란 말과 상통할 것이다. 그럼 빈곤한 사람들 가운데 행복한 삶을 누리기는 어려울 것이다. 그렇다면 부유한 사람들만이 행복한 삶을 누리는가. 참 애매모호한 질문이다. 그럼 나는 빈곤이 싫어서 부유한 이모집에 와서 누워있는가.

인간의 내면

김정은은 이민옥과 함께 교문을 나와 민옥의 집으로 갔다. 집에는 노부부 즉 민옥의 조부모님과 민옥의 여동생 경옥이 그리고 남동생 경철이가 각각 자기 방에 있었다. 정숙과 민옥은 민옥의 방에서 술과 차와 커피 등을 약간 마셨다. 둘은 집을 나와 공원으로 가서 또 술을 먹었다. 구석진 자리에서 두 여자가 이런 저런 이야기를 나누며 술을 마셨다. 정숙은 술이 취했다. 비틀거리며 술집을 나왔다. 날이 심히 어두웠다. 둘은 버스를 탔다. 민옥은 버스속에서 먹은 것을 토해냈다. 시원하고 정신도 차릴 수 있었으나 정숙은 아직도 정신을 차리지 못했다. 정숙은 모대학 2학년이다. 집은 부유했고 부모도 다 있었다. 아버지는 사업을 해서 가정을 꾸려나가고 있었다. 반면에 어머니는 그런대로 순진하고 인정있는 순수한 어머니였다. 동생이 하나 있었다. 고등학교 2학년이다. 민옥은 부모님이 시골에 살고 있었고 조부모와 함께 살고 있었다. 곧 서울로 올 것이었다.

정숙과 민옥은 고등학교 때부터 친하게 지내온 아주 절친한 친구지간이다. 둘은 다 실연의 슬픔을 씻기 위해 오늘 술을 마시고 또 마신 것이다. 둘은 버스 종점에서 내렸다. 둘은 비틀거리며 그래도 정신을 차려서 어느 여관에 들어갔다. 다음날 정신을 차리고 그곳 여관을 나왔다. 학교는 결석을 하고 둘은 명동으로 나와 간단히 해장국으로 아침을 먹었다. 민옥은 생활비와 잡비 등을 받으러 수원으로 갔다. 정숙은 두 번째로 외박을 한 것이었다. 실로 난감한 처지였다. 저번은 그런대로 넘겼지만 정숙은 골머리를 앓는다. 어머니 어제 친구집에서 친구의 생일 잔치에 놀다가 그만 늦었습니다. 용서하십시오. 어머니는 화를 내지도 않으시고 그저 그럴수도 있겠지만 그렇게 외박을 밥먹듯이 해서야 쓰겠느냐. 내일모레 시집가야할 녀석이 하며 타이르신다. 아버지는 다행히 대전에 사업차 내려가 있었다. 정숙은 목욕탕에 들어가서 간단히 세수를 하고 아침을 먹었다. 마음과 몸이 피로하여 잠을 잤다.

다음날 그녀는 저번에 같이 잤던 M대 법학과에 다니는 영진을 만났다. 그들은 지난번에 설악산에 다녀왔다. 그러니까 지난 가을이었다. 둘은 민옥이와 그리고 민옥의 애인 문진이와 4명이 가자고 약속을 했으나 결렬이 되어서 하는 수 없이 둘씩 가게 되었다. 일찍 출발한 정숙이와 영진은 아침 10시 경에 설악산 설악동에 닿았다. 그들은 먼저 여관을 정해 짐을 놔두고 구경을 하였다. 신흥사며 비룡폭포며 흔들바위 등을 보고 내려왔다. 영진과 정숙은 그 해 초가을에 만난 사이였다. 정숙은 외향적이고 적극적인 기질로 만인의 호감을 샀다. 영진은 경상도 출신이었다. 대구 경북고를 졸업한 후 서울로 올라온 영명한 젊은이였다. 둘은 설악산 명소의 구경을 마치고 식당에 가서 식사를 하고 여관으로 갔다. 둘은 같이 잤다. 영진이는 아무일도 하지 하지 않았다. 즉, 같이 잔다면 꼭 일어나야만 정상인 일이 일어나지 않았다. 정말 놀라운 절제력을 가졌다고 할까. 인간이 과연 그럴 수 있을까. 인간의 본성을 타개한 인간의 출현의 도래를 암시함인가. 신이 인간에게 준 아주 훌륭한 이성으로 그럴 수 있었는가. 신은 인간을 만들었다. 역시 아이러니컬하게 인간이 신을 만들었나. 신은 인간을 창조했다. 즉 인간에 의해 창조된 신이 인간을 만들었다. 현대 문명속에서도 인간 아닌 사람이 창조된 것이 아니겠는가.

정숙은 영진에 대한 믿음으로 더욱 정이 갔다. 서울로 돌아온 둘은 어느날 다시 만났다. 영진은 정숙과 함께 다방으로 들어갔다. 영진은 커피를 조금 들이키고는 “참 어떻게 그렇게 할 수 있었을까?” 정숙은 미안해서 한마디 톡 쏘았다. “그런말 하시만 다시는 안만나겠어요.” “하하 허허 좋아 좋아 안하지 안해” “우리 극장에 영화 구경하러 갈까.” “좋아요 가요” 영화는 외국영화였다. 둘은 영화를 관람 후 헤어졌다. “잘가.” “잘가요” 정숙은 그들의 별리를 아쉬워하며 버스를 탔다.

한편 민옥은 그날 문진과 함께 설악산에 갔다. 문진은 영진의 친구이며 N대학에 다니고 있었다. 관광명소를 구경 후 민옥과 문진은 설악동 어느 여관에 투숙했다. 민옥은 목욕탕에 들어가 목욕을 했다. 문진은 맥주를 시켜서 마시며 설악동의 야경을 주시하고 있었다. 민옥은 목욕을 하고나서 문진과 산책을 나왔다. 그들은 신흥사에 들어가는 문을 들어가 좀 멀리까지 산책을 했다. 둘은 여관으로 다시 돌아왔다. 문진이 담배를 꺼내 피웠다. 고요한 침묵이 설악동의 가을밤과 함께 고요함이 더해갔다. 민옥은 이불을 깔았다. 문진이가 민옥을 안았다. 둘의 열띤 키스가 있었다. 문진은 민옥의 옷을 벗겼다. 민옥이 반항도 하지 않았다. 문진은 불을 끄고 자신도 옷을 벗었다. 문진은 민옥을 애무하기 시작했다.

민옥은 처음 당하는 일이라 심히 불안해 하며 또 한편으로는 고통스럽기도 했다. 그들은 다음날 좀더 구경을 하고 서울로 돌아왔다. 그런데 그후 그해 겨울 문진은 군대에 갔다. 그리고 영진은 졸업을 한 후 외국으로 유학을 갔다. 정숙과 민옥은 서로의 처지를 동정하며 서로의 마음을 달랬던 것이다.

정숙은 어느 봄날 고등학교 때 한번 만난 적이 있던 아니 한번 애정을 가진 적이 있던 어떤 대학생을 만났다. 학교에서 집으로 돌아오던 정숙은 길가에서 언뜻 본 것이 서로 이상히 여기며 가려다가 서로를 알아보고 반가워했다. 그 대학생은 N대학에 다니고 있었다. 그러니 문진이와 한 학교에 다니고 있었다. 이름은 강민영이었다. 대전에서 유학을 온 셈이었다. 그의 삼촌집에 와 있었다. 고등학교 때부터 삼촌집에서 지내온 사람이었다. 아르바이트를 하며 학비를 조달하고 있었다. 둘은 곧 옆의 다방으로 들어갔다. 다방에는 군데 군데 손님들이 이야기를 나누고 있었다. 둘은 구석진 자리의 창가로 가 앉았다. 둘은 다시 만날 약속을 한 후 헤어진다. 정숙은 날 듯이 기뻐한다. 수많은 남자와 사귀어 본 정숙이다. 그러나 아직도 그녀는 순수성을 잃지 않았다. 정숙은 수많은 남자들 가운데서도 한사람도 자기가 바라는 이상적인 남자가 없음을 세상에 한탄한다. "세상은 살 가치가 없음에도 세상사람들이 살아가는 이유는 무엇일까." "죽음이 두려워서 살아가고 있는가. 아니면 역사속에서 자리를 메꾸기 위해서인가." 하는 생각을 했다. 정숙은 좀 말괄량이 이면서도 어떤 무엇이 그녀의 마음속에 잠재해 있었던 것이었다. 자신의 처지가 한없이 초라해 보이며 시간에 지배되는 인간세상이 싫어졌다. 그녀는 하루에도 몇 번씩 자살 즉 죽음을 생각했다.

다음날 정숙은 학교에서 민옥과 함께 잔디밭 위에서 만나서 얘기를 나눴다. 민옥이 말했다. “참 날씨한번 좋다.” 정숙이는 새파란 하늘을 쳐다보며 잔디위에 앉은 채로 머리를 하늘로 향한다. “정말 옥에 티도 없네” 민옥이 보던 하늘에서 고개를 제쳐 바로 앉으며 말했다. “오늘 우리집에 놀러갈래” “응 좋아 가지” “그럼 가” 둘은 손을 잡고 교문을 나선다. “야 그때 정말 혼났지.” 씩 웃으며 잠시 그때를 생각한다. “다시는 그런 일이 없기를……” “ 휴우 뭘 그런 일도 한번씩 있어야지 추억이 되지 안그래” 또 씨익 웃고만다.

인간이란 본능을 본능아닌 욕구를 정신으로 전환시킬 수 있는 존재이므로 이 본성을 억제 내지 통제하므로써 생기는 에너지를 인간의 창조적인 능력에 적용시킬 수 있는 존재이다. 그래서 만물의 영장으로 일컬어지는지 모를 일이다.

젊은 시절의 관심사

나의 최대 흥밋거리 내지 관심사는 학學과 성性이다. 첫째는 내가 바라는 인생을 영위하기 위한 제반 상황을 구축하여 보다 보람된 인생을 보내고자 해서이다. 둘째는 내가 여자보다도 더 잘 만들어진 적극적이고 능동적인 종족을 유지 혹은 인류의 역사를 이끌어 나가는 남자라는 점에서 아주 큰 흥미대상이 된다.

내가 버스를 타고 올 때 혹은 길거리나 학교 기타 등등의 장소에서 그 성욕에 기초하지 않고서는 도저히 아름다워 할 수 없는 큰 어린아이라 칭하여 오는 이 여자라는 종족을 볼 때 어린 청년기에 나로서는 대단한 호기심을 갖지 않을 수 없었다. 나는 지금 죽을 수 있고 또 죽는다면 분명 나는 험한 인생길을 다가가고싶지 않을만큼 나의 의지가 나약하고 이 모든 환경의 유혹의 지배에서 벗어나고픈 심정이다. 나는 이런 점들로 해서 여자가 되기를 바랬던 적도 있다. 지금은 절대로 필히 나의 인생을 꼭 나에게 주어진 여건 속에서 충실하게 살아가고 싶고 환경을 지배하고 싶다. 물론 바램만 가지고는 결코 어떤 것도 성취해 낼 수 없다.

나는 이 빈약한 이상을 가진 이 여자라는 존재에 대단히 불만이 많다. 첫째로 그 어리석기 짝이 없는 J. S 밀이라는 사람의 저서 '부인의 예종' 에서 여자의 투표권을 인정하여 지금도 그렇게 되었는데 대단한 나의 불만이 접맥되어 있다. 그 큰 어린아이라는 짐승과 사람의 중간물이라고 하는 이 여성이라는 존재에 내가 알고 듣고배운만큼의 이야기를 하고싶다. 눈앞의 발 앞만 보고 이 세상을 살아가는 이 여성이란 종족이 어찌 전인으로서의 남자와 평등하여질 수 있겠는가. 평등이란 말이 대단히 모호하고 애매한 말이다. 절대로 남자와 여자는 같을 수 없다. 역시 여자란 인간을 이어주는 윤활유와 같은 존재가 아닐까. 우리 남자는 윤활유 없이는 돌아갈 수 없으며 하루를 넘기지 못할 것 아닌가. 시인의 말대로 여자는 태어나서 죽을 때까지 꼭 달고 다녀야 하는 귀찮은 존재와 같은 위치에 있는 아주 그러니까 필수불가결한 성격을 지닌 것이 아닐까. 그런 아주 졸렬한 인간들에 의해 인간의 역사가 달라진 것은 남자의 대단한 치욕이 아닌가. 신들로부터 웃지못할 조롱을 받은 역사의 오점을 남겼음에 새삼 남자로서 분노를 금할 길이 없다. 그 빈약한 지식으로 이 원대한 지구를 돌려가는 남자들의 위치에서는 대단히 영광된 일이겠지. 이 모든 자연법칙에 자고로 여자가 세상을 지배한 적도 있으나 유독 인간만이 그러한 자연법칙에 예외가 되었다는 것은 참으로 통탄할 일이다. 여자는 그저 집에서 밥이나 빨래나 아이들의 교육이나 남편을 잘 돌보기만 하면 그로서는 임무를 다한 것이 아니겠는가. 공부를 한다고 해도 역시 그 적은 생각과 두뇌로는 도저히 이해 연구를 해낼 수 있을지 모를 일이다. 여자에게 어떤 정치가 분화가 사회가 필요하겠는가. 그들에게 필요한 것은 남편과 돈 그리고 그들의 감각적 부분이 필요하면 될 것 아닌가. 그들에게 무슨 권력이 영예, 야욕 또는 야망이 있겠는가.

나는 색에 대단히 민감한 무던히도 좋아 하는 편이다. 한 사회의 구성원으로 그 사회가 요구하는 하나의 충동과 자극에 의한 하나의 생리현상일 가능성도 있다. 나는 결코 인생을 향락하거나 향유하고자 하는 쾌락주의자이고 싶지는 않다. 적어도 인생을 값지게 멋진 아마 이 맛에 주색잡기에 들어가야 할지도 모르긴 하되 아무튼 나는 생을 참되고 보내고 싶어한다. 오늘 참 쓰기도 그렇고 말하기도 그런 일이 있었다. 누가보면 에그머니 하는 사춘기의 소녀처럼 이 순진하고 미덥지 못한 소시민이 밝히기를 꺼려했는 것이 과연 무엇이었을까.

오늘 이 무골장군의 날뜀에 온 천지가 진동을 하고 십년공부 도로아미타불이 되는 순간까지 생각하게 한 이녀석의 발호는 나를 또한번 심각하게 충동질 시켰다. 그 참 인간의 묘미는 이런 것에 아니 인생의 묘미가 이런 곳에 있는 것이 아니겠는가. 여자라는 하나의 거대한 관념이 이 거대한 체중을 내려놓고 그 사고가 인간의 명석한 두뇌를 타락시키고 있다. 이 참 실로 인간의 본능을 꿰뚫는 인류역사 이래 내려온 그야말로 인생부분의 한 미미한 영역에 속하는 이런 문제들이 나를 포함해서 많은 이들을 힘들게 한다. 오늘 내가 들은 말 중 오늘 뿐이다. 내일은 없다. 오늘을 살아라 라는 톨스토이의 명언은 별로 와닿지 않는다. 세상에는 명언이지만 이 범부에게는 처음 아니 어쩌면 구면인지도 모를 그 어떤 영감을 풍긴 이때까지 내가 어렴풋하게 생각해 온 어떤 개념에 부합되는 너무 깊이 빠질까 두려운 그런 본원적인 문제를 언급하고 있었다. 과연 그것이 옳은지 몰라도 나는 그렇게 탐탁하게 생각되지 않는다. 생은 참으로 진정 복잡 오묘한 수없는 이루다 말할 수 없는 굴레가 저마다 톱니가 저마다 돌아가고 그럼으로써 세상이 움직이고 나도 덩달아 움직이게 되는 것이다. 나의 성찰이 15분을 지났지만 나는 이 세상 끝까지도 나의 난잡한 사상 감정이 개인적이므로 그리 타당하지 못한 사상 감정의 돌출을 시도할 수 있고 끝낼 수도 있을 것 같은 나의 두뇌의 신선함이 나를 기분좋게 만들고 있다. 자기 성찰이란 허울로 앞을 장식하는 것이 언제 어디서 누가 어떻게라는 6하원칙에 따라 서술되어야 하리라. 인간이 만약 지금 하나의 감정만이라고 바뀌여지거나 바꾸려 한다면 인간은 인류가 아닌 어떤 새로운 종족의 탄생을 보게 될 것이다. 나의 침묵이 나의 문을 두드리고 있다. 나는 분명 행복한 남자로 성장해가고 발전해 갈 수 있으리라. 하지만 결국 성과 학의 문제를 어느정도 해결하고 뛰어넘었을 때에나 가능해질 수 있으리라.

1978년 겨울

지금은 나의 파란만장한 역사의 진통속에서 인생이 펼쳐지는 귀중한 시련 속에 나는 좀 나를 살찌우고 나를 좀 살게 하고싶은 여유를 위해 부끄러움을 무릎쓰고 고향 땅을 밟았다. 이쪽에서는 이말 저쪽에서는 저말을 해야하는 곤란 속에 저를 째찍질하고 있는 것을 나는 알고 느낀다. 농촌의 한가함 속에서 나의 모든 것을 잊고 인간의 굴레와 속박을 벗어나 나자신의 삶을 곤란하게 만들고 있는 나를 어쩌지 못하는 것을 어떻게 하리오.

어제 백부와 백모님께 단독으로 가지는 그 한을 다 털어놓았다. 어쩌면 나의 다정을 병으로 삼아 옛 조상들의 은덕을 잊으리오. 지혜가 부럽고 재치가 부러운 것이다. 나를 채찍질하고 있다. 애들에게는 약이어야하고 물질이어야 한다. 여자앞에 저의 농담은 먹혀들어갈만한 달변이다. 여유와 자신을 다져가자. 사나이로서 남자로서 눈물을 흘리지 않고 기준을 설정해서 좀 단순하게 살아보자. 무오년의 한해가 저무는 때에 추위가 한창 기승을 부리고 있다. 내가 태어났었던 섣달의 열풍이 지축을 뒤흔드는 지금의 심정은 실로 어둠의 현실을 뒤흔드는 기세처럼 마음 답답하다. 죄책감과 불효 불충의 윤리의식 속에 나의 어려움을 타개하고 있는 중이다. 일기의 의미를 모른 철부지 소년은 이제야 실로 커다란 의혹 속에 나의 과거 지난날 어렸던 추억을 되새기고 있다. 옛시조 글귀처럼 다정도 병인양 하여 자신을 키우고 자아를 찾아 젊음을 불사르고 있는 것은 어쩔 도리가 없는 것이다. 내 아우가 귀중한 것처럼 백부의 아들, 딸들도 다 소중하다. 여자의 요망함 속에 나의 지난 어리석음을 뒤지고 있는 나는 어머니와 아버지의 고충을 들어드리기 위해 오늘을 살며 사랑하는 나를 나는 알고 있고 성인군자도 알고 나의 사랑한 모교는 느끼고 있으리라. 엎드려 비오나니 나의 사랑하는 동생들도 나를 이해해 주리라. 변덕장이 날씨처럼 변하는 나의 마음 달래주는 인간들에게 고마운 나의 마음을 담은 선물과 편지를 보낸다. 나를 살리려는 모든이의 병을 고쳐주고 싶다. 나는 백부를 사랑하며 사촌동생도 사랑하나 나의 이모를 사랑할수록 어머니가 애처러워진다. 위대한 눈물의 어머니인 고독한 몽상가의 어머니에게 나의 한을 전한다.

사람은 살아야 한다. 살고싶다. 나를 아는 모든이를 위로해주고 싶다. 여기는 부산의 내 방처럼 따뜻하고 아늑한 적막함 속에 나는 부모 동생들을 잊어야 하는 상황에 빠져있다. 고향의 정다움과 적막함 속에 살아야 하는 오늘의 갈 길을 잃은 젊음을 살려보고 싶은 것이다. 사람이 사는데 중요한 것은 의리와 신의가 인간을 부강하게 만든다. 피를 달리하는 인종 복합국 미국에 대해 느끼는 억울함을 참고 밝은 내일을 향해 전진하는 고독한 몽상가의 사색이 나를 더욱 깊고 풍요로운 지혜로운 이로 만들어 갈 수 있으리라. 집념 속에서 살아온 나의 어려웠던 과거는 나를 아프게만 하는 것을 참지 못하게 하리라. 부정과 긍정 속에 오늘을 사는 청춘의 야망은 어이없이 무너져버린다. 허구와 사실 속에 방황을 자초하는 갈등 속의 젊음이여 방황하라. 젊은이로서 독기를 품어라. 내일의 밝음을 향해 힘차게 전진하자. 알고 말하고 행동하자. 무오년 동짓달의 한기가 서려옴을 어쩔 수 없는 안타까움 속에 아까운 청춘을 낙엽태우듯이 태우고 있다. 내가 집에 있었다면 동생들과 부모님의 생일에 무슨 선물을 할까라고 고민을 하고 있었을텐데. 그러나 참고 기다리는 인내 속에 나의 밝은 내일을 기약해 볼 수 있으리라.

자아반성의 좋은 기회가 현시점에서 나에게 왔으나 불쾌하기 그지없다. 나를 어리석게 취급할 때도 있고 수재로 취급당할 때도 있었다. 1년간 살아온 나자신과의 대결을 회피하며 나의 온 불만투성이 자신을 나무라면서 이 조그만 위로를 이렇게 받을까 해서다. 오늘의 요일도 날짜도 알 길이 없다. 다만 무슨 소설속의 주인공으로 탈바꿈되어 역겨운 현실에 놀라지 않을 수 없다. 위대한 인간 역사가 전개되기 위한 78년은 참으로 멋진 해가 되었다. 기쁘기 그지없음을 무엇에다 비길 것인가. 나오는 대로 내뱉는 인간에서 큰 이익을 가진 나는 지금 고독하고 쓸쓸할 수밖에 없는 상황에 처했다. 오늘은 여동생이 연합고사를 치르는 날인 동시에 사촌형이 결혼하는 날임을 알고 있어 마음이 아프다. 쓸데없는 무용지물이 세상을 쥐고 흔드는 것 같은 세계다. 힘없는 소수와 대다수 사람은 피해를 보게 되는 것이 이치인 듯하다. 하늘에 죄를 짓고 땅에 죄지은 불쌍한 한 마리의 양, 한 마리의 새가 되어 울고싶은 심정이다. 국가에 충성하고 스스로 돌아보며 부모님께 효도하는 진정한 의미에서의 인간이 되어보고 싶은 것이다. 하루빨리 완쾌되어야 모든 일이 이루어지고 순조로워질 것 같아 안타깝기 그지없다. 생을 찬미하고 현실을 긍정하고 희망을 걸고 사는 것이 필요하다.

조급한 마음에 자제력을 잃은 고독한 몽상가의 사색은 너무나 많은 오류를 범했다. 실수의 연발 속에 체득한 나의 의지도 하나의 사상누각밖에 되지 않는 어설픈 시대에 나의 청춘을 썩히고 있는 심정을 어이 다 필설로 표현할 수 있으리오. 눈이 침침해져서 글자가 잘 보이지 않을 지경까지 몰고간 어설픈 인간의 곡예에 투철함을 보이고 싶다. 대학생이란 지위와 명분 속에 어이없는 호강도 나에게는 필요치 않은 모양이다. 어찌 이 권태를 나는 나의 사색으로 심한 두통을 느끼며 다가오는 1978년의 의지를 그대로 연결시킨 1979년의 희망을 안고 험난한 파도를 넘어 인생의 가시덩쿨을 헤쳐나가고 싶다.

낯설은 곳에 와서 너무 좋은 것 속에 즐거움을 잊고 괴로움을 씹으면서 밝은 내일을 기약해 본다. 이것은 시험도 아니고 인생살이를 배우는 것이다. 융통성없는 옹졸한 폐쇄적인 인간의 자학 속에서 나의 아까운 청춘을 보낸다는 것이 우습다. 인류의 역사 발전을 보며 뜨거운 열의로 세상을 사는 지혜를 배워야 한다. 나를 누가 감히 건드리겠는가. 울지 마라. 나를 사랑하는 만인에게 얘기하고 싶다. 내일이 동지다. 가이없는 호강 속에 하루를 살더라도 사나이답게 열심히 살고 살아보는 것이 인생을 더욱 풍부하게 하리라. 고생을 사는 값이 너무 비싸다. 옛말대로 젊어서 고생은 사서도 한다고 했다. 내가 바라는 것은 이런 어설픈 감정이 아니다. 화끈할 때는 화끈해야 되지 않겠는가. 젊음을 없애는 사회집단은 폐쇄적이다. 그런데 인간의 최고의 윤리는 무엇인가. 그런 황당한 질문에 답할 이가 있겠는가. 정말 통쾌한 감정을 억누르고 해답을 찾자면 선일까. 성聖일까. 뭘까. 생의 환멸을 느끼며 살아가는 불쌍한 어설픈 희비극 속에 자신에게 내던지는 질문치고 꽤나 어렵다.

인간이란 사회적 동물이다. 인간이란 생각하는 갈대다. 왜, 그러나를 가지고 생을 사는 추한 몰골의 사나이라기보다는 올바른 정신을 가진 망상가 한 사람이 오히려 나을 것이다. 놀부의 용심을 그대로 가진 사나이는 결코 굴복하지 않고 패배하지 않으리라. 인류를 위한 기본도덕에 도취되어 술취한 미친 놈의 항변이다. 새파랗게 젊은 놈 치고는 너무 많은 것을 배우고 소화시키지 못하는 배가 꽉 찬 것이 너를 병들게 할지도 모른다. 심한 자학적 학대 속에 자신을 무시하는 어설픈 행동이 너를 사로잡고 있다는 것을 알아야 하리라. 중용이라는 것이 있지 않는가. 모나 각이지지 않을 사람이 진정한 삶을 사는 인간이리라. 주제가 뭔가. 젊은 놈의 처세술 개론이랄까. 뭐가 그리 거창하게 나오는가. 조금 국부적인 면을 다루자. 그러면 먼저 제도에 관해 얘기를 해볼까. 대가족제도 핵가족제도 무엇이 좋을까. 경제제도에 따라 다르지 않을까. 결코 현실성이 있다고 볼 수 없는 망상가 혹은 망상가가 내 처지에 적격일 것이다. 세상에 겁을 내는 어설픈 졸장부는 이제야 일어난다. 큰 곰이 겨울잠을 자다 깨어나 듯 나도 꿈에서 좀 깨어보자고 발버둥을 치고 있다.

78년을 회고해 보면 나의 전 생애에 잊지못할 날들일 것이다. 1월 19일에 시험을 치렀고 26일에 발표가 되었다. 2월 4일에 대면식을 가졌다. 1월 초하룻날에는 원서 때문에 눈위를 괴롭게 걷던 일 등이 기억에 새롭다. 졸업식날 울지도 못하고 해운대 바닷가를 찾아 파도속에서 자아를 찾으려 했던일 그리고 2월23일 학수표 작성 등 3월 2일 입학식 등 너무나 많은 사연을 지닌 78년 무오년이라 하겠다. 지금 심정을 비교하면 천양지차다. 5월 7일에 사건이 있었다. 6.16일부터 6.25일까지 병영훈련을 39사단에 다녀왔다. 7월 28일부터 8월 2일까지 수련대회 7월 20일부터 30일까지 하계봉사 포항 보경사 놀이 2번 경주, 서울, 대구, 대전, 송광사. 네온사. 통도사. 일광, 송정, 밀양, 삼랑진, 진주, 마산 기타 여러 도시와 고적을 보고 수많은 것을 배우고 느낀 것을 어찌 필설로 다하리. 나의 친구의 아까운 청춘을 물에 던져버린 철준이의 묘소에서도 소주로 눈물을 대신하던 나의 침묵이 더욱 서글퍼진다. 인생이란 다 그런 것일까. 죽음이 모든 것을 해결해 주지는 않을 것이다. 그만큼은 자신이 있었다. 천재란 착각 속에 빠진 우둔한 녀석의 짓거리는 바로 두꺼비를 닮았다고 얘기하리라. 생을 찬송하자 사死를 위해서가 아닌 삶을 위해서 말이다.

나는 결코 영웅도 천재도 아닌 평범한 범부임을 이제야 자각한다. 사람이 뭔지도 모르는 불쌍한 무식인이라 표현하는 것이 마음 편하리라. 예외여서는 안 될 평범인이다. 세상은 너를 위해 존재하지 않고 너의 인식으로만이 그 존재를 확인할 수 있다. 긴 장문의 소설처럼 써버린 나의 글월이 한없이 부끄러워진다. 너는 왜 최선을 다하지 않았는가. 다할 수가 없었다. 나의 성격이 개조되지 않는 한 말이다. 이건 너무 심한데 병원 환자라니 참 어처구니가 없다. 한심하다 한심해. 젊은 놈은 뛰고 날라야 한다. 오늘 피죽을 먹으며 나의 사상을 더욱 굳혀간다. 참고 기다리자. 따뜻한 봄날을 말이다. 생을 포기할래. 그러고 싶을 만하다. 그러나 그러지는 말자. 살아있는 한 희망은 있다. 너무 염려하지마라. 태양이 너에게 비쳐질 날이 있을 것이다. 대학에서 문제아로 취급된다. 법이란 강제가능성을 가진 사회규범이다. 도덕과는 분명한 차이점이 있다. 졸지에 환자로 취급받는 나는 그렇게 조급하게 세상을 살아서는 안되는 것을 알아야 하리라. 인간이란 포유류 중의 한 동물이다. 만물의 영장이라고도 하지 않는가. 지하에서 보고 계실 조상을 위해서라도 좀 힘차게 살아보란 말이다. 이제 올해도 4일을 남기고 있다.

대통령의 취임식이 오늘 있었다. 부패되지 않으려나 썩어져 버린 인간쓰레기는 오늘도 권태와 싸워 패배하고 마는 어리석은 중생이고 양이다. 인간의 굴레를 벗어나려 까무라쳐 버리는 어리석음이 오늘의 나를 만들었고 바보같은 사나이가 돼버린 어리석음을 통탄해 마지 않는다. 나는 정상인으로 돌아가야 하리라. 결국 어리석음과 어렸던 죄로 돌려버리기에는 너무나 큰 어려움이 내게 닥쳐온 것이다. 내가 벗어버리지 못하는 것은 노예도덕이나 교과서적인 삶의 방식일 것이다. 생을 사랑하는 이가 되어야 살 수 있는 사람이라 할 수 있다. 의미없는 붓 끝에 대단한 힘이 필요하다. 인생이란 하숙생 인생이란 나그네라고 할 수 있으리라. 슬픔과 기쁨 속에 불안, 초조, 공포를 가지는 인간이란 참 기이한 동물임에 틀림이 없다.

경험을 제일로 중요시 여겼던 경험론자였던 베이컨을 닮고 싶다. 쇼펜하우워의 인생론처럼 인생은 살만한 가치가 없는 절망적인 것만은 아니리라. 삶은 어쨌든 분명 살만한 가치를 지니고 있는 것만은 분명하다. 또한 사람은 불안에 안주하지 않는다는 것도 확실한 명제다.

1975년에서 1977년까지 3년간 간헐적 일기

9.18 목 나는 어제 혼자서 교실 청소를 했다. 아이들은 야구를 방송으로 들으러 갔다. 그래서 오늘 교실이 소란한 듯하다. 오늘 근철이가 칠판에 낙서를 하자 종래가 지우라고 한 후 뺨을 두어차례 때리고 발로 찼다.

나는 생각했다. 약육강식의 동물의 세계에서나 있을 법한 일이 인간에게도 있다면 어떻게 할 것인가. 내가 대통령이 된다면 이러한 인간을 개조시킬 수 있는 교육방침을 세우고 이를 범할 때마다 매우 중한 처벌을 내리리라 다짐한다. 나는 언젠가 법은 눈물이 없는 것이다. 라는 말을 들었다. 눈물이 있으므로 범죄가 더욱더 날뛰는 것이다. 라는 말을 들은 적이 있다. 외사촌 형님은 무정하게 5년간의 동거도 잊었다는 말인가. 정이란 단시일내 형성되어지는 것이 아니지 않는가. 오늘 수학시간에 실수를 범한 어제의 시험으로 인해 몽둥이로 맞았다. 몹시 불쾌했다. 진정이 잘 되지 않았다. 정이란 무엇일까. 담임이 결근을 했다. 모두들 기뻐했나. 웬일일까. 인간에게 정이 없으면 몰인정하다. 마음은 흐뭇하나 한편으로 괴롭기도 하다.

9. 25 목 맑음 어제 이모집에서 잤다. 누님의 깨움에 의해 일어나니 6시 25분이었다. 집에 오니 어제까지 아팠던 잇몸과 혀가 아직도 쓰리고 아파 밥을 먹을 수 없었다. 조심스럽게 밥을 먹고 학교에 갔다. 어제부터 일체의 부교제도 가방에 넣고 학교에 오는 일이 없도록 하라고 지시를 받았다. 그일로 선생님은 과외수업을 한 우리들을 불러 과외금지조치가 내려졌음을 설명했다. 종례시간에는 선생님은 왕군이 학생부에 걸려 처벌을 받게 되어 안타깝다는 취지의 말씀을 하시고 현 한국사회에서는 어쩔 수 없는 일이라고 했다. 그리고 독일과 일본의 젊은이의 활동에 대해 말씀하셨다. 먼저 독일은 비스마르크 집권 후 펜싱 금지령을 내리고 노래(합창) 부르기를 권장했다. 자기는 했지만 후세들은 하지 못하게 했다. 그러나 그것은 잘 한 일이라고 생각된다. 펜싱을 해서 상처를 입는 것이 예사로 자랑스럽게 생각한 그들에게 노래를 권장한 것은 국민의 단결력을 신장시키기 위해서 한 좋은 정책이라고 했다. 그리고 일본은 650년전 무사들이 판을 칠때에는 성주들의 자녀들도 밤에 나와 사람죽이기를 예사로 했다. 하루에 30명 정도가 죽었단다. 그래서 그때 명치천황과 이등박문 등이 혁신을 해서 명치유신을 하고 칼을 몰수하라는 명령을 내려 일본을 평정하고 등산을 권장했다고 한다. 이들은 마음껏 젊음을 발산하고 문화, 정치, 경제 등의 발전을 가져올 수 있는 커다란 계기가 되었다.

그리고 오늘은 휴가를 왔던 형님이 오후 7시쯤에 귀대했다. 섭섭함을 금할 수 없어 하루종일 우울했다. 문득 며칠전의 일이 기억난다. 누님집에 갔더니 두부를 11모 주었다. 처음가는 나로서는 알 수 없어 10모가 아니냐고 말했더니 한모를 더 주었다. 누님께 연유를 물었더니 본래 11모를 준다는 것이었다. 오늘 일반사회 시간에는 범죄에 관해 배웠다. 위법성, 구성요건, 책임성이 갖춰져야 비로서 범죄가 성립함을 알았다. 그중 위법성이 조각 될 때 즉 정당방위와 긴급피난 등에 대해서도 배웠다. 그리고 거창양민학살사건 지리산 빨갱이를 소탕하기 위해 자유당 당시 양민을 죽인 악랄했던 자유당의 횡포와 그 당시의 사회상을 짐작할 수 있었다. 국어시간에는 모 초등학교에서 학생들이 보는 가운데 선생님을 잡아갔다는 것이 보도 되었다. 그리고 분수에 맞게 삶을 누려야 한다는 말이 나왔다. 중3때 기술선생이 말씀하신 불로소득이 생각났다. 육여사를 살해한 문세광에게 만원을 받고 차를 태워줬던 운전사 어찌 그 불로소득을 바라는 비겁한 인간이 우리나라 수도 서울의 운전사로 자격이 있다는 말인가. 그 인자하시고 자비로운 육여사님의 모습이 생각난다. 이제 더 이상 쓸 내용이 없다.

9. 26 금 흐림 오늘도 이모네에서 잤다. 혀가 좀 나았다. 이것은 공부를 하는 나로서 크나큰 결점이 아닐 수 없다. 이것은 공부를 좀 무리하게 하면 피로가 오고 11시까지만 해도 무리한 공부가 되니 잇몸이 아프고 혀가 갈라지는 부작용이 있으니 큰 약점이 아닐 수 없다.

학교에 올라가는데 중3년들이 체육복차림으로 차에서 내리고 있었다. 오늘이 체력 검사날이구나 내가 작년에 받을 때 알 수 없었던 초조함과 이것이 나에게 커나큰 인생의 항로가 될 줄로 생각할만큼 내가 소극적인데 대해 미안함을 금할 수 없다. 그때 나는 1급 B를 땄다. 20점 만점에 17점이었다. 140점만 때도 특급인데 나는 능력과 노력이 부족했다. 오늘 가는 아이들은 모두 침착한 마음으로 최선을 다하는 길이 검사받는 수험생으로서의 의무일 것이다. 오늘 자습시간에는 리딩을 할 줄 알았다. 그러나 나의 생각은 틀렸다. 선생님들의 학도호국단 발대식으로 인해 자습이 되었다. 생물시간에는 선생님이 경고를 칭찬했다. 시험지 원지 등 프린트에 사용되는 것 등은 일체 무료라는 것이다. 마지막 음악시간에는 강당에서 2학년과 함께 개선과 동백꽃 피는 부산의 두곡을 노래했다. 56회 전국체전에 참가하는 부산 선수단의 발대식에 불려질 노래다. 작년에 내가 갔을 때는 개선을 원곡 그대로 불렀는데 이번에는 좀 바꿨다. 집에 와서 외가에 갔더니 외숙모님과 형님이 있었다. 나는 오랜만에 와서 역기를 누워서 들어 올리는 것을 했다. 그전에는 두 번에 150번까지 했던 내가 게으른 탓에 70개를 하고 내려왔다.

10.16 금 맑음 새벽에 아침에 치를 영어단어 시험 때문에 소풍간 다음날이었음에도 공부를 해야했다. 한시간 반가량 하고 누웠다. 어제 소풍은 그야말로 시시했다. 범어사 부근의 산등성이에서 놀았지만 나는 우리반을 못찾아 혼자 돌아다녔다. 학교에서 영어단어 시험을 쳤다. 문장에 있는 단어를 해석하는 것이었다. 매우 자신있게 했으나 채점이 까다로웠다. 독어시간에 바쁘게 연습문제를 푸느라 혼이 났다. 국어시간에는 자습을 했다. 국어책을 가져가지 않았는데…….

오랜만에 일기를 쓰려니 말문이 막힌다. 오늘은 우리나라 적십자사 창립 70주년 기념일이었다. 오랫동안 바랬던 남북한 적십자회의는 제법 좋은 성과를 얻었다. 월남 난민도 보호해 주는 등 좋은 사업을 전개하였다.

그리고 신민당 김옥선 국회의원이 사퇴를 한 후 김영삼 신민당 당수가 기자회견을 갖고 자기의 의사를 밝혔다. 국민에게 사과하고 당수로서의 책임은 후에 지겠다고 했다. 우리학교 야구부는 오늘 경기를 가져 6대 1로 이겼다. 오늘 나의 계획을 실천하지 못했으며 오늘의 주어진 시간에 최선을 다해 공부하지 못했다. 보람찬 내일을 위해서 열심히 노력하는 자가 되어야 할 것이다. 인생은 희극이다. 라고 어느날 귀가길에 어느 초등학생이 말했다. 인생은 주기함수와 같지 않다. 수학선생이 덧붙였다. 인생은 예술이다. 인간은 삶이 무서워 사회를 만들고 죽음이 무서워 종교를 만든다. 실수는 최고의 선생이다. 지금의 1분은 미래의 10분이다. 인간은 생각하는 갈대다. 사회적 동물 등으로 인간을 인생을 표현하고 있다.

10.21 화 맑음 아침에 무거운 발걸음으로 학교에 갔다. 많은 숙제 시험 등으로 일종의 정신 고역장에 일하러 하는 인간과 다를 바 없었다. 3년 그리고 10개월 아니 10년 동안 학교에 왕래하며 무엇을 생각했으며 그 시간을 보냈을까. 그것만으로도 1년은 족히 되리라. 1년과 같은 시간동안에 무엇을 생각하며 학교를 다녔단 말인다. 오늘은 맞느냐. 안터지느냐라는 개념이 머리의 첫선을 울린다. 하루에 안 맞는 사람이 약 1/3 정도 혹은 거의 다 맞을 때도 있다. 불안한 인생살이다. 왜 이렇게 괴로운 인생을 보내야 하는가. 내일은 기술 발바닥을 10대 정도 맞을 것이다. 영어단어 시험 수학시험 등 시험의 연속이다. 이 인생의 비극을 타개하려고 하지만 쉽지 않다. 자성대에서 기와로 덮힌 여러집 가운데 한그루의 감나무에 잎도 없이 감만이 열려 있었다. 매우 절경이었다.

나는 졸필이다. 왜냐 빨리 쓰기 때문이다. 온갖 고난을 이겨내고 한 개의 감을 이룬 훌륭한 감나무와 농부의 손이 수고한 댓가가 아닐까. 하루살이 인생이다. 오늘은 어찌 무사히 괴로움에서 해방되겠는가. 눈앞에 놓인 책들은 시선을 흐리게 한다. 체념과 푸념을 하게할만큼 많다. 이 많은 것을 다 어디에 이용할 것인가. 왜 나는 이러한 암울한 시대에 태어났는가. 어느날 휴식시간 10교시였다. 짝궁 근철이가 소련하고 중국하고 붙었다네 물론 농담이었다. 어디서 그러더냐. 라디오에서 뭐 중소의 난립에 놀란 나에게 의아해 해서 그는 “너가 왜 그렇게 걱정이냐.?” 라고 했다. 참 험한 세상이다. 말세다. 나는 불평이 많은 사람이다. 정치 경제 문화 등 분야에 불평이 많다. 왜 나같은 이상한 인간이 창조되었는가. 왜 불평인가. 내가 나쁘기 때문인가. 즉 내가 불리하기에 물질주의 시대다. 그러나 한국은 동양이다. 정신의 정도와 꿈이 원대하다. 나는 판사, 변호사를 하고 싶다. 그러나 나의 능력으로는 되지 않으리라. 그러나 나는 시도해 보리라. 나는 나의 고집 아니면 암살로 죽을 것이다. 나는 나를 이상하게 생각하면 이상한 인간이다. 부모는 모두 키가 크다. 그러나 나는 작다. 그러나 나는 손발 머리 등은 크다. 어떤 아이는 손가락이 매우 작은 아이도 있다. 나는 죽음이 두렵다. 나는 주검을 본 일도 없다. 그래서 곧잘 꿈에서 주검을 본다. 오늘은 경찰의 날이다.

10. 31 금 맑음 오늘은 평생에 잊지 못할 날이다. 2년전이었다. 이용준이 나를 데리고 학교 낭떠러지로 가서 엄포를 놓았다. 미술 선생님의 태도에 못마땅해 했다. 학교의 비품을 팔아 자기 이익을 위해 썼다. 그런

일을 한 것을 잘 아는 그는 1학년때 장학사가 오면 수업시간 도중에 불려가서 다른 학교 비품을 빌려서 가져다 놓고 감사의 눈을 속였다는 것이다. 공작부가 창립될 때에는 자기의 직업까지도 서슴치 않고 내놓고 그 공작부를 만들기를 원했던 선생님도 있었다고 한다. 그런데 그는 선생님에게 미움을 받고 있었다. 소아마비 학생이었다. 머리는 비상했다. 그는 행복한 가정에 태어났으나 불행했다. 그는 술을 마시며 담배를 피울 정도로 불량배이다. 그러나 그의 사고는 조금은 괜찮은 면도 있었으나 좀 나쁜 이기주의적인 인간이기도 했다. 그는 공작부에서 추방을 받았다. 그러자 그는 매우 무서운 생각을 가지게 되었다. 비상한 머리를 악용하려 했다. 나는 말렸다. 그는 학생이어서 양심이 있어서인지 몰라도 인정은 있었다. 어리석었던 나를 공범으로 합류시키려 했다. 어리석었던 나는 그에 대한 분노를 참지 못했다. 허나 어찌할 수가 없었다. 공작부는 그야말로 생지옥이었다. 나는 고민과 불안한 나날을 보내지 않을 수 없었다. 나는 부모님께 말씀 드렸다. 안심이 되었다. 발각이 되면 내가 골치 아프게 된다는 공갈 협박을 했다. 그러나 그는 실행에 옮기지는 못했다. 그는 그대로의 사고방식을 갖고 있었다. 그는 행동 후에는 외국으로 도망을 계획하기도 했다. 그는 매우 이상한 인간이기도 했다. 자기의 육체적 결함에 의한 하나의 반항기였으리라. 그는 구타를 좋아했다. 고독 속에서 살아온 불쌍한 인간이다. 머리가 아프다. 과거를 너무 생각했나 보다. 그는 나와 거닐며 2년전 오늘 하숙생이란 노래를 불렀다. 그는 인생의 타락자인가. 그는 육체적으로 젊었지만 인생을 다 산 인간이란 말인가. 도저히 심정을 알 수 없었다. 그러나 그것은 하나의 추억으로 영원히 가슴속에 존재할 것이다. 버스안에서 생각해 보았다. 과거를 말이다. 오늘 영어 선생님인 담임선생님은 동서의 사고방식의 차이 오 헨리의 크리스마스의 선물이란 소설을 읽으며 하는 이야기였다. 동양은 무엇을 해주면 댓가를 바라고 해준다. 그러나 그것을 못받으면 못받는다. 호감을 샀더라도 말이다. A가 B에게 어떤 부탁을 했을 때 B가 거부해도 별로 사회의 비난을 받지 않는다고 생각한다. 그러나 서양은 필요없는 이유없는 댓가는 기대하거나 주로 받지 않는다고 한다. 몇해전에 읽었던 소설이었다. 한글로 번역된 것과 영어로 된 것은 비용은 같았다. 그러나 글의 멋을 낼 줄 아는 오헨리의 문장력에 탄복했다. 그리고 봐준다는 것에 대하여 애기를 했다. 문득 나는 2년전 난로불을 피우기 위해 온수실에 가서 연탄을 빌리기를 원했으나 빌리지 못했다. 안면이 없었기 때문이다. 그러나 이부장은 몇마디로 교섭이 성공했다. 이세상에 대한 하나의 사고가 머리를 스치지 않을 수 없었다. 즉 행복을 추구하였다. 고개가 수그려진다.

11. 5 수 흐림 3시간째가 윤리시간이었다. 선생님이 들어오실 때 주번은 칠판을 지웠다. 선생님은 모두 눈을 감도록하고 부동자세를 취하도록 했다. 반성의 시간이었다. 일일삼성이라는 고인들의 말을 생각하며 일기를 써서 하루 한번도 반성하지 못한 날을 반성하였다. 우리는 일념이 없이 껍데기만 교육을 받으려했다는 것이다. 한강다리가 왜 넓고 탄탄대로인가. 외나무다리를 놓으면 빠르고 좋을 것인데. 그러나 인생은 외나무다리와 같이 개척하면 불안과 초조속에서 일생을 보낼 것인가. 한강다리와 같이 탄탄대로를 개척한 사람은 안락하게 생활할 수 있을 것이다. 마

음의 결심이 부족하다. 특히 나와 같은 사람 남에게는 관대하고 남의 일은 관대히 처분해도 자기일이나 자기에게는 가차없이 공격을 퍼부어야 한다는 등 50분간 얘기를 했다. 성적표를 받았다. 고등학교에 들어온 중에 최하위 등수를 받았다. 평균 50점 매우 큰 수치였다. 저번에서 5등이나 하락한 것이다. 아버지의 호통이 귓전에 선했다. 정류소에 오니 한 아이가 찬송가와 성경책을 들고 어디로 가고 있었다. 부러운 광경이었다. 내가 크리스찬인 아버지를 두었더라면 그런 슬픔은 없었으리라. 나는 며칠 전 동생이 빌려온 아데나워 수상의 전기를 읽은 적이 있다. 대략 보았지만 가난한 가정에서 태어나 자기의 책임으로 성실히 완성해 가는 건실한 인간으로 성장해 갔다. 변호사, 시장, 대통령으로 발전해 갔다. 내가 바라는 이상적인 인간형이다. 윤리시간에 형제 친척 등이 많은 것은 좋지않다. 왜냐하면 의지를 하기 때문이다. 나는 진학지를 샀다. 그것에서 3수를 한 학생들의 글을 읽고 많은 감동을 받았다. 나는 오늘도 최선을 다해 보람있는 삶을 살았는가.

11. 6 목 흐림 지금은 자정을 넘었다. 그러니 어제 일기를 쓰는 셈이다. 오늘은 아버지가 일찍 들어오셨다. 소의 창자와 간을 사오셔서 먹었더니 속이 미쓱거렸다. 세규가 포스터를 그리기 위해 종이와 붓을 가져왔다. 나는 이모네에 가서 그리려다가 세규에게 하라고 주었더니 버릇이 나쁜 탓인디 새로 자기가 그렸다. 누님과 치수형님이 그려주라고 했지만 그는 그리지 않았다. 어제 받은 통지표를 아직 보관 중이니 걱정이 태산이다. 고등학교에 올라온 후 최저성적이었다. 공부 열심히 하라고 훈계까지

받았다. 부모님의 책망이 내일의 성공에 대한 밑바탕이 될 수 있게 해야 하리라.

12. 3 맑음 오늘은 두반만 치는 학력고사가 있는 날이다. 다행히 우리 반은 걸리지 않았다. 4, 8반이 시험을 쳤다. 오랫동안 일기를 쓰지않아 그리고 어제 일은 오늘 아침에 쓰자니 좀 이상했다. 며칠전 선생님은 한 학생의 무단조퇴로부터 얘기를 시작해서 인생의 성패까지 연관성을 지어 말씀하셨다. 판단의 과오에서 준비가 없기 때문에 실수를 저지른다고 했다. 그리고 우리나라의 산업 즉 수출 위주로 공장을 세웠는데 수출이 되지 않는다고 했다. 우리나라를 공업국으로 발전시키지말고 농업국으로 발전시켜야한다고 했다. 거시적 안목으로 보고 미시적 안목으로 일을 처리해야한단다. 충무동 어느 냉동회사에서 가스가 폭발하여 4명이 사망하고 80여명이 중상을 입었다. 그리고 국회에서는 예산안을 신민당의 반대에도 불구하고 가결시켰다. 포드 미국대통령이 오늘 중국을 방문하여 모택동과 장시간 회담을 했다. 나는 집에 와서 조금 있었더니 아버지가 전화를 했다. 전에 맞춘 잠바를 찾으러 가자는 것이었다. 나는 잠바를 찾았다. 좋았다. 종례시간에 선생님을 화를 내어 유종의 미를 거두기 위해 매로 때렸다. 나는 다행히 맞지않았다. 평균 62점으로 1년 중 제일 좋았다. 아버지도 흡족해 했다. 매우 기쁜 하루였다.

1976. 1. 7 맑음 새해들어 처음 일기를 쓴다. 다사다난했던 1975년을 보냈다. 세계적인 경제 공황과 광복 30주년 행사, 세계의 조직 국제연합

이 차차 쇠약해지고 있다. 월남 크메르의 공산화 북괴 땅굴, 포드대통령 한국 방문, 가봉 대통령 방한 등 김옥선의원의 사퇴, 새 국회의사당 건립, 2월에 형님의 입영, 스페인 프랑코 총독, 강개석 중국 총통의 서거, 일본 사또 수상 서거 등 많은 거성들이 서거했다.

나에게 인상 깊었던 것은 경고 입학, 형님 입영, 고종 누님 예비고사 합격, 사촌형님 예비고사 합격 그리고 쓰라린 크리스마스 쓸쓸한 크리스마스를 보낸 것이 서글펐다. 망년회 내가 태어난 자리에서 과자 3백원어치를 먹으며 고향은 연못을 만들고 새마을 사업에 열중했다. 재일교포의 방한도 큰 행사였다. 북괴의 도발야욕이 더욱 노골화 되었다. 학도호국단 창설, 민방위대 결성, 개각, 주민등록증 재발행 물가인상, 인플레이션 중에도 경제성장 미국 고립, 앙골라 전쟁 모르코 대행진, 팔레스타인 게릴라 난동 등 1년 동안을 회고하며 일기를 쓴다. 따분한 방학이다. 등교할 때면 방학이 그립고 방학때면 등교할 때가 그립다. 왜냐 참으로 의문이란 진리연구의 발로다. 인생은 무상하다.

11시 5분이다. 꿈을 이루지 못하겠다. 웬지 아버지와 이렇게도 사이가 나쁘단 말인다. 나는 어떻게 해야만 아버지를 바로 모실 수 있는가. 인간이여 말하라. 인간이지만 말할 줄 모르는 이내 입. 아 타오르는 안타까움 금할 길이 없다. 내일이라도 이집을 떠나 이도시를 떠나 내마음대로 활개칠 수 있는 세계로 발길을 돌릴까. 하숙이라도, 자취라도 젊음의 분노 이를 누가 막아주며 꺼줄 것인가. 운수형님이라도 내곁에 있다면 이 고난을 극복할 수 있을까. 책 대답은 진정 이것일까. 걷잡을 수 없는 생각에 펜이 천리를 달리누나. 아 삼촌이나 형님 누나라도 있었으면 또는 여자로 태어났었다면 하는 생각은 공상에 불과하다. 인간을 창조하신 하나님만이 아실까. 이밤도 저무누나. 아 따뜻한 정이 그립구나. 이정을 누가 뿌려줄까.

2. 9 월 맑음 오늘은 지각을 할 뻔했다. 9시까지인 줄 알고 늦잠을 잤다. 전화하여 8시 20분까지 간다고 했다. 최선의 발걸음을 옮겼다. 아픈 발이 잘 말을 듣지 않았지만 겨우 지각은 면했다. 시험을 치고 집에 왔다. 설친 아침잠을 보충하기 위해 낮잠을 잤다. 오늘은 개학일이었다. 그리고 여동생 중학교 추첨일이라 어머니께서 찰밥을 해 주셨다. 매우 훌륭하신 어머님의 은혜를 어찌 갚을까. 전에 쓴 일기를 읽으니 기억이 새롭다. 고모부가 아프셔서 아버지가 서울에 가셨다. 보람된 하루가 못됐다. 오늘을 보람차게 사는 인간이 되도록 노력해야겠다. 근수형님이 대구에 처음 근무하는 날이다. 행운이 깃들기를 기원한다. 웬지 뭔가 먹고싶을 뿐이다.

3. 29 월 비 지금 시계의 날짜와 요일이 바뀌는 찰나다. 요즘은 하루가 웬지 빠르다. 봄꿈을 꾸듯이 하루가 금방 지나간다. 소년이노 학난성 일촌광음 불가경 계전오엽이추성인 싯귀가 머리를 스친다. 나의 고교3년 생활이 이 하루와 같이 그렇게 과연 빠를까. 지나온 3년만큼 빠를까. 심히 유감이다. 인간으로 왜 태어났을까. 신 신이 무엇이기에 인간의 모든 것을 지배하는가. 여호와 하나님의 뜻인가. 아니면 마귀의 계책인가. 오늘 물리, 화학, 고전, 국사를 시험을 보았다. 싸움(대결)보다 대결을 위한

준비가 더 중요하다고 했다. 어제 공부를 제법 한다고 했다. 화학은 24점이었다. 만족스러우면서 한편으로는 그렇지 못했다. 인간의 욕심때문인가. 즉 이간이므로 그러한가. 차를 타고 오면서 또 코피가 나지않을까 염려했다. 지난번에 서서가는 도중에 코피가 나서 당황했었다. 돈이라는 똥같은 물질 때문에 그 위기를 극복할 수 있었다. 비타민 B12가 모자라 모세혈관이 약화되었다고 했다.

오늘은 수업이 7시간이어서 집에 일찍 돌아왔다. 마음이 홀가분했다. 코피 때문에 삐콤을 사왔다. 11시 10분이다. 인간에게 죽음이 없다면 즉 병이 없으면 불행이 없으면 시간은 그리 중요하지 않을 것인데 죽음은 순간인가. 그렇다. 나는 그리스도인이다. 기독교를 믿기에 그렇다고 말한다. 인간에게 인정이란 게 있다. 인정은 필요할 때가 있고 필요없을 때도 있을 것이다. 나는 고2 학생이다. 즉 나는 교육받는 인간이다. 누구의 말대로 죽음으로 일보 일보 전진하고 있다. 그러나 그 죽음을 받아들이지 않을 수는 없으나 그 죽음을 위해 인생을 개척해 나갈 것이다. 인간은 생각하는 갈대라고 했다. 그럴 것이다. 그러나 이 생각만으로 만물의 영장이 될 수 없다. 이 생각과 약한 힘이 합해질 때 비로서 만물의 영장이라 일컬어지게 될 것이다. 이 생각은 인류문화를 낳은 모체요 만물의 영장이 되게 했다. 그러나 인간은 모두 만물의 영장인가. 생각해볼만한 가치를 지닌 물음이다. 그렇지는 않을 것이나 대부분 그렇다. 즉 동물보다 못한 인간도 있다. 나는 인간이다. 왜 생각하므로…….

이밤도 하나님의 뜻에 의해 돌아간다. 안녕히 이밤이여…….

4. 21~24 부풀은 기대를 가지고 4월 21일 새벽 4시 45분에 잠에서 깨어났다. 어머니는 벌써 일어나셔서 김밥 한 줄을 싸놓고 또 싸고 계셨다. 나는 준비물을 준비해서 해가 뜨기전에 어두운 골목길을 걸어서 도로로 나왔다. 유식이와 그의 아버지도 나왔다. 같이 택시를 타고 부산역으로 갔다. 많은 학생들이 모여 있었다. 5시 50분까지 승차를 완료했다. 작년 1학년때의 담임 선생님도 환송을 위해 나왔다. 다른 많은 선생님들도 오셨다. 부산에서 강릉까지 15시간만에 도착했다. 버스를 타고 약 1시간 30분 정도를 달려 설악동에 도착해서 명동여관에 투숙했다. 나는 배가 아파서 저녁을 먹지 않았다.

첫날 신흥사를 둘러 흔들바위 용바위 계조암 울산바위 등을 구경했다. 그러나 울산바위까지는 올라가보지 못해 마음이 언짢았다. 안내원은 울산바위의 전설을 얘기해 주었다. 비선대, 와선대. 금령굴을 보고 경탄을 금치 못했다. 세상을 넓고도 커다는 것을 새삼 느끼게 해 주었다. 그 바위의 거대하고 웅장함. 물의 맑음과 흐름 정말 장관이었다. 내려오면서 이름모를 무명용사의 묘에서 묵념을 했다. 다음날 비룡폭포를 보았다. 매우 훌륭한 폭포였다. 그러나 아래에서 보기는 토왕성 폭포도 매우 멋져 보였으나 가보지는 못했다. 오후에 버스를 타고 낙산사 관동팔경의 하나 낙산사 의상대 홍연암 등을 보았다. 해안에 위치해 있었으며 매우 오래된 것 같았다. 그 다음 경포대 신사임당의 동상 충혼탑 등이 부근에 있었고 호수도 옆에 있었다. 그 다음에 38도선이란 글씨를 판 돌이 세워진 곳을 지나며 지난날 피비린대 나는 전쟁을 연상했다. 강릉에 있는 홍해여관에 도착했다. 아침에 경포대의 일출을 보았다. 피로하고 힘든 가운데 매우 고생이 많았지만 즐거운 수학여행이었다.

4. 28 수 흐림 오늘은 운수형님이 군대에서 주민등록증을 다시 발급받기 위해 13일간의 휴가를 마치고 돌아려는 때에 어제 하루밤을 형님과 함께 했다. 웬지 서먹서먹한 기분으로 옛날의 그 정도 없어진 것 같았다. 인생은 회자정리라 했다. 그말도 일리가 있다. 여행을 갔다와서 월요일 치를 시험을 오늘에야 치렀다. 그렇게 싫어했던 선생님을 담임으로 만났으나 알고보니 매우 훌륭한 선생님 이셨다. 시험도 별로 잘 치지 못했다. 오랜만에 일기를 쓰는데도 별로 쓸 내용이 없다. 내일 또 10키로미터 마라톤을 해야할텐데 밖에는 비가 내린다. 작년에는 개교 기념식을 거행하던 중에 졸도를 해서 그 감회가 새롭다. 오늘은 431회째 되는 이순신 장군 탄신 기념일이다. 나라를 위하여 모든 것을 바친 충무공 그 거룩한 뜻은 오늘도 우리 마음속에 면면히 흐르고 있다. 풍전등화의 고국을 건져내신 이순신 장군, 나는 우리나라의 인물중 최고 훌륭한 인물이라 생각한다. 내가 있기에 조국이 있는 것이 아니라 조국이 있고 내가 있다. 1년전 패망한 월남 난민들 그들에게 조국이 없는데 어찌 자신이 있겠는가. 멸사봉공으로 나라에 충성하자.

1976. 8. 9 월 맑음 찌는 듯한 하루였다. 실로 오랜만에 일기장을 펴서 일기를 쓴다. 옆집의 종용이가 기타로 애국가를 치고 있다. 약 2개월 동안 이모집에 가 있었다. 앞과 옆에 둘러쌓인 책을 보고 인간의 학문탐구는 역사가 계속되는 동안 지속될 것이라고 여겼다. 지겨운 여름방학의

약 반을 보내고 허전하고 공허한 마음으로 이 여름밤을 지새운다. 마음대로 쓰는 둔필이 또 일기장의 흰 백지를 채운다. 오늘 한 일이 영 기억에 없다. 그런데 은행에 간 일은 생각난다. 동전 400개를 가지고 수도세와 청소비를 내러 집 밑의 상업은행에 갔다. 은행에 들어서서 안내원 아저씨가 손가락으로 가르켰다. 매우 기분이 좋았다. 수도세와 청소비를 냈다. 시계는 벌써 자정을 지났다. 아버지가 시골에 다녀오라고 했다. 나는 별로 탐탁치 않았다.

10. 10 일 맑음 맑은 가을날이 왔다. 지겨운 일요일을 보내기 위해 영화관에 갔다. 가는 도중 물리 선생님을 만났다. 만난 것이 아니라 보았다. 테니스코트에서 테니스를 치고 있었다. 나는 꼴불견이라 싶었다. 며칠전 연습문제를 안풀어가서 손바닥을 맞아 시퍼렇게 멍이 들었던 기억이 났다. 우스웠다. 현실이 미웠다. 이 괴롭고 지독히 속박된 마치 자유가 없는 옛날의 노예와 같이 시키면 시키는대로 순종만 하는 불쌍한 존재였다. 펜과 입과 지식으로 만인 중에 가장 훌륭한 사람인양 그 독재적 독보적 존재가치를 나타내고자 하는 하기야 먼후일 우리를 위해서라고 항변하리라. 그러나 지금 현실이 중요할 것이다. 내일 오늘과 어제없는 내일이란 무의미한 것이다. 학교를 그만두고싶다. 몇 번이고 이 지겨운 학창시절을 끝맺으려고 했는데 다행히 운이 좋아 하기야 어쩌면 불행인지 불행중 다행인지 참 묘한 인간 삶이다. 눈 앞에 보이는 수많은 책 학문이란 누가 무엇을 위하여 과연 그런 것이 옳은가. 참 세상 살맛이 없다. 어머님까지 돌아오지 않으신다.

몬테크리스토백작을 보았다. 집념에 불타는 복수하는 사나이 참으로 훌륭한 지식을 간직한 사람이 자가가 자기주장만을 일삼는 참으로 어리석은 자였다. 자기는 감옥에서 14년이라는 꽃다운 젊음을 다 허비했고 옛 애인도 그리고 아버지는 굶어죽게까지 되었다. 그러나 그는 14년동안 수많은 지식과 무진장한 황금을 손에 넣을 수 있었다. 그는 그것으로 만족해야 했다. 그러나 그는 자기의 원수를 한명, 한명 처치했다. 만약 그가 그들을 처치하지 않았다면 첫째 그는 고위관직과 사회적 지위가 땅에 떨어지지는 않았을 것이다. 그러나 그가 죽임으로써 인륜 사회와 도덕적 사회를 망가뜨렸다. 다른 사람들에게는 피해를 입히지는 않았다. 아 인생이 이렇게 힘든 것일 줄이야.

11. 5 금 맑음 오랜만에 일기를 쓰는데도 별로 쓸 내용이 없다. 성적이 6등에서 13등으로 내려간 성적표를 보고 마음이 우울해졌다. 성적표를 받을 때마다 모든 학생들이 느끼는 일일 것이다. 잘했으면 기쁠 것이다. 그러나 그 다음 미래가 걱정이 된다. 못했으면 슬플 것이다. 그러나 그 다음에는 기뻐할 것이다. 묘한 인간관계를 살아가는 기본철학이다. 현 자본주의의 모순이 크게 드러난 자본주의 사회에서 나는 이를 어떻게 극복하느냐. 좀 더 인간이 행복해지기 위한 새로운 제도를 생각하며 버스에서 골몰히 사념에 빠졌다. 첫째 교육을 어떻게 하느냐. 둘째 경제를 어떻게 변화시키느냐. 셋째 정치제도를 어떻게 바꾸느냐. 능의 문세를 생각했다. 역시 모순된 인간의 생각으로는 아리송한 문제였다. 우울한 마음으로 식당에 가서 빵, 우유 그리고 기분이 나빠 우동까지 사서 먹었다. 배

는 불렀으나 마음에 든 공허감은 억제할 길이 없었다. 동산에 올라 산보를 했다. 떨어진 낙엽을 밟으며 속세를 떠난 인간의 본연의 자세로 나 인간 스스로를 생각할 수 있음이 더할 수 없이 기뻤다. 나에게는 행인지 불행인지 모를 학운이 있었다. 추첨을 잘해서 좋은 학교에 들어왔다. 그러나 나는 차차 학교에 동화되어감을 기뻐했다. 아니 세월은 빨라 약 3년전 그러니까 정확히 말해 73년 10월 31일에 아주 충격적인 얘기 그 살인계획이 머리에 떠올랐다. 지금 그선배를 만난다면 어떻게 하겠는가 참 나자신은 궁금하다. 그러나 지금 심정으로는 무척이나 얄미운 인간이다. 그 순수한 인간을 악의 구렁텅이로 몰아넣을 작정이었다. 학교기물 폐지 등을 가지고 나가 팔아서 호의호식한 인간이었다. 생각할수록 괘씸해서 생각을 그만둔다. 내가 좋아하는 화학시간이 있었다. 선생님은 거의 완벽에 가까울 정도로 훌륭한 인격자요 교육자라고 생각된다. 첫째 항상 근엄하시고 인자하시다. 그래서 선배들로부터 인기를 독차지 했다. 둘째 얼굴이 잘났고 글씨도 명필이다. 셋째 노력파다. 그는 히프가 납작하다. 그는 훌륭하게 수업을 진행해 나간다. 신념이 있다. 괴로운 수험생활이 서서히 아니 지금부터라고 생각하니 벌써 걱정이 되어 잠이 오지 않는다.

12. 8 수 흐림 날씨가 눈이 흩날리다가 말아 매우 섭섭한 느낌을 주었다. 수업중에 그 흩날리던 눈이 눈앞에 어른거렸다. 쥐 죽은 듯 조용하던 수업이 술렁이기 시작했다. 귀한 손님이라 그런지 그 눅눅한 젊은이들의 마음을 사로잡을만한 어떤 것이 눈속에 있음직했다. 추운 겨울에 딱딱한 의자에 앉아 참으로 혹독한 고행이다. 윤리시간에 귀순한 월남한

박명하라는 여성이 쓴 북한의 현상태를 적은 책자를 낭독하고 설명하는 것을 들었다. 사리원 공고를 졸업하고 교원으로 생활을 하다 1968년 월남했다고 한다. 수업이 끝난 후 식사를 하고 도서관으로 갔다. 어제 읽던 케인즈의 경제학에 관해 이어서 읽었다. 읽는데 집중하여 내용을 파악하지 못했다. 잠이 서서히 내 육체에 엄습해 왔다. TV 인간만세 프로에서 이야기 아주머니라고 불려지는 어떤 여자의 행적을 더듬는 것을 필름과 설명을 들어가며 들었다. 이화여대 법대를 졸업했단다. 재일동포 위문을 위해 연설을 했던 이화여대 총장이 잠깐 카메라에 비쳤다. 아주 느끼는 바가 컸다. 아버지가 일요일에 맞추었던 남방을 찾아 오셔서 기뻐 어쩔줄 몰라했다. 이모집에 갔다. 참으로 한심하기 그지없는 집안이었다. 아주 불쌍한 사람들이라 생각했다. 얼핏 머리를 스치는 어귀는 " 등이 따뜻하고 배가 부르면 공부를 못한다" 라는 말이 생각났다. 내가 바라는 자본주의가 아닌 새로운 어떤 체제와 경제체제가 확립되기를 바랬다. 버스 안에서 곰곰이 생각했다. 인간은 왜 존재하는가. 존재는 왜 하는가. 인간은 무엇을 추구하는가. 하나님은 인간이 어떻게 되기를 바라는가. 정부는 무엇 때문에 경영 존립되는가. 인생이란 무엇이냐. 등의 문제를 생각하면서 나는 혹시 꿈에 사는 사람이 아닌가 하고 생각했다. 현실을 똑바로 보고 이를 개척해내는 의지로 이현실을 넘어서야 하지 않겠는가. 마음이 동요되어 학교에 도저히 남아 있을 수 없었다. 나는 또 버릇처럼 내일 또란 말을 생각했다. 나에게 내일이란 없는가. 아닐 것이다. 나는 인간이다. 나는 이 자본주의의 모순을 해결할 수 있는 어떤 특수한 제도를 만들기에 노력하고 만드는 사람이 되고 싶다. 잠이온다. 자자 불을 꺼라.

1977. 1. 5. 수 맑음 날씨가 매우 쌀쌀하다. 모레 시험 때문에 바쁘고 초조한 하루를 보냈다. 시험 때문에 공부를 했다는 것은 좀 생각해볼 문제인 것 같다. 77년도에 처음 쓰는 일기라 마음이 아주 야릇하다. 내 인생에서 없다고 생각해야할 정도의 고생이 될 한 해다. 아니 최선의 노력을 다해야할 것이다. 46일간의 동계방학을 헛되이 보내는 것 같다. 인생이 한없이 추잡해 보이는 나날들이다. 연애는 해보지 않았다. 즉 그런 기분 감정을 가지지 못했다는 생각이 나의 머리를 스쳤다. 그러나 나는 위대한 예수님과 하나님을 알았고 그와 같이 있을 수 있었다는 감정이 나를 한없이 위안해준다. 내년 이때쯤이면 타는 듯한 초조한 마음으로 대입이라는 숙명적인 하나의 관문을 뚫기위해 노력해야 할 것이라는 생각이 든다. 나는 한국인을 아니 전 인류를 구원할 수 있는 사상과 제도를 낳고 실천하기 위해 노력해야 하리라. 나의 최고의 야망이다. 자본주의의 모순과 장점을 보완하고 민주주의 역시 마찬가지다. 인간은 무엇인가. 삶은? 죽음? 나는 왜 사는가? 왜 죽는가? 국가는 뭐냐. 무엇을 위하여 존재하는가, 신은 뭐냐. 행복이란 무엇인가. 인간은 누구냐. 나는 누구냐. 아무것도 모르겠다. 세규가 오늘도 오지 않았다. 그러나 석수가 왔다. 불쌍한 생각에 한없는 가여움을 느끼는 존재가 세규다. 나는 꼭 대학에 가야한다. 법을 알아야 한다. 제도와 정치, 법치를 배워야 한다. 나는 최고를 원한다. 그러나 이 차가운 현실에 과대망상증에 걸린 몽상가인가. 결코 그렇지는 않을 것이다. 신이여 아니 여호와여 하나님이시여 예수님이시여 저에게 힘을 주십시오. 꼭 되겠습니다. 이 작은 몸뚱아리가 한없이 원망스럽다. 그러나 하나님을 원망하지는 않겠습니다. 나는 피조물이기

에 나는 내것이 아닌 것이다. 내것은 아무것도 없다. 내 인생은 하나님의 뜻대로 하소서 이들은 누가 만들었나. 아주 미약하기 그지없다. 인간의 이 위대한 사고를 기록하기에는 너무나 미흡한 것 같다. 이 생각을 기록하는 더 훌륭한 기기가 발명되기 바란다.

1. 9일 흐림 지금 잠시 나를 생각하는 순간이다. 방금 아령을 하고 상체는 맨몸이다. 살들이 추위를 느껴 옷을 입으라고 하나 나는 입지 않았다. 웬지 불안한 하루였다. 어제 신문에 부산대학 법대가 5대 1이고 경남고등학교가 140명이 지원했다고 발표했다. 나에게도 서서히 입시라는 지옥이 닥쳐온다. 아니 내가 다가간다. 나는 분명히 들어갈 것이다. 그러나 나는 불안에 떨고 있지 않은가. 모두가 겪는 불안이리라. 올해들어 두 번째 쓰는 일기다. 독서실에서 종일 마음이 불안하고 공부가 되지 않았다. 나는 독서실을 뛰쳐나왔다. 집에 왔다. 탁구장에 갔다. 나는 9층 옥상에 한 집의 불빛을 보고 서서 마음을 가다듬어 보려했다. 상당히 어려운 시련이었다. 정말 독서실 책상앞 낙서처럼 아니 잘 기억이 나지 않는다. 아무튼 인간은 단순하다. 그러나 단순하지 않은 인간도 있다. 진정 수험생활이 시작되었다. 1,2년 동안 형편없던 내실력으로 의심스럽지 않을 수 없는 길이지 않는가 모를 일이다. 그만 자자 내일을 위해…….

1. 11 화 맑음 세규가 성지공고에 낙방을 했다. 허선하고 빼근힌 마음을 가눌길이 없다. 이모집에 갔더니 누님이 루즈를 입술에 발랐다. 한마디로 나는 지금 현실을 직시하지 못하고 있다. 하나의 열등의식이 나를

사로잡고 있다. 일기를 쓰면 마음이 좀 나아지리라. 일어나 세수를 하고 온전한 정신으로 책상에 앉으려고 했다. 앞에 있던 이불과 전기장판이 나를 유혹하고 누웠을때의 달콤한 기분이 나를 자극시켜 기어이 나는 결국 유혹에 패하고말았다. 곱슬머리는 독하다는 말을 들었다. 나역시 독하다. 나는 이현실을 피하고 있다. 가여운 생각이 든다. 나는 왜 이토록 괴로워 하는가. 차근차근 그 원인을 규명하고싶다. 첫째 편반 둘째 비애, 환멸 셋째 자신이 없다. 넷째 신념이 없다. 다섯째 진취적 기상이 없다. 이세상에 참으로 환멸을 느꼈다.

하나님과 예수님을 생각하고 싶다. 하나님은 이세상을 이렇게 되기를 원하시지는 않으리라. 하나님은 왜 세상을 창조하셨나요? 어떻게 이러한 현실을 이길 수 있을까요. 일기가 아닌 하나의 사색의 글이 되었다. 오늘도 독서실에 가지 않았다. 서서히 수마가 나를 유혹하고 나의 정신 즉 대뇌는 수마를 떨쳐내기에 온힘을 다하고 있다. 나는 과연 무엇이 될 것인가. 나는 최선을 다하는 인간이 되기를 원한다. 완전인간에 도전한다. 그렇다면 현실을 초월한 생활이어야 하지 않겠는가. 나의 인생 중 가장 어려운 한 해일 것 같다. 나의 눈가풀이 만나려 하는 듯하다. 세수까지 했음에도 수마를 잠재우지 못한다. 한없이 웃고싶다. 입시지옥에 한번 마음 껏 웃어본 적이 없다. 지독히 공부했다. 위대한 인간의 능력을 과소평가하지 마옵소서. 나의 위안을 주소서. 자고싶다. 눕고싶다. 웃어보자 내용없는 하나의 헛된 웃음이 나의 입에서 흘러나온다.

1. 13 목 잠을 잘 자지 못했다. 공부도 3시간정도밖에 하지 못했다. 시

험이 다가와서 겨우 한 공부다. 심히 부끄러운 일이다. 오늘 재수생들이 독서실을 떠들썩하게 했다. 어제 전기 시험을 다 쳤다는 사실로 미루어 서는 모든 고뇌와 번뇌와 고통이 다 사라지는 순간이리라. 나는 수험생의 그 고통을 시작하여 감수하지 않으면 안된다. 나는 최선을 다하리라 다짐한다. 다음 쓸 말이 마땅치 않다. 나는 나의 인생을 후회없도록 살리라.

1. 15 토 눈 지금은 11시 46분이다. 독서실에는 가지 않았다. 가고싶지 않았다. 입시를 치른 재수생들이 흡연을 하고 시시덕거리고 있었기에 공부할 기분이 되지 못했다. 아니다 해야한다. 다른사람이 볼 때 공부하고 공부할때도 공부를 해야 남을 앞지를 수 있지않겠는가. 그러나 자신이 없다. 자신감을 가져야 하겠다. 최선을 다하자. 게으른자여 개미에게로 가서 그 지혜를 배워라. 이것이 내가 가장 좋아하는 말이다. 행동의 지침이다. 그럼에도 아침 10시까지 잠을 잤다. 참 변덕스러운 사람이다. 사람은 하나님을 변덕스럽다고 생각했으나 사돈 남 말한다는 격이 되고 말았다. 4시에서 9시 28분까지 잠을 잤다. 그래서 지금 자정이 가까워짐에도 눈이 말똥말똥하다. 내 일기장 옆에 일기를 쓴 후 할 거리가 남아있다. 김동인의 약한자의 슬픔을 읽었다. 아주 그럴듯한 작품이다. 제목대로 좀 거창할 듯했다. 그러나 어찌된 일인가. 한 여인의 슬픔을 작품화하지 않았는가. 이세상에 어머니를 제외한 모든 여자들이 필요없는지도 모를 일이다.

1977. 2. 5. 토 혹한으로 날씨가 쌀쌀했다. 개학 후 3일이 지났다. 방학 전에 걱정했던 방학숙제는 그럭저럭 해서 제출했다. 밤을 새워가며 하던 생각이 나를 미소짓게 한다. 어찌 영어 문장같아 좀 어색하다. 지구가 점점 식어간다는 사실만은 어느정도 공감이 된다. 오늘 쇼펜하우워의 인생론을 샀다. 700원이었다. 아주 내용이 대만족이었다. 책을 사게 된 것은 큰집의 책을 보고 살만하고 볼만하다고 생각해서 샀다. 초저녁에 잠을 잤음에도 눈까풀이 만나려 접촉을 시도하고 있었다. 예시는 대략 9개월 남짓 남았다. 본고사는 11개월 남짓 남았다. 인생론에는 인간의 존재는 고뇌 그 자체가 목적이라고 했다. 잘 이해가 되지 않았다. 근심, 걱정, 회의, 불안 등인가. 그럼 인간이 이 고뇌 때문에 존재한다는 말과도 상통하리라. 나는 이 고뇌 때문에 존재하는가. 신이 인간에게 이 고뇌를 왜 주었는가. 모든 인간 즉 만인이 과연 그것이 당연하고 타당하다고 생각하는가. 아니다. 저 안락한 생활을 하는 한 농부를 생각해보자. 과연 그가 고뇌 때문에 존재하는가. 또 그 농부도 그렇게 생각하는가. 잘 이해가 안된다. 인생을 오래 살지 못한 소치인가. 만물의 영장이라는 인간이 자기가 왜 존재하는지도 모른다니 참 놀랄 일이다. 그곳에서 여성이라는 인간에 대한 글을 읽었다. 여자란 남자와 어린아이의 중간물이라고 했다. 여자란 남자의 성욕으로 말미암아 아름답게 보일 뿐이다. 결코 아름다운 존재가 아니다. 참으로 놀라운 사실이요 논리다. 인간이 이 관념이라는 것 눈과 두뇌는 참으로 이상한 성질을 지니고 있다. 사람은 사물 그 자체를 보는 것이 아니라 사물을 보도록 가르켜진 것을 본다는 것이다. 아주 좋은 책이고 심오한 철학이다. 방학숙제에 관한 생각이 옳지

만 그것에 얽매여서 방학을 논 것이나 게을러진 생활 태도는 참으로 한심하기 짝이없는 행동이었다. 방학의 기분과 습관이 나의 의지를 깨뜨리려 한다. 나는 온힘을 다해 의지를 깨뜨리지 못하게 방비한다. 방학동안 한 공부 양이 너무나 작았다. 내년의 나 혹의 내일의 나를 상상해 본다. 인간에게는 현실만이 주어져 있는가. 나는 오는 8일에 18번째 생일을 맞게 된다. 나는 다만 나의 부모님과 하느님과 다른 여러 사람에게 나를 오늘날까지 키워주시고 지도해 주시고 가르쳐주신 사람들에게 감사를 드린다.

2. 22. 화 맑음 봄이 와야할 텐데 봄은 오지않고 구덕골의 심한 매서운 바람이 불었다. 교무실에 성적을 보러갔다. 편반자료에 의하면 전교 67등이었다. 선생님은 특별반에 들어갈 수 있다고 했다. 내년 입시에는 문과부다 이과가 커트라인이 높을까 걱정이다. 3학년 말에는 적어도 30등은 되어야 부산대 법대에 들어갈 수 있을 것이다. 며칠전에 본 사체가 나를 두렵게 만든다. 집에서 공부하는 습관이 되어있지 않은 나다. 오늘은 단단히 결심을 하고 7시부터 12시까지 앉아 있으리라 다짐했다. 나는 사람이 거의 완전에 가까운 제도하에서 생활하기를 갈구한다. 만인이 평등하나 같지 않다. 나는 인간의 본질적인 철학적인 문제를 알고싶다. 인간은 과연 행복을 추구하기 위해서 사는가. 행복이란 무엇이며 인간은 무엇인가. 인간의 존재는 과연 고뇌하기 위해서 존재하는가. 그러나 나는 발등의 불부터 끄는 것이 급선무다. 대학에 가서 생각해 보기로 하자 서서히 입시의 열풍은 다가오고 있다. 나는 최선을 다해 시험을 치루리라

다짐한다. 일기가 멋이 없어진다. 하기야 멋으로 쓰는 것은 아니지만 다리가 찌릿하다. 겨울이 지나고 빨리 봄이 오기를 갈구해본다. 설이 지났다. 지난 18일이었다.

3. 30 수 맑음 3월 신학기 이후 처음 일기를 쓴다. 참으로 암흑 뿐인 죽은 제외된 삶을 살아가는 수험생이 드디어 되었다. 역시 고난과 어려움의 연속이다. 생각하는 것은 입시 그 괴로운 치가 떨리는 시험 사로잡힌 범에 불과한 것 같다. 일기에 너무 이상한 글을 써 아주 민망스럽다. 약 한달의 3학년 생활 참으로 어려운 생활 속에서 어느정도 처신을 해서 성적도 그리 나쁘지 않았다. 5등 이었다. 대비고사에서 5등 전교 40등이었던 것이 생각난다. 수학 김선생님이 가정사정으로 4월 1일자로 서면학원으로 가시게 된다는 소문에 허전해졌다. 나는 속이 아주 복잡한 사람이며 겉은 아주 내성적이고 말이 없다. 나는 말할 것을 마음 속에 간직하고 생각하는 동양적인 전형적인 한국인이 아닌가. 불안에 시달리는 고통스러워하고 초조해하는 한 인간이란 말이다. 나는 정말 누군가의 말대로 집과 학교사이를 왕래하는 죄인들의 감방생활과 유사한 최대의 힘을 기울이는 생을 창조하고 있다. 나는 극기를 생각하고 호연지기를 생각하는 나는 한마디로 산송장에 불과하다. 그렇지 않은가.

4. 4 월 맑음 오늘 역시 평상시와 마찬가지로 1,2교시에 시험을 치렀다. 그런제 어제 좀 이상야릇한 일로 그것에 나의 생각이 돌려져서 공부도 하지 못했다. 하기야 어쩌면 못한 것이 아니라 안한 것이리라. 그러나

나는 할려고 했으나 사정이 상황이 허용되지 않았다. 나는 서울로 갈까. 사실 나는 서울로 가고싶다. 그러나 가정형편상 아주 어려워서 거의 불가능하리라 짐작된다. 시험도 별로 좋지 않을 것 같다. 시험을 치고보면 그렇게 쉬울 수가 없음에도 그 치기전의 고생은 역시 그 고생이 사람을 발전시키는 원동력이리라. 성적이 내려갈까 벌써 걱정이다. 도서관에 가서 전에 읽었던 책을 다시 읽어보았다.

내일은 식목일이라 공휴일이다. 3학년에 처음 기회다. 공부할 기회라 했다. 김선생님이 학교를 떠나 학원으로 갔다. 섭섭한 마음 금할 길이 없다. 만날 때의 기쁨보다 헤어질 때의 슬픔이 과연 더 적극성을 띄는가. 100년 아니 40년 동안 나의 한평생동안 한번 만날까 말까한 사람들과 함께 오늘을 지내고 있지 않은가. 심히 고요한 밤의 정막이 이 추한 각박한 더러운 인정없는 이상한 사회집단이라 칭하는 도시에 깔려 그 활개치던 인간들이 잠시나마 편안한 가운데 밤을 지새우고 있다. 졸음이 나의 눈까풀을 요동치게 한다. 나는 분명히 대학에 갈 수 있다. 그리고 또 갈 것이다. 그러나 나는 나의 의지력이 누구 못지않다고 자부할만큼 의지있는 인간이 못되었기에 나는 더욱 더 강력한 투철한 의지력으로 이러한 시련을 극복하리라. 나는 이 성공 혹은 행복이라는 글자나 사람들의 입에 오르내리는 어감상의 미묘한 뉘앙스 하나 하여튼 나는 옛날 한국인의 피가 섞여서 옛조선시대의 아니 그 이전이 고려조의 은둔적인 도피적인 삶을 추구하려할지는 모르되 나는 그런식으로 나의 일생을 비치고 싶지 않다. 나는 힘 지혜, 의지 신념, 노력이 있다.

4. 5 화 봄이다. 나는 지금 내일을 걱정하고 있다. 예수님께서 오늘은 오늘의 걱정만으로도 족하다 하셨건만 나는 왜 내일을 걱정하는지 모를 일이다. 오늘 나는 11시에 일어났다. 아침을 12시에 먹었으니 나의 한이 되어온 잠을 뿌리뽑았음에 심히 기쁜 일이다. 머리부터의 고통은 번뇌는 불안은 어이하랴. 만물이 만사가 귀찮아지는 날이다. 오늘 하루를 헛되이 보냄이 나의 마음을 쓰리게 한다. 오랜만에 아버지에게 돈과 지갑을 갖다주러 외출을 했다. 정말 새로운 처음 본 세상이었다. 지금 나는 퇴폐주의로 낭만주의로 나의 정신이 썩어들어감을 애달파 한다. 여호와여 이 놈에게 힘을 용기를 지혜를 주십시오. 왜 내가 이렇게 처량하게 쓰러질려 하나. 왜. 어둠의 발자욱이 나를 두렵게 한다. 나에게 힘을 용기를 의지를 극기력을 주시어 옳게 정당하게 살게 하소서. 정말 하루를 참되게 보람되게 이 하루를 지내게 하소서. 아멘 십자가를 주소서 제가 지고 가겠나이다.

4. 6 수 어제가 식목일이었다. 아침에 모자를 잊고가 우중에 우산을 받쳐들고 집에 와서 모자를 갖고 갔다. 버스가 오지않아 4명이 택시를 탔다. 기분이 좋았다. 한편으로 내가 가장 싫어하는 자가용을 탄 것 같아 바늘 방석에 앉은 것 같았다. 아주 늦게 출발했음에도 학교에 오니 아이들은 2명 뿐이었다. 참으로 시간 이 시간이란 존재에 노예가 된 인간이 불쌍하기 그지없었다. 하루종일 엉뚱한 종잡을 수 없는 이유없는 뜬구름 같은 일련의 생각으로 가득차 공부가 잘 되었는지 알 길이 없었다. 나는 되도록 마음을 안정시키려 했으나 별로 그렇게 쉽게 안정이 되지

않았다. 낙천가도 될 수 없었다. 관대할 수도 없었다. 어마 어떤 이상야릇한 반항 생각에 의해 어떤 무엇을 금지시키려는 마음과 의문으로 가득찬 세상에 대한 호기심 등으로 하루가 허무하게 흘러갔다. 지금 그것을 회고하고 있다. 12시를 알리는 괘종 시계소리가 그쳤다. 마음을 바로잡자.

4. 22 금 이제 방금 달력을 보고야 날짜를 적는다. 오늘은 내가 3학년이 된지 약 2개월이 다 되어간다. 제 2회 성적이 부진하여 학급석차가 6등으로 떨어졌다. 전교석차도 많이 떨어졌으리라 여겨진다. 오는 도중에 버스에서 내옆에 어느 여대생이 앉고 그 옆에 남자친구가 있었다. 나는 오늘은 유례없이 정말 삶의 희열을 느꼈다. 실로 인간의 예지란 본능을 이길 수 있었다. 아니 본능이 아니더라도 그것이 그렇게 중요성을 띈 문제는 아닐 것이다. 차에서 내렸을 때의 그 흐뭇한 이 미미한 인간의 생각으로 도저히 표현하지 못한 이상 야릇한 심정이었다. 오늘 시작 시간에 1시간동안 시상만 생각하다가 보내고 써내지도 못했다. 지금 큰방에 필규 형님이라는 사람이 와 있다. 이사람 아주 불효한 그러나 비난받지 않는 아주 적절한 시대에 태어난 사람이다. 이말을 하는 순간 그와 그의 모친이 갔다. 인간이 아닐까 추잡한 서양인 머리에 든 사상성으로 무지한 서양인과 다르랴. 참으로 가경할 일이다. 그만 그치자. 남의 일에 왈가왈부하고 싶지는 않다.

4.30 토 맑음 오늘 35회 개교기념일이다. 그래서 하루 쉬게 된 날이

다. 어제 학교에서 기념식과 함께 행사를 하고 오늘은 쉬었다. 어제 자습실에 가지않고 집으로 바로와서 자는 바람에 일찍 일어났다. 그러나 그저께 소풍의 피로에 다시 잠을 잤다. 집지키는 개신세가 되었다. 수도세, 전기세, 전화세를 내러 갔다. 4월의 햇볕아래 거리를 활보하는 나는 자못 용감하고 용기가 났다. 정말 훌륭한 날씨였다. 이상한 적막감과 고독감과 회의감과 허무감과 종잡을 수 없는 마음의 고뇌가 나의 머리에 꽉 차있다. 이것을 좀 토해냈으면 싶다. 벌써 4월 한달이 또 지나갔다. 대학을 무색하게 하는 고등학교 3학년의 생활의 2개월이 지나갔다. 아주 퇴폐적인 생각이 나를 괴롭히고 있다. 이현실에서 눈을 감게 한다. 멀리 멀리 떠나고 싶은 심정이다. 긴 한숨이 기둥을 꺼지게 할 것같다. 어제 읽은 현대인의 잃어버린 것들이란 책이 생각난다. 정말 인간에 대한 의문과 회의와 실망과 분노와 모조리 다 없애버리고 싶은 악마가 나를 슬프게 하는 밤이다. 현대인을 밤을 잃었다고 한다. 물론이다. 그 사색하는 인간의 밤을 잃게하는 데는 전기와 TV 라디오 등이 기여했다. 이 물질문명 속에서 인간은 다시 인간성을 회복하는 제2의 르네상스의 시대가 도래하리라. 왜 인간이 이렇게 정신적으로 피폐해져 가는가. 이것은 서구인들의 할 말이리라. 동양인들에게는 그 멋을 배우라고 어떤이는 갈파했다. 틀린 말은 아니다. 머리가 아프다. 모든 것을 토하고싶다. 이 시간이란 놈을 극복하고싶다. 시간아 좀 어찌해봐라. 이 우리의 군주요 주인인 시간이 좀 인간을 살려다오 시간아 좀 그만 멈춰라. 이 한몸으로 돌아가는 지구를 멈추게 할 수는 없겠는가. 모든 것을 사퇴하자. 명상 명경지수와 같은 마음으로 정신을 통일해라.

5.12 목 맑음 오늘 나의 심장은 터질 것 같다. 이 심정을 어떻게 폭파 내지 완화시킬 것인가. 민주주의 소위 평등 혹은 자유 만인의 모든 인간의 존엄을 원리 원칙으로 하는 민주주의의 최대 결점이라 이미 앞서 태어나 죽은 사람들이 말한 바 있는 중우정치과 그 성질이 비슷한 평등해질 수 없다. 그의 세력을 뻗치는 이 평등이라는 놈을 산산히 부숴버리고 싶다. 그 조그만 하나의 문제 사건으로 전 고등학교가 그렇게 되어야 하는가. 문교부가 바라는 것은 그렇지 않을 수도 있겠지만 즉 이때까지 죽 실시하려던 방침을 허울좋게 그 적절한 사건을 이용하겨 조치를 취했다고 할만도 하겠다. 내가 못마땅한 것은 첫째로 다수의 이익 내지 뜻 의견만이 결코 올바른 의견은 결코 아니다. 예를 들어서 수학의 아무것도 알지 못하는 사람이 수백만이 모인다 하더라도 훌륭한 수학자 한사람만 못한 것이다. 혹 너무 과격할지 모르지만 나는 나대로 그렇게 생각하지만 아니 전국의 모든 고등학교 특별반 학생들이 해체되었을 때의 기분은 어느정도 주관성을 띈 동시에 더 많이 객관성을 가지게 될 것이다. 만약 다수의 의견이 아닌 일인의 의견에 의해서 많은 다수가 손해를 본다면 그것은 분명히 바람직하지 못하다면 다수에 의해서만 결코 가장 바람직한 것을 모색한다고 말할 수 없지 않겠는가. 그렇다면 다수결의 원리는 민주주의의 하나의 원리 원칙으로써의 타당성을 잃은 구시대의 유물이 아니겠는가. 분명 인간에게는 차이와 개성이 있다. 그것에 공통점이 있다면 한 생물학상 혹은 인간 즉 사람이라는데 있고 그 인산의 인격의 평등, 자유, 존엄성 등을 동질화하고 있다. 물론 나는 그 옛날과 같은 그러한 사회와 국가나 신분제도를 구하고자 하는 바는 아니다. 하기야 어

찌보면 아주 당연하고 타당할 수 있다. 과연 하나님 혹은 우리 인간들이 말하는 평등이란 자유란, 존엄이란 어느정도의 포괄성을 띄느냐에 문제가 있다. 개인이 우선이냐 국가가 우선이냐 하면 삼척동자도 국가가 우선이라고 하리라. 그러나 나는 개인을 주장하고 싶다. 왜냐하면 개인의 존립이 국가에 영향을 미치지 않지만 그 개인으로서는 국가가 무슨 국가이든지를 아랑곳하지 않을지도 모른다. 나라가 없어지면 개인이 없어지는가. 절대로 아주 위선적인 말이지만 없어지지 않는다. 국가는 추상물이지만 개인은 구상물이다. 한나라가 그 국가가 망하고 새로운 국가가 선다고 해서 그 국민이 없어지느냐. 세계의 나라들에 가서 국민에게 국가 우선이냐 개인이 우선이냐 하면 개인이지 않을까. 개인주의가 팽배해 있기 때문이 아니다. 그것은 극단적으로 개인이 국가를 만들고 이끌어 나가는 개인의 개인들의 권익 내지 생존을 보장하기 위해서 조직된 인간 즉 개인이 살아나가는 이용되는 이용물이 아니겠는가. 한나라의 교육에 있어서 선진국 제도를 받아들여 좀더 효과적인 능률적인 방편으로 실행되는 교육이 어느 한 사건으로 말미암아 전국을 그러한 방향으로 몰아간다는 것은 아주 불안정한 교육풍토가 조성된다는 것이 아니겠는가. 하나의 일관성있는 제도 혹은 행정이 이루어져야 할 것이다. 분명 인간의 능력에는 차이와 한계가 있다. 아무리 평등한 사회 내지 국가 세상이라 할지라도 엄밀한 의미에서 과연 그런 절대적인 평등이 이루어질 수 있겠느냐. 그런 곳이 있다면 그것은 유토피아일 것이다. 반편성에서 아주 신경이 날카로워졌다. 기분이 안좋았다. 마음을 정화시켜 학업에 열중하자 판 위에 나의 이 책이 놓여있었다. 내 모든 것이 아주 소소하나마 그런대로 나의 이

때까지의 삶의 여정이 담긴 책이 되어가고 있다. 한사람의 일생을 소설로 이 협소한 의미의 글로서 이 위대한 사상내지 정신을 기록하기에는 부족하다고 생각된다. 하지만 최소 최대의 수단이나 하는 수 없다. 서서히 졸음이 눈가풀을 무겁게 압박한다.

5.13 금 처음으로 3학년에서 일반학생들과 같은 여건하에서 수업을 받았다. 터질 것 같은 불만과 환멸에 제대로 수업이 안된 것 같다. 자습실에서도 자리 이동이 있었다. 세상일에는 우연이 없다고 하지만 그런 것이 아닌지도 모른다. 가는 곳마다 나의 신경을 건드리고 있었다. 시간이란 존재가 역시 모든 것을 해결해주고 결정해 주리라. 심상하게 할 수 있으리라. 낙천적인 낙천가가 되어지지 않는다. 일기장 아니 이 책은 누군가가 또 몰래 본 모양이다. 도둑도 안 훔쳐보는 이 귀중한 사생활의 수기를 누가 감히 읽어본단 말인가. 찻간에서 또 31회 선배를 만났다. 경희대에 다니는데 휴학하고 방위를 받고 있다고 했다. 나는 그러한 것에 운이 있는 모양이다. 저번에는 30회 서울대 공대에 다니는 선배를 만났다. 역시 전통이란 굴레는 무시할 수 없나보다. 전통이란 인간의 역사와 반성을 주는 아주 훌륭한 쌓여가는 돌계단과 같은 것이 아니겠는가. 마음이 쉽사리 진정될 것 같지가 않다. 몇자 적어서 이 울분과 분노를 달래고 싶고 누르고 싶다.

5.15 일 맑음 종친회에 갔다. 난생 처음으로 변호사를 만났다. 그 역시 인간임에 틀림 없으나 그는 여느 사람보다도 법학에 좀 뛰어난 인간임이

분명해 보였다. 그분이 매우 심하게 나의 가뜩이나 괴로운 마음을 날카롭게 돋우웠다. 소위 조선사람은 양잿물도 공짜라면 마신다는 속담이 그의 적중시킨 일례를 피부로 느낄 수 있었다. 기분을 전환하기 위해 이모집에 가서 탁구를 좀 치다 6시경에 집으로 왔다. 틀림없이 불면증인가 보았다. 잠이 오지 않았다. 심한 나의 번뇌 고통 회의 이상한 기분 등이 몹시 나의 머리를 아프게 만들었다. 하루를 영 한 것 없이 나의 배움을 좀더 추진시켜야 하는데 역시 길은 넓고 또한편의 다른 길은 좁다. 나는 분명히 좁은 길을 가야만 했는데 역시 가기 쉬운 넓은 길로 오늘 하루를 망쳐버렸다. 나는 분명히 체험했다. 역시 인간에게는 확실히 행동 소위 실천궁행이라는 글귀가 가장 정곡을 맞춘 것이 아니겠는가. 나의 하루 너무나도 서글프게 나를 눈물나게 한다.

5.22 일 오늘 목욕을 하고 이발을 해서 기분이 하늘을 나는 기분이었다. 지금은 밤이라 그런지 공허함 고독과 죽음을 생각하며 인생을 관조하여 보는 현재의 입시지옥이 아주 지겨운 시간이기에 빨리 지나가기를 바라는 심정 뿐이고 인간으로서 모멸감을 느끼지 않을 수 없다. 내일은 없다. 없는 내일을 위해여 내일을 생각하는 이 어리석음을 저지르는 인간의 종이라는 것에 대한 회의를 느낀다. 나의 이 원대한 사상이라 할 것까지는 없겠으나 생각을 이 28자로써는 이 무딘 칼로써는 다 쓰지 못함을 서러워한다. 하기야 이 인간의 모든 생각을 모든 인간의 지혜를 적는다는 것은 어리석은 일일지도 모른다. 적막한 봄밤이다. 언제 가는지도 모르게 세월이 빨리 지나고 있다. 너무도 빨리 간다. 지구야 너는 운

동을 좀 멈추지는 못할망정 좀 늦추어주면 안되겠니. 인간이 이 미약한 두뇌로 어찌 감히 자연법칙을 역행하겠는가. 없는 내일을 왜 이리도 기다리며 못살게 구는가. 알 수 없는 인간의 최후 역사를 어찌 알겠는가. 죽음은 모든 괴로움을 없애주지는 못하리라. 돌아가는 지구위에 나는 돌아가고 있는가. 아주 즐거운 나의 현재 아니 과거의 생활이 정말 지금이 아니라면 이 일요일만 없다면 우리 인간은 좀 더 진보하지 않았을까. 영화를 TV에서 보았다. 무슨 무슨 요새 서부활극 인디언과의 투쟁의 일면을 그린 아주 재미있는 영화였다. 사방이 쥐죽은 듯이 고요하여 나의 이 폭발할 것 같은 터질 것같은 가슴이 더욱더 부풀어 고독감을 되씹게 한다. 없는 내일의 허공을 헛짚으며 사슬마냥 인생을 이어가는 인간이라는 존재가 무지하게 쓸쓸하게만 느껴진다.

5. 27 금 흐림 아침 날씨가 안개가 끼여 뿌옇게 흐려져 있어 상쾌한 아침을 망쳐놓았다. 시험을 예비고사처럼 거의 비슷하게 치렀다. 동양에 과거가 서양을 거쳐 다시 동양으로 온 아주 온당한 시험이 시행되었다. 야구시합에서 졌다. 올해는 전력이 많이 약해진 모양이다. 부고에 계속 지고 있으니 체면이 말이 아니다. 비록 저녁 교육위원회 주체 3학년 시험에서 우수하다고는 하였으나 쌍벽을 이룬 경고, 부고의 야구가 오늘에 쇠퇴하고 있으니 경고인으로서 마음이 아프다. 현대인이 잃은 이 밤에 어디 밖에서 개짖는 소리만 나의 귓전을 울리고 있다. 차속에서 나는 많은 생각을 여러모로 했다. 역시 인간에게서 중요한 것은 어쩌면 우리 학생 아니 나에게서만은 분명히 의지와 실천궁행이 아주 중요한 것이리라. 무

한한 가능성을 성취시키기 위해 전력을 다할 것을 굳게 다짐했다. 지금 두눈의 양꺼풀이 접합의 순간이니 이 작은 나의 몸으로 이 벅찬 인생을 살아가기 위해서는 태산을 손바닥으로 누를 수 있는 지혜, 용기, 자신, 포부를 더욱더 절실하게 경험해서 사회복지에 이바지하는 인간이 되려고 다짐했다.

5. 28 토 맑음 세월이 무지하게 빠르게 흐른다. 누구에게 부탁해서 좀 천천히 가게 하면 어떨까. 아휴 이런 생각을 할만큼 아무 성과도 없이 3개월을 보낸 것 같다. 예비고사까지 6개월 아니 5개월 정도 남짓 남았다. 앞으로 5개월과 그 다음 54일까지 최선을 다해서 후회없는 준비의 과정을 엮어나가야 하리라. 김소월의 시처럼 세월이 이렇게 빠를 줄은 예전엔 미처 몰랐어요. 어찌할 수 없는 인간의 나약성으로 어찌 해볼 도리가 없다. 지구야 멈추어다오. 역시 자연법칙에는 예외란 절대 없는 것이다. 이 3개월동안 과거 어느 때보다 나의 열과 성의를 다했다. 앞으로도 다해야 할 것이다. 학교를 나와 운동장 옆 19, 18번 버스 정류소를 바라보며 터벅 터벅 마치 끌려가는 황야의 황혼의 서부 영화장면처럼 말이다. 그런 어떤 우리 또래의 그러니까 소위 놈상이라고 일컬어지는 사회의 곰팡이 같은 놈이라는 생각이 든다. 그래 대뜸 나보고 면회 좀 하자고 했다. 그러더니 좀있다 자고 갈데가 없어 독서실에서 자고 갈 수 있도록 100원을 꿔줄 수 있냐 다시 만나면 갚겠다. 참으로 가관이었다. 소위 말하는 통이었다. 한쪽 손에는 붕대를 감고 있었다. 나는 선뜻 딱 100원 남은 돈을 호주머니에서 꺼내 주었다. 연방 고맙다면서 사라졌다. 그 사람이 어떠한

불량배이건 그것은 그리 문제가 되지 않는다. 나는 나 자신에게 오늘 생각하던 현대에 대해 각박하다고 했지만 사실 이렇게 좁은 장소 공간에서도 인정이란 오가는 것이다. 그런 것은 현실에 뿌리를 내리지 못한 높은 지능을 지닌 현실적응력이 없는 현실도피자들의 세상에 대한 비난이 아니겠는가. 소위 말하는 구더기 무서워 장을 못당구는 식이다. 사실 그런 문학가가 현실에 참여할 필요도 없는 것 아닌가. 그들은 프르스트가 말한바대로 인생을 살지 아니하고 꿈꾸는 사람들이다고 생각된다. 그러나 그들은 현실에서는 어느정도 거리를 유지하지만 앞을 내다보며 인생을 세상을 유토피아를 꿈꿔야 하지 않겠는가. 현대는 과연 시인들이 말하는 만큼 그렇게 썩었는가. 그러나 과연 현상만으로 본질을 논한다는 것 자체부터가 어리석은 공상이지 않겠는가.

5. 29 일 비 동엽이가 찾아왔다. 정만 오래간만의 해후였다. 나는 반갑게 그를 맞았다. 그 후 그의 집은 파탄에 빠진 상태에 있다는 청천벽력 같은 얘기였다. 하늘이 이다지도 가혹할 수 있다는 말인다. 이 무슨 놈의 얘궂은 장난이란 말인가. 누가 말좀 해보소. 공장이 불에 타버렸다고 했다. 그 조그마한 담뱃불로 인해서 그놈의 어휴 분통이 터질 것 같다. 어찌 하늘이 이렇게 무정했단 말인가. 땅을 치며 통곡할 일이 아니겠는가. 동엽아 힘을 용기를 가져다오. 너희 집은 분명히 다시 일어난다. 일어나기를 두손 모아 빈다. 어머니의 그 용기를 이은 너도 역시 커나큰 용기를 가져야 한다. 동엽아 나는 무정한 친구가 되었다고 너는 욕하겠지. 정말 미안하다. 정말 내어찌 사과를 해야할지 모르겠다. 나는 이 청천벽력같은

일이 거짓이기를 꿈이기를 얼마나 바랐는지 모른다. 벗이여 용기를 가져라.

5. 31 화 맑음 5월의 마지막 날의 자정이 울린다. 뿌린 것이 없었던 것 같다. 다음달부터는 좀더 충실하게 3학년 생활을 해야 하겠다. 며칠동안 친구의 불행에 가슴이 메이고 세상에 한없는 환멸을 갖게 되었다. 내일부터는 하복을 착용한다. 심히 즐거운 일이다. 한편으로 이렇게 세월이 빨리 갈 줄을 누가 알았으랴. 정말 인생이 너무나 짧은 것 같다. 눈깜짝할 사이에 3개월이 훌쩍 지나간 것이다. 이와 유사하게 3년도 지나갈 것이라 생각하니 죽음을 두려워하는 모든 동물의 그 처참함같이 웬지 이 세상이 서글퍼져 소위 센티메탈하게 감상적인 서정으로 느껴지기만 한다. 어쩌면 제일 좋은 기회를 놓치고 만 것 같은 후회에 보다 열심히 공부하지 않으면 안되겠다. 정말 세상이 너무 빨리 움직이는 듯하다. 실로 살아갈 길이 난감한 것 같다. 나는 분명히 열심히 공부하여 대학에 합격한다는 신념하에 열심히 공부를 하리라. 심히 즐거운 생활을 아니면 심히 부끄러운 삶을 영위하는지는 훗날 나의 머릿속의 지성이 판결을 내리게 될 것이다. 친구 때문에 아니 친구의 가정에 심한 심려와 걱정이 나의 뇌리를 떠나지 않는다.

6.2 목 맑음 어제까지 억수같이 내리던 비가 그치고 맑은 날씨가 되었다. 신문에 우열반 폐지후에 학교생활에 대한 기사가 실렸다. 정말 그 우수반 폐지는 과외수업을 초래하고 실로 가난한 수험자에게는 대단한 타격이다. 나

도 그축에 끼지 않을까 싶어 심히 염려된다. 우수반을 폐지하면 학교에 흥미를 잃게된다. 뿐만 아니라 자본주의의 단점을 그대로 드러내는 어리석은 행위라 생각된다. 물론 내가 우수반에 들어가서 공부를 해 봤기 때문에 그러한 것은 너무 잘 아는 일이다. 실지로 부자의 자녀가 유리한 방향으로 내가 우수반을 폐지한 이후 살아갈 맛을 잃은 것과 마찬가지로 우리 대한민국의 소수의 특별반 학생이 심히 가슴아파 했을 일이리라. 공부를 어떻게 해야할지 갈피를 못잡겠다. 조령모개라는 아주 우스운 숙어를 창조하려는 문구가 심히 밉기까지 하다. 6월 2일 세월이 정말 유수같이 흐른다. 나도 언제가 무릇 사람이 인생을 밟은 그 길과 같은 비슷한 테두리 속을 살아야할 미생물 같은 사람이 아닌가. 지금 나는 힘을 내야한다. 자본주의자에 대한 나의 적개심이 끊임없이 나의 가슴속에 불타고 있다. 시간이 무수히 지나간다. 지금 내가 어느정도 공부를 하고 있는지는 잘 모르나 지나보면 잘 알 수 있게 되리라. 집에 오는 도중 산 아니 언덕 등성에서 죽은 도시를 보았다. 오직 아니 죽은 것이 아니고 순수한 인간의 아니 인간사회의 껍질을 벗긴 알맹이를 본 듯하다. 몇초만이라고 불 없인 못살 지경으로 참지 못하는 현대문명에 노예가 됐다고 모든 아니 전 예술인으로부터 비난의 빈축의 대상이 되는 기계주의가 아닌가. 오늘 공부해야 할 것은 오늘도 돌리고 있으니 심히 어리석은 인간이로다. 나는 공부를 해야한다. 나는 평생을 나의 남은 약 40년간을 그러한 인생관하에서 좀더 멋있는 인생을 보내고 싶다. 만인이 다 그러하리라 짐작하지만 그러할 것은 실천할 수 없는 것이 인간이므로 인산이 유지되고 있지 않는가. 참으로 인생은 보면 볼수록 오묘한 베일 속에 잠긴 수수께끼 같은 현상이니 나는 이런 것을 캐보고 싶다.

6.19 일 맑음 정말 오랜만에 돌아온 나의 시간이다. 일요일인데도 학교에 갔다. 학교에 앉아 있는 그들에게 수 없는 공감이 느껴졌다. 고독이라는 이 묘한 물건 때문에 만들어진 사회에서 이 고독을 혼자만이 집어삼키는 그들이 한없이 놀랍게 보이지 않았는가. 실로 인생의 또 한 면을 바라보는 기쁨에 가득 찼으나 그 무미건조한 흰쌀밥을 먹는 것이 맹숭맹숭한 기분이 나를 우울하게 하지 않는가. 실로 상상해보지도, 생각지도 못한 그 묘한 기분 아니 내가 잘못 이끌려 들지는 않았는가. 헛짓했는가 하리만치 쓸쓸한 한참 그 열기를 더해가는 무더위 속에 이 좁은 나의 가슴 어찌 그렇게도 서글픈 가을이었는가. 그곳에 있는 또 하나의 배우려는 자들을 보았다. 현대의 지식의 과일 속에 좀 더 알려 하는 그들의 열의에 탄복할만하지 않는가. 내가 생각한 그 부르조아나 프롤레타리아와는 다른 각도에서 그들을 볼때에는 이 빈약한 나의 처지도 정말 최대의 행복인양 하기를 어찌 주저하겠는가. 어제 이 좁은 가슴이 갈까 말까로 불위에 콩튀듯이 나의 이 가슴에 고동쳐 올 때 그때 나의 생각은 진정 이렇게도 고독하게 공부를 했으리라고 생각도 못한 청천벽력같은 현실이 아니었나. 다행히도 어제 온다던 친구는 오지 않았다. 지금 내 인생이라 하는 것도 없는 그 성장과정에 있어서 가장 잘 보낸 하루이리라. 마음 속에 매력적인 하루가 아니었나 할 정도로 자부심을 갖고 집에 돌아와 생각하는 지금 그 생각이 얼마나 부질없는 헛걱정이었나 한다. 이 짧은 시간에 나의 전신적인 감각과 두뇌의 기억력과 손가락의 운동신경이 삼위일체가 되어 하얀 백지를 메꿔간다. 이 지면이 짧음을 서러워하며 시간이 짧음을 이 두뇌의 어리석음을 안타까워하지 못할 것 같다. 정말 이 학이라는 것이 얼마나 어려운가를 새삼 체험한다. 배우겠다는 것에 대한 의지

를 불태우는 것이 나의 눈동자가 불타며 나의 태도가 어느 정도 수양이 되었는가 심히 의심스럽다. 결심이 부대에서 고대로 옮아갔다. 웬지 나의 힘찬 발바닥을 힘차게 거스르며 이 두 주먹을 불끈 쥐어 이 둥그런 공을 내리쳐 돌아가는 회전의 회전을 멈추게 한 것 같은 솟아오르는 가능성의 실천에 깊은 희열이 나의 입가와 주름가를 어스르도록 하지 않는가. 그렇다 모든 인간이 이 가능성의 실현에 생을 살아가는 동력을 얻고 있지 않는가. 참 인간이란 물건이 야릇한 동물의 예외인 종임을 심히 부인 못하리로다. 밤의 조용한 적막이 주위에 신음하고 있다. 불타는 태양의 열기가 그 순하디 순한 달님에게 자리를 양보하고 억센 손을 거둔 지금 이 시간, 나는 잠자리에 앉아 나의 살아갈 인생을 관조하고 숙고하는 명상시간인 일기을 쓰는 중이다. 정말 사람의 본질은 그 진수는 무엇인가. 고대 소크라테스 이후 제기된 인간 숙명의 의문이요, 의문문이다. 생각해볼 문제이고 급히 해결해야 할 내용의 본류가 아니겠는가. 사실 만물의 영장이라 불리는 인간이란 그 뻐기는 두뇌도 그들이 존재의식을 깨닫지 못하고 삶의 목적도 모르는 가여운 길 잃은 갈매기처럼 하루살이 인생을 살아가는 하루살이와 무엇이 다르겠는가. 나는 배운다. 배워야 한다. 인생은 경험과 지식, 행동과 의지와 용기 등에 종합된 총계 내지 계산서처럼 그런식으로 이끌려가는 다람쥐의 쳇바퀴 도는 식의 인생을 살아가는 불쌍한 인간이 아니겠는가.

그들이 가장 아끼고 존중하는 사고작용은 썩어 부패되어 이제 그 자취를 찾아볼 수 없고 더욱더 기세를 떨쳐 인간생활의 필요석인 하나의 정신작용으로 전락된 것인가. 그들의 사고는 무엇을 생각하는가. 이 세계 40억명의 인류 가운데 그들이 진정한 인간의 자질을 가진 호모 사피엔스인지 과연 인간의 존재가치를 발견할 수 있어야 하지 않겠는가. 인생이 자기 마음대로라는 사실은 어찌보면 하나도 자기 마음대로 할 수 있는 것이 없는 아주 그 속박과 자유없는 상태를 유지하려는 이상한 인간들이 이 세대에도 살고 있는가. 물론 없으리라. 철학은 사회과학의 기본이라고 하였다. 이 철학이란 묘한 두 낱말은 하나의 단어가 형성되어져 있는 수없는 사람들의 노고와 피와 땀을 우리는 상기해 봄이 어떨지 모를 일이다. 왜 그들이 못된 결혼이라는 아주 야릇한 두 글자를 만들어진 아주 의미심장한 얘기가 전개되지 않겠는가. 세상이란 정말 미워하기 이를데 없는 각박한 세상이 되어 가고 있지 않는가. 나는 가야할 길을 똑바로 가야지. 나는 그 자습실을 나오며 이 세상을 나의 호주머니 속에 넣어 끼인 나의 손가락으로 그 큰 지구를 만지작거리는 어린아이들의 조개나 장난감처럼 심정은 하늘을 나르나 그 거대한 날개 달린 말같은 심정이 어이 다르리오. 나의 침이여 잠이여.

7. 31 일 맑음 자본주의에 대한 환멸을 느껴 타도를 결심한다. 실로 오랜만에 지면과의 대화이다. 오늘 실장 박군의 집을 방문하러 친구인 진석이와 학교를 나와 마이크로 버스를 타고 영주동 터널 뒤의 집들을 샅샅이 뒤졌다. 겨우 찾은 집은 상상을 초월한 실로 대단히 어려운 가난한 민초의 삶 그 자체였고 볼품이 없었다. 마음껏 품었던 기대가 산산이 부숴지는 허무한 공허가 이 나의 좁은 가슴을 비집고 한 자리를 차지했다. 오늘 하루의 생각할 소재를 마련해 주었다. 세상이 이토록…, 정말 이 세상을 다 부숴버리고 싶도록 나를 분노하게 만들었다. 말로만 듣던 그 자본주의라는 요상한 물건이 최대의 약점을 드러낸 채 그래도 좋은 듯 싱긋이 웃고 있지 않는가. 나는 나

의 모든 흡수력을 동원해서 토해내는 구토를, 가래를 마음껏 그 녀석을 향해 내뱉었다. 내 시대에 녀석은 나 아니면 그 어떤 이에 의해 타도 될 것으로 여겨졌다. 너무나도 그 힘이 방대한 바위였다. 나는 Y대 상대를 가려고 했다. 아니 꼭 갈 것이다. 아니 가고야 만다. 비록 국어 선생님이 비소하는 냉소받는 글일지라도 나의 마음은 얼마나 나를 위로해 주는지 알 길이 없다. 내 기어이 이 자본주의의 종말을 나의 눈으로 똑똑히 보게 하겠다. 악마를 증오하며 수 많은 생각이 나의 두뇌에 헤아려진 지금 나는 분노에 분노를 거듭하며 그 녀석에게 쉴새없이 나의 미래를 바꿀 것을 받아주었지만 그놈의 웃음이 나의 한 가슴을 차지한 지금 나는 결코 그놈을 잊지 못할 때까지 나의 온 정열로 그 녀석을 때려 박살을 내버릴 것이다. 나를 막는 자는 결코 살아남지 못할 것을 명심할 것이다. 한숨에 그 녁석을 삼켜버릴 것이다. 조세와 교육의 기회균등이 우리의 헌법정신이다.

8. 18 목 좋지않은 날씨 어제 아니 그저께부터 쓰려던 일기가 오늘까지 연기되었다. 화요일 참으로 기괴한 야릇한 인생의 일면을 보인 어떤 사건이 터졌다. 나는 그날 어저께 발견한 나의 어금니 윗족 오른쪽 세 번째 치아에 이상이 있음을 발견하고 대단한 발견을 한 어린아이처럼 조마조마한 마음으로 다음날을 기대해 왔다. 학교에서도 두끼의 식사를 생각하며 오른쪽인지 왼쪽인지 알 수가 없어 오른쪽 빵을 먹으면서도 실로 두려워 해야할 것처럼 조심스럽게 두끼의 식사를 마쳤다. 그 황금같은 그 때까지 몰랐던 시간의 중요함을 아니면 어스름프레였으므로 어쩌면 황금보다 귀한 이 지구상의 그 어떤 것과도 바꿀 수 없는 그 진리를 위한 시간 이런 시간을 축내가며 집을

들러 치과 아닌 소위 말하는 사이비 의사를 찾아 검사를 받은 후 그 의사의 말은 실로 놀라 자빠지지 않음이 다행한 일이었으리라. 그 말인즉 " 그것은 치료된 치아다. " 오늘 헛수고 했구먼 하며 씁쓸해 했다. 어두컴컴한 방을 나오는 의사에게 한없이 미안해 했다. 경제적으로 귀중한 25개월을 버렸고 시간은 말할 것도 없었다. 그 치아가 치료된 것이었음에도 몰랐던 불찰이었다. 내가 나의 치료된 치아를 몰랐던 과오가 있었다. 참으로 가소롭고도 가증스러운 일일 뿐이었다. 참으로 가소롭고도 가증스러운 일이다. 어찌하여 아무 이상없는 이를 그렇게 창피를 주게되었는가. 내가 가진 이쁜이에 대한 공포아닌 조심성 정도쯤 이겠는가. 흐흐흐흐 참으로 나의 입술을 뚫고 흘러나오는 이 어색한 웃음이 그러한 문제에 해답을 제기하는가. 자연은 어찌하여 인간에게 이런 헛수고를 시켜 달콤한 쾌락의 미소를 띤단 말이오. 자연은 우리의 스승이므로 이런 몹쓸 짓을 곧잘 하게 한다. 생을 살아가는데 필요한 어떤 요소를 지도해 주는가. 빈약한 나의 지식으로는 잘 생각해 낼 수가 없다.

요즘 실로 생을 보람있게 어떤 계획아래 최선을 다해보는 일로 낙을 삼으리. 실로 행복한 생을 살아가고 있다. 나 자신은 그렇게 생각한다는 것만으로도 스스로를 기쁘게 하기에 충분한 생이다. 인생이 이렇게 빛나보일 때 일찍이 알지 못했고 세상이 이렇게 좋은 에덴의 동산인지 미처 몰랐었다. 진실된 학문이 아닌 노예학문을 한다고 하더라도 이 좁은 가슴에 한없이 뿌듯한 인간다움을 주는 생의 수단이다. 그렇게 많을듯했던 글이 1장을 넘기지 못하니 나의 문제도 형편이 말이 아니다. 날씨가 쌀쌀하다. 아버지가 감기가 나아야 하실텐데. 잠이….

9. 4 일요일 매우 더움 일요일인데 학교를 가지 않았다. 대단한 기대와 희망으로 이모집을 찾았다. 그러나 그 기대가 산산히 부서지는 비운을 맛보고 말았다. 교과서의 인연이란 수필의 추억처럼 거참 묘한 어떤 무엇이 있나보다. 오후 집으로 와서 들어누웠다. 가뿐한 기분 속에 기분나쁜 설잠을 잤다. 벌써 9월이다. 이렇게도 날씨는 요번 여름 못버린 남은 기세로 한국인들이 좋아하는 가을을 사정없이 막아서는 고약한 불청객이 되었다. 인생이 참으로 허무하고 보잘 것 없는 것이 인생인지 실로 인생을 준비하는 나로서는 유감천만이다. 이렇게까지 무의미할 줄 몰랐다. 신은 결코 인간의 이러한 나태하고 게으른 생활을 바라진 않을텐데 무슨 변화가 있어야지 인생을 살아갈 기운과 용기와 희망이 구름이 되어 없어져 버리는 심히 삭막한 현실에 눈은 뜬 한 마리의 병아리만큼이나 나 자신이 어리석고 순박하게 보일 뿐이다. 인생의, 인간의 모든 역사가 이러하진 않았으리라. 죽음이 눈앞에 임박한 기분이다. 실로 두려운 태초의 공포의 도가니다. 그래도 만물의 영장이라고 자처하는 꼴이 지극히 어처구니 없게 느껴진다. 나는 결코 이렇게 살지 않으리라. 그러면 어떻게 살 것인가. 참으로 어려운 문제다. 요번에 장학금을 탈 것 같은 대단히 즐거운 감정이 깃들었으나 실로 자아에 눈을 뜨는지 알 수 없었다. 삶에 대한 부정과 회의로 몸부림치는 마음은 어찌할 길이 없다. 친구에게서 소식도 없고 만나지도 못해 못내 그립다. 친구와 가정이 잘 되어 가는가. 자네 지금 열심히 공부하는가. 야심을 가지게, 원대한 야망을 말일세.

인생을 그렇게 많이 찬미했던 사람들아. 인생 찬미의 연가를 나에게도 들려줄 수는 없겠는가. 사랑이 없을 때 그렇게 느껴지는가. 내 생각이 길을 잘못들었는가. 내가 실연이라도 당했는가. 내가 공허함을 느끼기 시작했는가. 인생에 눈을 뜬 병아리같은 순박함의 소산인가. 누가 말을 좀 해주겠는가. 나의 그 바위같은 신념도 용기도 야망도 한낱 티끌이 되어서 날아가진 않았는가. 세상사람들 중에 취생몽사하며 호구지책을 이어가는 한 인생의 단면을 보고 그 체념 속에서 운명을 달관하며 사람에 대한 분노의 폭발인가. 그 어떤이에 대한 배신인가. 좀 정신을 가다듬어 인생을 바라보자. 세상을 고리로 묶는 정의 부족인가. 왜 그렇게 괴로워 하는가. 당신의 미래의 고뇌가 고통이 시련이 그렇게 당신의 미래의 야망을 분쇄시켰는가. 그것을 당신의 의지로 산산조각을 낼 당신의 의지는 없는 것인가. 실로 어렵기 한량없다. 상사병이라도 걸렸는가. 글쎄요 실로 나의 마음의 갈피를 붙잡을 것 같은 암담한 심정이요. 당신은 눈을 똑바로 그리고 당신의 생각을 깨끗하게 저 바위에 타고오르는 담쟁이의 순수한 열정의 심정을 가져야 하리라. 나폴레옹을 능가하는 의지를 가진 용기 충만한 사람이 되시오. 실로 한숨이 나의 말을 가로막는다. 이만큼 나의 나약한 의지와 집념으로 나의 앞에 전개되는 수천키로미터의 절벽위의 외길을 앞장서려니 이 고충을 누가 알리오. 한 인간이 이렇게 허무해지니 센티메탈리즘의 감상적 50대의 최고주의, 전통 복고주의 나를 엄습하오. 좀 없애봅시다. 힘을 내시오. 당신 밖에 그 일들을 할 사람이 없지 않소. 모든 것을 사랑할 수 없더라도 모든 것을 잊을 수는 없지요. 세상 모든 것을 주제하는 그 당신의 특유의 기질로 그것을 삼켜버리지 못할 수 없으리다. 이 거대한 우주의 한 점을 당신은 삼켜버리는 것이 당신의 야망을 더욱 굳건하게 하는 길이요 영원히 존속케하는 길이 될 것이오. 당신의 모든 태초의 이성까지도 당신의 그 의지적 인격과 성질을 이겨낼 수 없으리요. 죽음을 극복하게 될 수 있도록 수양을 쌓으시오. 인생을 준비하는 것 중 최종적인 수련이요, 어려운 일이요, 고행이요, 수양일 것이오. 이 한밤중에 당신의 죽음의 자연의 한 이법으로 처리할 수 있도록 하는 것은 좋은 것이오. 당신의 인생의 준비가 끝날 때 당신은 그 제일 중요한 일을 성취시켜야 할 것이오. 그렇지 않고서야 성공과 야망을 달성하려하면 지나친 기대에 대한 인간사회의 모독일 것이오.

9. 26 일 맑음 머리가 뒤숭숭하다. 골치가 아픈 일로 나의 신경이 모두 그리로 몰입된 모양이다. 제대로 공부가 되지 않았다. 나는 방황하며 잠을 잤지만 그 문제는 끊임없이 나를 괴롭히고 있었다. 어찌할 줄을 모르리만큼 나의 머리는 아팠다. 용기를 내서 이 얘기를 했어도 사람은 무성의했고 무정했다. 이 순진한 사람을 괴롭히는 세상이 한없이 고마웠다. 시련을 극복하기 어려울수록 인간은 발전을 거듭하고 보다나은 생을 추구할 수 있고 자기자신의 완성에 보다 완벽에 가까운 원만한 덕성과 인격을 형성해 나갈 수 있으리라. 그러나 나의 현실 또는 주위 상황은 너무나 나를 질식시키고 말았다. 내가 감당하기에는 너무나 큰 부분이었다. 이것을 삼킴으로 인해서 나는 좀 더 나은 육제를 보존시킬 수 있으리라. 인간의 처세가 어려움을 생을 영위하는 것이 어린애의 소꿉장난만큼이나 쉽게 보이진 않는다. 내 모든 것을 다바쳐서 나는 나의 목표하는 바를 성취할 것이다.

모레가 추석이다. 온통 기분이 들떠있다. 결코 나는 패배하지 않으리라. 정복당하거나 굴복하지 않으리라. 내 스스로 나의 길을 한 발짝 한 발짝 굳건하게 밟고 지나가리라. 인생이 한없이 초라해 보이고 죽음을 생각할 때 한없이 초라해지는 나의 고독감 공포심을 던져버리고싶다. 나는 한국인이다. 나는 승리한다. 절대 지지않을 자신을 가지고 있다. 나는 고교 3학년이다. 들은 바대로 생을 바라보고 인생을 음미하고 나의 인생관을 굳건하게 세운다. 의지를 의지를 굳게 가지자. 나는 힘이 있고 열정이 있고 젊음이 있다. 겁날 것이 없다. 실로 나는 너무나도 고심하고 한탄한다. 내일이 시험임에도 달관인지 체념인지 야릇한 늪의 슬럼프에 빠져있다. 나는 결코 헤어 나오지 않으리라. 서울이 대단히 나를 유혹하는 야릇한 도시가 되어 나의 의욕을 불태우고 있다. 그야말로 나를 질식시키는 고통스러운 자신을 죽이는 매서운 칼날이다. 나는 그 칼을 빼앗아 나의 모든 유혹을 쫒아버리고 호언장담하리라. 유혹이여 나에게 오라. 난 결코 그런 역경에 굴복당하지 않으리라. 나의 침묵이 한없이 나를 고독하게 하고 약하게 만들지라도 가을의 고독과 맞닥뜨려질지라도 그것에 결코 매몰당하진 않으리라.

11 .1 화 비 가랑비가 내리다 그쳤다. 오늘은 실로 내가 겪지 못했던 새로운 인생의 맛을 맛본 뼈저린 악몽같은 시간의 연속이었다. 세기말 사상이라는 이름, 그래도 퇴폐주의 바로 그런 심경의 착잡함을 느낀 날이다. 오랜 만에 잡은 붓이건만 나의 상상력이 기억력의 빈한함을 한탄할 뿐이다. 어제 내가 생각했던 그 죽음이란 묘한 추상명사에 내포된 감추어진 숨겨진 비밀스런 구조의 또다른 일면을 벗겼다. 비록 그것이 간접적이었지만 새로운 한 척도를 잴 수 있는 인간의 크나큰 비극이라 하는 그 한마디로 딱 잘라 말하기 어려운 과연 추상명사같은 추상명사였다. 이번이 두 번째 슬럼프에 빠졌다. 그것은 정확한 초점을 잡기 어려운 악몽처럼 몽롱한 꿈속을 헤맸다. 전 공

부가 그렇게 싫증이 날만큼 싫어지기는 처음이었다. 저번에 여름방학을 마치고 계속 슬럼프에서 헤어나지 못한 그 기억이 나를 더욱 괴롭혔다. 학교 진학에 대한 고심과 심사숙고와 나의 실력향상이 그 슬럼프에서의 탈출을 해내지 못하고 미궁으로 빠지는 그런 것이었다. 소위 고3병 몸이 지독하게 피로하다. 하루 하루 미루는 일이 더미로 와르르 무너져버렸다. 나는 신념도 뚜렷한 인생관도 없는 일개의 청년이다. 나는 결코 어떤 난관에도 굴하지 않고 패배하지 않으리라.

11. 23 수 맑음 아주 추운 날씨 속에서 하루가 흘렀다. 예비고사를 치른 후 처음 일기를 쓰는 시간이다. 나의 정신건강에 상당한 진통과 불안, 회의와 퇴폐가 한동안, 지금도 나에게 내재되어 있다. 뭔가 뜻대로 잘 안되는 일이 있다. 원인은 청소년기의 공통된 특질에서 연유된 그리고 입시불안에서 빚어진 초조와 불안의 야릇한 맛을 맡는 향기롭지만은 않은 시기다. 마음이 변하여 불리한 상황속에서도 서울로 가려는 나의 의지가 실로 난감하기도 하다. 어찌된 일인지 공부가 잘 되지 않고 있다. 모든 것을 던지려해도 쉽지 않다. 체념도 자신도 없어질 때 나는 방황을 하는 사막에 버려진 한 미미한 사람이어야 했다. 삶이 한없이 서글퍼지기도 한 것을 계절 탓으로 돌리려는 나의 나약한 변명이 한없이 우울하게 느껴진다. 약 2개월 남은 입시에 총매진하려는 하나의 목표에 심정에 몰두하려는 일도 좀체로 쉽지않다. 나의 야망 그 크나큰 그 야망은 너무나도 초라한 한 어린아이의 철없는 공상에 불과하다는 말인가. 사실 웬지 텅빈 마음이 무엇으로 좀 채웠으면 하는 욕구가 강렬하다. 인간의 한 집념이 고착되어지는 과정은 실로 어려운 인간 도

전의 장벽이 아니겠는가. 모든 너의 불만을 해소하고 오직 공부만 생각하자. 이 글의 의미처럼 그렇게 쉽다면 인생은 무가치한 것이 될 것이다. 너는 보지 않았는가. 듣지 않았는가. 이세상의 유혹은 아무리 많다고 하더라도 지나치지 않다. 너는 신념이 의지가 무엇이 도대체 모자라는가. 자존심 다 좋다. 너는 한 가지만 잊지 말아라. 너의 인생은 너의 것이다. 너는 잘 알고 있다. 앞으로 너의 모든 잠재능력을 발휘하여 후회되지 않는 마지막 경주를 수행하라. 너를 괴롭히는 것을 잊고 오직 공부 단 한번 뿐이다. 너는 이 세상에서 제일 위대한, 훌륭한 모든 형용사를 수식어로 하는 사람이라는 것을 잊지마라. 왜냐하면 너는 너 자신이 그런 인간이라고 생각하기 때문이다. 너는 이 세상을 좀 더 발전시켜가는데 노력할 위대한 인간이 될 것을 알고 너의 모든 능력을 좀 발휘하여 너의 그 자긍심에 조금도 부끄러움이 없도록 일로 매진하라. 나의 인생의 어느 날에 이 날의 나의 사고가 얼마나 낡았고 좁았는지를 깨닫는 날이 올 것이다. 나는 나다. 너를 능가하는 이는 이 세상에 없다. 너는 천재다라는 자부심을 가지고 그런 조금도 거만하거나 교만하지 않는 심성을 함양하는데 노력해야 하리라. 오늘이여 안녕.

11. 24 목 맑음 어제와 같은 추위가 연속되는 중에도 나의 심정은 갈피를 잡을 수 없는 상황이 되어간다. 고대, 부대 그리고 불합격의 멍에에 대한 불안 초조는 동물원의 호랑이의 슬픔처럼 애처롭다. 단순히 생각하면 아무 문제가 발견될 수 없는 것 같지만, 그 이면 속에 나의 마음을 휘어잡고 뿌리치지 못하게 하는 어떤 괴력을 지니고 나를 엄포하고 있다. 나의 시계가 너무 좁고 고식적 편견을 벗어나지 못하는 좀 더 큰 마음을 탁 터놓을 수 있는

나의 삶의 터전, 나의 고향 같은 곳으로 가고 싶은 것이다. 나의 갈망이 그렇다면 어떤 것도 나를 가로막지 못하지 않겠는가. 그러면 문제는 간단한 해결책에 그 머리를 나의 두뇌가 폭발하여 산산조각이 날 것 같은 환상을 야기시키는 고민은 이렇게 허무하리만치 간단하게 해법이 제시되었다. 이제 겨우 사, 오십일 후에 시험을 치러야 한다. 시험 자체보다도 그 시험을 준비하는 과정이 중요하고 가치있고 보람된 일인만큼이나 시험은 그렇게 가치가 있지는 못할 것이다. 나의 이론은 타당하고 잘 사고된 생각일지 모르나 나의 모든 잡념을 사그리 없애버리고 너의 일념으로 전심력을 기울여 너의 준비에 최선을 다하기를 한번 더 다짐한다. 추운 겨울에 문득 겨울여자의 여주인공 이화를 기억해냈다. 일관된 신념으로 깨끗한 순결한 정신으로 일관된 그녀의 생활을 소위 말하는 고3병이라 할만도 할 것 같다. 이 정신세계를 한없이 파고 비집고 들어오는 불안, 초조, 잡념, 망상, 공상이 끊임없이 나를 유혹하고 매혹시킨다. 인생에 허무를 느끼기도 찬양을 시키기도 하는 인간정신의 변덕스러움은 어찌할 도리가 없다. 생은 하나님에게 나의 이러한 고난, 고독이 진보의 디딤돌이 되도록 반석이 되도록 이야기하고 싶다. 나는 꼭 그러리라 확신한다. 하루 하루가 빨리 날아가는 화살보다 더 빨리 눈에도 보이지 않을만큼 빠르게 운행되어간다. 한없는 비애와 자기학대와 모멸은 아니더라도 앞으로 희망없는 체념한듯한 나의 정신태도에 끝없는 굴복감같은 모멸감을 느낀다. 인생이 눈앞에 아른아른거리고 앞길을 알 수 없는 끝없는 모래바닥의 사막이 나를 둘러싸고 나는 그속에서 몸부림을 치고 있는 어리석은 한 마리의 짐승처럼 쓸쓸함을 가진다. 다르게 세상이 정말 보이는 곳에 장소에 사람에 따라보이는 복합된 야릇한 공간이 3차원이다. 자습실에 난로가 들어왔다. 훈훈한 기운이 감돌았다. 참으로 돈이란 멋을 인생을 살아가는데 있어서 귀중한 수단임을 거부할 수 없는 엄연한 현실 어쩌면 수단 이상의 목적일 수 있는 참 야릇한 성질의 현실이 아닌가.

11. 26 토 맑음 날씨가 대단히 포근해졌다. 어제 내무사열준비로 마음 속에 잠재된 생각이 종례시간에 말끔히 사라지고 그렇게 밉게 보였던 돈과 친구가 다시 내게로 돌아와준 기쁨에 즐거움과 희열로 가득찬 하루였다. 나는 어제 맨 마지막 8교시 특강 영어 강의에서 요즘 버릇이 되어버린 백일몽을 꾼 결과인지 모르나 여하간 나는 중요한 소위말하는 통찰력이라 이름된 진리가 나를 엄습함을 느꼈을 때의 기쁨이야말로 나의 전 생활중에 가장 감명깊은 일의 하나였으리라 생각되었다. 그 생각은 내가 무슨 권리로 너의 어떤 마음에서 너가 불만을 분노를 미움을 증오를 느끼겠는가. 너는 우리가 잘 아는 동물들의 조그만 새끼 중에 조금 자란 아주 다 크지 못한 중간기의 귀여운 개체로 볼 수 있는 바대로 그 중간기의 매체에 지나지 못한다. 너는 이때까지 아무것도 어떠한 노력도 하지 않지 않았던가. 너의 부모님은 왜 너를 밥 먹여주고 입혀주고 사랑해주고 보호해 주는가. 너의 선생은 어째서 남들이 다 귀가한 쓸쓸한 학교의 토요일은 아니더라도 지친 피로를 지고 누구를 위하여 그렇게 목이 따갑도록 몸살감기가 그들의 고질된 만성병을 뛰어넘어온 사력과 정성을 다해 열렬히 노력하고 있지 않은가. 너는 결코 너혼자 살 수 없다. 왜냐하면 너는 피조물이기 때문이다. 왜냐하면 피조물이 아니고서는 존재할 수 없기 때문이다. 왜냐하면 피조물이 존재하지 않고 자립적으로 신이 아닌 이상 피조물은 존재함으로써 의미가 있기 때문이다. 아무튼 이제

부터 나는 이세상 모든 사람들에게 감사하는 마음이 생겼다. 아주 지루하고 미웁던 담임까지도 그렇게 존경스러울 수가 없었다. 모든 선생이 친구가 부모님이 그렇게 고마울 수가 없었다. 나의 모든 부정적인 생각이 그 한순간에 긍정적 그리고 진취적 미움으로 이 세상을 바로 어쩌면 너무 좋게 훌륭한 낙천가 라이프니쯔처럼 되어버렸다. 나는 쇼펜하우워가 아닌 라이프니쯔가 아닌 니이체처럼 느껴졌다. 아무튼 세상이 대단히 살기좋은 살만한 가치있는 유토피아가 되어 버린 이 일은 아주 감동적이었다. 그러나 이 마음도 단 몇분 뿐 조금씩 사라지는 것을 감지할 때의 안타까움은 뭐라고 표현하리오. 나는 그러한 모든 이들에게 감사하기 위해서 나의 미력이나마 최대의 힘을 나의 피속에 불어넣었다. 오늘은 토요일이다. 권태가 거만한 태도로 나를 엄습하였다. 오랜만에 도서관에 갔다. 영어서적들을 보았다. 대단한 책들이 있었다. 그중에는 대통령 전기도 있었다. 지금은 일요일 오후다. 3일치의 일기를 쓰는 참 기이한 일이다. 나는 나의 모든 힘을 공부에 쏟아부어야겠다.

11. 27 일 맑음 상당히 지루한 일요일이 지나고 슬픈 밤이 나를 찾아와서 노크하고 있다. 텅빈 우주 공간에 내 마음과 몸은 태양을 도는 지구처럼 공허하고 허전한 내가 겪어보지 못한 야릇한 감정에 이끌린다. 모든 것이 나에게 비관을 불러일으키고 나 자신이 한없이 초라해지고 천길 땅 밑으로 떨어지는 아득한 마음의 갈등을 억제할 지성이 그립다. 모든 것을 이 건강한 두 다리로 차버리고 싶다. 불안과 회의와 고통과 진통이 지난 후 보나시 새로운 고통의 진통의 꽃이 움튼다. 나는 살아야 한다. 이 진통을 누가 말해주겠는가. 나는 왕이다. 이 나라를 통치할 동량이다. 이런 시련을 이 정도의 위기

를 이기지 못하는 자가 어찌 감히 그런 헛된 망상을 공상하는가. 너 자신을 바로 똑바로 보자. 대 결전을 앞두고 그 결전에 임하는 너의 자세가 너무 불안하지 않는가. 그렇지 그러면 너는 너의 정상자세를 바로 가다듬고 대결전장에 임하는 너의 준비를 헛되이 하지마라. 너는 너의 약하디 약한 가시나무를 없애버려라. 그 가시나무의 가시가 위험하면 할수록 너의 신념과 의지는 조금도 굴하지 않을 용기가 불가능하다. 인간은 본래 모든 결함투성이라는 것을 명심하고 누가 이 결함을 부숴버리느냐가 그 승패를 가늠하는 것이다. 그대여, 그대는 용기 팔팔한 청년이 아니냐. 너는 젊음의 피가 용솟음치는 인생의 황금기인 청년기가 아닌가. 힘을 내고 신풍을 일으켜라. 모든 유혹과 잡념을 타개하고 너의 학창시절의 유종의 미를 거둬라. 약 50일 동안 초지일관하고 일로매진해서 일취월장하는 사나이로서의 야심을 가지고 너는 너 자신을 이겨라. 너의 인생에 모든 것은 너의 것이다. 너는 앞만보고 모든 것을 앞으로 생각하라. 너의 침묵은 너를 이길 수 있을 것이다. 네가 패배자든 승리자든 그것이 중요하지는 않다. 너의 정신자세가 중요한 것이다. 입시, 그것은 너무 가소로운 너무 가벼운 하룻강아지에 범 이상이 되겠는가. 최고 들어가기 쉬운 지옥이든 천당이든 바로 그 입구인 그것에 벌써 질리다니 아니 안질렸다. 나는 그 가소로운 것을 밟아버리리라. 너의 강한 라이트 스트레이트로 그 가소로운 놈을 K.O시킬 것이다. 자신을 가지고 1라운드부터 잘 너의 온힘을 다해서 비록 토끼를 잡는 범 일지라도 전심전력을 다하는 호랑이를 너는 닮아야 한다.

11. 29 화 차가운 날씨에 더욱더 나의 마음은 찬겨울보다 더 차가운 심정

이다. 모든 일이 뜻같지 아니할 때가 된 것 같다. 실로 중대한 시기인 줄 모르는 바는 아니지만 나 역시 입시의 급박감을 감지하고 노력을 하려고 무진 애를 쓰고 있다. 나의 문제는 분명 내가 해내리라 생각된다. 나는 입시에 관심이 제외되는지도 모른다. 나는 그 입시에 관한 긴장감보다 오히려 그러한 해결점을 향해 나아가는 진취적인 자세 더 한층 긍지와 자부심을 느낀다. 이 추운 겨울에 그러한 하나의 구심점을 향해 전진하는 웅훈한 기상의 남아가 되려는 호연지기를 지닌 지니고 싶어하고 생각하고 판단하기를 원한다. 지식을 얻고 싶어했던 소크라테스처럼 말이다.

12. 7 수 맑음 어제 비가 온 후라 날씨가 그리 좋지는 못하였다. 오늘 가장 나의 마음을 사로잡은 일은 지금도 내 머릿속에 깊이 새겨질 나의 평생동안 기억될 아주 중요한 것을 내가 읽은 일이리라. 그것은 지금의 현 상태가 결코 만족스럽지 못하다는 것은 분명하다는 나의 어떤 강한 부정에 대한 하나의 확신을 일으킨 일이다. 김우종 이 사람이 문인으로, 간첩으로 징역 1년, 자격정지 1년을 선고 그 징역 1년동안 치른 옥중기였다. 자세한 내용은 기재되지 않았지만 미루어 국가에 대한 비판으로 아니면 하나의 본보기로 희생된 그 글귀가운데서도 표현된 현대문인들을 대표하여 십자가를 진 불합리한 비판이 없는 독재사회에서 자유를 옹호하다 받은 실로 뼈아픈 시련이리라. 우리나라는 서구열강들이 치른 수세기 동안의 그러한 노력의 결실로 이룩된 성공물을 그들 자신이 소화하는 것과는 너무나도 징빈대인 제국주의에 희생이 된 합법적인 지배가 실현되지 못하는 카리스마적 독재를 휘두르는 그 참상황을 최대한 헌법을 그들의 이용물로 농락물로 만들어 주무

르는 저들을 나는 진실로 저주한다. 나의 이러한 생각이 하나의 편파적, 주관적, 피상적 사고임은 어느만큼 타당하다. 김우종, 이호철 이회 3명 도합 5명이 추측하는 바로는 74년에 허울좋은 그 어마어마한 권력의 남용을 유발시킨 대통령의 지위를 악용한 너무나도 큰 사기에 혀를 내두를 수밖에 없다. 결코 그러한 정치는 오래가지 못할 것이다. 민주주의는 그렇게 어리석지 않으며 우리 대한민국 국민이 그렇게 호락호락 비록 떨어진 홍시를 입으로 받아 먹었다 하더라도 그렇게 잘 그 홍시를 포기하지는 않으리라. 메뚜기떼는 비록 약간의 희생이 따른다 할지라고 그들의 희망과 바람을 포기하지는 않으리라. 그들이 흩어졌을 때, 분산되었을 때, 산발되었을 때 빈약한 힘일지라도 그들의 단합, 단결된 힘은 만물의 영장 그 영리한 족속들의 머리를 돌대가리로 만들어 그들에게 남는 것은 파멸과 죽음 뿐이다. 인간들이 아무리 그들을 분리시킨다 하더라도 그들은 야망을, 그들의 희망을 결코 포기하지 않는다. 인간들이 그네들이 그렇게 자랑하는 것은 너무나도 보잘 것 없는 이 자연계는 너희들 뿐만이 아니다. 남다른 동식물들도 살아있다. 공존공영 서로 서로를 위할 때 자연계는 평화의 자연상태가 될 것이다. 인간들이여 자네들의 그 영리한 두뇌를 자연계에 대해서만은 좀 치워두라. 자네들은 이 세상을 이 자연계를 너무 황폐화 시켰어. 적어도 지금부터는 우리들에게 맡겨다오. 자네들의 그 영리한 머리로는 아무리 자네들이 영리하다 하더라도 자연이 한번 요동치면 자네들은 자멸을 초래하며 새로운 인간들이 도해할 것일세. 자연계는 이태도록 자네들을 위해 일하지 않았는가. 이제 그만두게. 선량한 사람들이 이 자연계를 돌아가게. 과연 이 자연계의 이 우주 삼라만상의 괴수로서 존립하는 그 날을 손꼽아 기다리겠다. 만약 그렇게 되지 않으면 자연계의 커나큰 너무나도 자네들이 일찍이 상상한 적도 꿈을 꾼적도 없는 무자비하고 잔인무도한 자연의 보복과 복수와 저주가 있을 것이다. 영특한 자네들이 이 양자택일의 딜레마에서도 올바른 이 어리석은 메뚜기도 훤히 아는 불문가지의 문제를 어리석은 모험으로 인도하지 말아주기 바란다. 그럼 부디 멋진 인간다운 해답에 건투를 빈다.

12. 8 목 맑음 어제 일기에 상당히 생각이 끌려 누가 보면 어찌하노라는 의구심마저 나는 떨쳐버리지 못했다. 자꾸 쓰면 수없는 한탄이 신세타령이 눈물흐르듯 나올까 그만둔다. 어제의 광분과 분노와 결의와 적개심도 변덕심한 청개구리마냥 나를 휘젓는다. 요즘 살인사건이 많이 일어난다고 하더라. 오늘 신문에는 두 건이 해결되었다는 1면 통기사로 활자화 된 것이 참으로 어이없어 웃고 말았다. 집에 오는 길에 실로 경계인, 주변인이라는 이 인물이 실로 아리송송한 미지의 알고도 모르는 묘한 예술품이다. 나는 색에 대단히 민감한 색을 무던히도 좋아하는 아니 그렇지 않을는지 모른다. 한 사회의 구성원으로 그 사회가 요구하는 하나의 충동과 자극에 의한 하나의 생리일 가능성도 있다. 나는 결코 인생을 향락하거나 향유하고 싶지는 않다. 적어도 인생을 값지게 멋진 이 멋에 아무도 주색이 들어가야 할지도 모르긴 하되 아무튼 나는 생을 참되게 보내려 한다. 오늘 그 참 쓰기도 부끄러울만큼의 아니지 이태도록 그 많은 경험을 이 창호지로 부채로 양반 도령 얼굴 가리듯 양반처녀 장옷 둘러쓰듯 그런 방편으로 이를 돌렸기 때문에 누가보면 에그머니 하는 사춘기의 소녀처럼 이 순진한 못미더운 소시민은 밝히기를 꺼려 왔던 것인지 아닐지는 그 누가 모르겠는가. 오늘 이 무골장군의

날뛰에 온 천지가 진동을 하고 십년공부 도로아미타불이 되는 순간까지를 생각하게 한 이 녀석의 발호는 나를 또 한번 심각하게 이 소크라테스가 되게끔 충동질을 시켰다. 그 참 인간의 묘미는 이런 것에 아니 인생의 묘미가 이런 곳에 있을지 모를 일이다. 여자라는 하나의 관념이 이 거대한 체중을 내려 누르고 그 사고가 인간의 명석한 두뇌를 타락시키고 있다. 이 참 실로 인간의 본능을 꿰뚫는 인류역사이래 내려온 그야말로 인생부분의 한 미미한 영역에 속하는 이런 문제들이 나를 많은 사람을 피로하게 한다. 오늘의 내가 들은 말 중 '오늘 뿐이다. 내일은 없다. 오늘을 살아라' 라는 톨스토이의 세상에서는 명언이지만 이 범부에게는 처음 아니 어쩌면 구면인지도 모를 그 어떤 영감을 풍긴 이때까지 내가 어렴풋하게 생각했던 어떤 개념에 부합되는 너무 깊이 빠질까 두려운 그런 본원적인 문제를 그가 말하고 있었다. 과연 그것이 옳은지는 몰라도 나로서는 그렇게 생각하고싶다. 생은 참으로 진정 복잡 오묘한 수없는 이루다 말할 수 없는 굴레가 있듯이 톱니가 저마다 돌아가고 그럼으로써 세상이 움직이고 나도 덩달아 움직이고 있는 것이다. 나의 성찰의 시간이 15분이 지났지만 나는 이 세상 끝까지도 나의 난잡한 사상 감정의 개인적이므로 그리 타당하지 못한 사상 감정의 돌출을 시도할 수 있고 끝낼 수 있을 것 같은 나의 두뇌의 신선함이 나를 기분좋게 만들고 있다. 자기성찰이라는 거창한 허울로 앞을 장식하는 이 일기라는 것이 언제 어디 누가 6하원칙에 따라 말할 수 있는 그 기원은 나의 지식으로 도저히 무리인 것은 사실이다. 교감이 들어와 학교 명예가 A반 55명에게 달려 있다. 그리고 또 앞으로의 기간이 가장 중요하다고 하더라. 그것도 그때 그 뿐이었다. 나의 감각과 육감은 녹슬어버린 고철로 황야에 버려져 있었다. 인간이 만약 지금의 하나의 감정만이라도 바뀌지거나 바꾸려고 한다면 인간은 인류가 아닌 어떤 새로운 종족이 탄생할 것이다. 나의 침묵이 나의 문을 두드리고 있다. 나는 분명 행복한 남자로 행남이라 할 수 있으리라 확신한다.

12. 9 금 맑음 오늘 머리가 깍였다. 심한 분노와 저주를 마음껏 퍼부었지만 별로 맛좋은 포도주는 아니었다. 인간이란 말까지도 현 사회에서 제외된 미성년이란 참으로 구차한 번듯하면 학생 참 듣기 싫도록 들은 헌법을 공부할 때의 인간에서 미완성품의 그러하므로 그 완성품의 기대는 갖지 말아야 할 것이다. 많은 그 담기는 그릇에의 물건은 실로 담기 아까운 그릇이 아니라 어찌 꼭 모난 네모진 기형을 만드는 그러한 인류에 속한 나는 실로 이 세상을 이런 류의 인간을 벗어나서 유치환시인이 간 아라비아는 아니라도 좀 멀리 북극에 설산에 팬티바람의 건장한 사나이로 설야에 정좌하고 수도하는 그야말로 가장 되고싶은 한 인간을 그리며 이 현실에 한벗는 분노로 세상을 채운다. 한동안 열기를 뿜던 광기가 다 가신후 사색의 생각이 이 큰 두뇌를 차지하여 대단히 기쁜 여명이 나를 끌어당기고 있다.

앞으로 이 한 달 나는 이 한 달을 멋지게 최선의 희생을 치러서라도 꼭 이겨야한다. 씁쓸한 맛을 남긴 하루를 보낸 어제가 한없이 장하게 느껴지기도 더욱더 박차를 가하는 나의 저력을 서서히 발산하고 발휘하는 순간이 다가오고 있다. 야경의 밤 음악이 한없는 고독을 씹히게 만드니 사실 나는 이를 위해 고생을 하고 있는지도 모른다.

12. 10 토 맑음 나는 불사조다. 배가 몹시 쑤시고 아팠다. 병원에 가고 싶었으나 돈이 없었다. 몇학교의 입시문제를 풀었더니 낙심천만이었다. 새로 용기를 내어 내가 얼마나 미약한가를 절감할 수 있었다. 영어가 대단히 부족했다. 그래서 나는 집에 오는 길에 연상작용으로 많은 영어단어, 숙어를 연상해서 나의 두뇌 속에서 들추었다. 숨을 헐떡이며 주차장의 버스를 타는 거의 비슷한 나날들이 지나갔다. 실로 여자는 꼭 필요한 존재이면서 또 한편으로는 필수불가결한 요물이었다.

12. 11 일 맑음 매우 너무나 매우 도저히 이 붓으로 적을 수 없는 그래도 적고 보전해야할 가치가 있는 어쩌면 또 한편으로 가치없는 앞으로의 미래에 달려있는 너무나도 죽음과도 흡사한 쓸쓸한 문자그대로의 날씨는 따뜻하였어도 겨울은 겨울날이다. 거의 9시에 기상이 되었다. 어제 일찍 잔 뒤라 별로 잠이 오지 않았던 모양이다. 책을 약간 보다가 말다가 토요일의 그 굳센 각오와 결심이 마파람에 게눈 감추듯 사라지고 하루를 반성하는 이 심장이 타서 재가 될만큼 모든 정신 고독은 내가 독점한 듯 빠개지는 머리와 쑤셔오는 눈알을 굴리며 찌푸린 채 몇 년 후 사라질 장앞에 기대서 한자의 글을 씀으로 나를 째찍질하며 곤함을 느끼는 하루를 힘차게 살고 있는 것이다. 나는 일찍이 종교를 잃은 슬픔을 쓰라리게 별리한 적이 나를 일깨우기에 충분히 큰 힘이 되지 않을 수 없었다. 나는 잠시 그때를 회고할 때 실로 씁쓸한 뒷맛이 나를 한없이 초라하게 우울하고 못견디게 만들고 있다. 나는 부모를 얼마나 미워하지 못할 양친을 싫어했는지 그날 내가 얼마나 마음 아파했는지. 생을 향유한 이래 최대로 슬픈 날을 감당했던 그 때 나를 격려하

고 있다. 나는 교과서에 크리스마스의 선물이란 제목의 산문을 내 마음속에 뿌리를 내려 깊은 뿌리를 내리고 있다. 나에게 돋아오르던 싹이 움이 돋은 채 그만 밟혀버렸다. 나는 그 밟힘이 아무리 크다하더라도 꼭 꽃을 피워야 한다. 새로 돋아나는 힘과 패기와 의지가 있다. 오늘은 그렇게 못견디게 고통스러웠던 것을 씹어 삼켰다. 아직도 그점은 의문이 제기될 수도 있다. 그러나 그것은 꽤 큰 상대다. 인생을 영위한 때 중요한 결단과 결심을 내린 것 같다. 하루 약 20시간을 생각한 나의 머리를 떨어지지 않은 눈물의 일요일이다. 결코 잊혀지지 않을 날일 듯하다. 문제는 돈과 지식의 딜레마 이것을 나는 도그마적으로 해결할지도 모른다. 나는 나의 모든 힘을 이 30일에 걸기로 굳게 맹세한다. 차돌처럼 단단하게 내 마음속에 새겼다. 결코 꺼지지 않는, 꺼지지 않을 촛불일지라도 나는 빛을 발하리라. 실로 너무나도 슬프고 억울한 그러나 무거운 입이 입을 열지않고 있다.

12. 12 월 맑음 12자가 연속되는 날에 나의 최선의 시작의 첫발을 내딛는 긴장된 가슴 뿌듯한 순간이다. 모든 괴로움이 딜레마가 수소풍선이 날아오르듯 높이 날아올랐다. 정말 통쾌한 상쾌함이 이루말할 수 없다. 어제의 센티멘탈리즘을 씻고 오늘의 하루를 힘차게 내딛을 때의 그 쾌감은 어찌 이 미소한 소견머리의 필설로 다할 수 있으리오. 신께 그저 감사의 기도를 올릴 뿐이다. 봄이 간 후 여름 겨울 이후 봄이 오듯 쓰디 쓴 맛을 본 후 단맛의 향기가 나를 흥분시킬 때 그 가슴 후련함을 어찌 하겠는가. 용기를 가시고 열심히 하루를 살아야 하리라. 마지막 주가 되는 첫 월요일 영원히 가져볼 수 없는 하루가 아주 순탄한 잔디위를 구르는 차돌처럼 미끄럽게 스무스

하게 흘렀다. 사람에 대한 찬가를 한없이 부르며 나의 모든 번뇌가 떼가 씻겨나가 듯 사라졌다. 모든 만물이 봄을 맞은 것처럼 생동감이 넘친다. 약동의 기운이 넘친다. 고함이라고 무슨 노래라도 무슨 춤이라도 다 할 수 있을 것 같은 자신감은 어쩔 수 없다.

12. 13 화 맑음 날씨가 대단히 풀려서 겨울 맛을 잃었다. 오늘 버스 속에서 이 관념에 대해서 여러 가지 생각을 했다. 그러니까 나에 있어서 주된 관념 속에 대상은 여자라는 것이다. 외모나 외부적 형체에서 어떤 자극을 통해서 보다도 어떤 욕구가 잠재의식 속에 실상의 의식속으로 탈출하므로써 하부의 욕구가 표출되는 작용이 일어난다고 생각을 했다. 그러니까 외부적 물체에 상관없이 마음 즉 정신 속의 어떤 추상적인 관념이나 개념이 어떤 하나의 모티브로 점화되는 불꽃같이 우리의 의식 속에 하나의 작용으로 변화를 일으키는 것이다. 오랜 역사의 과정 속에 이룩된 관습의 경험의 결과인 생활양식 그보다 더 중요한 우리 추상적인 두뇌 속에서의 고정된 관념 등은 하루아침에 뒤바뀔 수는 없을 것이다. 그러나 어떤 이성의 통찰과 자기의 성찰을 통해서 완화하고 변화시키고 사퇴할 수 있으리라 생각이 되어진다. 이런 복잡한 사고의 과정 속에 발생되어진 하나의 개념이 부정되는 데는 그만한 노력과 희생이 치러져야 한다. 몸이 대단히 고충을 느끼고 있는 현재생활이다.

오늘의 화제는 동성동본 결혼 파기의 의제가 유산될 것 같다는 반갑지 못한 뉴스다. 그리고 부산의 모도장에서 육체미 도장과 태권도 도장 간의 결투 아주 비굴한 놈이 신문을 망쳤다.

12 .15 목 따뜻함 어제는 실로 중요한 날이었던 것 같다. 그런데 일기를 쓸만한 기회를 찾지 못했다. 왜 그런고하면 내가 결심을 고대에서 부산대로 또 법대에서 상대로 180도는 아니라도 상당한 정도의 일대 혁신이 있었다. 그러한 동기는 실력이 상당한 비중을 차지하는 현대에서 어쩌면 자신이 없었는지도 모른다. 그 다음으로 우리 집이 별로 말할만큼 재산이 없으므로 이 조그마한 사람이 그렇게 큰 짐을 받쳐들고 있을 수 없었다. 내 혼자만이 아니고 밑에 동생들 그리고 부모님까지 실로 방대한 나의 짐들이오 나의 책임이리라 생각되어서이다. 나를 실로 괴롭힌 문제가 해결되는 열쇠가 미지의 자물쇠를 여는 순간의 잠재의식적 이유없는 목적없는 즐거움이었지만 문제는 그처럼 쉽게 열려진 뒤의 상황은 참으로 놀란 토끼처럼 어리둥절하게 된다. 가장 큰 모티브는 모선생의 잡담속에서 예리한 포착에 의한 착상 별로 기분은 말할 수 없이 허무함과 일요일 밤 12시처럼 몽롱한 의식 속에서 한없는 절규를 퍼부으면서 긍정과 부정의 꿈속에 나는 잠겨있었다. 오늘까지도 그 기분은 나의 머릿속에 마음속에 나의 밤을 졸업하는 때까지 나를 한없이 우울하게 할 것이다. 지금도 그런 말을 쓰니 더욱 우울감에 휩쌓인다. 내가 들어온 말해온 격은 어떤 감정으로도 지성으로도 메꿀 수 없는 텅빈 운동장 같이 울음우는 한밤의 여우의 아우성이 나를 괜히 비오는 날처럼 그렇게 만든다. 벽의 시계가 둔탁하게 12시를 알릴 때 영원히 없어지는 이 오늘 하루를 안타깝게도 무의미하게 보내는 이 사람이 한없이 무지하게 애초로워진다. 모든 것을 버리고 맨몸으로 나의 길을 걷고싶다. 나는 너무 지쳤다. 나를 어찌 할테냐. 모든 희망이 봄 눈 녹듯이 사라진 것을 보는 나의 한 희망과 나는 한없이 애초롭다. 과연 구도란 그렇게 쉬운 것이 아니다

란 것을 내가 얼마나 미미한 사실로 알고 있는가. 참으로 안타까워질 때가 나를 더욱 감상적이게 한다. 나는 이 모든 것을 떨치고 쏟아버리고 나를 찾아 떠나야 한다. 돈이란 마력의 물질에 좌우되는 둔한 식자를 매우 추하게 느끼며 오늘도 일보의 전진을 위해 나의 모든 사력을 다해 싸우리라.

12. 17 토 날이 갑자기 차가워졌다. 스스로 권태가 엄습하는 매우 불안한 시기를 맞이하기 곤란한 상황이다. 자습실이 텅 비었고 몇몇이 남아 있는 친구들마저도 놀기에 바쁜 방탕한 히피들처럼 전쟁의 패륜아 패잔병을 연상시키는 죽음의 긴장감이 없고 암흑과 낭만과 눈물만이 달래어지고 있다. 공부를 다들 하지 않으니 나는 대단한 기회를 잡은 셈이다. 돌파구를 뚫어라. 열쇠를 찾아야지 눈을 똑바로 뜨라. 나의 시대가 다가오고 있다. 나도 그들과 더불어 이야기하고 타락이란 두글자를 되뇌이며 발버둥을 쳐보았으나 무의미한 허공에의 손짓이었다. 신풍, 정열, 에로스가 실로 필요했고 끈기가 필요하다. 나는 끈기와 지성을 겸비한 전인을 목표한 인류다. 학문이 무한대, 인간의 상상과 공상을 초월한 무한 무궁무진한 보석이 만재된 곳이란 실로 인류의 이상이 아니겠는가. 나는 젊음 칠전팔기의 의지가 있다. 그것만은 자신할 수가 있다. 오늘 이 시간 지금부터 남이 노는 때를 노려라. 이런 글귀를 떠오르게 한다. 하나의 고난을 극복한 사람은 다음의 테스트를 결코 두려워하지 않는다. 다른 사람들이 무엇을 어떻게 할 것인가 하고 망설일 때 그는 이미 고난 시련의 열쇠를 찾고 있는 것이다. 젊은이 자넨 영원하지 않다. 그것을 기억하게. 자네에게 있어서의 기회는 그리 많지않아. 어쩌면 없을지도 모르지. 그래서 너의 기회를 만들어야 한다. 나는 지금이 시작이고 마지막

이다. 나를 괴롭히는 것은 뇌물 모두 눈의 거짓줄기다.

12. 18 일 오늘도 아무 보람도 없이 그야말로 너무나 아깝게 아무런 효과도 발생시키지 못한채 흘려보낸다. 어제의 그 결심도 한 줌의 가을 낙엽처럼 떨어져 버렸다. 나는 너를 실로 경멸하게 된 것 같다. 실로 그 의지의 인간 불굴의 의지가 밀려가는 파도가 되었단 말이오. 너무나 타락된 실로 정말 안타까운 그리고도 대각을 꿈꾸는 한 작은 학도마저도 되지 못했다. 당신은 오늘 그 유명한 한시 '소년이노학난성 일촌광음 불가경 미각지당 춘초몽 계전오엽이추성' 이란 시를 읽지 않았던가. 학문이 그렇게 쉽게 출세가 그렇게 누워서 떨어지는 감을 받아먹듯 되는게 아니다. 아름다운 한폭의 그림이나 한 쌍의 낭만도 아니오 투쟁없이는 결코 승리의 환호도 없는 것이오. 인간의 이런 점으로 투쟁이란 대단히 중요한 의미를 지니고 있다. 인생이란 이런 역사의 전철이다. 당신은 너무나 가까운 당신의 잠언을 당신은 모르지 않는가. 내 어찌 모르리까마는 그런 그러한 생의 의지 의지인 초인이란 한 이상인을 만든 니체의 권력의지란 그렇게 떡먹는 듯이 쉽게 얻어지는 것이 아니다. 알면 무슨 소용이오. 행하지 않으면 썩은 나뭇잎만 못하지 않는가. 일요일마다 드는 이 허무를 이 생의 비극을 당신은 초극하지 못하는 그 약한 갈대의 힘으로 어찌 비바람 찬 이슬을 견디겠는가. 인생의 갈림길에서 방황은 실로 하나의 실패의 열쇠, 함정 밖에 더 이상의 것은 아무것도 없다는 것이다. 이론 모든 이론은 훤하다 할지라도 그러한 자세란 결코 살 난들어지지 않지만은 당신이 그것을 만들어야 하오. 당신은 자세를 바로하고 당신 앞의 인생을 바라다 보시오.

아들

1. 인생에 가장 큰 영향을 미친 사건

-자전거 전국일주를 통해 얻은 "끈기와 협동심"

저는 초등학교 6학년 3월 저는 자전거를 타고 제주도를 간다는 말이 멋있게 느껴져 학교에서 운영하는 녹색소년단에 가입했습니다. 녹색소년단 가입 후 매일 아침 6시에 등교하여 지도교사였던 구본만 선생님 지시하에 학교 수업시작 전까지 2시간씩 자전거 타기와 체력훈련을 하였습니다.

그 결과, 방학기간 중인 2000년 7월 24일부터 7박 8일 동안 녹색소년단원 20여명은 서울-목포-해남-여수-제주를 거치는 670Km의 자전거 국토 대장정을 하였습니다.

전국일주를 하면서 얼굴은 까맣게 탔고 몸은 너무 힘들었지만 그때 느꼈던 성취감은 제 삶을 변화시키는 계기가 되었습니다. 저는 하고자 하는 일에 대해서 포기하지 않고 끝까지 해내는 "끈기"를 갖게 되었고, 힘든 여정을 친구들과 함께하면서 "협동심"을 얻게 되었습니다.

특히 가장 존경하는 구본만 선생님은 언제나 열정적이고 성실하게 우리를 지도해 주셨습니다. 훈련이 너무 힘들어서 포기하려 할 때마다 구본만 선생님께서는 항상 "네가 하고 싶어 시작한 것이니 끝까지 책임을 다하라" 라는 말씀으로 힘과 용기를 주셨습니다. 구본만 선생님의 항상 충실하고 열정적으로 자기역할을 해내시던 모습과 끝까지 책임을 다하라던 말씀은 제 삶의 좋은 본보기가 되고 있습니다.

힘들고 어려웠던 국토 대장정에서 가장 기억에 남는 것은 목포 근처에 있던 한 고갯길을 오를 때 입니다. 우리는 너무 힘들어서 눈물을 흘리며 페달을 밟았지만 모두가 하나되어 서로가 서로를 위로하고 응원하여 고개를 넘을 수 있었습니다. 지금도 그때 함께 했던 친구들을 만나면 목포의 눈물고개를 넘던 이야기를 하곤 합니다. 자전거 국토 대장정의 종착지였던 한라산 정상에 올랐을 때는 성취감에 흐르는 눈물 때문에 멋진 풍경조차 제대로 보지 못할 정도였습니다.

그때의 기쁨을 후배들도 느낄 수 있도록 초등학교 졸업 후에도 계속해서 녹색소년단 자전거 국토대장정에 참여 하여 후배들을 격려하고 돕는 일을 했습니다. 중학교 1학년 때는 한계령을 넘고 동해안을 따라 부산까지 갔고 중학교 2학년 때는 부산에서 출발해 남해안과 서해안을 따라 서울에 도착했습니다. 3년간에 걸친 자전거 전국일주는 2000여키로미터였으며 전국을 샅샅이 돌아보는 소중한 경험으로 그 무엇과도 바꿀 수 없는 인생 최고의 경험입니다.

녹색소년단에서는 자전거타기 뿐만 아니라 산행도 주기적으로 실행해서 설악산 대청봉, 오대산, 치악산 등 전국의 명산을 돌아다니며 환경의 중요성도 깨우쳤습니다. 군에 입대하기 전에는 전남 광주에서 서울까지

3박4일간 300키로미터를 홀로 자전거로 일주하는 일도 해내었습니다. 요즘도 가끔씩 한강변을 자전거로 질주하면서 그때의 감동을 새롭게 맛보기도 합니다.

자전거 전국일주를 통해서 얻게 된 "끈기와 협동심"은 제가 대학교 입학과 보험계리사 자격증을 취득하는데 밑거름이 되었습니다. 아울러, 최고의 기업인 OO에 입사하여도 "강한 체력, 끈기와 협동심"을 가진 저는 고된 업무와 시련을 이겨낼 수 있고 원만한 조직생활을 가능하게 하여 성공적인 직장생활을 할 것이라고 자신합니다.

2.지원한 직무분야를 위해 어떤 노력 ?

[다양한 사회 경험과 해외여행]

저는 OO화재의 일반상품업무직군 기업상품개발직무에 지원하고 싶고 이를 위해서 다음과 같은 노력을 하였습니다.

첫째, 아르바이트 경험을 통한 조직생활경험과 니즈 파악능력

저는 수능이 끝나자 마자 여러 가지 다양한 분야에서 아르바이트를 경험했습니다. 대형할인마트 계산원, 주차 관리요원, 택배 창고정리, 음식점서빙, 편의점 계산원, 등등 수많은 아르바이트를 했습니다. 그때는 단지 용돈을 벌 목적으로 시작한 것이었지만, 다양한 아르바이트 경험은 저를 조직 생활에 익숙하도록 만들었고, 제가 사람들의 니즈를 파악하는 능력을 갖출 수 있게 하였습니다. 이러한 능력은 사람들의 니즈를 파악하고 그에 걸 맞는 상품을 개발해야 하는 OO화재 일반상품업무 직군

에서 가장 적합한 능력이라고 생각합니다.

둘째, 해외여행을 통한 아시아국가의 문화 이해

OO화재는 계속해서 해외로 진출하고 있습니다. 상품을 개발하는데 있어서 해외 진출 시 가장 중요한 것은 그 나라의 소비자 문화를 이해하는 것이라 생각합니다. 저는 아르바이트를 해서 모은 돈으로 방학마다 해외여행을 떠났습니다. 1학년 때는 홍콩, 2학년 때는 일본, 3학년 때는 베트남으로 여행을 떠났습니다. 제가 갔던 나라들은 모두 우리나라와 같은 동양인이 사는 나라였습니다. 하지만 모두 그들만의 삶과 문화가 있었습니다. 여행을 통해서 저는 그들의 문화가 좋고 나쁨을 떠나서 다르다는 것을 인정하고 이해할 수 있는 사람이 되었습니다. 이러한 능력은 OO화재에 꼭 필요한 능력이라 생각합니다. 이런 해외여행이외에도 미국, 유럽 등의 여행도 두루 다녔으며 선진화된 나라들의 훌륭한점을 많이 보고 경험하여 세계화된 안목을 축적하였습니다.

셋째, 저는 어린시절부터 다양한 취미를 가질 수 있도록 여러 가지를 배운바 있습니다. 수영도 1년여 이상을 배웠습니다. 자유형에서 접영까지 모든 영법을 자유자재로 구사할 수 있는 능력을 갖추었습니다.

다음으로 겨울 스포츠인 스키에 있어서도 탁월한 실력을 발휘할 수 있습니다. 탁월한 스키실력 뿐만 아니라 보드를 타는 것도 자유자재로 할 수 있을 만큼의 수준에 있습니다.

그리고 여름 스포츠인 수상스키부분도 스키를 능숙하게 탈 수 있는 수준에 있습니다. 그뿐만 아니라 스케이트라든가 인라인 스케이트 등도 웬만큼 탈 수 있는 수준으로 훈련을 해 왔습니다.

아직도 여러 가지로 더 익히고 배워야 할 부분이 많이 있지만 항상 최선을 다하는 자세로 모든 분야에서 뒤처짐이 없도록 자신의 능력을 계발하는 것을 게을리 하지 않는 것이 큰 장점입니다.

3. 입사 후 이루고 싶은 것, OO취업 선택이유

내 이름을 건 보험상품 "이승환 1호"

보험계리사를 공부하면서 개인의 불안을 제거해 주는 보험 상품에 대해 관심을 갖게 되었고, 제 주위의 모든 현상에 대하여 보험을 적용하면 어떨지에 대해 생각했습니다. 예를들어, 지하철을 타면서 교통카드를 찍을 때 보험료가 납입되고 대중교통사고로부터 나를 보호하는 보험이 있다면 어떨까?, 우수한 학생들이 모인 대학에서 공부를 열심히 했지만 상대평가로 인해 낙제한 학생을 보호하는 보험은 없을까?, 등등 터무니 없는 생각이지만 이러한 생각이 현실이 되는 즐거운 상상을 하며, 그런 상상이 너무 재미 있었습니다. 이러한 생각은 제가 보험계리사 자격시험 공부에 매진할 수 있는 활력소가 되었고, 새로운 상품을 만들고 싶다는 욕망을 갖게 하였습니다. 그리고 저에겐 새로운 꿈이 생겼습니다. 바로 보험상품을 만드는 일입니다. 제가 OO에 입사하게 된다면 제 이름을 건 보험상품 "이승환 1호"를 만들고 싶습니다. "이승환 1호"를 통해서 사람들이 무심코 감내하던 리스크로 인해 갖고 있던 걱정과 불안을 덜어내는 상상은 지금도 저를 설레게 합니다.

OO취업이유

[나의 잠재력을 볼 수 있는 기업 "OO"]

OO은 인재를 채용함에 있어서 다른 기업과는 다르게 영어성적, 학점 등의 소위 말하는 스펙을 많이 보지 않습니다. 저는 OO의 이러한 채용 방식이 "지금까지 얼마나 잘 살아 왔는가"를 보고 인재를 채용하는 것이 아니라, "앞으로 얼마나 잘할 것인가"를 보고 인재를 채용하는 것이라 생각했습니다. OO이라면 당연히 저의 잠재력을 볼 수 있다고 생각합니다. 저는 조직에 몸담게 된다면 그 조직에 대해 자부심과 긍지를 갖고 매진할 것이며 조직의 목표를 달성하기 위해 업무를 충실히 수행해 낼 수 있을 것으로 확신합니다. 제가 가진 가장 큰 잠재력은 하고자 하는 일을 끝까지 해내는 "끈기"입니다. 저는 이 "끈기"를 바탕으로 성공적으로 OO화재에서의 직장생활도 자신있게 해낼 수 있다고 자신합니다.

[나를 키워줄 수 있는 기업 "OO"]

얼마 전 OO생명에서 보험계리사로 근무하고 있는 저희과 선배를 만났습니다. 그 선배가 말하길 "내가 모르는 걸 누구에게 물어봐도 대답해 주는 게 좋다."라고 저에게 말해 주었습니다. 지나가는 말이었지만 저는 그게 너무 부러웠습니다. 저는 어떤 기업에 가더라도 제 분야에 대해 공부하고 노력할 것입니다. 하지만 OO은 제가 누구에게 질문해도 대답해 줄 수 있는 최고의 인재들이 모인 기업이므로, 제가 더 높이 성장할 수 있고 제 꿈을 이룰 수 있는 최고의 기업이라고 생각합니다. 그러므로 제의 꿈을 실현시켜갈 수 있는 곳으로 최적의 조건을 갖추고 있다고 여겨졌기 때문에 OO을 선택하게 되었습니다.

에필로그

얼마전에 들은 강의에서 그런 얘기를 들은 적이 있었다. 소설 쓰는 법이라는 강의였는데 처음 서두에 그런 얘기를 했다. 여기 강의를 들으려 하는 모든 사람은 적어도 소설병에 걸려있는 사람들이다. 소설을 써보기 위해 강의를 들으려 했는데 그렇게 소설병에 걸린 사람들이라고 얘기를 했다.

조금더 얘기를 해보면 그랬다. 노트북을 들고 7년을 작정하고 다락방에 올라가 살아야 제대로 소설가가 되어서 내려온다. 참으로 신통방통한 얘기였다.

고교시절 한 국어선생님께서 그런 얘기를 하였다. 자신은 타고난 글재주가 없기 때문에 10년을 작정하고 글쓰기를 배우고 터득해서 10년 후에는 어엿한 작가가 되어 있기를 꿈꾼다는 얘기를 했다. 결국 그분은 원하는 바대로 멋진 작가로 변신하였고 그렇게 자신의 꿈을 이뤘다.

모든 사람들이 눈과 귀에 그리고 입의 즐거움을 위해 고민하고 몰두하고 빠져드는 듯하다. 제대로 자신의 심경의 변화를 모색하고 삶의 질을 높이기 위해 애쓰고 힘쓰고 진력하려고 하는 모습을 보기 힘든 세상이 되었다. 향기나는 삶을 살고 다른 사람들에게 귀감이 될만한 멋진 삶의 자세나 태도 기품을 보여주는 그런 삶을 사람을 본받고 그것에 추종해 보고자 하는 마음에서 성찰의 향기를 내놓게 되었다.

엊그제 상가를 갔더니 그런 얘기를 했다. 같이 근무하는 분이 정년을 일년 남기고 교육을 받으러 갔다. 그랬더니 꼭 3가지를 잊지말기 바란다고 했다.

첫째는 돈을 자식에게 넘기지 마라는 것이다. 손자의 용돈이나 과자값을 내놓지 말라는 것이 아니다. 큰 돈 목돈을 함부로 자식에게 넘겨서는 노후를 편하게 보낼 수 없다는 것이다. 꼭 움켜지고 있고 어느 자식에게도 넘기지 말라는 조언이다.

둘째는 결코 황혼이혼을 해서는 안된다. 늙어갈수록 남자에게 꼭 필요한 것이 아내라는 얘기다. 함부로 이혼해서 재산 날리고 조강지처를 자유롭게 해주고 나면 결코 안온한 노후를 보낼 수 없다는 얘기다. 꼭 아내의 말을 듣고 그것에 맹종하라는 것이 아니라 아내를 잘 보살피고 아내의 뜻에 순종하는 것이 꼭 필요한 일이라는 것이다.

셋째는 소일거리를 가져야 한다. 손을 쓰는 일을 해야한다. 움직일 수 있고 재미있고 계속적으로 할 수 있는 일거리를 찾고 만들어야 한다는 것이다. 화초를 가꾸는 것도 한 예가 될 수 있을 것이다.

예를들어 그런 얘기도 덧붙였다. 한사람은 퇴직을 해서 퇴직금과 연금을 일시불로 받아 아파트를 세 채를 샀다. 그것을 자식들에게 나눠주고 한 채는 자신이 살아가는 곳으로 만들었다. 다음은 한 사람은 똑같이 연금과 퇴직금을 가지고 자식의 사업자금으로 제공했다. 그런데 처음 몇 년간은 사업이 잘 되어서 문제가 없었으나 얼마간의 시간이 지나고나자 그만 다 털어버리고 나니 빈 껍데기만 남았다. 그래서 이제는 벌어야

사니 다시또 일반관공서에 민원을 상담하는 업을 얻어 생활하고 있다고 하니 참으로 안타까운 일이 아닐 수 없다. 그런데 혹자는 또 그렇게 얘기를 한다. 자식들이 자신들의 고충 애로를 얘기하는 것이 아니라 손자 손녀의 애로를 얘기한다. 그러면 할아버지의 입장에서 그 고충을 그냥 넘기지 못한다는 것이다. 손녀가 호흡기 곤란을 일으킨다면 공기청정기를 사줘야 한다는 식이다.

인생살이의 한 고비를 맞이하고 있다. 초조함으로 가득하고 향후의 삶을 어떻게 영위해야 하는가에 관해 많은 고민을 하고 있다. 자식도 이제 결혼을 코앞에 앞두고 있는 상황이니 이제 제3막의 인생을 어떻게 보낼 것인가에 고민이 쌓인다. 1년여 동안의 삶의 단상들이 집적되어 하나의 책으로 만들어졌다.

요즘의 대세는 아재개그다. 아저씨를 애칭으로 부르는 것이 이제는 일상화되었고 그래도 좋은 의미로 받아들여지고 있다. 개저씨나 꼰대보다는 훨씬 어감도 좋고 느낌도 좋은 방향에서 얘기가 끊임없이 회자된다. 몇 개만 소개를 하면 이렇다. 아빠 둘과 엄마 하나를 사자성어로 하면 무엇일까? 답은 두부한모란다.

세상에서 가장 돈 많은 새는? 백조.

정삼각형의 동생은? 정삼각.

세상에서 가장 가난한 왕은? 최저임금.

맥주가 죽기전에 남긴 말은? 유언비어.

소가 전기에 감전되어 죽으면? 우사인 볼트. 참으로 세상인심의 새로운 단면을 보는 듯하다.

얼마전에 노벨 문학상에 밥 딜런이라는 이가 수상의 영광을 안았다. 논란도 많았고 수상거부 움직임까지 있었으나 결국 수상했다. 노벨상 하면 우리는 항상 일본에 힘을 못쓰는 모습을 보여왔다. 과학상에 26명이 수상했는데 반해 우리는 전무한 실정이다. 제대로 전통을 계승하고 연구업적을 이어가서 새로운 세계를 창출하고 세계의 이목을 집중시킬만한 쾌거를 만들어 내지 못하고 있는 것이다. 실로 안타까운 노릇이다. 노벨상을 독식하는 유태인에 결코 뒤지지 않는 유전자를 갖고 있는 우리민족의 불가사이한 모습이다. 외골수로 그 어떤 유혹에도 흔들리지 않고 자기세계를 구축해서 위대한 업적을 이루는 과학자 등과 같은 노벨상 수상자가 우후죽순처럼 쏟아지는 날들이 이어지기를 고대해 본다.

어떤 유명인사는 그렇게 표현하기도 했다. 요즘의 덕담은 9988, 234라는 것이다. 예전에는 그랬다. 99세까지 88하게 살다가 2내지 3일 아프다가 돌아가는 것이라고 했는데 요즘에는 99세까지 팔팔하게 살다가 2일내지 3일 사랑하다 복상사해서 돌아가시는 것이다.

그것에서 5가지 등급이 있다. 5등급 매춘을 해서 복상사하는 것은 횡사. 4등급 처음 만난사람과 즐기다가 복상사하는 것은 객사. 3등급 과부와 즐기다가 복상사하는 것은 과로사. 2등급 애인과 즐기다가 복상사하는 것은 안락사. 1등급 조강지처와 화락하다 즐기는 것은 순직이다. 그럼 99 88 234 하기 위한 비결은 무엇인가. 그것은 일 십 백 천 만이라고 한다. 일은 하루에 한가지씩 좋은 일을 하는 것이다. 십은 하루에 열 번이상 웃고 백은 하루에 100자이상 글을 쓰고 천은 하루에 천자이상 글을 읽고 만은 하루에 만보이상 걸어야 한다. 사람의 욕심이 참으로 끝이 없는 것처럼 여겨진다. 여러 가지로 사설이 길었다.

요즘 최대의 고민은 아들의 결혼식 날에 과연 어떤 얘기를 들려줄 것인가에 있다. 50여년을 살면서 느꼈던 부분의 함축된 의미를 담아 제대로 새출발하는 아들내외에게 금과옥조와 같은 얘기를 설파할 수 있기를 기원해 본다. 5분 정도의 시간내에 많은 얘기를 할 수는 없을지라도 정말 심금을 울리는 얘기를 펼쳐야 할 것이다.

오랫동안 담아왔던 삶의 족적이 이제 활자화되어 세상에 빛을 보게 되었다. 항상 물심양면으로 지원을 아끼지 않았던 가족 등 도움을 주었던 모든 이들에게 감사를 올린다.